U0020745

藍學堂

學習・奇趣・輕鬆讀

哈佛傑出教授
國際關係巨擘

約瑟夫‧奈伊、大衛‧威爾許——合著　　張小明——譯

Joseph S. Nye　David A. Welch

國際關係大師奈伊教你洞悉局勢，掌握先機，佈局未來！

哈佛最熱門的國際關係課

UNDERSTANDING GLOBAL CONFLICT
AND COOPERATION 10TH EDITION
An Introduction to Theory and History

目次

專業推薦

「約瑟夫‧奈伊用豐富的文獻來表達清晰的觀點，而非堆砌大量的材料令讀者望而生畏。閱讀奈伊的書，如同看迪馬喬打棒球或是馬友友拉大提琴，他把複雜的東西變簡單。」

──羅伯特‧柯恩（Robert O. Keohane，
普林斯頓大學伍德羅威爾遜學院國際關係學教授）

「我認為，這是一本學習世界政治學生最好的教科書，把歷史、政治哲學、政治理論及分析完美結合起來。」

──史丹利‧霍夫曼（Stanley Hoffmann，哈佛大學歐洲研究中心創辦人）

前言

　　近年來，政治學和國際關係這門學科招致很多批評，這是因為學術理論和真實世界的政治與政策之間的鴻溝越來越大。決策者以及學者抱怨那些充斥著專業術語的教科書變得越來越厚的同時，卻也越來越空洞無物。難道政治學與國際關係學科真的無助於我們理解，像亞洲的復興、中東的動盪、網路空間衝突以及非國家行為者日漸增加的重要性等等的重要變革，到底將帶來全球合作，還是導致全球衝突嗎？

　　實踐時總要有理論可用。人們為了實現自己的目的，至少需要簡單的因果觀念，以及簡化（simplify）、詮釋（interpret）現實的手段。假如有人讓你描述自己在過去一個小時裡所遇到的事情，那麼你只能簡化，或者重現 60 分鐘的細節。如果有人要你去做某件事，那麼你就需要想想什麼樣的行為才會產生這樣的結果。問題不在於理論對實踐是否有幫助，而在於什麼樣的理論以及在什麼場合下對實踐有幫助。大多數人意識不到自己每天都用到理論。即便是那些有意識地使用理論的人，也常常對於自己所必須運用的理論是如何產生、有什麼局限性知之甚少或者毫無所悉。大部分實際工作者似乎都迴避學術理論，很多學者也瞧不起實務，並且使用只有其他學者能明白的語言來著書立說。《外交政策》（*Foreign Policy*）雜誌最近列出 25 位最具影響力的學者，其中僅有四位擔任過高級政務官：兩位在美國政府，另外兩人任職聯合國。

　　《哈佛最熱門的國際關係課》一書，目的在為這條鴻溝搭建一座橋梁。它源於我在哈佛大學教的一門導論性的核心課程，我教這門課已十多年，以及我在華盛頓三個國家安全官僚機構（國務院、五角大廈和國家情報委員會）中擔任助理部長級要職的五年經歷。我在政界中發現，理論和實踐可以相輔相成。本書旨在讓學生在轉向冷戰後比較流行的自由主義以及建構主義方法之前，先掌握好傳統的現實主義理論，以理解國際政治的複雜性。寫這本書的目的是，盡量用簡潔的語言和歷史事例來闡述晦澀難懂的概念，這樣學生就可以理解國際政治的基本分

析方法了。

　　在 20 世紀上半葉，強權國家兩次介入毀滅性的世界大戰，導致將近 5,000 萬人喪生。在 20 世紀下半葉，世界又遭受冷戰、區域戰爭以及核武威脅的折磨。為什麼會發生這些衝突？21 世紀，還會爆發類似衝突嗎？抑或日益增強的經濟和生態相互依存、跨國制度和國際制度的發展、民主價值觀念的傳播會帶來一個新的世界秩序？在這個新的世紀裡，全球化和資訊革命又將如何影響國際政治？沒有一位好老師可以準確地解答這些問題，但是我們可以給學生提供主要來自現實主義、自由主義和建構主義的分析方法，幫助他們日後能回答這些問題。這就是本書的宗旨。

第十版新增的內容

　　這是一部教科書的第十版，該書前七版的英文書名為《理解國際衝突：理論與歷史》（*Understanding International Conflicts: An Introduction to Theory and History*）。在編寫第八版的時候，我邀請我的朋友（也是我過去的一位學生）大衛‧威爾許（David A.Welch）作為合著者，我們藉此機會把英文書名改成《理解全球衝突與合作：理論與歷史》（*Understandign Global Conflict and Cooperation: An Introduction to Theory and History*）。我們這麼做是基於兩個原因。第一，我們加上「合作」這個詞，是想更清楚地說明，衝突與合作實際上為同一個問題（解決爭端）的兩個方面。在世界政治中，爭端的產生可能是因為諸如技術標準或者智慧財產權之類的一般紛爭，也可能是源於像領土糾紛這類引起情感衝動的問題。爭端的原因也許相對單純，比方說如何保護鯨魚；也有可能相當複雜，比方說如何平衡經濟不發達國家的利益與減少全球溫室氣體排放的訴求。決策者、專家和教授更加關注衝突（而不是合作），因為衝突總是有可能失控。結果是我們常常看不到一個事實，即世界上大多數爭端實際上是以和平方式得到解決。我們有時也忽略掉尋找一勞永逸地解決衝突的合作方式，其難度不亞於避免戰爭，甚至前者比後者更難。我們在書中增加了許多新材料，以便更清晰地說明衝突與合作的複雜關係。第二，我們把「國際」改為「全球」，是想凸顯一個事實，即在 21 世紀，世界整體所面臨的問題越來越多，它們不僅僅涉及國家，而且涉及眾多的行為者。

從某種程度上說，「國際」是「全球」的一部分。儘管以國際視角看世界依然很重要，也很有用，但一種真正的全球視角往往可以擴大我們的視野。研究世界政治的學者通常關注主權國家之間的衝突，這在 20 世紀上半葉是有意義的，那時主權國家打了兩場毀滅性的世界大戰；這在冷戰時期也是有意義的，當時的美國和蘇聯有好幾次差點毀滅對方，而且預警時間大約只有 30 分鐘。今天，國家之間的衝突依然是個重要問題，但人類所面臨的挑戰在廣度和深度上都比過去更嚴峻。當今的國內衝突比國際衝突更普遍，而且幾乎總是帶來國際影響。由於現代通訊的速度與強度、非國家行為者的日益增多，以及經濟和其他利益的全球化，這類衝突有可能影響到各個地方的人。我們越來越難區分國際問題與國內問題、當地問題，與區域或全球問題。

讀者對第八版的反應很熱烈，當然它也有進一步改善的空間。本書是第八版之後的第二次修訂版，我們仔細修訂這本教材，參考來自評論人士非常有益的回饋資訊，使文字表達更精煉、深刻和清晰。我們盡可能地使得各章之間的聯繫更為緊密，並且讓本書的主題貫穿於各章之中。這個主題就是，只有把理論與歷史結合起來，才能對世界政治中所發生的事件有更好的詮釋，並且從道德和倫理上評估這些事件，這種評估一樣很重要。

第十版的要點

- 這個版本的最大變化在於，特別增加了討論當前地區熱點的一章，即第七章。這些世界上的地區熱點有助於我們想像國家之間的衝突，或者升級為整個地區糾紛的國內衝突。除了敘述這些地區熱點的歷史與動力之外，我們還試圖把每個地方所發生的事件，與第一章到第六章所討論的主要概念與問題串聯起來。

- 我們也增加新的以及更新過的大事記，使讀者更易於理解複雜的事件是如何發生。

- 另外一個重要的變化，就是增加術語的解釋，並且更為詳盡。當你看到一個自己不甚了解的詞語或者用法的時候，可以查看術語解釋，從中可以找到清楚與簡要的界定，這會讓你注意那些重要的相關概念。

- 每一章所新加的「本章你可以學到這些」一欄，旨在引導讀者注意該章

所討論的重要概念、問題和理念。

　　與之前九個版本一樣，本書從理論與歷史相扣的角度，來解釋、理解與評估世界上所發生的事件，這依然是第十版的支柱。這本教科書本身就是一個如何思考錯綜複雜的國際政治範例。讀者不能以想要獲取完整的事實描述的心態來閱讀，而應該注意本書如何結合理論和歷史的方法。這是一個起點。單靠理論或者歷史是不足以解釋問題的。那些主張只藉由敘述事實來理解問題的歷史學家，並沒有告訴我們他們在選擇事實的時候所遵循和隱藏的原則。政治學家也犯了同樣的錯誤，他們孤立和沉迷於抽象概念的迷思之中，把自己腦中的構想當作了現實。我們只有對歷史和理論反覆參酌，才能避免這樣的錯誤。

　　本書可以為一門導論性課程的教學以及讀者自學這類課程，提供一條基本線索。另外，它也可以作為一本輔助教材，提供思考這一主題的方法。每一章都列有思考題以便給教師和學生提供嚮導，同時也加入延伸閱讀，可供想更深入探討問題的學生選用。同時，它也包含作者詳盡討論過的歷史事件年表，及一些很有用處的地圖、示意圖、圖表、表格等等。

　　我們希望第十版是容易閱讀的。作為一部多年來一直在修訂中的著作，我們希望它得以繼續發展並更臻完善。事實上，我們很快就得開始考慮編著第十一版。毫無疑問，從今以後世界的頭條新聞將給我們特有的分析框架——理論與歷史的結合——提供更多待處理的素材。

本書的特色

　　本書作為一個理論與歷史對話的範例，可以為一門導論性課程的教學和讀者自學這類課程提供一條基本線索。另外，它也可以作為一門課程的輔助性教材，提供一種思考這一主題的方法。

　　本書每一章都列有學習內容和思考題，以便給教師和學生提供導引。延伸閱讀被刻意放在每個重點之後（中文版置於全書末），目的在於引導學生去閱讀那些具有歷史意義以及（或者）開拓性的著作，以便積極探索自己所遇到的和感興趣的問題。讀者將在書中看到各種各樣的新地圖、表格與圖表，其中很多是首次發表的。此外，讀者也可以看到更新過的、書中所詳盡討論的那些歷史事件的大

事記。最後，我經常反思自己在政界與學界的經歷，身體力行地說明同等重視理論與歷史的重要意義。

致謝

這本書的編寫奠基於哈佛大學的一門名為「歷史研究類 A-12：當代世界中的國際衝突」的課程。在過去的歲月裡，我有時與一些年輕同事一起上這門課，他們是斯蒂芬·哈加德（Stephan Haggard）、鄺雲峰（Yuen Foong Khong）、邁克爾·曼德爾鮑姆（Michael Mandelbaum）以及 M. J. 彼得森（M. J. Peterson）。同時我也受一些得力的重要教學同行（Head Teaching Fellows）的幫助，他們是文·奧格（Vin Auger）、彼得·費沃（Peter Feaver）、梅里爾·凱斯勒（Meryl Kessler）、蕭恩·林恩—鐘斯（Sean Lynn-Jones）、帕姆·梅茨（Pam Metz）、約翰·歐文（John Owen）、吉登·羅斯（Gideon Rose）以及戈登·西爾弗斯坦（Gordon Silverstein）。他們都是靈感與創見的來源，而某些思想無疑在潛移默化間已深植本書文字之中。史丹利·霍夫曼（Stanley Hoffmann）和羅伯特·柯恩（Robert Keohane）的影響也確實是這樣的，霍夫曼是我和柯恩的老師，霍夫曼和柯恩都是極富學術創造力以及慷慨大度的人，對本書的編寫有莫大的影響，他們兩位都仔細閱讀過這本教材，並且提出中肯的評論。

其他評論過第十版全部或部分書稿並提供建設性意見的人還有：科羅拉多州立大學的霍利·波伊斯（Holly Boux）、庫茲頓州立大學的約翰·賴利（John Riley）、庫茲頓州立大學的羅伯特·波塔達（Robert Portada）、詹姆斯麥迪遜大學的 Hak-Seon Lee、科羅拉多州立大學的保羅·克魯拜（Paul Crumby）、聖路易大學的蒂莫西·隆佩里斯（Timothy Lomperis）、吉爾福德學院的喬治·郭（George Guo）、丹尼森大學的安德魯·卡茨（Andrew Katz）。我們還要感謝對之前版本的寫作提供過建議和洞見的其他人士，他們是：勞倫斯·亞伯拉罕（Lawrence Abraham）、伊曼紐爾·阿德勒（Emanuel Adler）、艾薩·阿默德（Aisha Ahmad）、以撒·阿爾卡提布（Insan Alkatib）、本特利·艾倫（Bentley Allan）、克莉絲蒂娜·巴德斯庫（Cristina Badescu）、邁克爾·巴尼特（Michael Barnett）、斯蒂芬·伯恩

斯坦（Steven Bernstein）、大衛·德斯勒（David Dressler）、瓊·托伊費爾·德雷爾（June Teufel Dreyer）、科林·杜克（Colin Dueck）、彼得·費沃（Peter Feaver）、尼科·福萊納（Nicole Freiner）、卡蒂·斯特羅邁爾·戈爾登（Kathie Stromile Golden）、柯利弗德·格里芬（Clifford Griffin）、沃爾特·哈奇（Walter Hatch）、馬修·霍夫曼（Matthew Hoffmann）、克里斯多福·豪斯尼克（Christopher Housenick）、南森·詹森（Nathan Jensen）、凱勒奇·卡魯（Kelechi Kalu）、彼得·卡贊斯坦（Peter Katzenstein）、伊莉莎白·拉魯斯（Elizabeth Larus）、霍華德·雷曼（Howard Lehman）、詹姆斯·曼尼科姆（James Manicom）、查理斯·梅爾（Charles Maier）、歐內斯特·梅（Ernest May）、理查·梅蘭森（Richard A. Melanson）、愛德華·米哈卡寧（Edward S. Mihalkanin）、卡爾帕那·米斯拉（Kalpana Misra）、貝斯馬·莫馬尼（Bessma Momani）、中里寬（Hiroshi Nakazato）、道格拉斯·納爾遜（J. Douglas Nelson）、卡拉·諾洛夫（Carla Norrlöf）、戴安娜·保羅（Diane Paul）、文森特·帕利奧特（Vincent Pouliot）、馬克·雷蒙德（Mark Raymond）、丹·賴特（Dan Reiter）、詹姆斯·羅斯（James Ross）、喬治·香博（George Shambaugh）、阿伯雷亞·塞納（Aboulaye Saine）、白鳥潤一郎（Junichiro Shiratori）、巴里·斯坦（Barry Stein）、詹尼斯·斯坦（Janice Gross Stein）、傑佛瑞·托格曼（Jeffrey Togman）、希歐多爾·瓦斯塔爾（Theodore Vastal）、亞歷山大·溫特（Alexander Wendt）、約翰·威廉斯（John Williams）、梅麗薩·威廉斯（Melissa Wiliams）。這本書的編寫還得到以下專業研究助理的幫助：克里斯·博多立（Chris Bordeleau）、馬賽爾·迪奇（Marcel Dietsch）、札卡里·卡拉貝爾（Zachary Karabell）、馬特·科胡特（Matt Kohut）、吉娜·默吉德（Jenna Meguid）、蕭恩·米斯科（Sean Misko）、卡爾·納金（Carl Nagin）、丹·菲爾波特（Dan Philpott）、尼爾·羅森道夫（Neal Rosendorf）、亞利克斯·斯卡科（Alex Scacco）以及理查·伍德（Richard Wood）。我們對這些人致上深深的謝意。

約瑟夫·奈伊

第一章

世界政治中存在著永久的衝突與合作邏輯嗎？

▌本章你可以學到這些▌

1.1 了解主權國家體系的特點及其對合作與衝突的影響。

1.2 解釋歷史如何幫助我們理解當今的國際政治。

1.3 比較和對比：（1）動機、手段和後果；（2）懷疑論者、道德論者和世界主義者。

　　世界正在變小。「五月花」號橫渡大西洋花了三個月的時間。1924 年，查理斯・林白（Charles Lindbergh）駕機飛越大西洋花了 33 個小時。五十年之後，協和號飛機飛越大西洋需要三個小時。彈道飛彈穿越大西洋只需要 30 分鐘。在 21 世紀初，跨越大西洋的航班飛行費用只及 1950 年的三分之一，從紐約打電話到倫敦的費用只是 20 世紀中葉的零頭。全球互聯網通訊幾乎在瞬間進行，而且費用極少。今天，一位亞洲的環境保護主義者或非洲的人權活動家，擁有了過去只有政府或跨國公司那樣的龐大組織才享有的通訊權力。比較令人擔憂的是，核武的問世給戰爭增加了一個新的內涵，即作家所說的「雙重死亡」，不僅是個人喪生，而且在某些情況下整個人類的生存都會受到威脅。2001 年 9 月 11 日紐約世界貿易中心和華盛頓五角大廈遭受恐怖攻擊的事件說明，科技已經讓非國家行為者手中擁有了毀滅性的權力，而過去只有政府才擁有這樣的權力。隨著距離效應的減少，像阿富汗這樣遙遠和貧困的國家的狀況，突然變得與全球民眾有著密切的關係。

　　然而古往今來，國際政治中的某些東西一直沒有發生變化。修昔底德（Thucydides, 460-400 BCE）所描述的斯巴達和雅典之間的伯羅奔尼撒戰爭，

> 本人在政府中的經歷，使得我對於世界政治中的老問題與新問題都不會採取輕視態度。
>
> ——約瑟夫·奈伊

距今已有二千五百多年，但是它和1947年開始的以阿衝突有著驚人的相似之處。老普林尼（Pliny the Elder）在距今將近兩千年前，抱怨羅馬與印度（互利）貿易不平衡時所用的語言，與今天美國國會抱怨美國與中國（互利）貿易不平衡所使用的語言幾乎完全一樣。千百年來，儘管衝突與合作的形式以及導致衝突與合作的問題是有變化的（比如古代人從不需要擔心核武、愛滋病或者氣候變化等問題），但衝突與合作的基本邏輯竟然一成不變。世界是由延續性和變遷性所組成的奇特混合體。

國際關係學生的職責在於借鏡歷史以理解延續性與變遷性，而不為過去所束縛。我們必須學習傳統的理論，並運用於當前的環境中。本書的開頭幾章將闡述歷史和理論問題，以便為後面幾章將要討論的資訊革命、全球化、相互依存和跨國行為者等現象提供背景資料。

如果獨立國家消亡的話，那麼國際政治的性質將發生變化。但是，世界政府並不會很快就產生。像跨國公司、非政府組織和恐怖集團這樣的非國家行為者，雖然對政府帶來新的挑戰，但是並不能取代國家。目前世界上有將近200個國家，這些國家的人民要求維護國家的獨立、保持其獨特的文化和使用自己的語言。實際上，民族主義和建立獨立國家的願望，不僅沒有消失，反而日益強烈。在21世紀，國家的數量不會減少，很可能還會增加。世界政府並不能自動解決戰爭問題，因為今天絕大多數戰爭屬於內戰或者族群（ethnic）戰爭。在1989年11月柏林圍牆倒塌之後，世界上有50個不同的地方發生了71次武裝衝突。其中有八次是國家間的武裝衝突，11次是有外國干涉的內戰。[1] 事實上，19世紀最血腥的戰爭不是發生在歐洲交戰國之間，而是中國的太平天國起義和美國的內戰。未來我們還將生活在由競爭的團體以及獨立的國家所組成的世界之中，理解這一點對於未來有重大的意義。

什麼是國際政治？

1.1 了解主權國家體系的特點及其對合作與衝突的影響。

　　世界上並非一直都存在著由獨立國家組成的體系。從古至今，國際政治有三種基本形式。在**世界帝國體系**（world imperial system）中，有一個政府主導著與它交往的絕大多數國家的行為。在西方世界最典型的例子就是羅馬帝國，但是蘇美王朝、波斯帝國、蒙古帝國、中華帝國、阿茲特克帝國和馬雅帝國也屬於這個範疇。它們都不是真正的**世界性**帝國，而是屬於地區性帝國，當時由於交通阻隔而免於與外部世界發生衝突或競爭。它們和帝國周邊蠻族的戰爭，與大致平等的國家間的戰爭不可相提並論。

　　國際政治的第二種基本形式是**封建體系**（feudal system）。在該體系裡，個人效忠的主體和政治義務主要不是由領土邊界決定。羅馬帝國崩解後，封建主義在西方是個普遍存在的現象。個人除了要效忠本地的封建領主外，還可能對較遠的一些貴族、主教及羅馬教皇負有義務。政治義務在很大程度上取決於自己上級的命運。如果領主結婚了，那麼一個地方及其居民的義務可能因為作為嫁妝的一部分而有變化。一位法國城鎮居民很可能突然間發現自己一下子變成了法蘭西人或英國人。城市或者城市同盟有時具有一種很特別的半獨立地位。伴隨封建體系而來的不規則戰爭，和我們通常所理解的現代（modern）領土戰爭是不同的。它們可能發生在特定領土之內，也可能是跨越領土界線，並且與上述那些錯綜複雜的、與領土無關的效忠和衝突密不可分。

　　國際政治的第三種形式是**無政府的國家體系**（anarchic system of states）。它由相對具有內聚力的國家組成，沒有一個更高的政府凌駕於這些國家之上，案例包括古代希臘的城邦國家和 15 世紀馬基維利（Machiavelli）時代的義大利。另一類無政府國家體系是王朝式的領土國家，其內聚力源於一個統治家族的控制。我們在西元前 5 世紀的印度或者中國可以找到這樣的例子。大的領土王朝於 1500 年左右在歐洲出現，而與此同時城邦國家或鬆散的地區同盟開始消亡。1648 年的**西發利亞和約**（Peace of Westphalia），標誌著三十年戰爭的終結，這場戰爭有時被人們稱為最後一次宗教戰爭和第一次現代戰爭。今天回過頭去看，這個和約使得領土主權國家成為主要的政治單位。我們今天所說的「西發利

亞體系」曾經包括帝國，其中最成功的就是 19 世紀的大英帝國。過去有個著名的說法，即「日不落帝國」，因為大英帝國在世界每個時區幾乎都有領地。大英帝國即便在其鼎盛時期，也面臨著其他強大國家的挑戰。

今天我們所說的國際體系，通常是指西發利亞領土主權國家體系，而且我們把**國際政治**（international poitics）定義為缺少一個共同主權者的政治，即在各行為者之上沒有統治者的政治。國際政治是一個自助（self-help）體系。英國哲學家湯瑪斯・霍布斯（Thomas Hobbes, 1588-1679）把這樣的無政府體系稱為「自然狀態」（state of nature）。在某些人看來，**自然狀態**所描述的景象就像一群乳牛在農場裡安然吃草。然而，這並非霍布斯的本意。我們應該想想在美國開拓西部邊疆的年代裡一個沒有警察的德州小鎮、20 世紀 70 年代陷於無政府狀況下的黎巴嫩，或 20 世紀 90 年代的索馬利亞。霍布斯的自然狀態並不友善，是一種所有人相互為敵的戰爭，因為沒有一個更高的權威來維持秩序。正如霍布斯的一個著名論點所說，在這樣一個世界中，生存既艱難、又野蠻且短命。

由於國家之上沒有更高的權威，國內政治與國際政治間的重大區別包括法律、政治和社會等面向。國內法相對來說比較明確且一致。警察和法院扮演執法者的角色，但國際法則不然，它是分散、不完整的，建立在有時比較模糊的基礎，也不存在日常的執法機制。在世界上缺少一股全球性的執法力量，一些國際性的法院雖然存在，但是卻拿那些無視國際法的主權國家沒轍。

武力（force）在國內政治和國際政治中也扮演著不同角色。在階級明確的國內政治體系中，政府壟斷了合法使用武力的權力。而在國際政治中，誰都不能壟斷使用武力的權力。這是由於國際政治屬於自助的範疇，一些國家比其他國家強大，因此總是存在著某些國家訴諸武力的危險。由於無法在國際政治中禁止使用武力，國家間通常存在著互不信任和猜疑。

國內政治和國際政治的區別在於各自的共同體觀念不同。在秩序井然的國內社會裡，有一個普遍的共同體觀念，並且因此產生了共有的效忠對象、正義標準以及合法權威的觀念。在全球層面上，人們有著相互競爭的效忠對象，全球共同體的觀念很薄弱，人們對正義和正當性問題經常有著不同的見解。結果是，在秩序和正義這兩個政治價值之間，存在著一個巨大的鴻溝。在這樣的世界裡，大多數人總是把國家擺在國際正義之前。法律和道德在國際政治中發揮著作用，但是

由於缺乏共同體規範的觀念，不像在國內政治中那麼具有約束力。

　　有些人猜測，上述三個基本體系，即世界帝國體系、封建體系和西發利亞體系，在 21 世紀可能會逐步演變出一種新的封建主義，甚至出現一個新的世界帝國。我們將在第十章討論這些問題。

關於無政府政治的不同觀點

　　從主權國家之上沒有一個政府這個意義上說，國際政治是無政府的。但在政治哲學上，人們對於自然狀態的危害性有不同的認識。霍布斯生活在 17 世紀飽受內戰之苦的英國，他強調不安全、武力與生存，認為人類總是處於戰爭狀態。與霍布斯相隔約半個世紀的約翰・洛克（John Locke, 1632-1704），生活在比較穩定的英國。他認為，儘管無政府狀態中缺少一個公認的主權者，但人民仍然可以發展彼此間的關係和訂立契約，於是無政府狀態並不一定是和平的障礙。這兩種有關自然狀態的觀點，是當今國際政治的兩個思想起源——現實主義和自由主義國際政治觀的哲學源頭。**現實主義**（realism）比較悲觀，而**自由主義**（liberalism）則相對樂觀。

　　幾個世紀以來，**現實主義**在國際政治思想傳統中一直維持主導地位。對現實主義者來說，國際政治的中心問題是戰爭和使用武力的問題，國際政治的主要行為者（actor）是國家。理查・尼克森（Richard Nixon）總統及其國務卿亨利・季辛吉（Henry Kissinger）的著述和政策主張，代表著現代美國人的現實主義觀。無政府國家體系的假設是現實主義者思考問題的起點，他們認為一個國家的生存，總是（至少潛在）受到其他國家威脅。於是，季辛吉和尼克森力主盡全力增強美國的實力和削弱其他國家威脅美國安全的能力。在現實主義者看來，國際政治首要的是一國保護自己免於他國的侵犯。

　　另外一個傳統被稱為**自由主義**，可以追溯到 18 世紀法國的孟德斯鳩（Baron de Montesquieu）和德國的康德（Immanuel Kant）以及 19 世紀英國哲學家傑瑞米・邊沁（Jeremy Bentham）、約翰・史都華・穆勒（John Stuart Mill）等人之西方政治哲學思想。而現代美國自由主義思想，則呈現在作為政治學家和總統的伍德羅・威爾遜（Woodrow Wilson）的著述與政策主張之中。

　　自由主義者認為，有一個全球社會與國家並存，且與國家一起共同運作，它是制約國家行為的重要外部環境。跨國界貿易、人民之間的接觸（比如學生在外國就學）以及國際制度（international institution，比如國際聯盟和聯合國），在一定程度上減弱了無政府狀態的危害程度。自由主義者批評現實主義者低估了人民之間跨國界交往之類的重要性，認為主權國家之間的相互尊重會導致某種國際「社會」的產生。自由主義者認為，現實主義者過分誇大了國內政治與國際政治之間的差別。由於現實主義者所描述的霍布斯的「自然狀態」只是極端情況，所以自由主義者聲稱現實主義者忽視了經濟相互依存和跨國性全球社會的產生與發展，而這兩者應是和平的重要力量。

　　現實主義者用霍布斯的話來反駁自由主義者：「暴風雨天氣並不意味著雨下個不停，所以自然狀態也不意味著戰爭是沒完沒了的。」[2] 如同倫敦人在 4 月陽光燦爛的日子裡還帶著雨傘一樣，處於無政府體系中的國家，甚至在和平時期也要養一支軍隊以防備戰爭。現實主義者指出，自由主義者過去的一些預測都是錯誤的。比如，史丹佛大學校長在 1910 年曾說，未來不可能發生戰爭，因為國家難以承受戰爭的代價。自由主義者聲稱，戰爭已經過時了，文明已經跨越了戰爭的階段。人們認為，經濟相互依存、工會與知識分子的聯繫以及資本的流動等所有這些因素，使得戰爭不可能發生。當然，這樣的預言在 1914 年破功，現實主義觀點被證明是正確的。

　　不管是歷史，還是現實主義者與自由主義者的爭論，都在 1914 年後繼續發展。20 世紀 70 年代，關於日益增強的經濟和社會相互依存會改變國際政治性質的自由主義觀點復甦了。理查・羅斯克蘭斯（Richard Rosecrance）在 20 世紀 80 年代寫道，國家可以透過領土征服或和平貿易這兩種途徑增強自己的實力。他以日本的經驗為例說明：日本在 20 世紀 30 年代進行領土擴張，但第二次世界大戰給它帶來了災難；日本在第二次世界大戰結束後以貿易和投資立國，成為世界第二大經濟強國（按照官方匯率統計）和東亞的主要大國。日本成功了，而它的軍費支出卻比其他主要大國要少得多，與其人口或經濟規模不成比例。因此，羅斯克蘭斯以及現代自由主義者認為，國際政治的性質正在發生變化。

　　有些新自由主義者看得更遠。他們認為，迅速發展的生態相互依存，將使國內政治與國際政治間的界線變得模糊起來，人類將步入無國界的世界。例如，

1910 年：戰爭是看不見的吸血鬼

如果沒有其他阻止戰爭的因素，那麼戰爭所導致的經濟損失遲早會讓世界上的文明國家出現良知。正如史丹佛大學校長大衛・斯塔爾・喬丹（David Starr Jordan）在塔夫茨大學的演講中所說的：「未來不可能發生戰爭，因為國家難以承受戰爭的代價。」他說，歐洲的戰爭債款高達 260 億美元，「每個人都對看不見的吸血鬼欠債，任何國家都還不起這個債，可憐的民眾每年因此要繳納 9,500 萬美元的稅。」和平時期的軍國主義所帶來的負擔，正在日益侵蝕那些已經不堪承受債務的主要國家的力量。大戰的必然結果是國家全面衰敗。

——《紐約世界》[3]

導致地球變暖的溫室氣體排放，會影響到每一個人，不管人們生活在什麼地方。愛滋病和跨國毒品交易正迅速蔓延等問題，可能使我們正步入一個截然不同的世界。普林斯頓大學教授理查・福爾克（Richard Falk）認為，這些跨國性問題和價值將改變在過去四百年中占據主導地位的、以國家為中心的國際體系。跨國性力量正在瓦解西發利亞和約的體系，人類將見到新型的國際政治。

在 20 世紀 80 年代，來自現實主義與自由主義兩個陣營的學者試圖模仿個體經濟學，創立形式和演繹理論（formal and deductive theory）。以肯尼士・華茲（Kenneth Waltz）為代表的**新現實主義者**（neorealist）和以羅伯特・柯恩（Robert Keohane）為代表的**新自由主義者**（neoliberal），創建了國家的結構模型（structural models of states），把國家視為理性的行為者，其行為受到國際體系的制約。新現實主義者和新自由主義者把國際關係理論變得更為簡明優雅（simplicity and elegancy），於此同時，他們也丟掉了經典現實主義和自由主義理論豐富與複雜的內涵。結果，到了 20 世紀 80 年代末，理論上的爭論也許只能歸納為以國家為中心的理性主義國際關係模式內部比較細微的分歧。[4]

這些有關國際政治的性質及其是否變動的不同觀點，很難在短期內得到調和。現實主義者強調延續性，而自由主義者則強調變遷性。雙方都斷言自己的觀

點更具「現實性」。自由主義者通常把現實主義者看作憤世嫉俗的人，認為他們只關注過去，無視將來。而現實主義者則聲稱，自由主義者是烏托邦式的空想家，他們的思想是「一派胡言」（globaloney）。

到底誰對誰錯呢？兩者都對，也都錯。直截了當地回答自然很好，但也很可能不夠精準不令人滿意。進入 21 世紀的世界有延續性的方面，也有變動性的地方，不可能有一個簡單易懂和包羅萬象的答案。不僅如此，世界是個「萬花筒」。在某些地區，比如中東，國際政治是非常具有現實主義色彩的。而在另外一些地區，比如西歐，國際政治則呈現較為自由主義的色彩。

分析國際政治的方法不僅限於現實主義和自由主義這兩種。最近，一群觀點並不一致、被稱為**建構主義者**（constructivist）的學者，批評現實主義和自由主義未能充分解釋世界政治中的長期性變革。比方說，現實主義者和自由主義者都未能預測到冷戰的結束，解釋冷戰結束的原因也難令人信服。建構主義者強調觀念（ideas）和文化（culture）在塑造國際政治現實和國際政治話語中的重要作用。他們強調利益的主觀性以及利益與不斷變化的認同之間的聯繫。比如，建構主義者可能認為，在一個由理查·尼克森和亨利·季辛吉這樣的人所領導的一系列國家所組成的世界中，現實主義對國際政治的解釋力比較強，在一個由伍德羅·威爾遜這樣的人所領導的一系列國家所組成的世界中，自由主義的解釋力比較強。所有事情都取決於特定時期的主導觀念，而觀念是不斷變化的。

建構主義者關注的是認同（identities）、規範（norms）、文化、國家利益（national interests）以及國際治理（international governance）等面向。[5] 他們相信，政治家和其他人的行為動機不僅僅是物質利益，也包括他們的認同感、道德觀以及他們認為什麼是社會或文化所認可的合適行為。這些規範是在變化之中的，有時要透過與其他規範的互動過程。建構主義者認可國際體系是無政府狀態的，但他們也指出存在著從善意、和平、友誼到嚴重敵視和競爭的多種無政府狀態。特定時期無政府狀態的性質取決於主流的規範、認知以及信仰。正如著名建構主義學者亞歷山大·溫特（Alexander Wendt）所指出的，無政府狀態是國家製造的。這可以解釋為什麼美國對一件北韓核武的憂慮程度大於 500 件英國核武，以及為什麼 20 世紀兩次交戰的法國和德國不再認為兩國可能爆發戰爭。[6]

現實主義者和自由主義者想當然地認為，國家的行為都是出於追求自己的國家利益，但是他們無法說清楚這些利益是如何被塑造的，並且如何隨著時間的流逝而變化。建構主義者吸取不同學科的知識，檢視領導人、民眾以及文化改變偏好（preference）、產生認同及學會新的行為方式（behavior）的過程。比如，19 世紀奴隸制和南非種族隔離制度曾經得到大多數國家的認可，但是後來卻遭到一致的譴責。建構主義者提出這樣一些問題：為什麼會產生如此變化？觀念扮演著什麼樣的角色？戰爭行為今後是否也會發生類似的變化？主權國家概念的命運又將怎樣？在世界上存在著很多政治實體，比如部族（tribes）、國族（nations）和非政府組織。主權國家只是在最近的幾個世紀裡才占據主導地位。建構主義者指出，像民族和主權這些影響我們對世界政治的理解及理論建構的概念都是社會建構的，不是給定（given）的，也不是永久不變的。甚至我們對「安全」的理解也處於演進過程之中。傳統的國際關係理論通常只是從防止國家之間的暴力或戰爭的角度，來理解安全問題。但在當今世界，「人的安全」（human security）這一相對較新的概念也同樣重要。不僅如此，很多現象已經被「安全化」（securitized）了，被視為政治上的嚴重威脅，需要更多的應對措施。正如本書第八章和第九章將論述的，今天學者和政治家所擔憂的，除了國家間的戰爭外，也包括貧困、不平等、經濟或者生態災難等問題。

建構主義是一種方法（approach），它反對現實主義和自由主義這兩種傳統理論以探索科學規律為目的之思路，而尋求依條件而定的通則（contingent generalizations），並且通常把深度描述（thick description）當作解釋的形式。當今世界政治中的某些重大爭論，是圍繞著**主權、人道主義干涉、人權**以及**種族屠殺**等概念之含義而展開的，建構主義在這些問題上比傳統理論更有發言權。[7]建構主義對現實主義和自由主義傳統理論提出建言，並且補充了這兩種理論。建構主義的分析方法有時顯得不甚嚴謹和缺乏預見力，但是它可以提醒我們注意兩個主流理論經常忽視的東西。正如本書第二章將論及的，我們在分析問題的時候，不應該把目光停留在追求當前目標的工具理性（instrumental rationality）上，還必須思考認同和利益的變化有時會導致國家政策發生微妙變化，甚至導致國際事務發生深刻的變化。建構主義者幫助我們理解偏好是如何產生的，判斷是如何被塑造的。從這個意義上說，建構主義是補充而非否定上述兩種主流理論。我們

將在第二章以及第十章中討論如何理解長期變革的問題。

現實主義、自由主義和建構主義者在很多問題上是存在分歧的，但是都傾向於認為，理解國際政治最為有效的方式，就是把國家視為主要的行為者。並非所有人都抱持這種觀點，在上世紀的大部分時間裡，**馬克思主義**（Marxisim）是很多人的選擇。馬克思主義是最早由馬克思（Karl Marx）、恩格斯（Friedrich Engels）提出的理論，後來得到其他理論家進一步的論述和運用。馬克思主義否定國家是國際政治中最重要的行為，堅持認為經濟階級主要是資本家和工人——是更為重要的行為者。馬克思主義者特別關注資本主義國家的國內經濟結構，並且傾向於從階級動力（class dynamics）的角度來解釋世界政治。馬克思主義這種關注經濟階級、生產和財產關係的思想傾向，有時被稱為「經濟還原主義」（economic reductionism）或「歷史唯物主義」（historical materialism）。馬克思主義者相信政治是經濟的表現，而且預測資本家的貪婪將導致國際關係中的重大事件發生，最終社會主義革命遍及全球和資本家消亡。然而，馬克思主義者輕視民族主義、國家權力和地緣政治的重要性。馬克思主義者缺乏對外交和權力平衡重要性的關注，導致有關國際政治的理解漏洞百出，並且對未來提出了錯誤預測。甚至在 1991 年蘇聯解體之前，馬克思的理論就由於未能解釋主要資本主義國家之間保持和平關係以及一些共產黨國家之間發生戰爭的現象，而損害了其解釋力。比如，馬克思主義者很難解釋 1969 年中國和蘇聯的衝突、1978 年越南入侵柬埔寨以及 1979 年中國與越南的衝突等現象，這些事件都屬於共產主義國家之間的衝突。

建立在馬克思主義基礎上的**依賴理論**（dependency theory）在 20 世紀 60 年代和 70 年代十分流行。它預言，處於全球市場「中心」地帶的富裕國家將控制處於「邊緣」地帶的貧窮國家，並使後者越來越貧困。依賴理論學者認為，第一世界（富裕、自由的資本主義國家）和第三世界（發展中國家）之間的全球性經濟和政治分裂，或者南北分裂，是歷史帝國主義和資本主義全球化的產物。依賴理論的確有一些說服力，比如可以解釋許多貧窮國家為什麼未能享有正統自由主義經濟理論所預言的經濟自由化成果。它也可以讓人們關注發展中國家的「二元經濟」（dual economy）這一有趣和重要的現象，即少數富裕、受教育的城市經濟菁英參與並受益於全球化，而大多數貧窮的農民、勞工和礦工則未能如

此。雖然依賴理論有助於闡釋造成經濟不平等的某些結構性原因，但是很難解釋為什麼東亞的邊緣國家，如韓國、新加坡和馬來西亞，在 20 世紀 80 年代和 90 年代的發展速度比美國和歐洲這樣的「中心」地帶國家還快。韓國和新加坡現在已經屬於富裕的「發達」國家，而馬來西亞則是一個正在崛起的中等收入國家。依賴理論的弱點得以顯露的一個重要表現是，作為 20 世紀 70 年代依賴理論的學界領導者之一的費南多·卡多索（Fernando Henrique Cardoso）在 20 世紀 90 年代當選巴西總統後，轉向自由主義經濟政策。

與馬克思主義學者和依賴理論家關注經濟階級的理論傾向不同，**女性主義**（feminist）國際關係者所關注的對象是社會性別（gender）。幾乎所有社會，包括西發利亞國家的無政府社會，都具有一個基本特徵，即**父權制**（patriarchy）或者男性特質，比如看重力量、自主、競爭和武鬥技巧。儘管每個人不同程度上都兼具男性特質與女性特質，但父權制對男性更為有利，並且使得女性的權利、需求和特定的脆弱性受到忽視。女性主義者讓我們注意生物性別（sexes）之間的巨大差異，在任何一個國家，婦女都未能享有與男人完全平等的地位。聯合國開發計畫署通過發布「社會性別不平等指數」來追蹤此種不平等的發展過程。[8] 在 2013 年，斯洛維尼亞排名第一，得分 0.021，幾近完全平等；在那些具有足夠可靠的資料可供排名的國家中，尼日倒數第一，得分 0.709。女性除了處於弱勢之外，還只占據極為少數的高級政治職位。2015 年，在聯合國 193 個會員國中，只有 27 位女性國家元首或政府首腦。[9]

女性主義批評家也分析了全球化的陰暗面，諸如婦女與兒童的「出口」或販賣，以及把強暴當作戰爭的手段。女性主義作為一種批判路徑（critical approach）在 20 世紀 90 年代初有很大的影響力，當時正值傳統安全所關切的議題在冷戰結束後不再有急迫性。女性主義者關注社會進程、非菁英問題和跨國性結構，否定以國家為中心的既定狹隘視角，旨在對世界政治進行更具有包容性的研究，並且揭示「在全球層次上國家以及主要社會成員（key social constituencies）得以塑造身分和利益的進程」。[10]

有的時候，那些務實的人會問，我們為什麼需要理論呢？答案在於，理論相當於路線圖，可以讓我們認識那些不熟悉的地方。如果沒有路線圖的話，那麼我們會迷路。即便覺得自己是依靠常識的時候，通常也有一個隱含的理論在指導

理論與實踐的關係

　　當我在華盛頓的國務院和國防部擔任助理部長級職務並幫助制定美國對外政策的時候，我發現自己從現實主義、自由主義和建構主義這三種思想中都汲取了養分，儘管是以不同的方式和在不同的環境下，它們對我都很有幫助。

—— 約瑟夫・奈伊

我們的行為。我們只不過是不知道或者忘記了而已。假如可以比較清楚地意識到那些指導我們行為的理論，那麼就能夠更理解它們的長處與短處，以及運用的時機。英國經濟學家約翰・梅納德・凱因斯（John Maynard Keynes）曾經說過，那些講究實際的人認為自己從不使用理論而只注重實踐，但其行為很可能受到某些已故的三流作者的思想左右，而這些作者的名字早已被淡忘。[11]

基本概念

　　行為者（actor）、**目標**（goal）和**手段**（instrument）是思考國際政治理論的三個基本概念。我們已經知道，傳統的現實主義者在分析國際政治的時候，把國家視為唯一重要的「行為」，而且認為只有大國是真正重要的。但是，這種情況正在發生變化。第二次世界大戰後，國家的數量迅速增多。1945 年，世界上大約只有 50 個國家。到了今天，世界上國家的數量已經是這個數字的四倍，而且數量還在增加。比國家數量增多，更重要的事實是**非國家行為者**的興起。今天，大型跨國公司的活動範圍跨越國家間邊界，它們有時比很多民族國家掌握更多的經濟資源（表 1.1）。雖然這些跨國公司缺少某些類型的權力（power），比如軍隊，但是它們絕對可以擁有比國家更多的經濟實力。從經濟上說，美國啤酒製造商安海斯一布希公司（Anheuser-Busch）的年收入是蒲隆地全年國內生產總值的五倍多。[12]

表 1.1　2013 年世界 100 大的經濟體

排名	國家或公司	國內生產總值（國家）或收入（公司）（單位：10億美元）	排名	國家或公司	國內生產總值（國家）或收入（公司）（單位：10億美元）
1	美國	16,768	29	中石化	445
2	中國	9,240	30	委內瑞拉	438
3	日本	4,920	31	奧地利	428
4	德國	3,730	32	阿拉伯聯合大公國	402
5	法國	2,806	33	埃克森美孚	394
6	英國	2,678	34	泰國	387
7	巴西	2,246	35	英國石油公司	379
8	義大利	2,149	36	哥倫比亞	378
9	俄羅斯	2,097	37	伊朗	369
10	印度	1,877	38	南非	351
11	加拿大	1,827	39	丹麥	336
12	澳洲	1,560	40	中石油	329
13	西班牙	1,393	41	馬來西亞	313
14	韓國	1,305	42	新加坡	298
15	墨西哥	1,261	43	以色列	291
16	印尼	868	44	智利	277
17	荷蘭	854	45	菲律賓	272
18	土耳其	822	46	埃及	272
19	沙烏地阿拉伯	748	47	芬蘭	267
20	瑞士	685	48	福斯汽車	262
21	阿根廷	610	49	豐田汽車	256
22	瑞典	580	50	希臘	242
23	波蘭	526	51	巴基斯坦	232
24	比利時	525	52	愛爾蘭	232
25	奈及利亞	522	53	哈薩克	232
26	挪威	513	54	伊拉克	229
27	沃爾瑪	477	55	道達爾石油集團	228
28	荷蘭皇家殼牌	451	56	葡萄牙	227

（續表）

排名	國家或公司	國內生產總值（國家）或收入（公司）（單位：10億美元）	排名	國家或公司	國內生產總值（國家）或收入（公司）（單位：10億美元）
57	雪佛龍	212	79	EXOR	144
58	阿爾及利亞	210	80	奇異公司	143
59	三星電子	209	81	俄羅斯石油	143
60	捷克	209	82	巴西石油	141
61	卡達	203	83	安盛集團（AXA）	139
62	秘魯	202	84	瓦萊羅能源（Valero）	138
63	羅馬尼亞	190	85	中國農業銀行	136
64	紐西蘭	186	86	匈牙利	133
65	波克夏	179	87	安聯保險	131
66	烏克蘭	177	88	麥克森公司（McKesson）	130
67	科威特	176	89	美國電報電話公司	129
68	蘋果電腦	174	90	鴻海精密集團	127
69	越南	171	91	CVS Caremark	127
70	俄羅斯天然氣	165	92	JX控股	125
71	意昂集團（E.ON）	163	93	安哥拉	124
72	飛利浦	158	94	巴黎銀行	123
73	戴姆勒	157	95	房利美（Fannie Mae）	123
74	通用汽車	155	96	聯合健康集團	123
75	埃尼集團（ENI）	153	97	中國建設銀行	121
76	孟加拉	150	98	Verizon	121
77	中國工商銀行	149	99	盧克石油	119
78	福特汽車	147	100	本田汽車	118

資料來源：Forbes, World's Biggest Public Companies, http://www.forbes.com/global2000/list/(values calculated May 2014); World Bank, GDP 2013(current $ US), http://data.worldbank.org/indicator/NY.GDP.MKTP.CD?page=5.

在觀察中東局勢的時候，無視國家間的紛爭和外部大國的插手，是絕對可笑的。與此同時，如果不考慮一系列非國家行為者的作用，同樣也是愚蠢的。跨國石油公司如殼牌、英國石油和埃克森美孚公司等，同屬於一個類型的非國家行為者。除此之外，還有其他的非國家行為者。有一些較大的政府間國際組織（IGO），例如聯合國，還有一些較小的政府間國際組織，例如阿拉伯聯盟和石油輸出國組織（OPEC）。還有一些非政府組織（NGO），其中包括國際紅十字會和國際特赦組織。另外，還存在著各種各樣的跨國族群集團（ethnic groups），譬如生活在土耳其、敘利亞、伊朗和伊拉克境內的庫德人和散居於整個中東和高加索地區的亞美尼亞人。諸如「伊斯蘭國」和「蓋達」組織那樣的恐怖主義集團，以及墨西哥毒梟和反政府秘密組織等都是跨越國界的，它們通常在幾個國家之間瓜分資源。國際宗教運動，特別是中東和北非的政治性伊斯蘭宗教運動，屬於非國家行為者的範疇。

問題不在於國家和非國家集團哪一個更重要——通常是國家更重要，而在於這些新型的、錯綜複雜的聯合體會怎樣影響地區政治。這正是傳統的現實主義理論解釋不了的。國家是當今國際政治中的主要行為者，但是它們並沒有占據整個舞台。

國家目標又發生了怎樣的變化呢？在無政府體系中，國家傳統意義上的首要目標是軍事安全。今天的國家無疑關心自己的軍事安全，同時它們也同樣關心，甚至可能更關心自己的經濟財富、有關禁止販毒或愛滋病蔓延的社會問題以及生態的變化。不僅如此，隨著威脅的變化，安全觀念也發生變化，軍事安全已經不再是國家追求的唯一目標。讓我們來看看美國和加拿大的關係。這兩個國家發生戰爭的可能性是微乎其微。一位加拿大外交官曾經說過，他所擔心的並不是美國會像在 1813 年那樣，再次入侵加拿大和占領多倫多，而是多倫多可能因為來自德州的一台電腦的攻擊而癱瘓——這種困境不同於國家在無政府體系中所面臨的傳統威脅。經濟實力尚未取代軍事安全（正如科威特在 1990 年 8 月伊拉克入侵中所體認到的），但是國際政治的議題已經變得更加複雜，國家追求的目標也更為廣泛，其中包括人的安全。

與此同時，國際政治的**手段**也發生變化。現實主義者的看法是，只有軍事力量才是真正重要的手段。英國歷史學家 A.J.P. 泰勒（A.J.P. Taylor）在描述

1914 年以前的世界時，把大國定義為有能力在戰爭中取勝的國家。今天，國家無疑也使用軍事力量，但是自從二次大戰以來，軍事力量的作用發生了變化。許多國家，特別是大國，認清今天使用軍事力量追求自己的目標要比過去付出更高的代價。正如史丹利‧霍夫曼（Stanley Hoffmann）所說的，軍事實力和實現目標這兩者之間的聯繫已經不那麼緊密了。

為什麼呢？其中一個原因是，作為軍事力量之最後手段的核武很難被運用。雖然世界上核武的數量曾經超過五萬件，但是自 1945 年二次大戰結束迄今從未使用過。核武巨大的破壞力，難以成為人們追求任何理性的政治目標的手段，這使得領導人不願意使用它。所以，對國家領導人來說，如果在戰爭中使用這種軍事力量的最後手段，以追求所有實際的政策目標，那麼要付出的代價太大。

即便是使用常規軍事力量統治已有了民族主義情緒的人民，其代價也比過去要大得多。歐洲國家在 19 世紀透過派遣少量的、裝備現代化武器的士兵，征服了地球的其他地方，然後再用較少的駐軍，統治自己的殖民地。但是，在一個民眾已被社會動員起來的時代，很難占領一個民眾具有強烈民族認同的國家。20 世紀 60 年代和 70 年代，美國在越南體認到這一點；20 世紀 80 年代，蘇聯則在阿富汗獲得相同的啟示。越南和阿富汗都沒有核武超級大國那麼強大，但是不管對美國還是對蘇聯來說，統治這些已經進入民族覺醒階段的民眾，代價實在是太高了。在民族主義時代，統治他國的代價很高。19 世紀，英國能夠用少量的士兵和文官統治印度，這在當今世界中是不可能了。

武力的作用所發生的第三個變化與國內制約因素有關。一種反軍國主義的倫理，已經在世界特別是民主國家中形成，並日益深植人心。這樣的觀念雖然並不能防止使用武力，但是它會使得領導人在選擇使用武力，尤其是選擇大規模和持久的戰爭時，必須面對極大的政治風險。人們有時說，民主國家不願意承擔犧牲，這樣的說法過於簡單。調查顯示，當戰爭目的具有正當性，以及軍事行動明顯符合國家利益時，美國民眾願意做出犧牲。[13] 美國在 1991 年發動波灣戰爭的時候，準備付出一萬人傷亡的代價，但是在索馬利亞或科索沃這樣和美國國家利益關係不太密切的地方，並不願意付出人員傷亡的代價。不僅如此，如果其他國家認為使用武力是非正義的或不具有正當性，那麼民主國家中的政治領導人會付出極大的代價。武力並沒有過時，而且恐怖組織這樣的非國家行為者比國家更不

受道德考慮的約束，但是對大多數國家來說，現在使用武力要比以前困難得多，也要付出更高的代價。

最後，有一些問題是絕對不能靠武力來解決的。以美日經濟關係為例。1853 年，艦隊司令馬修・佩里（Matthew Perry）率領「黑船」闖入浦賀港，以炮擊相威脅，要求日本開埠通商。用類似的方法來解決當今的美日貿易爭端，肯定是沒用的，也難以被接受。換句話說，雖然武力還是國際政治的重要手段，但它已經不是唯一的手段了。經濟相互依存、通訊、國際制度和跨國行為者等的作用有時比武力還要大。軍事力量作為一種手段並沒有過時——我們看到了在阿富汗發生的戰爭，這個國家的塔利班政權在 2001 年 9 月 11 日發動襲擊美國的恐怖攻擊，我們也看到了美英兩國在 2003 年使用武力推翻了薩達姆・海珊（Saddam Hussein）政權。但是，在伊拉克贏得戰爭比贏得和平要容易，單靠軍事力量不足以抵制恐怖主義的威脅。儘管軍事力量依然是國際政治的終極手段，但使用軍事力量的代價和效果已經發生了變化，這使得今天的國際政治比過去更為複雜。

基本的安全遊戲還在持續進行著。一些政治學家認為，權力平衡通常是由領導國家或者霸權國家所決定的，16 世紀的西班牙、路易十四（Louis XIV）時期的法國、19 世紀大部分時期的英國以及 20 世紀後半期和 21 世紀初的美國，就屬於這樣的霸權國家。到頭來，最強大的國家會受到挑戰，而且這種挑戰將導致大規模的戰爭，即我們所說的霸權戰爭或世界大戰。在世界大戰之後，藉由一個新的條約確定世界新秩序，正如 1713 年的烏特勒支條約、1815 年的維也納會議、1919 年的國際聯盟以及 1945 年的聯合國。如果自雅典和斯巴達爭霸以來，國際政治並未發生根本性的變化，那麼是否會有一個新的挑戰導致一場新的世界大戰，或者說霸權戰爭的循環已經結束了？正在崛起的中國會挑戰美國嗎？核武技術是否已經使得世界大戰太具毀滅性了？經濟相互依存是否使得世界大戰的代價太高了？像恐怖主義者那樣的非國家行為者是否會迫使國家進行相互合作？全球社會是否使得世界大戰在社會和道德上都是不可能了？我們希望是這樣，因為下一個霸權戰爭也許是最後一次這樣的戰爭。但是，我們首先要理解國際政治的延續性。

伯羅奔尼撒戰爭
1.2 解釋歷史如何幫助我們理解當今的國際政治。

　　人們普遍認為修昔底德是現實主義思想之源。雖然大多數人在思考國際政治的時候不一定有意識地運用一種理論，但是實際上他們都在運用現實主義理論。理論是我們組織材料不可或缺的工具。今天，許多政治家和社論作者儘管未必知道修昔底德的名字，但都在運用現實主義理論。作為雅典菁英階級一員的修昔底德，生活在雅典最偉大的時期，親身經歷了其著作《伯羅奔尼撒戰爭史》所描述的一些事件。現實主義學者羅伯特・吉爾平（Robert Gilpin）指出：「說實在的，我們應該好好想一想，20 世紀的國際關係研究者對國家行為的了解，是否超過了生活在西元前 5 世紀的修昔底德及其同胞的認識水準？」接著，他陳述了自己的看法：「基本上，今天的國際政治和修昔底德所描述的情況並沒有什麼區別。」[14] 吉爾平的觀點是值得商榷的，但是為了質疑他的觀點，我們必須先搞清楚修昔底德說了些什麼。理解現實主義理論的最好辦法是分析一個大的歷史事件。當然，伯羅奔尼撒戰爭和所有大的歷史事件一樣有其局限性。我們可以從伯羅奔尼撒戰爭中獲得啟示，就是要避免簡化解讀歷史。

伯羅奔尼撒戰爭簡史

　　在西元前 5 世紀初，雅典和斯巴達（圖 1.1）曾經結盟，聯手打敗了波斯帝國（西元前 480 年）。斯巴達是一個保守的、面向陸地的國家，它在戰勝波斯之後就將重心放在國內。而雅典則是個商業的、面向海洋的縱向型國家。到西元前 5 世紀中葉，雅典經過了五十年的發展，已經成為一個強大的帝國。它創建了提洛同盟，即環愛琴海國家的同盟，目的是共同防禦波斯人的威脅。而斯巴達則領導其在伯羅奔尼撒半島上的鄰國組成了一個防禦同盟。原先站在雅典一邊並免費享受保護的國家，很快便不得不向雅典人納稅。由於雅典勢力的增長以及在不斷擴張的雅典帝國內部出現了反對派勢力，在西元前 461 年，一場戰爭爆發了。西元前 445 年，第一次伯羅奔尼撒戰爭結束，交戰雙方簽訂了一項和約，約定維持三十年的和平。這樣一來，希臘在第二次伯羅奔尼撒戰爭爆發之前，享受了一段和平的時期。

西元前 434 年，處於邊緣地帶的較小城邦國家埃皮達姆努斯發生內戰。正如一石激起千層浪，該事件引起了一系列連鎖反應，最終導致第二次伯羅奔尼撒戰爭。大規模衝突常常是由發生在邊緣地區的規模較小和不太重要的危機所引發的，在本書後面將要討論的第一次世界大戰中，還會再次看到這種現象。

在埃皮達姆努斯，民主政治和寡頭政治的支持者就如何治理國家的問題展開競爭。民主派向曾經幫助埃皮達姆努斯建國的城邦國家基西拉求助，但遭到拒絕。然後他們轉向另外一個城邦國家科林斯求救，科林斯同意提供幫助。這激怒了基西拉，基西拉派出艦隊，占領其前殖民地埃皮達姆努斯。基西拉人擊敗了科林斯的軍隊。科林斯覺得受辱，便向基西拉宣戰。基西拉害怕科林斯的進攻，因而求助於雅典。基西拉和科林斯都派使節到了雅典。

雅典人在聽完雙方陳詞之後很為難，他們並不願意破壞已經保持了十年的和平環境，但是又擔心如果科林斯（靠近伯羅奔尼撒半島）征服基西拉並控制其強大的海軍，希臘城邦國家間的力量對比將變得不利於雅典。雅典人認為他們不能讓基西拉的海軍落入科林斯人的手中，所以決定「介入一點」。雅典採取一個小小的舉動，即派出十條船來嚇唬科林斯，雅典船隻得到的指令是，除非受到攻擊，否則不可動武。但是，嚇阻失敗了，科林斯發動了攻擊，而且在基西拉人將要戰敗的時候，雅典船隻被拖入而非主動捲入這場紛爭之中。雅典的介入激怒了科林斯，同時也讓雅典人感到不安。雅典人尤其擔心科林斯在帕提亞製造麻煩，帕提亞雖然是雅典的盟友，但是和科林斯在歷史上具有聯繫。斯巴達表示，如果雅典進攻帕提亞，那麼自己將幫助科林斯。在帕提亞發生叛亂之後，雅典出兵鎮壓。

這個時候，斯巴達內部產生激烈爭論。雅典人呼籲斯巴達人保持中立。科林斯人則鼓動斯巴達人與雅典交戰，並提醒他們不能無視雅典勢力的增強。另一個重要的城邦國家墨加拉站在科林斯的一邊，這是因為雅典人背棄和約，斷絕與墨加拉的商業聯繫。儘管左右為難，但是斯巴達人還是投票贊同向雅典開戰，因為他們擔心，如果不制約雅典，雅典就可能控制整個希臘。斯巴達走向戰爭的目的，在於維持希臘城邦國家之間的權力平衡。

第二次伯羅奔尼撒戰爭在西元前 431 年爆發了。雅典人有一種帝國的傲氣，為自己的城邦及其社會制度感到自豪，而且自信可以在戰爭中獲勝。戰爭初期戰

圖 1.1　古代希臘

古希臘

資料來源：Brian Catchpole, *A Map History of the Modern World* (Oxford: Heinemann Publishers, 1982).

況膠著，在交戰十年之後（西元前 421 年），雙方達成停戰協定。但和平是脆弱的，戰火很快再起。在西元前 413 年，雅典採取了一個很大的冒險行動。它派兩支艦隊和步兵去征服義大利南面的西西里島，該島上有一些和斯巴達結盟的希臘殖民地。結果，雅典人遭受慘敗。同時，斯巴達人又從波斯人那裡得到金錢的援助，波斯人希望看到雅典遭受打擊。在征戰西西里失敗之後，雅典內部產生分裂。在西元前 411 年，貴族派推翻了民主派政權，400 名寡頭政治支持者

試圖統治雅典。這些事件雖然沒有終結雅典的歷史，但是的確使雅典從此一蹶不振。西元前410年，雅典取得一場海戰的勝利，但是五年之後，斯巴達就在海上戰勝了雅典，西元前404年，雅典被迫求和。斯巴達要求雅典拆除其漫長的、用來防禦陸上強國進攻的城牆。雅典就這樣被擊垮了。

根源與理論

　　這是一個富戲劇性和引人入勝的歷史事件。戰爭的根源到底是什麼呢？修昔底德心裡很清楚。在敘述完發生在埃皮達姆努斯和基西拉等地的一系列事件之後，他告訴讀者，這些都不是戰爭的真正動因。雅典勢力的增長引起斯巴達的恐懼，才使得戰爭不可避免。

　　雅典是否有選擇的餘地呢？如果雅典有遠見的話，那麼它是否可以避免那場災禍？雅典領導人伯里克里斯（Pericles）在戰爭初期，曾經向民眾提供一個很有意思的答案：「你們的國家有義務為了你們，捍衛國家的榮譽地位……你們也應該記住，你們參加戰爭所反對的，不僅僅是以奴役換取獨立，而且還是帝國的消亡及其帶來的仇恨。此外，退讓已經是不可能的事情……這是因為你們所捍衛的，簡單點說，就是一個專制政權，實行專制可能是不對的，但放棄專制是危險的。」[15] 換句話說，伯里克里斯告訴雅典人，他們沒有選擇的餘地。雅典人既然建立了一個帝國，除非冒更大的風險，否則他們就沒有選擇的餘地。因此，伯里克里斯主張戰爭。儘管如此，在雅典內部還有別的聲音。比如，西元前432年赴斯巴達參加辯論的雅典代表就對斯巴達人說：「請你們在決定參戰之前，考慮偶然性因素在戰爭中的重大影響。」[16] 這是一個很好的建議，為什麼雅典人沒有注意到這個勸告呢？也許雅典人被愛國主義情感或者憤怒情緒沖昏了頭，喪失了理智。還有一種可能是，雅典人雖然很理性，但是陷於一種安全困境中。

　　在霍布斯式的無政府狀態中，安全困境是非常嚴重的，其中不乏恐懼，而少有信任。古希臘城邦國家體系是處於無政府狀態，因為在雅典和斯巴達這樣的城邦國家之上不存在更高的權威（當然，對於那些屬於雅典或斯巴達附屬國或者殖民地、比較弱小的城邦國家來說，情況並非如此）。在無政府狀態之下，一個國家追求安全的獨立行為可能導致所有的國家更不安全。如果一個國家增強其實力以確保自身安全不受侵害，那麼第二個國家在看見第一個國家變得更加強大後，

可能也會增強自己的實力，以防備第一個國家。這樣一來，每一方增強自己實力和確保自身安全的獨立行為，都會使得雙方更不安全。這是一個具有諷刺意味的結局，因為每一方的行為都是理性的。沒有一方的行為是出於憤怒或者驕傲，而是由於另一方實力增強所導致的恐懼感。不管怎麼說，增強國防是對認知的威脅的理性反應。國家可以透過合作，來避免這樣的安全困境，也就是說，它們可以達成一個共識，即雙方都不增強國防力量，這對大家都有好處。看上去，國家顯然應該相互合作，但為什麼它們並不這麼做呢？

我們可以從**囚徒困境**（Prisoner's Dilemma）（安全困境是囚徒困境的一種另類形式）的賽局找到答案。囚徒困境的情形是這樣的：假設警察在某個地方抓住兩個身上帶有少量毒品的人，這兩個人可能因此被判處一年的監禁。警察相信這兩個人確實是毒販，但是沒有足夠證據治罪。這兩個人如果被認定為毒販，那麼將很可能被判處二十五年徒刑。警察知道，如果一個嫌犯供出另一個嫌犯，將足以使後者被科以最重的刑罰。警察告訴他們，揭發對方為毒販的一方將獲得釋放。警察還告訴他們，如果雙方都招供的話，那麼兩人將被判處十年監禁。警察設想，如果雙方都招供的話，那麼就可以把他們關押十年；假如兩人都拒不承認，那麼他們只能被判一年徒刑，然後很快就能出獄並再次幹起販毒的勾當。

兩個嫌犯被分別關在兩個獨立的囚室中，不許相互溝通。兩人都面對同樣的困境；或者揭發對方，使對方坐二十五年的牢，而自己獲釋；或者保持沉默，爭取一年的刑期。但如果雙方都招供，那麼兩人均被判十年徒刑。每一方都在想：「不管那個傢伙怎麼做，招供都對我比較有利。如果他保持沉默，那麼我招供的話就將獲得自由，而我不招供則要坐一年的牢。假如那傢伙招供了，而且我也招供，那麼我將被判十年的徒刑；但是如果我拒不承認，自己就得坐二十五年牢。」假如兩個人都這麼想，那麼雙方都會選擇招供，各自在監獄中待上十年。然而，如果他們可以相信對方不會招供的話，那麼結果要好很多，即只在監獄中待上一年。

這便是獨立理性行為的基本結構性困境。如果這兩個人可以相互交流，那麼他們就可能達成協議，都拒不招供，從而兩人都只需要服刑一年。然而即使雙方可以溝通，也還存在信任與信用的問題。我們還用囚徒的困境來說明。每個嫌犯可能都這麼想：「我們都是毒販。我了解對方的行為。我怎麼敢肯定，在達成協

議後，他不會在心裡想：太棒了！我已經說服他保持沉默。現在我可以追求最好的結果，以免被人出賣？」與此相類似的是，在國際政治中，由於缺少相互溝通和信任，每個國家都可能只努力維護自己的安全，這樣做的結果可能導致所有的國家更不安全。換句話說，一個國家可以告訴另一個國家，「你別擴充軍備，我也不擴充軍備，這樣我們大家以後都會過得很好」，但是第二個國家可能不敢相信第一個國家。

雅典在西元前 432 年的處境類似囚徒困境。在西元前 5 世紀中葉，雅典人和斯巴達人有個共識，即停戰對雙方都有好處。即使在發生埃皮達姆努斯事件以及基西拉和科林斯之間的爭端之後，雅典人還是不願意破壞停戰的局面。基西拉人最後是用這樣的論點說服了雅典人：「在希臘有三個海上強國，雅典、基西拉和科林斯。如果科林斯首先控制了我們，而且你們允許我們的海軍與科林斯的海軍合併，那麼你們就不得不和基西拉與伯羅奔尼撒人的聯合艦隊作戰。但是，假如你們同意與基西拉結盟，那麼我們雙方的艦隊就可以聯合作戰。」[17]

雅典人是否應該遵守停戰協定和拒絕基西拉人的要求，從而與伯羅奔尼撒人合作呢？假設雅典人這麼做，而伯羅奔尼撒人背信棄義，奪取了基西拉艦隊，這將會產生什麼後果呢？海上力量對比態勢將是二比一，雅典處於不利的地位。雅典人應該相信伯羅奔尼撒人會信守諾言嗎？雅典人最後決定違背條約，此種行為類似於囚徒困境中的一個嫌犯招供了。修昔底德解釋了其中的緣由：「這是因為，現在大家都感覺到伯羅奔尼撒戰爭的爆發只是時間問題，而且沒有人願意看到像基西拉這樣的一個海上強國成為科林斯的犧牲品。」[18]

不可避免性與未來的陰影

諷刺的是，有關戰爭不可避免的信念，正是導致戰爭的重要原因。雅典人認為，既然戰爭很快就要爆發，那麼雅典就應該爭取擁有二比一的海軍優勢，避免面對一比二的海軍劣勢局面。有關戰爭即將來臨和不可避免的觀念，對決策有很大的影響。為什麼會這樣呢？讓我們再來看看囚徒困境。乍看每個嫌犯都應該出賣對方，讓對方當傻瓜。然而，大家都知道這一點，而且也很清楚如果雙方相互信任，那麼兩個人還可以採取第二種戰略，即都拒不招供。在一次性的賽局中，人們是很難合作的。在多次進行的賽局中，人們可以學會合作，而在一次性的賽

局中，只是欺騙別人的一方受益，相信別人的一方受害。政治學家羅伯特・阿克塞爾羅（Robert Axelrod）在電腦上選擇不同的戰略進行囚徒困境的賽局。他發現，經過多次賽局後，最好的結果通常是由他所說的**一報還一報**（tit for tat）戰略導致的。所謂「一報還一報」就是：「你怎樣對待我，我就怎樣對待你。如果你先欺騙我，那麼我以後也會欺騙你。如果你還接著欺騙我，那麼我也會再欺騙你。如果你合作，那麼我也合作。如果你繼續合作，那麼我也會再次合作。」結果是，參加賽局的人發現，學會合作所獲得的回報是比較高的。但是，阿克塞爾羅提醒人們，只有當你可以在一個較長時間裡持續賽局和存在「未來長長的陰影」（long shadow of the future）的時候，「一報還一報」才是好的戰略選擇。作為最後一步棋，欺騙總是理性的行為。

這就是為什麼在國際政治中，有關戰爭不可避免的信念那麼具有破壞性。當你相信戰爭不可避免的時候，你已經走向最後一步棋了。在決定走最後一步棋之後，你可能再也不敢相信自己的對手。如果懷疑對手將耍詐，那麼最好是依靠自己的力量，冒險採取欺騙對方的手段，而不和對方合作。雅典人就是這麼做的。由於雅典人認為戰爭即將爆發，所以決定不能相信科林斯人或者斯巴達人。他們認為，既然戰爭是不可避免的和必須走的最後一步棋，那麼較好的戰略是把基西拉的海軍拉到自己一邊，共同對付科林斯人和斯巴達人。

伯羅奔尼撒戰爭真是不可避免的嗎？修昔底德對於人性的認識是悲觀的。他說：「我寫作本書的目的，不是為了贏得當時人們的喝采，而是創作一個可以永世流傳的作品。」[19] 他的這部史書揭示了任何時候處於囚徒困境中的人的本性。修昔底德像所有的歷史學家一樣，必須強調一些東西，忽略另外一些。修昔底德的結論是，戰爭的根源乃雅典勢力的增長及引起的斯巴達的恐懼。但是，耶魯大學古典主義學者唐納德・卡根（Donald Kagan）聲稱，實際上當時雅典並**沒有**更強大。在西元前431年戰爭爆發前夕，權力平衡局面已經穩定了。在卡根看來，斯巴達固然擔心雅典勢力的增長，但是它更懼怕奴隸起義。雅典和斯巴達都屬於奴隸制國家，雙方都擔心戰爭可能給奴隸起義可趁之機。兩者的區別在於：奴隸占斯巴達人口的90%，這個比例遠遠超過奴隸在雅典人口中的比例，而且斯巴達在不久前即西元前464年經歷了一次奴隸起義。在卡根看來，斯巴達固然擔心雅典羽翼漸豐，但是更懼怕一場奴隸起義。

於是，卡根認為，戰爭的近因或者導火線，比修昔底德有關戰爭不可避免的觀點所闡述的原因要重要得多。比如，科林斯認為雅典不會參戰，誤判雅典的反應，其中部分原因在於科林斯是那麼地痛恨基西拉。伯里克里斯也反應過頭，他向帕提亞提出最後通牒，並以斷絕貿易關係來懲罰墨加拉，這些都是錯誤的行為。這些政策失誤使得斯巴達人認為戰爭是值得冒的風險。卡根指出，雅典力量的增長導致了第一次伯羅奔尼撒戰爭，但是三十年停戰協定已經澆滅了這個引起戰禍的火種。因此，為了引發第二次伯羅奔尼撒戰爭，「埃皮達姆努斯問題的火星，必須落在那些極少的尚未濕透的可燃物體上。然後，還需要科林斯人以及後來的墨加拉人、帕提亞人、愛琴海人以及斯巴達主戰派不斷地使勁搧風。如果雅典人不在關鍵的時候添加一些燃料的話，那麼火星也可能熄滅掉」。[20]換句話說，戰爭並不是由那些非人為的力量所造成的，而是由人在困難環境中所做出的錯誤決定所導致的。

對歷史之父修昔底德提出質疑可能有點失禮，但是歷史上確實沒有什麼不可避免的東西。雖然人類的行為總是受到外部力量的制約，但它始終是自發的。卡爾‧馬克思認為，人類創造歷史，但並非隨心所欲。古代希臘人做出錯誤的抉擇，這是因為他們處於修昔底德所徹底論述的、類似於囚徒困境的情勢之中。安全困境使得戰爭極可能發生，但是**極可能**並不等於**不可避免**。不管怎麼說，電影《蝙蝠俠：黑暗騎士》中的小丑製造了一個囚徒困境的場景，他在高譚市的兩條渡船上放了炸藥，但是乘客們選擇了合作，而不是欺騙。那場導致雅典毀滅的三十年戰爭並非是「不可避免」的，它與人的決策有關聯。偶然的因素和人的個性常常是很重要的，儘管它們是在一個較大結構（類似於囚徒困境的不安全情勢）所限定的範圍中發揮作用。

我們可以從這段古代歷史中獲得哪些對當代有意義的啟示？我們需要同時關注不變的因素和可變的因素。國際政治的某些結構性因素，預先限定了事態發展的方向。這就是為什麼我們必須了解安全困境和囚徒困境。另一方面，這樣的情勢並不意味著戰爭是「不可避免」的。人有選擇的餘地，人的抉擇有時能夠避免出現最壞的結果。雖然無政府狀態這個大的結構不利於國家間的合作，但是國際事務中的合作還是可以出現的。

我們也要避免顯然淺薄的歷史類比。在冷戰時期，人們常常認為，美國是民

主和海權國家，蘇聯是陸權國家並設有奴役性勞改營，這就好比美國是雅典，蘇聯是斯巴達，美蘇陷於一種類似雅典和斯巴達爭鬥的歷史大衝突之中。然而，這種庸俗的類比忽視了一個事實，即古代雅典是蓄奴國家，它面臨國內動亂，民主派並不總能掌握政權。而且，與冷戰有所不同的是，斯巴達在戰爭中取得了勝利。

　　另外一個啟示是，我們應該認知，歷史學家在寫歷史的時候是有所選擇的，沒有人能夠敘述事件的全部內容。描述過去一個小時內發生的所有事情，無疑比描述一個人一生的經歷或者整個戰爭還要容易。即使這樣，它也是一個難以完成的工作，已經發生的事情實在是太多了。敘述過去每一分鐘發生的事件所花的時間，與事件本身所經歷的時間一樣多。因此，歷史學家總是概括而論。為了寫歷史，即使是描述過去一小時或者一天的歷史，都必須把歷史加以簡化，必須有所選擇。我們的選擇顯然受到我們頭腦中的價值觀、偏好以及理論等的影響，這種影響可能是顯而易見的，也可能是隱約不明的。

　　歷史學家還受他們當時的考慮所影響。修昔底德寫書的目的是探討雅典人如何汲取戰爭的教訓，以及批評伯里克里斯和民主派犯了判斷上的錯誤。他把重點放在了之前談到的囚徒困境情勢上。然而，這些方面雖然很重要，但是它們並不是伯羅奔尼撒戰爭的所有內容。修昔底德沒有寫雅典與波斯的關係、雅典斷絕與墨加拉貿易關係的政令以及雅典提高提洛同盟其他成員應繳納的賦稅等。修昔底德的史書不是有意誤導後人或者存在偏見，但是它說明，每個時代的人都在重新

中國的崛起

　　自修昔底德論述伯羅奔尼撒戰爭以來，歷史學家都知道，伴隨新的大國崛起的總是不確定性與焦慮，暴力衝突往往隨之而來。作為世界上人口最多的國家，中國經濟和軍事實力的增長，將是新世紀初亞洲以及美國對外政策的中心問題。在解釋為什麼民主的雅典決定背棄條約、從而導致戰爭的時候，修昔底德指出，認為戰爭不可避免的這種觀念的力量是很強大的。他寫道：「人們普遍認為，不管發生什麼事，和伯羅奔尼撒人的戰爭一定會開打。」「與中國的衝突不可避免」的認知可能會產生自我實現的效應。

　　　　　　　　　　　　　　　　　　——1998 年 6 月 27 日《經濟學家》[21]

書寫歷史，因為人們對事件的認識不是一成不變的。

　　有所選擇並不意味著一切都是相對的，或者說歷史著述都是騙人的，那樣的結論沒有根據。優秀的歷史學家和社會科學家，都在盡自己最大的努力，認真思考問題並客觀研究問題。然而，他們及學生應該清楚，自己所選取的東西只是事實的一部分。我們要經常想想作者所提出的問題，以及思考是否仔細而客觀地解釋事實。當然，我們也要注意是否存在偏見。選擇是歷史和書寫歷史的重要組成部分。防止誤解歷史的最好辦法是多閱讀，而不是少看書。

倫理問題和國際政治

1.3 比較和對比：（1）動機，手段和後果；（2）懷疑論者、道德論者和世界主義者。

　　鑒於安全困境的性質，某些現實主義者堅信，道德考慮（moral concerns）在國際衝突中發揮不了作用。然而倫理（ethics）在國際關係中確實起作用，儘管這種作用與倫理在國內政治中的地位不可相提並論。

　　自從修昔底德以來，人們就一直在使用道德主張（moral arguments）。例如，基西拉在向雅典求救的時候，就使用了倫理語言：「首先……你們是在援助一個愛好和平、受害於他人非正義行為的國家。其次，你們的善意是不會被忘記的，我們將永遠感激你們。」[22] 假如把**烏克蘭**和**俄羅斯**分別換成**基西拉**和**科林斯**，我們今天還可以說這樣的話。

　　道德主張促成和限制人們的行為。從這個意義上說，道德（morality）的力量是強大的。然而，道德主張也可能被當作宣傳語言，用以掩蓋見不得人的動機，而且較強大的國家往往無視道德問題。在伯羅奔尼撒戰爭中，雅典人到米洛斯島鎮壓起義。西元前416年，雅典發言人告訴米洛斯人，他們只能選擇戰死或者投降。當米洛斯人宣稱自己是為自由而戰時，雅典人回答道：「強者做自己能夠做的事情，而弱者則接受自己必須接受的事情。」[23] 也就是說，雅典人認為，道德在現實主義世界中是沒有地位的。人們經常用「強權即公理」這樣的說法來表達此種思想，然而這樣的說法並不精準。更準確的說法應該是「強權無視公理」。

伊拉克在侵略科威特，美國在入侵格瑞那達和巴拿馬，印尼在鎮壓東帝汶起義時，某種程度上都使用了類似的邏輯。但是，修昔底德所描述的、雅典人在米洛斯如此露骨表達的觀念，在當今世界裡已經越來越不為人們所接受。道德是否已經在國際關係中占據了比較顯著的地位？或者國家已經更精於宣傳了？能否說國際政治已經發生了巨大的變化、國家更加關心倫理問題？或者說二千五百年前雅典的行為和 20 世紀 90 年代伊拉克的行為之間，有著明顯的相似之處？

人們的道德主張並不相同，某些論點比較具有說服力，我們要看看它們是否符合邏輯和前後一致。比如，菲利斯・施拉夫雷（Phyllis Schlafly）聲稱，核武是個好東西，因為上帝把它賜予了自由世界。而我們應該思考，為什麼上帝也把核武給了史達林（Josef Stalin）的蘇聯和毛澤東的中國呢？

無偏見（impartiality）是很多道德主張的試金石，也就是說，要用相同的標準來判斷所有的利害關係。你的利害關係與我的利害關係要得到同等的關注。然而，在無偏見這個框架下，對於判斷道德主張正確與否，在西方政治文化中有兩個不同的傳統。一個傳統可以追溯到 18 世紀德國哲學家康德，另外一個傳統的源頭是 19 世紀初英國的實用主義者，比如邊沁。我們用一個例子來說明這兩種對問題的不同看法。假設我們走進一個貧困村莊，看到軍官正要槍殺並排站在牆前的三個人。你可能會問那個軍人：「你為什麼要殺害這些農民呢？他們看上去並沒有惡意。」那個軍官回答說：「昨天晚上，這個村子裡的某個人把我的一個兄弟殺了。我知道這個村子裡有個人是罪犯，因此我要槍斃這三個人，殺雞儆猴。」你會說：「你不能這麼做！你會殃及無辜。如果你的人是被一槍打死的，那麼這裡至少有兩個人是無辜的，更或許這三個人都是無辜的。你千萬不能這麼做。」這時，軍官從他手下那裡拿來一支步槍並交到你的手中，對你說：「你幫我把其中一個人打死，我就把另外兩個人放了。你打死一個人，可以拯救兩條性命。告訴你吧，在內戰中，你可不能採取這種高尚的態度。」

你到底會怎麼做？你可能想到用藍波的方式，把在場的軍人都幹掉；然而那個軍官手下的一個士兵正用槍指著你。所以，你只有兩個選擇，或者開槍殺死一個無辜的人並挽救兩條性命，或者把槍放下以維護自己的清白。依康德的傳統，即只能做正確的事，要求你不能殺人。而實用主義傳統則可能暗示你，如果可以救兩個人，那麼你應該開槍打死另一個人。

　　如果你選擇康德的解決辦法，死的人數就要增多。假如牆前站著 100 個人，你會怎麼辦？或者假設你可以藉由殺死一個可能無辜的人，使一個城市的人避免恐怖主義炸彈的傷害，那麼你願意為了維護自己的清白而不管該城 100 萬人的生死嗎？在某些時候，結果是重要的。

　　我們可以從三方面來判斷道德主張：動機或者意圖、手段、後果。儘管不容易三者皆備，好的道德主張應該把它們都考慮進去。

倫理在國際政治中所受到的限制

　　倫理在國際政治中的作用不如在國內政治中那麼大，原因有四個。第一，有關價值觀念的國際共識並不多。在對某些行為是否具有正義性的判斷上，存在著文化和宗教上的分歧。第二，國家與個人不同。國家是一個抽象的東西，儘管國家領導人是個人，人們用不同的標準分別判斷政治家作為國家領導人的行為和作為個人的行為。比如，在選擇室友的時候，大多數的人都願意選一個堅信「你不應該殺人」的人。然而，如果有位總統候選人說，「在任何情況下，我都不會採取可能導致死亡的行動」，那麼選民肯定不會投他的票。公民要求總統保護他們的利益，而且在必要時可以使用武力。如果總統只顧拯救自己的靈魂，不能保護國民，那麼就不能得到信任，當不了好的人民守護者。

　　在個人的道德觀念中，犧牲是道德行為的最好體現。然而，領導人可以犧牲領導下的全體民眾的生命嗎？在伯羅奔尼撒戰爭中，雅典人告訴米洛斯島的當權者，如果他們反抗，那麼雅典人將殺死該島上所有男人，並且把婦女與兒童賣去當奴隸。米洛斯人反抗了，結果該國被摧毀。米洛斯領導人應當讓步嗎？甘迺迪（John Kennedy）總統在 1962 年應該冒著核子戰爭爆發的風險、迫使蘇聯從古巴撤出飛彈（當時美國在土耳其也部署有類似的飛彈）嗎？不同的人對這些問題有不同的回答。問題的關鍵在於，當個人作為國家領導人採取行動的時候，人們判斷行為的標準是不一樣的。

　　第三，由於因果關係的複雜性，倫理在國際政治中扮演一個相對小的角色。人們在國內政治中就很難知道行動的後果，而在國際關係中還要考慮一個複雜的層面，即國家間的相互作用，這使得準確預測結果的難度加大。一個著名的例子是，1933 年在牛津大學辯論社牛津聯盟裡的一場學生辯論。鑑於 2,000 萬人在

第一次世界大戰中喪生的事實，絕大多數的學生投票支持一項動議，即宣布他們絕不再為國王和國家參戰。但是，有一個人在關注著這場辯論，他就是阿道夫・希特勒（Adolf Hitler）。希特勒從中得出結論，民主國家很軟弱，他可以向民主國家隨意施壓，因為這些國家不會反抗。最後，希特勒走得太遠，導致第二次世界大戰，這場戰爭是學生們不想看到、也沒有料到的結局。他們曾經投票表決，絕不再為國王和國家而戰。後來很多學生都參戰，而且不少人死在戰場上。

另外一個更小的例子是 20 世紀 70 年代初的「漢堡論」。當時人們擔心世界糧食短缺問題，美國大學校園裡的一些學生說：「我們堅決不在餐廳吃肉，因為一磅肉相當於八磅糧食，這可以用來救濟世界各地的窮人。」許多學生停止吃漢堡，而且自我感覺良好，然而他們並沒有給非洲或者孟加拉的饑民提供任何幫助。為什麼呢？不吃漢堡所節省下來的糧食並沒有到孟加拉饑民的手中，因為那些饑民沒錢購買糧食。省下來的糧食只是美國市場的過剩商品，使得美國國內市場價格下跌、農民減少產量。幫助孟加拉人民的辦法是給他們錢，讓他們可以買一些美國學生不吃漢堡所節省下來的糧食。學生們在推動不吃漢堡運動的時候，沒能看到因果關係的複雜性，他們無法讓善意結出善果，學生們的努力最終失敗。

最後，有一種觀點認為，國際社會的制度軟弱無力，秩序和正義在國際政治中脫節的情況比在國內政治中要嚴重得多。秩序和正義都很重要。在國內政治中，我們傾向於把秩序視為理所當然，實際上，有時示威者為了伸張自己的正義觀，故意破壞秩序。然而，一旦出現全面的混亂，正義也就蕩然無存了，我們只要看看發生在 20 世紀 80 年代的黎巴嫩、冷戰後的索馬利亞以及今天阿富汗和敘利亞，很多地方的爆炸、綁架和殺戮事件就十分清楚了。某種程度的秩序是正義的前提，在國際政治中，維持秩序就更難，因為缺少共同的立法機構、中央行政機構和強大的司法機關，去維持作為正義前提的秩序。

三種有關道德作用的觀點

至少有三種不同的國際關係倫理觀，即**懷疑論**、**國家道德主義**以及**世界主義**。儘管沒有邏輯上的關聯，但是現實主義者在分析世界政治時，往往採取懷疑論者或國家道德論者的分析方法，而自由主義者則傾向於國家道德論者或世界主

義者的觀點。

懷疑論者（skeptics）認為，道德在國際關係中毫無意義，因為在國際關係中缺少可以維護秩序的制度（institutions）。不僅如此，在國際關係中也不存在共同體的觀念，因而沒有道德權利與義務。在懷疑論者看來，雅典對米洛斯要求寬恕的反應，就是對倫理在國際政治中作用的經典表述：「強者做其能夠做的事情，而弱者接受其必須接受的事情。」懷疑論者認為，這就是事實。

哲學家經常說：**應該**（道德責任）暗含著**能夠**（做某件事的能力）。道德要求你做出抉擇。如果我們沒有能力去做某些事，就沒有義務非做不可。如果國際關係只是殺戮與被殺，基本上沒有選擇的餘地，那麼懷疑論者的觀點就是正確的。然而，生存並不是國際政治的唯一。在國際政治中存在著選擇的空間，聲稱別無選擇實際上是一種偽裝的選擇方式。如果有個人說自己只從狹隘的國家利益的角度去考慮問題，他實際上是偷偷地挪用了價值觀念，嘴上還不承認。一位法國外交官曾說過「符合道德的行為就對法國有好處」這樣的話，但是她避而不答為什麼法國只考慮自己的利益。說「我別無選擇」的領導人經常是有選擇餘地的（雖說那些選擇亦不太討喜）。如果在國際關係中存在某種程度的秩序和共同體，即不是無休止的殺戮與被殺，那麼國家就有政策選擇的空間。無政府狀態意味著「沒有政府」，但它並不一定指混亂或者毫無秩序。世界政治中存在著一些不太完善的慣例和制度，它們保證世界具有一定的秩序，並且使得國家可能有一些較大的選擇餘地。這些慣例和制度包括：權力平衡、國際法和國際組織，都有助於我們理解為什麼懷疑論者的觀點是偏頗的。

霍布斯聲稱，為了擺脫那種每個人都可能殺別人的「自然狀態」，個人要把自己的自由交給一個利維坦或者政府以尋求保護，因為在自然狀態下生存是艱難、野蠻和短命的。那麼為什麼所有國家的政府不共同組成一個超級利維坦呢？為什麼沒有形成一個世界政府呢？霍布斯認為，原因在於國際層次的不安全感沒有個人層次的不安全感那麼強烈。政府可以向個人提供一些保護，避免強者為所欲為，國家之間的權力平衡也能確保世界具有某種程度的秩序。即便國家處於準戰爭的對立狀態，它們仍然保證民眾生活一切如常。國際間的自然狀態，不會經常導致那種與個人間的自然狀態相伴相隨的苦難。換句話說，霍布斯相信，國家間的權力平衡減輕了國際無政府狀態的程度，從而可能導致某種程度的秩序。

　　自由主義者還進一步提出，世界上存在著國際法和國際慣例。雖然這樣的行為規範是很不完善的，但是它們使得違反這些規範的國家要承擔舉證責任（burden of proof）。讓我們來看看 1990 年的波灣危機。薩達姆‧海珊聲稱，他兼併科威特的行為就是收復伊拉克的一個省，科威特在殖民主義時代被他人奪走了。由於國際法不允許國家以這種理由出兵他國，所以世界上大多數國家都認為伊拉克的行為違反了聯合國憲章。聯合國安理會所通過的 12 項決議明確表示，海珊的論點違背國際規範，雖然法律和規範並沒能阻止海珊侵略科威特，但確實使得他失道寡助，並建立反伊拉克聯盟，把侵略者趕出科威特。

　　儘管國際制度還不完善，但是它們透過促進和鼓勵國際間相互溝通和形成禮尚往來的行為習慣，使國際政治中存在著一定程度的秩序。鑒於幾乎總是存在著相互溝通的情勢，國際政治並不是像懷疑論者所說的，總是表現為殺戮和被殺。領導人並不永遠把自己的精力和注意力集中在安全和生存問題上，合作以及衝突，存在於經濟、社會和軍事互動等很多問題領域中。雖然人們在對正義的定義上存在著文化上的分歧，但是國際政治中還是存在著道德主張，一些原則包含在國際法之中。

　　即使在戰爭這種極端的環境中，法律和道德有時也能發揮作用。發端於早期基督教教會的**正義戰爭理論**（just war doctrine）在 17 世紀以後開始世俗化，它反對殺害無辜平民。禁止殺害無辜平民原則的前提是「你不該殺生」。但如果說這是個基本的道德前提的話，那麼是否能說任何殺戮都是非正義的呢？極端的和平主義者認為，不能以任何理由殺害別人。這通常是基於康德倫理思想的言論；但是某些和平主義者還提出相關論點，即「暴力行為只會導致更多的暴力」。然而在有些時候，不對暴力做出反應也會導致更多的暴力。比如，倘若小布希（George W. Bush）總統在「九一一」事件後採取姑息態度，那麼賓拉登（Osama bin Laden）不見得會放過美國。相反地，傳統的正義戰爭觀卻把有關行為動機、手段以及後果的考慮結合起來。它認為，如果有人要殺你，而你又不願自衛，那麼結果將是邪惡占上風。不自我保護的結局是好人喪命。如果一個人面臨迫在眉睫的殺身之禍，那麼採取自衛的手段把對方殺死是符合道德原則的。但是，我們必須分清誰是可以殺的，誰是不能殺的。比方說，如果一個士兵用槍指著我，那麼我就可以採取自衛手段殺死他；而如果他放下槍舉起雙手，並

正義戰爭理論

　　古典正義戰爭理論源於古羅馬與基督教傳統。西塞羅（Cicero）、聖奧古斯丁（St. Augustine）以及聖湯馬斯・阿奎那（St. Thomas Aquinas）是早期主要思想家。正義戰爭理論而今具有廣泛影響，該理論可能有很多種表述形式，但其最主要的內容有兩個：走向戰爭的正當性（jus ad bellum）原則，界定道德上允許使用武力的條件；進行戰爭手段的正當性（jus in bello）原則，界定如何使用武力才符合道德。

　　走向戰爭的正當性之五個標準原則是：正當理由、正確動機、合法權威、最後手段、獲勝機會。在過去幾個世紀裡，有關這些原則的詮釋一直在改變。比如，正當原因過去幾乎只被限定為自衛，但是今天可能還包括反對干涉或者防止人道主義災難。一國君主曾經是無可置疑的合法權威，但是國際輿論要求國際組織（比如聯合國安理會）的批准。

　　進行戰爭手段的正當性之三個基本原則是：遵守戰爭法、堅持適當性、不傷害非戰鬥人員。在過去幾個世紀裡，戰爭法規也在演進，今天對戰爭的限制比中世紀要多得多。現代軍事技術在某些方面難以堅持適當性和保護平民的原則，這是因為現代武器的毀滅性比劍與矛的時代要大得多；但是現代精確導引武器以及先進的戰場管理體系，可以某種程度限制現代戰爭的毀滅性。

且說「我投降」，從而成為戰俘，那麼就沒有權利殺死他。事實上，這已經寫進國際法和美軍的條例中了。如果一位美國士兵槍殺一名俘虜，那麼他會因謀殺罪而受到美國法庭的審判。在越戰和伊拉克戰爭期間，一些美國官兵就是因為違反這樣的條例而被關進監獄。禁止有意殺害無辜者的法律，也可以解釋為什麼恐怖主義行為是錯誤的。有些懷疑論者聲稱：「一個人所認定的恐怖主義者，在另外一個人的眼中就可能是自由鬥士。」然而，根據正義戰爭理論，你可以為自由而戰，但是不能把矛頭對準無辜平民。雖然這樣的法律經常被違背，但是它們的確是一種行為規範，即使在最嚴酷的國際環境中也能夠發揮作用。不完善的國際法中包含著基本的正義觀念，雖然並沒有得到絕對的尊重，但是這表明懷疑論者所說的，在戰爭狀態中沒有選擇餘地的觀點是不正確的。

　　我們不必贊同懷疑論者的觀點，因為道德在國際政治中的確有一些發揮作用的空間。道德是個選擇題，選擇因生存環境的不同而不盡一樣。危及生存的威脅

越大，道德選擇的空間就越小。在伯羅奔尼撒戰爭剛開始的時候，雅典人聲稱：
「真正值得稱讚的人，就是那些雖然崇尚武力，但是很有正義感、不為形勢所迫
的人。」[24] 不幸的是，雅典人後來在戰爭中沒有牢記這一真知灼見。它告訴我們，
沒有任何選擇餘地的情況是罕見的，而國家安全和威脅的程度經常不甚明確。懷
疑論者以道德不起作用為由，規避道德選擇問題。總而言之，正如一句格言所說
的，人類既不能完全靠說教（word）而生，也不能僅僅依賴刀（sword）而活。

然而並非所有的現實主義者都是懷疑論者，其中的某些人認真對待道德問
題，認為秩序至少是很重要的。如果沒有秩序，那麼正義是很難或不可能實現的。
道德征討的行為甚至可能導致混亂。比如說，如果美國過於關心在世界各地傳播
民主或宣揚人權，那麼這可能會導致混亂，長遠來看它所造成的弊大於利。現實
主義神學家和公共事務評論員雷茵霍爾德‧尼布爾（Reinhold Niebuhr）認為，
「道德和政治因素」同樣重要。尼布爾在第二次世界大戰後寫道：「只有當我們
意志堅定，以及道德目標與戰略考慮相匹配的時候，才能使得人類免於另一次災
難。」[25]

在這一點上，現實主義者的觀點很有說服力。國際秩序的確很重要，但這
涉及秩序的程度，以及如何平衡正義與秩序兩者關係的問題。在我們開始關注正
義問題之前，需要何種程度的秩序呢？例如，1990 年蘇聯在波羅的海國家採取
鎮壓行動並導致一些人喪生，當時有些美國人要求美國政府斷絕同蘇聯的外交關
係。在這些美國人看來，美國應當在其對外政策中表達民主和人權的價值觀念，
甚至不惜導致不穩定的局勢和軍備控制談判的破裂。而另外一些人則認為，關注
和平與人權固然不是小事，但控制核武和達成一項裁減軍備的條約比這更重要。
最後的結果是，美國政府繼續和蘇聯進行軍事談判，但把它與提供經濟援助以促
使蘇聯尊重人權掛鉤。在國際政治中，我們面對的問題常常不是在秩序和正義兩
者中選擇一個，而是如何在特定形勢下平衡各種政策選擇。雖然現實主義者闡述
了一個強有力的觀點，但是他們過於絕對了，認為秩序總是優先於正義。

國家道德論者（state moralists）聲稱，國際政治的基礎是國家社會（society
of states），有一些行為規則，儘管國家不一定總是嚴格遵守規則。在這些規則
中，最重要的就是主權原則，它禁止國家跨越邊界、干涉其他國家的管轄權。正
如政治學家邁克爾‧沃爾澤（Michael Walzer）所說，國界具有道德上的重要

性，因為國家代表著所有個人的權利，這些個人為了一個共同的生活目標聚在一起。因此，尊重主權和領土完整與尊重個人的權利密不可分。更明確的說法是，尊重主權是維護秩序的最好方式。用詩人羅伯特・佛洛斯特（Robert Frost）的話來說就是：「好籬笆帶來好鄰居。」東歐在 1945 年之後之所以一直能夠避免國家之間的戰爭，就是因為存在著相對新的、強有力的原則，即禁止單方面改變邊界的企圖。這個原則即便是在蘇聯解體時也被遵守。這就是為什麼國際社會對 2014 年俄羅斯單方面兼併烏克蘭領土克里米亞的行為表示震驚和擔憂。

在現實中，這些國家行為規則經常被違背，有時是被嚴重悖離。在過去幾十年裡，發生過越南入侵柬埔寨、中國入侵越南、坦尚尼亞入侵烏干達、以色列入侵黎巴嫩、蘇聯入侵阿富汗、美國入侵格瑞那達和巴拿馬、伊拉克入侵伊朗和科威特、美國和英國入侵伊拉克、北約以科索沃省的阿爾巴尼亞族人受虐待為由轟炸塞爾維亞等諸如此類的事件。確定何時應該尊重其他國家的主權，一直以來都是個難題。1979 年，美國以強烈的道德語言譴責蘇聯入侵阿富汗。而蘇聯人則以多明尼加共和國的例子回擊，即美國在 1965 年向該國出動一支 25,000 人的軍隊，阻止當地共產黨奪取政權。美國干涉多明尼加的動機，是防止在加勒比海

干涉

　　讓我們想像一下 1979 年 12 月阿富汗的情景：一位阿富汗共產黨領導人掌權並努力對蘇聯保持一個更加獨立的立場。這使得蘇聯領導人深感不安，因為蘇聯身邊出現一個獨立政權的事實可能在整個中亞（包括蘇聯的中亞地區）引起麻煩，而且可能開一個弱小的共產黨國脫離蘇聯帝國的危險先例。讓我們設想一下，統率入侵軍隊的蘇聯將軍在面對即將被處死的、背叛蘇聯的阿富汗領導人的時候，如何解釋自己那些違背國際公認的主權與不干涉原則的行為。他會說：「就正當性而言，我們勢力範圍內的其他國家並不會有什麼異議。如果有些國家維持獨立地位，那麼這是因為它們很強大。假如我們不進攻它們，那是因為我們自己害怕。因此，除了擴大我們的帝國之外，我們還要使你們臣服，以增強自己的安全感。你們作為一個比其他國家弱小的鄰國這一事實，對於我們控制中亞來說是至關重要的。」

　　這正是雅典人對米洛斯人說過的話，只不過有些小的改動。干涉並不是個新的問題。

地區出現一個敵視美國的政權，蘇聯干涉阿富汗的動機是防止在身邊出現一個敵視蘇聯的政權，兩者極其相似。

為了發現兩者之間的不同，我們就不能把目光停留在動機上。從所使用的手段來看，美國入侵多明尼加所導致的死亡人數很少，而且美國很快就從該國撤軍。而在阿富汗，很多人喪失生命，蘇聯軍隊在阿富汗駐留的時間將近十年。在20世紀90年代，一些批評者把伊拉克入侵科威特和美國入侵巴拿馬這兩個事件加以比較。1989年12月，美國出兵巴拿馬並推翻曼紐爾‧諾瑞加（Manuel Noriega）獨裁政權，伊拉克則在1990年8月，出兵科威特並推翻埃米爾（emir）政權。顯然，美國和伊拉克都違背了不干涉原則，但兩個事件的手段與後果是不一樣的。美國在巴拿馬扶植了一個由於諾瑞加的阻撓而未能宣誓就職的民選總統，並沒有打算兼併巴拿馬。而伊拉克則試圖兼併科威特，並且製造了很多流血事件。我做這樣的分析並不是想判斷巴拿馬事件到底是完全正確的，還是完全錯誤的。讀者在本書第六章中將會看到，簡單地運用不干涉原則和主權原則，經常會產生一些問題。

在政治理論家查理斯‧貝茨（Charles Beitz）這樣的**世界主義者**（cosmo-politans）看來，國際政治不僅僅是一個由國家組成的社會，還是一個由個人組成的社會。世界主義者認為，我們所說的正義應當是指個人的正義。他們主要批評國家道德主義讓高壓政府易於把國家主權原則當作迫害本國人民行為的擋箭牌。世界主義者認為，現實主義者過於關注戰爭與和平問題，而他們如果把焦點放在有關分配性正義（distributive justice），即誰得到什麼的問題上，那麼就會注意到世界經濟相互依存的狀況。持續不斷的、跨越國界的經濟介入有時會產生極其重要的影響。比如，你是一位菲律賓的農民，你的孩子死於一種可治療的疾病，因為當地醫學院的畢業生為了獲得更高的收入都到美國工作去了，對你來說這種外部的經濟介入就是一個生死攸關的問題。

世界主義者認為，國家邊界並沒有道德上的地位；如果我們從分配性正義的角度考慮問題，它們只是在維護理當廢除的不平等狀況。現實主義者（他們當中包括道德懷疑論者與某些國家道德論者）反駁說，世界主義者看問題的方法很可能導致極大的混亂，而且是很危險的。致力於從根本上重新分配狀況的行為，極可能導致暴力衝突，因為人們都不會輕易放棄自己的財富。一些比較溫和的世界

主義者認為，人們通常有多種認同歸屬，包括家庭、朋友、鄰居和國家，或許還有某些跨國性宗教組織人類共同體的觀念。大多數人都被那些有關生活在饑餓中的索馬利亞兒童或者蘇丹達佛省難民的畫面所震撼，因為世界上存在著跨越國界的、某種程度的共同體觀念，儘管這種觀念很弱。我們畢竟都是人。

世界主義者提醒我們，國際關係中存在著分配方面的問題，就這樣的問題來說，道德不管在戰時還是在和平時期都起作用。我們可以制定一些政策，促進人類基本需求與人權目標的實現，與此同時又不破壞世界秩序。在嚴重侵犯人權的個案中，世界主義者的觀點已經被寫進國際法，比如反對種族屠殺的國際公約。其結果是，決策者更加意識到道德問題。例如，美國前總統柯林頓（Bill Clinton）曾經說過，他所犯的一個最嚴重錯誤，就是沒能阻止 1994 年盧安達種族屠殺。後來，美國和其他國家一直支持非洲維和部隊在蘇丹的達佛省制止種族屠殺的暴力行為。

在上述三種分析國際道德的思考模式中，懷疑論者的觀點，即秩序是正義的必要前提，是很有說服力的。但是，懷疑論者忽視了秩序與正義的權衡（trade-offs）問題。國家道德論者看到了在國家組成的社會中存在著反對干涉的行為規則，從而揭示了維護秩序的制度途徑，但是他們對於在什麼情況下某些干涉行動是正當的這個問題，並沒有提供充分的解答。最後，世界主義者把注意力放在由個人組成的社會中，給我們提供了一個關於人類共同體的頗有深度的看法，但是這種思路有可能導致極大的混亂。絕大多數人試圖找到一種綜合的視角，上述各種論點的名稱並不重要，最重要的是這些論點如何權衡取捨。

由於國內政治與國際政治有所不同，因而道德在國際政治中是較難發揮作用的。然而，不能因為原則的多樣性而認為原則根本就不存在。我們應該在多大程度上在國際政治中運用道德原則呢？我們應該小心謹慎地回答這個問題，這是因為，如果道德判斷決定一切，那麼道德觀念會促使憤怒情緒的產生，進而導致過激的冒險行為。謹慎是一種美德，特別是當不謹慎行為會導致災難性後果的時候，這一點尤其重要。不管怎麼說，死人之間是沒有道德問題的。但是，我們又不能因此完全否認道德在國際政治中的作用。每個人都必須審時度勢，做出自己的判斷和權衡各種考慮。國際衝突中存在著永恆邏輯，這並不意味著我們不需要進行道義選擇，它只是告訴我們，在特定的環境中是很難抉擇的。

　　儘管伯羅奔尼撒戰爭所反映的道德問題與安全困境是很特殊的，但類似的問題在歷史上反覆出現。我們在回顧國際關係發展歷程的時候，會一再看到現實主義與理想主義、懷疑論者與世界主義者、無政府的國家體系與國際組織之間的對立與鬥爭。我們也會不斷碰到囚徒困境和戰爭中的倫理難題。我們還會了解到，世界舞台中的行為者如何應對自己所面臨的危機，而且他們所追求的目標和採取的手段是不只一種的。正如本章一開始就提到，當今國際政治中的一些重要變數是修昔底德時代所不曾有的。那時不僅沒有核武，也沒有聯合國、網路、跨國公司和卡特爾（cartel）。國際衝突的研究是一門把歷史與理論結合起來的、不甚精確的學問。在我們運用理論和實例開闢前進道路的時候，必須記住哪些已經變了，哪些依然如故，這樣我們才能更好地理解過去與現在，並且避開未來航程中的險灘。

大事記 ｜ 伯羅奔尼撒戰爭

西元前 490 年	第一次波斯戰爭
西元前 480 年	第二次波斯戰爭
西元前 478 年	斯巴達放棄領導權
西元前 476 年	提洛同盟和雅典帝國建立
西元前 464 年	斯巴達赫洛特（奴隸）起義
西元前 461 年	第一次伯羅奔尼撒戰爭爆發
西元前 445 年	三十年停戰協定
西元前 445-434 年	十年和平
西元前 434 年	埃皮達姆努斯和基西拉發生衝突
西元前 433 年	雅典干涉帕提亞
西元前 432 年	斯巴達代表大會辯論是否參戰
西元前 431 年	第二次伯羅奔尼撒戰爭爆發
西元前 430 年	伯里克里斯葬禮演說
西元前 416 年	米洛斯對話
西元前 413 年	雅典在西西里島戰敗
西元前 411 年	雅典貴族反叛
西元前 404 年	雅典戰敗並被迫拆毀城牆

思考題

1. 道德考慮應當在國際關係行為中有什麼作用？在現實中，它們發揮什麼樣的作用？我們能夠有意地向其他國家或其他國家的人民談論道德責任嗎？美國在伊拉克和阿富汗的道德責任是什麼？

2. 伊拉克戰爭是否符合走向戰爭的正當性以及戰爭手段的正當性原則？阿富汗戰爭呢？

3. 國內政治和國際政治領域內的道德責任是否一樣？根據米洛斯對話，雅典的行為符合倫理嗎？米洛斯元老的行為符合倫理嗎？

4. 什麼是現實主義？現實主義同自由主義世界政治觀區別何在？建構主義給現實主義和自由主義補充了什麼？

5. 修昔底德認為伯羅奔尼撒戰爭的主要原因是什麼？哪些是深層原因？哪些是直接原因？

6. 在修昔底德關於戰爭的描述中包含著哪種國際關係理論？

7. 伯羅奔尼撒戰爭是不可避免的嗎？如果是不可避免的，其原因是什麼，它應該在何時爆發？如果是可避免的，那麼如何以及何時可以被制止？

第二章

解釋衝突與合作的工具與技巧

▍本章你可以學到這些 ▍

2.1 界定和解釋國家、民族、民族國家、行為者、權力、權威、國際體系、國際社會、體系穩定、危機穩定和「國家利益」。

2.2 區分個人、國家和體系三個層次。

2.3 區分典範和理論,並且釐清現實主義、自由主義、馬克思主義和建構主義典範的基本特點。

2.4 解釋反事實推理在歷史研究中的作用。

▍基本概念

2.1 界定和解釋國家、民族、民族國家、行為者、權力、權威、國際體系、國際社會、體系穩定、危機穩定和「國家利益」。

　　為了理解某個事情,我們需要一套合適的概念工具,其中包括有用的詞彙、推理的方式以及解決問題的方法。理解全球衝突與合作自然也不例外。

　　研究世界政治的人,不同於物理學家、工程師或者自然科學家,前者擁有相對較少的非常專業的詞彙。我們常常從其他學科術語挪用,或者使用大眾語言。這導致了兩種後果:其一,研究世界政治的門檻很低,幾乎人人都可以發表有見地的觀點。想想有多少人可以在晚餐的時候談論血漿取出法(plasmapheresis)或者量子穿隧效應(quantum tunneling)呢?其一,研究世界政治的人通常面臨著表達模糊與混亂的高風險。這是因為同樣一個詞彙在不同的場合含義截然不同,許多單詞在同樣一個場合有兩個或者更多的含義。我們不可能含糊地運用英語,但可以學會找到可能導致混亂的用法。因此,我們在深入討論理論與歷史相互關係之前,有必要花點時間界定一些基本概念。然後,我們將考察一些有助於

分析世界政治的工具與技巧。

國家、民族、民族國家

　　世界政治研究中最重要的概念或許就是**主權國家**（sovereign state）。不幸的是，這個概念的含義也是最為混亂的，部分原因在於它是由兩個概念，即**主權**（sovereignty）和**國家**（state）所組成。大多數人認為，國家（state）是國際體系中最為重要的行為者（下面將更詳盡地分析**行為者**和**體系**概念），儘管現實主義者和自由主義者對於其他行為者的重要性有著不同的認識。現實主義者堅稱，國家是唯一重要的行為者，而自由主義者則認為，國家僅是眾多行為者中最為重要的一個。然而，「國家」的確切含義是什麼呢？

混淆的概念

　　當概念以兩種以上的方式被使用的時候，很容易引起混淆。有位來自南方的同事，在中西部的北方一所大學開始教學生涯。她教的第一門課是有關比較政治，課名為「西歐國家」。她在課堂上分析各種歐洲政治制度中的不同結構與慣例。幾週之後，一位學生滿臉困惑，在課後羞怯地問授課老師：「教授，我知道您來自喬治亞州，而這裡是威斯康辛州。當您說到『國家』（the state）的時候，您是否指威斯康辛州呢？」

——約瑟夫·奈伊

　　國家是一種特殊類型的政治單位，它有兩個關鍵特徵，即**領土**（territoriality）與**主權**。領土很簡單，即一個國家統治著地球表面某個特定的、可識別的部分。主權是指統治這塊領土的絕對權利。在討論世界政治的時候，國家有兩個同義詞，即「state」和「country」。英國、法國、阿根廷以及日本都是國家。國家擁有主權意味著不需要從屬於一個更高的權威。不同的國家有不同的政治制度，在不同地域行使主權。在傳統的君主國家中，國王或者女王是主權者，享有統治其領土的最高權威。而在民主國家中，人民擁有主權，並且授權其選舉的代表或者其他政府官員統治。但是，不管主權的最終來源是什麼，所有國家都有政府，政府制定法律、維護秩序，並負責保護生活在其邊界之內的人民。

　　從這個意義上說，美利堅合眾國也屬於一個國家（state）。然而，它是一個由被稱為「州」（states）的、比國家低一級的政治單位所組成的聯邦（federation）。其他一些國家，比如澳大利亞、印度以及墨西哥，也是如此。這很可能會引起混淆。美國的密西根、澳大利亞的南威爾斯、印度的北方邦以及墨西哥的奇瓦瓦都屬於州或者邦，而不是國家。這些州或者邦擁有領土，但是缺少主權。它們雖然對某個區域擁有管轄權，但是從屬於聯邦憲法。

　　另外一個可能導致混淆的原因是，**國家**（state）這個詞經常被用來指一個國家（country）的**政府**（government），或者更準確地說，是指構成政府的**機構**（institutions）和部門（offices）之結構（structure）與慣例（practices），以及政府官員。這是政治學科的比較政治研究中的通常用法。比如，新加坡經常被冠以「大政府」（strong state），這是因為該國的中央政府擁有很多權威，而美國則通常被稱為「小政府」（weak state），因為該國採取制衡制度，其憲法裡有很多保護個人權利的內容。很顯然，美國在物質權力方面要比新加坡強得多，因此我們必須謹慎地詮釋「大政府」與「小政府」這樣的詞彙。分清使用詞彙的場合是關鍵。

　　另外一個詞**民族**（nation）經常被當作國家的同義詞。這樣做很令人遺憾，原因在於「民族」這個詞通常是指一個具有共同語言、文化、宗教、歷史、神話、認同或者共同命運觀的群體。「民族」的一個比較合適（但不準確）的同義詞應該是「族群」（ethnic groups）。[1] 從這個意義上說，庫德人、坦米爾人、魁北克人以及納瓦荷族印第安人都屬於民族，但不是國家。亞伯拉罕·林肯（Abraham Lincoln）在著名的蓋茲堡演說中指出：「八十七年前，我們的祖先在這塊土地上創建一個新的民族（nation），它基於對自由的堅信，並忠於所有人皆生而平等的信念。」如果他用**國家**（state）**代替**民族（nation）的話，那麼意思會更加明確些，因為美利堅合眾國是一個多民族國家。

　　18 世紀和 19 世紀的自由主義政治哲學家通常認為，每一個民族都應該有一個自己的國家，像庫德人、坦米爾人這樣的群體已經為此目標奮鬥了很多年。如果一個國家內的絕大多數公民屬於同一個民族的話，那麼這個國家就是**民族國家**（nation-state）。在今天的世界上鮮有真正的民族國家。日本、北韓與韓國是很典型的例子，98.5% 的日本居民屬於大和民族（ethnic Japanese），而朝鮮

歐盟成員是「主權國家」嗎？

歐洲聯盟（EU）是一個令人著迷、超國家一體化的典範。28 個成員國同意建立一些超國家機構，包括歐洲議會和部長理事會（負責立法）、歐洲委員會（歐盟的行政機關）以及歐洲法院和歐洲初審法院（司法機關）。歐盟屬於一個統一市場與關稅同盟，商品、服務、資本與人員可以在成員國間自由流動，它試圖在廣泛的問題領域協調成員國的政策，並且爭取在國際舞台上統一口徑發言。目前有 16 個歐盟成員國使用共同貨幣，即歐元，歐元在世界經濟中的重要性僅次於美元。同時，成員國在比較寬鬆的程度上協調共同防務與外交政策。

以上這些是否意味著，歐盟成員國不再是主權國家了呢？從技術的角度上說，並非如此，因為每個成員國擁有隨時退出歐盟的權利。但是，退出歐盟的代價很高，況且也很難想像會出現促使成員國退出的極端情勢。毫無疑問，目前沒有一國想退出（編按：本書中文版 2019 年 7 月出版時，英國已公投脫歐，只是脫歐日期一再延後）。相反，一些國家，比如土耳其，正在尋求加入。

歐盟是超國家一體化的最好（但並非唯一）典範。埃及和敘利亞在 1958 年組成阿拉伯聯合共和國（UAR），但是在三年之後就解體了。另外一個更有意思、也更成功的試驗是肯亞、坦尚尼亞以及烏干達在 1967 年組建起東非共同體（EAC）。東非共同體曾經運行良好，但後來由於三個國家領導人之間的意識形態分歧以及個人衝突而解體。2001 年，東非共同體得以再生，而且蒲隆地和盧安達於 2007 年成為其新成員。然而東非共同體若要轉型成功，在促進成員國共同與個別利益上的效率達到歐盟那樣的程度，還需要走很長的路。

民族和大韓民族（ethnic Koreans）在北韓和韓國人口中所占的比例更高。今天，世界上大多數國家都不具有族群上的單一性。

國家中的民族群體經常主張**自治**（self-government）權或者**自決**（self determination）權。自決是指自我決定自身政治命運的能力，這常常包括建立國家的主張。例如，魁北克分裂主義者主張民族自決權，目的在於從加拿大分離出來，建立一個新國家。有的時候，主張民族自決的群體試圖使自己居住的那塊土地從母國分離出去，並且合併到其他國家之中。如在兩次世界大戰之間，生活在奧地利、捷克斯洛伐克以及波蘭的德意志人就是這麼做的。[2] 主張自治權的群

體或許也願意生活在一個多民族國家之中，但可能尋求更廣泛的權利和特權，以關照自身的事務。比如，威爾斯不是一個主權國家，它只是聯合王國的一部分，但威爾斯人通過威爾斯民族議會享有很高的自治權。而聯合王國的另一部分，即蘇格蘭，甚至在 2014 年 9 月舉行獨立公投，但失敗了。

民族國家作為一種哲學理念，所面臨的困難在於，民族通常是雜居的，而且分布極為分散。很難劃定邊界，讓每個民族都擁有自己的國家。正如本書第一章所提到，即便可以做到這一點，在 20 世紀已經產生反對重劃已定邊界的規範，並且具有強大約束力。這規範之所以產生，部分原因在於要應對一種局面，即第一次世界大戰以後那些有失偏頗、前後不一以及企圖實現民族國家理想的失敗行為導致了屠殺。假如是處在另外一個時代，庫德人和坦米爾人可能會很幸運，他們要求自決的主張或許會得到大國的同情，甚至獲得積極的政治支持。今天，國際共同體只願意在下列情形承認分裂行為，即種族清洗、暴政、國家以暴力方式解體，或者像捷克與斯洛伐克在 1993 年相互間達成協議進而「和平分手」，以及 2011 年蘇丹通過南北協定分裂成兩個國家（蘇丹和南蘇丹），但這樣的情形很少見。

為了釐清概念，我們必須特別注意，人們在使用**國家、民族**以及**民族國家**這樣的詞彙時真正指的是什麼。你會發現，這些詞經常是被混用的。世界上最著名的主權國家組織被稱為聯合國（United Nations），還有我們前面提到過的美利堅合眾國（United States），國家間的關係被稱為**國際**（international）政治。

國家是如何產生的呢？一個群體並不能簡單地劃定地盤、豎起旗幟，把自己稱為一個國家（儘管有位失意的澳大利亞農民及其家人在 1970 年曾這麼做過）。[3] 要想成為一個國家，必須得到其他國家的承認。從這個意義上說，成為一個國家有點像成為一個俱樂部的成員，必須讓現有成員接納你。

那麼其他國家是如何決定自己是否承認一個新的主權國家呢？並沒有一個普遍認可的清單，但是有五個問題影響著國家的決策。第一，是否存在一個實際上控制某塊領土的政府？第二，其他國家是否對這塊領土提出要求？如果是的話，那麼這項要求有多麼堅決？第三，那些試圖建立一個新國家的人是否在過去遭受壓迫？第四，這些人是否認為自己的政府具有正當性？第五，承認一個新的國家具有主權是否會影響自身的主張與利益？儘管成立國家的理由是充分的，但那些

面臨著國內嚴峻的分裂局勢的國家，通常不願意承認新的國家，擔心這會開啟一個引火焚身的先例。如果得到廣泛的承認，其中最重要的標誌是被接納為聯合國成員，那麼新的國家就成為世界上國家共同體的一員，享有和承擔國家的權利、特權以及義務；其政府在國際上被接受為其領土邊界內居民的合法代表，並享有最高權威。科索沃和巴勒斯坦是最近的兩個試圖成為主權國家的行為者，前者在2008年單方面宣布脫離塞爾維亞獨立，後者則在2011年努力爭取國際承認，並於2011年獲得聯合國大會給予的「非成員觀察員國」的地位。大多數觀察家堅信，這兩個國家未來終將成為聯合國成員。索馬利蘭就沒有那麼幸運了，它雖然在1991年單方面宣布脫離索馬利亞而獨立，但是至今未被任何一個聯合國成員所承認。

被接納為俱樂部的成員是獲得國家地位的一個標誌，但它並非一個完美的標誌，有時會導致反常現象。例如台灣，實質上完全是一個主權國家，但目前（2019年7月）僅有18個正式邦交國（包括梵蒂岡教廷）。由於被中華人民共和國視為一省，台灣不被聯合國所承認，而台灣的官員也只能迂迴地出席多數的國際會議。世界上的很多國家，比如索馬利亞、辛巴威和阿富汗，雖然在國際上被承認為主權國家，但是並沒有作為主權國家的最基本條件，即不存在一個在邊界內行使有效控制權的合法政府。

國際行為者、權力及權威

我們在前面提到，在國家是否為世界政治中唯一重要行為者這個問題上，現實主義者和自由主義者是分歧的。**行為者**（actor）指的是某個人或者團體，其決定和行為會影響國際政治。我們在籠統地談論行為者的時候，不使用專有名詞。我們只有在討論某些特定行為者的時候，才使用專有名詞。當然從技術上說，只有人才能做出決定和採取行動，當我們把「國家」視為一個行為者的時候，是出於簡化目的之抽象思維。比如，我們常常聽到或者讀到這種說法，德國在1939年侵略波蘭。事實上，更為準確的表述應該是，德國人進攻波蘭人。這種把國家人格化的做法司空見慣，然而，我們有必要意識到這一點，這是因為我們在把國家或者其他團體（如跨國公司或者非政府組織）人格化時，它可能促使我們誤認這些行為者屬於具有自我利益、思想以及意志的**單一行為者**（unitary actor）。我們常常只有在注意到國家內部的分歧、爭論、有時甚至是鬥爭之後，才可以理解世界上所發生的事情。正如我們將在本書第五章中看到，美國總統甘迺迪和蘇聯部長會議主席赫魯雪夫（Nikita Khrushchev）之所以能夠迅速達成結束 1962 年古巴導彈危機的協議，其中一個主要原因在於，他們對各自國家的軍方出乎意料、粗心大意的以及有時缺乏協調的行為感到害怕，軍方的這些行為可能把兩個超級大國拖入一場核子戰爭之中。這正是國家的**機構**（agent）即軍人、外交官以及行政官僚，他們只根據上級的指示而採取行動，以**行為者**的角色來說並不合時宜。當然，並非所有的行為者都是人格化了的集合體，個人也可以是國際行為者。奧薩瑪・賓拉登就是一個國際行為者，U2 合唱團的波諾（Bono）也是，我們當然不可將他們置於同一個道德評判範疇。甚至電影演員也可以是國際行為者，[4] 例如，影星米亞・法羅（Mia Farrow）曾經試圖影響中國對蘇丹達佛省的政策。

　　自由主義者比現實主義者更傾向於相信，跨國公司、非政府組織（NGOs）、教會、移民社群、跨國犯罪網絡、墨西哥毒梟、恐怖主義集團、慈善基金會、明星以及其他類型的行為者，其行為可以對國際政治產生真實的影響。但是，自由主義者和現實主義者都認為，國家是最重要的行為者。其主要原因有四個。第一，除了那些最「脆弱」的國家（諸如索馬利亞、蘇丹和中非共和國）[5] 之外，世界上的所有國家大體上都有能力控制人員、商品以及貨幣的跨界流動。雖然沒有國家能施加絕對的控制，但是可以進行有效的控制。第二，國家通常是唯一擁有大規模武裝力量的行為者。儘管其他行為者也可以小規模地使用暴力，但唯獨國家具有大規模使用武力的能力。當然，在失敗國家或者陷於內戰的國家中，次國家行為者偶爾也擁有這種能力。第三，只有國家擁有大量徵收和使用稅收的權力。黑手黨收取保護費以及墨西哥毒梟藉非法產業斂財，其規模不可與國家徵稅相比，而且屬於違法勾當。第四，只有國家可以頒布和執行法律。國家之上沒有更高的權威。

　　以上四個原因表明，與其他行為者相比，國家擁有更多**權力**（power）。權力是全球衝突與合作研究中另外一個基本概念。然而，權力和愛情一樣，比較容易被感受到，而很難被界定和衡量。

　　權力是實現自己目標的能力。更確切地說，它是影響他人和達到自己期望的

目的之能力。耶魯大學政治學家羅伯特・達爾（Robert Dahl）把權力界定為讓別人做自己不想做的事情之能力。然而，如果我們要想根據別人行為的變化來衡量權力大小，就必須了解對手的偏好排序。否則的話，我們就可能如同《布雷爾兔歷險記》（Br'er Rabbit）中的狐狸一樣，不能正確認識自己的權力，以為自己把布雷爾兔扔到灌木叢裡就可以傷害它。我們通常很難事先搞清楚如果我們自己不作為，別的國家或人民將會採取什麼行動。

體系和戰爭

前一次戰爭結束之後，在國際體系中出現了兩個陣營僵持對峙的局面。這種兩極狀態導致靈活性的喪失和不安全感的增強。一個國家同盟以一個極權的強權國家為中心，另外一個國家同盟則以一個具有擴張性商業和文化以及海上優勢的民主國家為中心。每一方都擔心另一方在即將來臨的衝突中取得決定性的優勢地位。諷刺的是，竟然是發生在一個弱小國家內部且對同盟關係影響甚微的衝突，使得兩個國家同盟的危機感增強，從而引發戰爭。

這種情況出現在何種戰爭中呢？伯羅奔尼撒戰爭、第一次世界大戰，還是冷戰？

對分析家和歷史學家來說，根據行為界定權力的方法是很有用的，因為分析家和歷史學家可以花費很多時間來反覆思考過去的事情。而對務實的政治家和領導人來說，他們可用的時間或許就太少了。由於一國控制他國的能力通常與該國所掌握的特定資源分不開，所以政治領導人一般是從國家所掌握的資源這個角度來界定權力。這些資源包括：人口、領土、自然資源、經濟規模、軍隊以及政治穩定等。與根據行為界定權力的方法相比，這種界定權力的方法使得權力更具體，更容易被衡量，更能夠預見到。從這個意義上說，權力指的像是一國在國際政治撲克（international poker game）中擁有多少張好牌。撲克牌遊戲的一個基本原則是，如果對手亮出的牌是你手中的牌比不上的，那麼你就應該趕快認輸。如果知道打不贏，那麼就別挑起戰爭。

然而，有些戰爭往往是由最終戰敗的國家所挑起的。這表明，政治領導人有時會冒險或者犯錯。1941 年的日本或 1990 年的伊拉克就是例子。在國際政治

遊戲中，對手常常不把手中的牌全部亮出來。這就好像玩撲克中的牌技，虛張聲勢和欺騙，能夠發揮很大的作用。即使對手沒有欺詐的行為，國家在選擇最佳資源以應對某個特定情勢的時候也會犯錯。例如，法國和英國在 1940 年時所擁有的坦克戰車數量要比納粹德國來得多，但是希特勒的坦克操控性更好，德國將軍們對坦克的使用更有效率。

在從資源的角度思考權力問題的時候，我們會遇到**權力的轉換**（power conversion）這一基本問題。一些國家比其他國家更善於把手中的資源轉換成實際的影響力，這就好比紙牌高手往往能夠以弱勝強。權力轉換是指把潛在權力（用資源來衡量）變成實際權力，並以別國行為改變的程度來衡量的能力。為了準確地預測結果，我們不僅需要了解一國所擁有的權力資源，而且也要知道該國轉換權力的能力。

我們遇到的另外一個問題是，如何確定在一個特定的背景之中，什麼樣的資源是最好的權力基礎。坦克在沼澤地中不太管用，鈾在 19 世紀還稱不上是一種權力資源。在歷史上的較早時期，人們比較容易判斷權力資源。例如，在 18 世紀歐洲的農業經濟體中，人口是個重要的權力資源，因為人口是稅收和徵召步兵的基礎。法國在人口數量上居西歐之首。因此，在拿破崙戰爭（1799-1815）結束後，普魯士在維也納和會（1815）上向戰勝國提出了一個詳盡的普魯士復興計畫，以維持歐洲的權力平衡。該計畫載明了普魯士在 1805 年以後所失去的領土和人口，並且提出要收復這些領土與人民。在前民族主義（prenationalist）時代裡，以下事實並不重要，即那些地方的很多人並不講德語，也不把自己當作普魯士人。然而，經過半個世紀，民族主義已經有相當大的作用。

19 世紀的另外一個環境變化，就是工業和鐵路系統越來越重要，這使國家可以快速動員。在 19 世紀 60 年代，奧托·馮·俾斯麥（Chancellor Otto von Bismarck）擔任首相時期的德國，首先利用鐵路運送軍隊，並且很快就在戰場上獲得勝利。俄國的人口雖然比歐洲其他國家要多，但是動員起來卻很難。俄國於 20 世紀初在西部建立了鐵路系統，這成為 1914 年德國擔心俄國力量增長的原因之一。不僅如此，鐵路遍及歐洲大陸，這也使得英國不能只關注海上的權力。沒多久，人們就已經認知到，的確有必要在歐洲投入一支軍隊，以防止另一個大國主宰這片大陸。

工業技術在戰爭中的應用，產生了極其深遠和重大的影響。自從 1945 年核子時代開啟以來，先進的科學與技術一直是特別重要的權力資源。然而，核武的毀滅性是如此巨大和可怕，以至於核子力量難以被靈活運用。核子戰爭的代價實在是太大了。在很多情況中，使用武力並不合適，或者說其代價太大了。

即使一些國家被禁止直接使用武力，軍事力量仍然會扮演重要的幕後角色。例如，美國可以向其盟友提供安全保障以抵制外來威脅，或者美國軍隊能夠確保重要能源（比如波斯灣的石油）的供應不受到威脅，這意味著向別國提供軍事保護力量，也可以在討價還價的情勢中發揮作用。有時這種聯繫（linkage）是很直接的，而在更多時候，正如在本書第八章中會看到的那樣，它是存在於政治家頭腦中的、沒有公開表述的一個因素。

迫使他國改變行為，是一種直接或強制性地使用權力的方法。這樣的**硬實力**（hard power）既可以依靠獎勵（胡蘿蔔），也可以依賴威脅（大棒）。除此之外，還有一個「軟的」或間接的使用權力的方式。一個國家能因為其他國家願意效仿自己或者接受體系的規則，而在世界政治中實現自己預期的目標。從這個意義上說，左右世界政治的議事日程和吸引他人，其重要性不亞於在特定情勢下改變他國的行為。這種形式的權力，即讓別人追求你想要的東西，可以叫作吸引力或者**軟實力**（soft power）行為。軟實力所依賴的資源包括思想的影響力或者決定政治議題，影響別人偏好的能力。身為父母的人都知道，假如父母能夠影響孩子的信念和喜好，那麼父母對孩子的權力比僅僅依賴嚴格管制的方式要更大且持久。同樣地，政治領導人和建構主義理論家早就知道，決定議事日程辯論框架也可以產生權力。確立偏好的能力總是與無形的權力資源密不可分，這些無形的權力資源包括建構主義者所強調的文化、意識形態和制度。

軟實力並非一定比硬實力更具有效力或者更符合道德，扭曲思想不一定比扭斷手臂強。道義判斷依賴於使用權力的目的。例如，在那些發起 2001 年恐怖攻擊的追隨者眼中，奧薩瑪·賓拉登擁有軟實力。軟實力也並不是只和自由主義理論有關聯，而同現實主義理論無關。像肯尼士·華茲那樣的新現實主義者屬於物質主義者（materialists），不關心理念的作用。他們為了追求簡約，把現實主義理論變得平淡無味。實際上，古典現實主義者，如修昔底德、馬基維利、漢斯·摩根索（Hans Morgenthau），從來都把理念當作權力的一種源泉。

權力是影響他人，從而獲得自己想要的結果之能力，不管權力資源是有形還是無形。對於政府來說，軟實力往往更不容易使用，需要更長的時間才能看到效果，並且有時不見得管用。然而，如果分析家們忽視軟實力，那麼這是很危險的。例如：1762 年，普魯士的腓特烈大帝（Frederick the Great）在快被法國、奧地利和俄國聯軍擊垮之時，卻因為崇拜普魯士君主政體的俄國新沙皇彼得（Peter III, 1728-1762）讓俄國軍隊撤出反普聯軍，而大難不死。又比如 1917 年，英國在美國人眼中比德國具有更大的軟實力，這促使美國在第一次世界大戰中站在英國一邊。更近的一個例子是：巴拉克‧歐巴馬（Barack Obama）在 2008 年總統大選中獲勝，增強了美國的軟實力，這是因為其形象與主張在原先敵視美國政策的那些地方具有很大的吸引力。然而，把這些軟實力資源變成具體的結果，可沒那麼容易。

硬實力和軟實力是相互聯繫的，但它們又不相同。物質上的成就會使得文化意識形態具有吸引力，而軍事和經濟上的落後則會導致自我懷疑和認同危機。然而，軟實力並非僅僅依賴於硬實力。梵蒂岡的軟實力並沒有因為 19 世紀教皇國家國土面積變小而減弱。今天，瑞典、挪威和荷蘭的影響力，要比其他一些具有相同經濟和軍事實力的國家大。第二次世界大戰後，蘇聯在歐洲擁有很強的軟實力，但是蘇聯在 1956 年入侵匈牙利 1968 年入侵捷克與斯洛伐克後，這種權力就被浪費掉了。許多人可能會認為，美國在「九一一」事件之後擁有強大的軟實力，但還是被後來所推行的那種不智莽撞的單邊主義政策損害了。

今天，最重要的權力資源是什麼呢？我們透過觀察過去五個世紀裡的現代國家體系可以看出，不同的權力資源在不同的時期有著重要的作用。權力資源從來就不是靜止不變的，在今天的世界裡也會繼續變化。不僅如此，在世界不同地區，權力資源也有所差異。在資訊時代後工業化國家的軟實力，在相互關係中變得越來越重要，民主和平思想占了上風；而硬實力則在那些正處於工業化或者前工業化發展階段的地區更加重要。

在資訊經濟和跨國相互依賴的時代，權力正變得越來越難以轉換成資源、越不具體和缺少強制性，本書將在第八章和第九章更詳盡論述。傳統的分析家主要會根據哪一方軍隊獲勝來預測衝突結果。今天，在諸如反對跨國恐怖主義鬥爭這樣的衝突中，誰講的故事更吸引人，同樣至關重要。使用硬實力對付死硬的恐怖

主義者無疑是需要的，但使用軟實力來贏得主流民眾的心也同樣重要，否則民心會被恐怖主義者奪去。

> 知道何時運用硬實力，何時使用軟實力，何時把兩者結合起來的能力，我稱之為巧實力（smart power）。
>
> ——約瑟夫・奈伊

　　世界各個地方的權力變遷情況並不相同。在 21 世紀，資訊和制度權力肯定會比過去更有作用，但是中東局勢也告訴我們，強大的軍事實力依然是一種重要手段。市場和自然資源意義上的經濟規模也將依然重要。隨著現代經濟體中服務行業的發展，今後服務業和製造業之間的界限會變得越來越模糊。資訊量將更大，快速和靈活反應的組織能力將是重要資源。政治凝聚力以及具有普世性和可輸出的大眾文化，也依然十分重要。

　　請注意**權力**與**權威**（authority）之間有點複雜的關係。如果權威得到其他人的尊重，那麼它就可以是權力資源。但是，你可以擁有權力，而不具有權威。美國在 1954 年由中央情報局策畫的政變，使用權力推翻了瓜地馬拉的民選總統雅各・阿本斯・古茲曼（Jacobo Árbenz Guzmán），但不具有這樣做的權威。瓜地馬拉是主權國家。權力是實證的概念，而權威則是一個道義、規範或者法律的概念。權威要求有正當性。主權國家組成的國際體系雖然在權威的法律分布位置上屬於無政府狀態，但是在權力的分布位置上從來就沒有無政府狀態。在**單極體系**（單一超級強權國家）中，一個國家享有權力主導地位，可以有效決定國際合作的條件，並且使別國同意或者接受。在**兩極體系**中，兩個實力相當的國家在各自勢力範圍內，或者對其盟國（實力較弱的國家或者僕從國）擁有主導權。在**多極體系**中，三個或者三個以上國家擁有很大的權力。我們通常把單極體系中最強大的國家稱為**霸權國家**（hegemon，來自希臘語中的「領導者」），把現代兩極體系中最強大的國家稱為**超級強國**（superpowers），而把多極體系中最強大的國家稱為**大國**（great powers）。

國際體系和國際社會

我們一直都在使用**體系**這個詞。那麼，體系到底指的是什麼呢？根據字典的解釋，體系（system）是一系列相互關聯的單位。體系的單位或者組成部分之間的互動方式可能有點複雜。我們用**結構**（structure）這個詞來描述單位的權力分布，用**過程**（process）來描述單位之間的互動。在一個給定時期內結構和過程兩者的區別，可以用玩撲克牌來解釋。撲克牌遊戲的**結構**即權力分布，它指的是玩牌的人手中有多少籌碼以及需要應對多少張好牌。**過程**指的是遊戲如何進行以及玩牌人之間互動的類型是什麼樣（規則是如何制定和理解的？玩牌者是否為虛張聲勢的高人？他們遵守規則嗎？假如他們騙人，是否會被識破？）。例如，允許參加囚徒困境遊戲的人相互溝通，會改變遊戲的性質。同樣地，當國家進行相互溝通和達成互利協定，或者創立被充分理解的規範與制度時，這會改變國家傳統的戰略選擇，從而改變政治結構。

國際體系是一種特殊形式的體系，即**政治**體系。我們很容易對很多國內政治體系加以定義，因為它們都包含著明顯的制度性事物，比如總統、國會和議會等。而當今國際政治體系則不然，它比較分散和抽象。即使沒有聯合國，國際體系也依然存在。然而我們不可被國內政治體系的具體性所誤導。國內政治體系也包含抽象的層面，比如公眾態度、新聞界的角色，或者憲法中的不成文慣例等等。換句話說，體系既可以是物質性的，也可以是理念性的，或是兩者兼而有之。電腦、人的身體以及生態圈，都屬於物質體系。電腦有電源、處理器、記憶體、匯流排、鍵盤、存放裝置以及顯示器等等，它們依據物理學原理面進行電子和機械意義上的互動。語言屬於理念體系，其構成部分是詞彙，它們根據語法與句法規則而互動。國際體系是物質因素與理念因素的混合體。

從某種程度上說，把某個事物視為一個「體系」，屬於一種腦力家務（mental housekeeping）練習，因為到最後所有東西都被整理得井井有條、相互聯繫。比方說，我們透過分清電腦與計算機工作所需要的電力，以及分清電力與河流大壩的水力發電過程，就更容易認識世界。但實際上，這些都是相互作用的。國際體系也是頭腦中建構出來的東西。國際體系的發展，不僅受國家與非國家行為者的影響，而且也受其他體系的影響。例如，溫室氣體排放會導致氣候變

化、海平面上升、降雨類型改變、植被變化以及大規模移民等等。這些變化有可能引發國內衝突（如蘇丹的達佛衝突）與國際衝突。我們從理論上也可以說，太陽系可以透過大氣系統影響到國際政治體系。但是，把所有事物都看作一個龐大系統的組成部分，這樣做不明智且適得其反。把國際體系視為某個獨特的東西，可能使我們更容易理解世界上所發生的事情，儘管所有事物之間都是相互聯繫的。

　　雖然國際體系的排列原則是無政府狀態，但是該體系並非毫無秩序。所有全球互動關係都是有秩序的，因為這些互動關係都呈現出有規則、大致可預見的格局。在大多數情況下，這些互動關係是受規則約束的。正如我們在本書第一章中所看到的，雖然國際法比國內法要弱；但事實上遵守國際法的情況通常與遵守國內法差不多。公然違反國際法的行為比較少見，大多數國家的國內法律體系則是受困於大量的刑事與民事違法行為。一個有秩序的社會體系（比如主權國家的國際體系）之標誌是：存在著處理爭端的制度與慣例；大多數衝突得到和平解決；存在著一套具有權威性的規則（法律、規章、方針、普遍接受的慣例等）；規則基本上得到了遵守；具有對付不遵守規則行為的手段。我們如何解釋這個現象呢？

　　答案在於，世界上很少有地區可以真正地處於霍布斯所說的自然狀態之中。國際體系不是一個撞球桌，國家之間的關係不像撞球之間無目的地相互碰撞那樣，處於無休止的衝突之中。國際體系具有**社會性**（social）。這是因為，沒有世界政府（即從權威分布上說國際體系是無政府狀態的），並不意味著**國際社會**（international society）不存在。存在著行為規則、內容日益豐富的國際法、明確規定的權利與義務，甚至是國際禮儀規則（外交慣例、榮譽之類的）等等，簡單地說，這些都是「文明社會」（polite society）的特徵。輕視規則的行為會導致國際衝突，正像輕視規則的行為，會在日常生活中導致人與人之間的衝突一樣。俾斯麥透過違反公認的外交規範，先是在沒有事先與法國協商的情況下，試圖讓普魯士人擔任西班牙國王，然後是把法國秘密的外交檔案透露給國際新聞界〔即著名的埃姆斯密電（Ems Telegram）〕，從而有意地挑起了普法戰爭（1870-1871）。[6] 現實主義者為一方，自由主義者和建構主義者為另外一方，對於國際體系社會性的真實程度，存在著不同的認識。現實主義者認為，國際體

系的社會性是脆弱且膚淺。而在自由主義者和建構主義者看來，國家行為所受到的社會制約力比較強。但是他們都同意，國際政治的社會層面因素將促進有秩序的互動關係。

體系穩定與危機穩定

能夠承受衝擊、不走向解體的國際體系就是穩定的。假如體系不能服務於既定的目標，那麼它們就會解體。國際體系的一個主要目標就是維護成員的主權與安全。小規模戰爭不一定導致體系的瓦解，因為在有的時候，維護某些國家的主權與安全的唯一辦法，就是對其他國家發動戰爭。由於這個原因，澳大利亞著名學者赫德利・布爾（Hedley Bull）詳盡地論述戰爭是一種制度，即一種被認可的、有規則的維護秩序的做法。[7] 但是，大規模戰爭會危害大多數國家或者所有國家的主權與安全，因而導致體系的不穩定。

那麼，什麼因素有助於體系穩定呢？一個重要因素是國際社會中的社會結構（social fabric）特性。維繫國家間關係的規範與制度連結越強大，國家間關係就越密切，國家防止體系解體的利害關係就更大，國家就有更多的途徑防止衝突失控並加以解決。如果社會因素比較弱，那麼體系就會更像霍布斯式的自然狀態，換句話說，國家就要更加依賴於自助。

在像華茲這樣的體系理論家看來，在霍布斯式的無政府狀態中，權力分布對於體系穩定來說至關重要。當國家透過平衡霸權國家來維護自己的獨立地位，或者一個新興的國家挑戰領導國的時候，單極體系就開始走向瓦解。在多極或者權力分散的體系中，國家會締結同盟以實現權力平衡，但是同盟關係是很靈活的。在多極體系中，戰爭可能發生，但其規模是相對有限的。在兩極體系中，同盟變得比較僵硬，從而可能導致大規模衝突甚至世界大戰的爆發。有的分析家聲稱，「兩極體系或者消亡，或者爆炸」。這種情況發生在伯羅奔尼撒戰爭時期，當時雅典和斯巴達都加強對各自盟友的控制。1914 年前夕的形勢也是如此，當時歐洲的多極權力平衡開始逐步演變成兩個強大同盟體系的對峙，從而喪失了自己的靈活性。然而，用多極還是兩極體系來預測戰爭的分析方法，卻解釋不了 1945 年以後的現實。在冷戰時期，世界是兩極的，美國及其盟邦和蘇聯及其盟友是兩個主要角色，然而一直到蘇聯解體導致兩極體系瓦解時的四十多年裡，全面的大

戰並未發生。一些人認為這是由於核子武器的存在，使得世界大戰的預測變得可怕。因此，國際體系結構可以大致解釋體系的穩定性，但是我們單靠體系層次的分析並不能充分解釋問題。

有關冷戰體系很穩定的觀點是值得商榷的，因為冷戰體系表現為**危機穩定**（crisis stability）。在危機不穩定（crisis-unstable）的情勢中，如果兩個或兩個以上國家發現自己處於緊張的國際危機之中，那麼它們面臨極大的壓力，從而率先攻擊。我們以一個簡單的比喻來說明。假定你和敵手站在空地上，而且都拿著槍。雙方都不能肯定對方的動機。如果你認為應該先開槍，就會有強烈的動機去這麼做。先開槍的一方更有可能生存下來。這樣的情勢非常可能會升級，從而導致暴力行動。

現在再想像你和敵人被關在一間屋子裡，屋子被淋上汽油，每個人都有火柴。在這種情勢中，雙方都有強烈的動機去點燃火柴。假如你這麼做，敵人無疑會被燒死或者嚴重燒傷，但是你自己也不能幸免。於是，雙方都有強烈的動機以和平方式解決問題。這就屬於一種危機穩定情勢。

危機穩定很大程度是由於技術的作用，或者更準確地說，是有關技術的主流信念的作用，在軍事理論之中可以看見。當主流軍事技術被認為有利於進攻一方的時候，決策者會有首先發動進攻的壓力。當主流軍事技術被認為有利於防禦一方的時候，決策者則沒有率先發難的壓力。正如我們將在下一章所看到的，在第一次世界大戰開始的時候，歐洲領導人相信發動進攻對自己極為有利，於是1914年的7月危機很快就升級了（很不幸，他們的這種信念是錯誤的。正如此後持續四年的大屠殺所顯示的，那些自我防禦充分、配備有機關槍並得到大炮支援的步兵，可以把進攻的軍隊撕成碎片）。在冷戰時期，有關軍事技術的主流信念基本上是正確的，不管是美國還是蘇聯，都無法抵禦核武攻擊，但是毫無疑問它們可以依賴發動毀滅性的報復行動之能力，來抵禦對方的核攻擊。這一情勢被稱為「相互確保摧毀」（MAD），它屬於高度的危機穩定情勢。

「國家利益」

我們需要界定清楚的最後一個基本概念就是**國家利益**（national interest）。領導人和分析家都聲稱，「國家根據國家利益行事」。這種說法一般來說是對的，

但是我們首先要知道國家是如何界定自己的利益。否則沒有多大意義。

現實主義者聲稱，由於國際體系的制約，國家在界定自己的利益時沒有什麼選擇餘地。它們必須根據權力平衡來界定自己的利益，否則自身的生存就成問題。正如完全市場中的一家公司，如果只考慮利他而不極大化自己的利潤，那麼肯定要倒閉。因此，對現實主義者來說，國家在國際體系中的地位決定著它如何界定自己的利益，並且透露出該國對外政策的走向。

自由主義者和建構主義者則認為，國家利益不僅僅是由國家在國際體系中的地位所決定，他們對國家偏好和國家利益是如何形成的提出了更多解釋。他們認為，國家利益的界定在很大程度上取決於該國國內社會的性質及其所具有的文化。比如說，如果一個國家的國內社會看重經濟福利和貿易，並且認為對其他民主國家發動戰爭是不合法的，那麼這個國家對國家利益的界定就不同於專制國家，儘管這兩個國家在國際體系中的地位差不多。自由主義者聲稱，如果國際制度和溝通管道使得國家間相互信任，那麼上述論點是正確的，這有助於國家擺脫囚徒困境。

既然非權力的因素（nonpower incentive）可以影響國家界定自己的利益，那麼我們就有必要判斷一種特定情勢是否接近霍布斯式的無政府狀態。在一個霍布斯式的體系中，明天你可能就會被鄰居殺害，有關民主或者貿易的偏好對外交政策的影響就很有限。畢竟生存是擺在第一位。但如果制度以及對和平的穩定期望減輕了霍布斯式的無政府狀態，那麼那些與國內社會和文化相關的其他因素，就可能有較大的作用。現實主義者的預言比較適用於中東，自由主義者的預言則比較適用於西歐。分清不同的場合，有助於我們衡量不同理論的預測力。

我們需要記住，有關國家利益的界定幾乎一直存在爭議。人們雖然會在抽象層面上一致認為權力和安全是重要的國家利益，但是對於促進國家利益的具體政策則經常存在著分歧。有時候政策偏好是完全對立的、不可相容的。在兩次世界大戰之間的美國，曾經發生過一場大辯論，有些人認為維護美國安全的最好辦法，就是避免捲入歐洲與東亞的權力政治之中；而另外一些人則認為維護美國的安全，有賴於積極地與他國一起遏制德國和日本這兩個崛起的大國及其帝國野心。在另外一場具有歷史意義的辯論中，一方認為道義與追求國家利益是互不相關、不可相容的，另一方則認為一個國家的正義觀是其國家利益的重要組成部

分。無庸置疑的一個事實是，試圖採取某種對外政策的人，總是會給它披上一件國家利益的外衣。換句話說，國家利益的概念不僅僅是國家重大目標的簡單表述，也是決策者與政策分析家論爭的對象。

分析層次
2.2. 區分個人、國家和體系三個層次。

體系大於構成體系各部分元素之總和（一加一大於二）。體系能夠導致任何體系成員都意想不到的結果。讓我們用經濟學中的市場體系來打個比方。在一個理想的市場中，以營利為目的的所有公司都努力使自己的利潤最大化，但是市場體系所導致的競爭會把公司的利潤減低到收支相抵的水準，從而讓消費者受益。商人並無意讓消費者受益，但是理想市場中的行為模式會導致這一結果。換句話說，體系所造成的結果可能與體系中的行為者的願望大相逕庭。

國際政治體系可能導致行為者始料未及的結果。例如，布爾什維克於 1917 年在俄國奪取了政權，他們把第一次世界大戰以前的整個國家間的外交制度視為資產階級極其荒唐的東西。他們試圖摧毀國家體系，認為革命將把全世界的工人聯合起來，並且廢除邊界。無產階級的跨國聯合將取代國家體系。事實上，托洛斯基（Leon Trotsky）在領導蘇俄外交部的時候，聲稱自己的目標就是向全世界人民發布革命的宣言，然後把世界「連為一體」。但是，布爾什維克後來發現自己本身就是國家體系的一部分，其行為受到該體系的制約。1922 年，這個新興的共產主義國家與德國簽署了拉巴洛條約（Treaty of Rapallo），兩個被第一次世界大戰後的外交世界所排擠的國家結成了同盟。約瑟夫‧史達林接著在 1939 年與自己最大的意識形態敵人阿道夫‧希特勒締結了條約，意圖把希特勒的注意力引向西方。儘管托洛斯基向全世界人民表述了革命的宣言與理想，但蘇聯的行為很快就變得和國際體系中的其他行為者沒有什麼不同。

國際體系中國家間的權力分布狀況，有助於我們預測國家的某些行為。傳統的**地緣政治學**（geopolitics）認為，地理位置和距離可以極大地影響國家的行為。因為鄰居之間接觸頻繁，發生摩擦的機會也比較多，這就難怪在 1816 至 1992 年間，世界上大約有一半的軍事衝突是發生在鄰國之間。[8] 如果一國感到

自己受到鄰國的威脅，那麼它會根據「敵人的敵人就是我的朋友」這條古老的格言行事。我們經常可以在無政府體系中找到此種行為模式的例子。例如，早在基督誕生之前三個世紀，印度作家考提利亞（Kautilya）就指出，印度次大陸的國家傾向於和遠方的國家結盟以保護自己，從而導致跳棋棋盤式的同盟模式產生。馬基維利也提出，西元 15 世紀的義大利城邦國家有類似的行為。在 20 世紀 60 年代初，西非殖民地獲得獨立並建立國家，而且熱中於討論非洲國家的團結這個話題。但是，這些新近獨立的國家很快就開始建立考提利亞所說的古代印度那種跳棋式的同盟體系。在意識形態上，迦納、幾內亞和馬利比較激進，而塞內加爾、象牙海岸和奈及利亞則相對保守，但是它們都以結盟來對付自己的鄰國。另外一個例子是越戰後東亞所形成的格局。如果在地圖上把蘇聯和越南塗成黑色，把中國和柬埔寨塗成紅色，我們就可以清楚看到一個跳棋式的格局。諷刺的是，美國捲入越戰的依據是骨牌理論，即一個國家倒向共產主義會引起其他國家步其後塵。假如美國有遠見的話，它應該把東亞看作一個跳棋的棋盤，而不是骨牌，這樣美國可能就不會陷入越戰。跳棋棋盤格局的基礎是傳統的地緣政治理論，即「敵人的敵人是我的朋友」，它有助於我們有效地預測國家在無政府情勢中的某些行為。

　　如何理解這樣的模式與傾向呢？我們不能像物理學家或者化學家在實驗室裡控制實驗條件那樣，來左右世界政治。在事件發生之後，我們必須努力去理解它，而不能像做實驗那樣去控制它。這幾乎總是意味著，我們得出結論的時候必須小心謹慎，因為我們根本就缺少一些發現與否定錯誤結論的有效手段。然而，我們常常就世界政治事件發生的原因做出判斷，而且這樣做都是有原因的。我們能夠用上哪些技巧與竅門呢？它們是否可靠呢？

　　體系並不是解釋國際政治的唯一視角。華茲在《人、國家與戰爭》（*Man, the State, and War*）一書中，把戰爭原因分為三個層次，即他所說的三個「意象」（image）：**個人、國家和國際體系**。常常被論及的跳棋棋盤模式，即「敵人的敵人是我的朋友」，可能是其中的任何一個（或者更多層次上）的動力所致。因此，為了確定世界政治事件發生的原因，我們需要判斷哪個分析層次最具解釋力。我們既可以關注個人（比如領導人）的行為動機（個人層次分析），也可以觀察國家內部所發生的事情（國家層次分析），還可以分析行為者之間的互動（體

系層次分析）。

個人層次

　　個人層次的解釋是很有用的，因為決策是由個人做出。大部分分析家相信，在「九一一」事件發生之後，不管是誰當美國總統，只要阿富汗塔利班政權不合作，美國都會進攻在阿富汗的「蓋達」組織，並且推翻塔利班政權。假如是艾爾‧高爾（Al Gore），而不是小布希，贏得 2000 年的總統大選，我們依然會看到持久自由行動（Operation Enduring Freedom），或者其他類似的行動。然而，很少有分析家認為，「高爾總統」會在 2003 年進攻伊拉克。不管是國內政治因素，還是體系因素，都沒有使伊拉克戰爭像阿富汗戰爭那樣是不可避免的。伊拉克戰爭是一場被選擇的戰爭，為了解釋這場戰爭，我們有必要探討布希總統及其高級顧問選擇打這場戰爭的特別原因。

　　毫無疑問，個人有時是很重要的。伯里克里斯在伯羅奔尼撒戰爭中發揮非常重要的作用。海珊是 1991 年海灣戰爭的一個關鍵因素。雖然個人有時是很重要的，但是並非獨立於其他因素之外。在 1962 年占巴飛彈危機中，甘迺迪和赫魯雪夫面對著爆發核子戰爭的可能性，並且手中掌握著最後決定權。然而，從個人層次無法解釋為什麼他們發現自己處於這種地位。這是情勢結構中的某種東西使然。同樣地，了解德皇威廉二世（Wilhelm II）或者希特勒的個性，對於理解兩次世界大戰的起源是很有必要的。但是，這樣的解釋並不夠充分。正如我們將在下一章所看到的，德皇在 1890 年解除俾斯麥的首相職務是很重要的，但它並不意味著第一次世界大戰主要是由威廉二世帶來的。

　　運用個人層次分析法的一個方式，就是聚焦個人特點（諸如他們的個性、生活經歷之類的）。而另外一個方式，就是從人所共有的「人性」去尋找解釋問題的答案。例如，我們可以採用喀爾文主義國際政治觀，把戰爭的終極原因歸結於我們內心的邪惡。這樣就可以把戰爭解釋為人性不完美的產物。但是，這種解釋的過度延伸：它不能解釋為什麼有些邪惡的領導人走向戰爭，而另一些邪惡的領導人卻並非如此。它也解釋不了為什麼有些善良的領導人走向戰爭，而另一些善良的領導人卻並非如此。有關人性的通論有時會導致不可反證的解釋。一些現實主義者把衝突的終極原因歸結於對權力的持續追求。比如，澳大利亞歷史學家傑

佛瑞·布萊尼（Geoffrey Blainey）聲稱：

> 我們可以很自信地提出一種有關戰爭目標的通論。戰爭的目標，只是權力的各種表現而已。自大的民族主義、傳播意識形態的意志、保護鄰近國家的同胞、貪圖更多領土或商業利益、為失敗或者屈辱後果採取報復行為、渴望國家更加強盛或者獨立、希望影響同盟關係或者締結同盟關係等等，都是權力的不同包裝。競爭國家之間的目標衝突，總是權力衝突。[9]

　　假如把每個目標都視為對權力的追求，那麼「權力爭奪導致戰爭」的說法，就屬於不可反證的套套邏輯（Tautology）。什麼都能解釋，也就等於什麼都解釋不了。

　　有關心理傾向性的解釋更有價值。許多國際政治學者認為，心理因素並不重要，這是因為國家領導人都是（或者可以被假定為）「理性」行為者。假如他們是理性的，那麼我們為了理解或者預測他們所做出的選擇，只需要搞清楚每一種選擇的成本與效益。根據這一觀點，任何一個理性行為者在面對囚徒困境那樣的情勢時，都會選擇背叛而非合作。然而，儘管有些人的確根據精確的成本收益分析做出決定，但由於缺乏資訊，在很多情況下是根本不能做到這一點的。無論如何，即便當下仍有可能性，許多人實際上就是不能做出任何決定。利用心理因素解釋那些明顯與「理性」行為不相符的現象就很有意義。

　　這正是考察全球衝突與合作的政治心理學研究，有四種主要途徑。第一種途徑是**認知心理學**（cognitive psychology）。認知心理學，觀察人們試圖解讀有關世界的原始資訊之過程。認知心理學家表明，人們是透過尋找他們正在努力理解的事物與他們已經知道或者相信的事物之間的共通性（commonalities）；換句話說，是透過尋找自己所熟悉的事物與不熟悉事物之間的共通性，來解讀有關世界的原始資訊（raw information）。比如，第二次世界大戰以後的西方領導人因為震驚於希特勒、墨索里尼（Benito Mussolini）之流的獨裁者給世界帶來的恐怖後果，所以傾向於認為，任何一位聲稱自己遭受其他國家不公待遇的獨裁者，實際上都是具有機會主義傾向的侵略者。他們的這種認知有時是對的，

有時則是錯誤的。他們犯的認知錯誤的一個例子就發生在 1956 年，當年埃及總統納瑟（Gamal Abdel Nasser）宣稱，埃及有權控制蘇伊士運河，因為該運河通過埃及領土。當納瑟宣布將蘇伊士運河國有化之後，法國與英國領導人得出結論，納瑟「就像希特勒」，其行為必須受到制止。其結果是爆發了一場不必要的戰爭，這場戰爭造成中東政治變得極為複雜，使得北約盟友之間產生矛盾，轉移了世界對蘇聯壓制匈牙利的注意力，以及嚴重損害了英國的權力地位與聲譽。

第二種途徑是**動機心理學**（motivational psychology）。動機心理學家從根深柢固的心理恐懼、欲望以及需求，來解釋人類行為。這些需求包括自尊、社會認可以及效能感（sense of efficacy）。比如，動機心理學有助於我們理解，為什麼在第一次世界大戰以前，幾乎所有的德國外交官，都針對歐洲國家可能採取的應對奧地利和德國軍事行動的措施，提交了錯誤的或者誤導的報告。他們只是害怕，說了德國外交部不願意聽的話會有不好的後果。眾所周知，當時的德國外交部門無法傾聽不同意見。唯一一位準確地判斷了英國可能對德國侵犯比利時中立地位做出反應的德國外交官，就是德國駐倫敦大使卡爾・利希諾夫斯基（Karl Lichnowsky）親王，但他被柏林以「已經變得像當地人」的理由而解除職務。德國政府的誤判，可以用已經得到充分論述的動機心理傾向來加以解釋：即試圖逃避自我承認錯誤所帶來的心理痛苦。1914 年德國整個速戰速決戰略是建立在英國不參戰的基礎之上，如果利希諾夫斯基親王的報告被接受，那麼它會有擾亂決策的作用。

第三種途徑，也是較近出現的一種，就是運用**行為經濟學**（behavioral economics）原理，尤其是**展望理論**（prospect theory）。展望理論解釋了那些不符合理性的行為，認為人們所做出的決定是很不同的，這取決於他們面對的是獲益的前景，還是虧損的前景。人們通常願意冒較大風險去規避損失，而不願意冒較大風險去爭取獲益。搞清楚領導人如何選擇，有助於我們理解、甚至預測他們會有多大的意願去採取冒險行為。很多存在選擇的情勢，同樣可以用成本或收益的語言（100 個人中損失十個人，等於 90 個人保住性命）來加以描述，戰略選擇思維會促使人們做出不同的決定。比如，人們的行為中所表現出來的規避損失的一般傾向，有助於我們理解為什麼人們願意在註定失敗的路線加碼。一個拉斯維加斯的賭徒，在老虎機上輸得越多，越不願意停止下賭注，這是因為他

（或她）想贏回輸掉的錢的欲望越來越強烈。同樣地，美國在越戰中喪生的人數越多，就越不願意認輸。那些失意的賭徒和打敗仗的領導人，常常落到輸得精光的下場。

最後第四種途徑，即**心理傳記學**（psychobiography），以心理動機解釋領導人所做出的選擇。這一途徑說明人們從公認的精神疾病中發現古怪個性特徵。一個有意思的例子，就是亞歷山大・喬治與朱麗葉・喬治（Alexander and Juliette George）有關伍德羅・威爾遜和豪斯（Edward M. House）上校的心理傳記，它試圖解釋美國在巴黎和會中採取強硬立場，以及隨後未能參加威爾遜自己籌建的國際聯盟之行為。他們從威爾遜的控制欲、不願意妥協的立場以及容不得反對意見的傾向，來解釋美國的行為，而且認為所有這些的根源可以歸結為，威爾遜在孩提時代受虐於父親專橫行為的痛苦經歷。[10] 同樣引人入勝的是許多有關希特勒的心理傳記，強調希特勒試圖補償自我憎恨、性挫敗的欲望之重要性。[11] 如今，美國情報部門常常編寫外國領導人的心理傳略，旨在更精準預測這些領導人的行為。然而，心理傳記學雖然很引人入勝，但與其鼻祖佛洛伊德心理學傳統一樣都具有局限性，其中最大的局限性在於不可證的難以證實。假如有關國際政治事件的解釋，要依靠了解世界上的領導人（其中很多人已經去世或者無法被加以仔細考察）潛意識裡的恐懼、需求以及當我們試圖在國家分析層次上解釋事情的時候，常常會提出這樣一個問題，即世界政治中所發生的事情，是否為國內政治、國內社會的各種特徵或者政府機構所導致。國內層次的思考有時候非常重要。不管國家層次欲望的話，那麼它們就很難令人信服。

國家層次

當我們試圖在國家分析層次上解釋事情的時候，常常會提出這樣一個問題，世界政治所發生的事情是否就是由國內政治、社會內部的各種現象以及當地政府制度所造成。不管怎麼說，伯羅奔尼撒戰爭是從埃皮達姆努斯貴族派和民主派之間的國內衝突開始。德國和奧匈帝國的國內政治，對第一次世界大戰的爆發有相當重要的關係。為了理解冷戰的結束，我們必須考量蘇聯內部的因素，即中央計畫經濟的失敗。很容易找到國內政治發生作用的例證，但是我們可以從中得出普遍性的結論嗎？除了說國內政治很重要之外，我們還能夠說些什麼呢？

　　馬克思主義和自由主義是兩個重要的理論流派，都注重第二個分析層次，認為國內社會性質類似的國家行為相近。馬克思主義者認為，資本主義是戰爭的根源。在列寧（Vladimir Lenin）看來，壓制資產階級需要戰爭：「不管是一個帝國主義聯盟去反對另一個帝國主義聯盟，還是所有帝國主義大國結成一個總聯盟，都不可避免地只會是兩次世界大戰之間的喘息。」[12] 可以用資本主義社會性質來解釋戰爭的原因，即財富分配的不平均導致消費不足、經濟停滯以及缺少國內投資。其結果是，資本主義導致帝國主義向外擴張，以便在外國市場銷售剩餘產品，創造對外投資機會，並且確保自然資源的獲得。帝國主義也透過增加軍費開支來刺激國內經濟。於是，馬克思主義預言資本主義國家之間必然發生軍備競賽和衝突。事實上，這理論並不能很周延地解釋第一次世界大戰的起源，當時的富裕資本家是反戰的，而幾乎其他人都是主戰的。不僅如此，它與 20 世紀下半期的歷史經驗也不吻合。像蘇聯、中國和越南那樣的共產國家都捲入了彼此間的軍事衝突，與此同時，歐洲、北美和日本這些主要的資本主義國家卻一直保持著和平的關係。資本主義導致戰爭的觀點經不起歷史的檢驗。

　　古典自由主義，即 19 世紀在英國和美國居主導地位的哲學思想，得出了相反的結論：資本主義國家具有和平的傾向，因為戰爭會對商業造成損害。古典自由主義的一個分支是自由貿易主義，代表人物是理查‧科布登（Richard Cobden, 1804-1865）。科布登領導了反對英國穀物法令的鬥爭。英國穀物法令屬於保護主義政策措施，管制英國的國際穀物貿易長達五百年之久。科布登與英國曼徹斯特學派的其他經濟學家一樣，認為貿易和繁榮比戰爭要好。他聲稱，如果我們希望國家越來越富裕和公民福利不斷改善，那麼和平是最好的選擇。他在 1840 年提出了一個經典的觀點：「我們可以使世界擺脫戰爭，我相信貿易就是實現這個目標的途徑。」[13]

　　自由主義觀點在第一次世界大戰爆發前影響很大。一些著作，包括諾曼‧安吉爾（Norman Angell）的經典著作《大錯覺》（*The Great Illusion, 1910*），聲稱戰爭不可能發生，因為戰爭的代價太大了。我們可以用那個時代慈善家的例子，來說明第一次世界大戰前夕的古典自由主義者的樂觀態度。鋼鐵鉅子安德魯‧卡內基（Andrew Carnegie）在 1910 年創建了卡內基國際和平基金會。卡內基想到了持久和平到來之後基金會款項的用途問題，所以在遺囑

中寫上一項相關條款。一位名叫愛德華・吉恩（Edward Ginn）的波士頓出版商，為了不讓卡內基把即將到來的持久和平都歸功於自己，於是成立了世界和平基金會，該基金會的宗旨與卡內基和平基金會一模一樣。吉恩也考慮到了持久和平到來後基金會餘款的用途問題，所以他要求把這些錢用於為年輕的工作女性提供廉價住房。

第一次世界大戰沉重地打擊了這樣的自由主義觀點。雖然銀行家和貴族間的跨國交流十分頻繁，勞工也有國際交流，但是這並不能阻止歐洲國家在戰場上兵戎相見。統計分析表明，一國介入戰爭與該國是否為資本主義或民主國家並無多大關係。經典馬克思主義和古典自由主義有關戰爭與資本主義的關係的觀點相互對立，但是它們都是從國內政治，特別是從經濟制度的性質尋找戰爭的根源。

國家層次的解釋，存在著與人性角度的解釋相同的問題。如果某種類型的社會能導致戰爭，那麼為什麼有些「壞的」社會或者「壞的」國家不介入戰爭，以及為什麼有些「好的」社會或者「好的」國家也會介入戰爭呢？你也可以根據自己的喜好，把「民主的」「共產主義的」「資本主義的」或其他性質的國家定義為「好的」或「壞的」國家。舉個例子說，在第一次世界大戰結束後，人們熱中於一種觀念，即民主國家的勝利將使發生戰爭的可能性減少。但是，民主國家也會介入戰爭，而且經常這麼做。不管怎麼說，雅典也算是一個民主國家。馬克思主義理論家認為，當所有國家邁進共產主義社會的時候，戰爭就消亡了。然而，我們親眼看到了共產國家之間所發生的戰爭，諸如中國和蘇聯、越南和柬埔寨之間的戰爭。因此，社會性質，不管是民主、資本主義，還是共產主義，不足以決定國家是否介入戰爭。

有一種觀點（本書後面將對此進行分析）認為，如果所有國家都成為民主國家，那麼戰爭就不太可能發生。事實上，雖然世界上發生過很多場民主國家同極權國家之間的戰爭，但是我們確實難以找到自由民主國家之間相互交戰的例子。我們缺少民主國家之間開戰的實際案例，而且也不知道這種局面今後能否繼續維持下去。但是，民主國家間尚無戰事的事實告訴我們，從第二個分析層次探討問題是很有意思的。

相對較近出現的從國家層次進行探討的路徑，就是**官僚政治學**（bureaucratic politics）。官僚政治學的解釋，關注點不在國家的國內政治或

者經濟安排，而在政府職能部門和官員的相互作用。官僚政治學的一個分支關注組織動力（organizational dynamics），特別是所有複雜性組織（complex organization）賴以運行的慣例和標準運作程序。可以認為，第一次世界大戰爆發的一個重要原因在於，一般歐洲國家軍隊，特別是德國軍隊，所制定出的作戰計畫很死板，這限制了領導人在危急關頭的選擇餘地。這一點再加上「進攻崇拜」（即美化騎兵和戰術機動），使得 1914 年 7 月和 8 月的形勢具有高度的危機不穩定性。官僚政治學的另一個分支強調官僚部門狹隘利益的作用。舉個例子來說，透過分析軍方部門之間如何爭搶資源導致不斷提高預算，以及讓對手感覺更不安全並增加防務支出，最終導致一種典型的安全困境，我們就可以解釋軍備競賽。官僚政治學給予我們的最大啟示，可能就是邁爾斯定律（Miles's Law）：「職位決定立場。」假如邁爾斯定律是正確的，那麼參與政策辯論的決策者所努力追求的，就不是國家利益，而是他們所代表的政府部門的利益。我們既可以找到支持邁爾斯定律的證據，也可以找到否定邁爾斯定律的證據。有些個案符合該定律。卡斯帕・溫伯格（Caspar Weinberger）在隆納德・雷根（Ronald Reagan）州長手下擔任加州財務總監的時候，由於大力削減預算而被稱為「大刀砍」（Cap the Knife）。後來他在擔任雷根總統的國防部長時，卻致力於提高軍費開支，因而被一位共和黨參議員稱為「聯邦赤字戰中的一個逃兵」。[14] 然而，也有其他研究成果說明，官僚職位與政策偏好之間的聯繫不大，或者說一點聯繫都沒有。不管怎麼說，雖然有關官僚政治的觀點有助於我們理解國家特定的政策選擇，但是也可能難以幫助我們解釋世界政治的一般模式。

體系層次

　　有意義的解釋通常都把兩個或者兩個以上的分析層次結合起來。正如我們將在下一章所看到的，能夠令人滿意的有關第一次世界大戰起源的解釋，可能需要把以下三個因素結合起來：僵硬的兩極體系（國際體系的結構特徵）；危機不穩定的軍事計畫和軍事學說（這是國內軍事文化的產物，德國最為典型）；主要領導人犯下嚴重的判斷錯誤（心理因素）。但是，我們如何知道在三者之中，何者最為重要呢？我們應該從外到內開始進行分析嗎？從外到內的分析，意味著從體系層次開始分析，也就是探討整個體系如何制約國家的行為。或者說，我們是應

該從內到外進行分析嗎？從內到外的分析，意味著從個人或者國家層次開始進行分析。

由於我們通常同時需要不止一個分析層次的資訊，應該首先從哪個層次著手呢？一般來說，人們通常首先採取最簡明的方法分析。如果淺顯易懂的解釋是恰當的，那麼它就比複雜的解釋更為可取。這就是**簡約原則**（rule of parsimony）或者**奧坎剃刀**（Occam's razor），它來自 14 世紀哲學家奧坎的威廉（William of Occam, c. 1287-1347）。奧坎的威廉認為，好的解釋方法必須拋開不必要的細節。簡約——以簡單語言概括較複雜問題的能力——是我們判斷理論是否恰當的一個標準。我們也關注理論的**適用範圍**（Range of a theory，即理論可以解釋多少行為）和**解釋力**（explanatory fit，即它可以解釋多少不甚清楚的目的和反常的現象）。不管怎麼說，簡約是我們著手分析的起點。體系層次的解釋最為簡明，所以這是一個很好的分析起點。如果體系層次的解釋被證明是恰當的話，那麼我們就可以把注意力轉向體系內部的單位，增加分析的難度，直至得到合理的解釋。

體系分析到底是簡明一點好，還是複雜一些好呢？肯尼士‧華茲等一些新現實主義者主張極致的簡約，只把注意力放在結構上面。自由主義者和建構主義者則認為，華茲的體系概念過於簡明，解釋不了多少東西。

經濟學家把市場結構稱為賣方權力的集中。寡頭壟斷指有一個大的賣方，雙頭壟斷指有兩個大的賣方，多頭壟斷指有多個賣方。而在理想的市場中，賣方的權力是極其分散的。在一個理想的市場中，追求利益最大化的公司會讓消費者獲益。但是，如果市場是寡頭壟斷或者多頭壟斷，則會出現完全不同的結果。在寡頭壟斷或者多頭壟斷體系中，大的公司會藉由減少生產和抬高價格來增加利潤。因此，當體系結構是已知條件的時候，經濟學家就能夠比較容易地預測公司會採取什麼行動以及誰將獲利。同樣地，國際體系結構也可以說明我們理解體系中的國家行為。請注意，在一個理想的市場中，我們不需要了解公司內部的情況，或者說不需要了解公司執行長的個性，就可以理解或者預測整體的市場行為。我們可以假定，公司都是理性的、單一的行為者，這是因為公司不以理性的、單一的行為者（或者近乎這種行為者）經商的話，那麼最終都將倒閉。用達爾文（Charles R. Darwin）的話來說，它們終將被體系所淘汰。從長遠來看，只有

那些適應市場規律的公司才能生存下去。當然，寡頭或者多頭壟斷市場中的公司並不一定如此。我們如果想理解那些市場，有時就必須把左右市場的公司與個人的個性列入考量。

國際體系真像一個充分競爭的市場嗎？其實兩者並不一樣。世界上有很多國家，但是它們極少「被體系所淘汰」。因此，我們似乎更難把國家假設為單一、理性的行為者。然而，在一個霍布斯式的世界中，國家總是具有強烈的動機進行自我保護，為自身的安全做好充分準備，利用一切機會增強自己的財富與權力。那些不能夠捍衛自身安全的國家（可能是因為與比自己強大得多的國家為鄰），具有強烈的動機去尋找盟友。它們可能試圖去平衡最強大的國家。這個邏輯導致了國際政治研究中影響最廣泛的體系理論，即現實主義權力平衡理論。我們將在本章後面以及第三章做更詳盡的論述。

非霍布斯式的體系運行方式則很不一樣。體系的社會性越強，自助的邏輯就越弱。自由主義和建構主義更適合於研究具有高度社會性的體系，因為體系單位的互動受制於法律、規則、規範、期望以及禁忌。自由主義和建構主義十分關注

民主與和平

一個民主國家的聯盟對美國來說是好事。不管怎麼說，民主國家更可能保持穩定，而不太可能發動戰爭。民主國家增強了公民社會的力量。民主國家為人民提供了建設自己家園的經濟機會，而不會讓他們逃離祖國。我們所採取的幫助民主建設的措施，會讓我們大家都更安全、更繁榮、更成功，我們要讓這個充滿巨大變革的時代成為我們的朋友，而不是敵人。

——柯林頓總統在第 49 屆聯合國大會上的講話，1994 年 9 月 26 日

自由要在我們國家中得以生存下去，越來越有賴於自由在其他國家中獲得成功。在我們這個世界中，維持和平的最大希望就在於自由擴展到全世界。美國的根本利益以及我們最基本的信念現在是一致的……因此，美國的政策就是尋求與支持民主運動與民主制度在每個民族與文化中得到發展，最終目標是在全世界埋葬暴政。

——小布希總統在華盛頓特區的第二次就職演講，2005 年 1 月 20 日

這些制約國家行為的社會因素之產生與演變。由於解釋這些社會制約力量，需要考察國內政治因素或者作為個人的規範制定者，自由主義和建構主義理論傾向於跨層次分析。

典範與理論

2.3 區分典範和理論，並且釐清現實主義、自由主義、馬克思主義和建構主義典範的基本特點。

我們為了有系統的分析某個事物，需要採取一種方法來組合我們所使用的工具與技巧。告訴我們如何使用工具的概念工具包（conceptual toolkit）或者「手冊」（handbook），通常被稱為一種「典範」（paradigm）。正如哥倫比亞大學社會學家羅伯特·默頓（Robert Merton）所說的，典範是指「一個分析學派所採用的基本假定、概念以及命題之系統陳述」。在默頓看來，典範具有「標誌功能」（notational function），它可以讓概念有序排列，明確闡明假設以及概念之間的邏輯聯繫，它們促使那些說明我們觀察世界事務的有用理論不斷增多，幫助發現新的問題，以及推動嚴謹的分析、超越單純的描述。[15] 典範可以看作是我們建構越來越高深的（以及越來越專業的）知識結構之基礎。

結構本身就是理論。理論是有關世界如何運行的假定性陳述。我們從典範中得到理論。

我們利用**假設**（hypotheses）來證明理論。假設是關於我們在理論正確的前提之下可以從世界中觀察到什麼的一種陳述。如果我們的期望破滅了，那麼我們就要放棄自己的假設，重新建構（或者拋棄）理論。如果我們的期望得以實現，我們就認為理論得到證實，繼續對它加以發展和完善，或者建構與此相容的其他理論，逐漸建構起一整套讓我們信服的、關於世界的命題。我們經常會放棄一種解釋力不強的典範，轉而喜歡另一種典範。牛頓（Isaac Newton）的理論主導物理學長達幾乎三百年之久，它解釋了物理世界在大多數條件下是如何運行的，在今天仍然具有很多實際用處。但是，牛頓物理學不能幫助我們解釋，在極短時間和距離內，或者在其速度接近光速的條件下，物體是如何運動的。後來出

現的典範，即愛因斯坦（Albert Einstein）的相對論，則具有更好的解釋力。

　　在世界政治研究中，有四種最主要的典範，即現實主義、自由主義、馬克思主義以及建構主義。每一種典範都有明確和肯定的假定，它們被稱為「原理」（或公理，原理總是需要的，人們不可能質疑所有事情，因為一個人實際上不可能解釋所有事情）。每一種典範都使用特定的一套概念，儘管這四種典範經常使用相同概念。每一種典範導出特定的理論。表 2.1 簡要比較了這四種典範。

現實主義

　　如今人們比較熟悉現實主義典範的基本內容。然而，值得注意的是，儘管表

表 2.1　典範的基本特徵

		現實主義	自由主義	馬克思主義	建構主義
基本行為者		國家	國家、非國家行為者	經濟階級	國家、非國家行為者
基本原理	主要人類動機	恐懼、統治欲	恐懼、對生活美好的祈求	貪婪	追求有秩序、有意義的社會生活
	行為者主要目標	所有國家追求權力或安全	行為者追求安全、財富與正義	資產階級追求利潤最大化；工人階級追求合理工資與勞動條件	行為者利益是透過互動社會建構的
	行為者主要手段	軍事實力	軍事實力、貿易、投資、談判說服	財富（資產階級；勞動（工人階級）	取決於歷史和社會背景
	主要互動過程	競爭	競爭與合作	剝削	取決於歷史和社會背景
	國際體系基本特徵	霍布斯式無政府狀態	非霍布斯式無政府狀態	經濟不平等	社會制約因素（如法律、規則、規範、禁忌）
主要理論		權力平衡理論、霸權轉移和霸權戰爭理論	新自由制度主義；「民主和平」論	依賴理論；革命理論	結構化理論；規範演進理論

2.1 所表述的現實主義顯得很簡單，但實際上現實主義像一個大帳篷一樣，底下有許多不同分支。各個分支的現實主義者都認為，國家是國際體系中最重要的行為者，無政府狀態對國家行為具有極大的影響，所有的政治追根究柢都是權力政治。但是，古典現實主義與新現實主義（有時也稱「結構現實主義」）有很大的不同。正如我們已經看到的，像馬基維利和摩根索那樣古典現實主義者，既重視觀念因素，也重視物質權力。在他們看來，對外政策可能源於國內原因，也可能源於體系壓力。他們甚至提到道義方面的考慮會起到塑造外交政策的重要作用，儘管他們傾向於認為道義的此種作用不夠強大，也不太實際。古典現實主義者更傾向於採用人文主義路徑，而非科學路徑，去研究世界政治。在古典現實主義者當中，很多人是歷史學家或者哲學家。與此相反，新現實主義者試圖模仿自然科學，而且更關心建構純體系理論。

現實主義內部還有其他差別。「防禦性現實主義」傾向於強調安全為國家最重要的目標，而「進攻性現實主義」則關注權力。它們屬於詹姆斯·梅奧爾（James Mayall）所說的「硬現實主義者」（hard realists）的兩個變種，不同於那些強調維持國家間秩序的「軟現實主義者」（soft realists）。[16] 很多所謂的國際關係英國學派 （English School）的學者，比如赫德利·布爾，大體上屬於「軟現實主義者」的範疇。

因此，現實主義有點像 31 冰淇淋（Baskin-Robbins）：共有 31 種風味，但都屬於冰淇淋。各種類型的現實主義者都持一種觀點，即世界政治中存在著一個不變的邏輯，其最好的表述就是帕麥斯頓勳爵（Lord Palmerston）於 1848年在英國國會下議院所說的：「國家沒有永恆的朋友，也沒有永恆的敵人，只有永恆的利益」。然而，當前在現實主義內部還有很大的爭論空間，也有不少頗具活力的研究綱領，這些研究綱領試圖幫助我們回答如下問題：國家到底是平衡權力，還是平衡威脅？國家何時採取權力平衡行為，何時採取搭便車行為？美國未來還能夠保持世界領導地位嗎？隨著中國、印度等國家的崛起，世界政治將會如何變化？

自由主義

我們在前面沒有像探討現實主義那樣，花很多篇幅來論述自由主義。因此，

在這裡比較詳細地介紹自由主義。這或許很有意義，因為自由主義最近正在復甦。兩次世界大戰和兩次世界大戰之間集體安全制度的失敗，使得自由主義理論名譽掃地。第二次世界大戰後，大多數美國的國際政治著述都帶著濃重的現實主義色彩。然而，隨著跨國經濟相互依賴的發展，人們在20世紀60年代末和70年代重新對自由主義理論感興趣。

自由主義思想有三個分支：**經濟自由主義、社會自由主義**和**政治自由主義**。政治自由主義又分為兩種，一種關注制度，一種關注民主。

經濟自由主義者特別關注貿易。他們認為，貿易之所以重要，不是因為可以防止國家介入戰爭，而是由於貿易會使國家以特定方式界定自己的利益，從而使它們認為沒有必要戰爭。貿易為國家提供了一條透過發展經濟而非軍事征服來改變自身國際地位的途徑。理查·羅斯克蘭斯提到了日本的例子。[17] 在20世紀30年代，日本認為獲得市場的唯一辦法就是建立「大東亞共榮圈」，並因此試圖征服鄰國，迫使它們與日本進行最惠國貿易。芝加哥經濟學家尤金·斯特利（Eugene Staley）早在1939年就指出，日本的部分行為可以用經濟保護主義來解釋。斯特利認為，當經濟圍牆沿著政治邊界構築起來之後，占有領土與經濟機會是相統一的。避免戰爭的一個較好方法是，在一個開放的、沒有軍事紀律的貿易體系中尋求經濟發展。日本在第二次世界大戰結束以後，以貿易成功改變了自己在世界上的地位。按購買力平價計算，日本現在是世界第三大經濟體，僅次於美國和中國。

現實主義回答說，日本之所以能夠取得令人驚奇的經濟增長，是因為有別的國家向它提供了安全保障。日本尤其依賴美國的安全保障，以抵制鄰近的兩個核大國——蘇聯和中國的安全威脅。一些現實主義者預言，在蘇聯解體之後，美國將不再介入東亞的安全事務，並且會增加對日本的貿易壁壘。日本將會重新軍事化，美國和日本之間最終會發生衝突。但是，自由主義者反駁說，當今日本的國內社會已迥異於20世紀30年代，它已經屬於世界上軍國主義色彩最弱的國家之一。其部分原因在於，今天的日本，最吸引人的職業是商人，而不是軍人。他們認為，現實主義者未能對國內政治給予足夠的關注，而且沒有注意到日本已經由於經濟機會而發生變革的事實。貿易可能無法防止戰爭，但是會改變動機，從而可能催化戰爭傾向較小的社會結構。

　　自由主義的第二個分支是社會自由主義。它認為，人與人之間的交流會增進相互了解，從而減少衝突。這種跨國交流在學生、商人和遊客等多種層面上進行，使得相互間不再那麼陌生和敵對，從而減少發生衝突的可能性。這種觀點得到了某些事實的證實，也遭到了某些事實的否定。在 1914 年的時候，銀行家、貴族和工會領袖的國際接觸的確很頻繁，但是這並沒能阻止他們披上戰袍並相互殺戮。很顯然，有關社會接觸增進理解和防止戰爭的觀點是過於簡化了。然而，這種觀點對我們理解問題還是有一定的幫助。今天的歐洲與 1914 年的歐洲是大不一樣的，跨國交流十分頻繁，教科書的編者努力公正地看待其他國家的人民。與 1914 年相比，如今一個國家對其他國家的形象認識發生了很大變化。大眾輿論調查表明，歐洲認同觀念正與國家認同觀念共存。歐盟的伊拉斯謨計畫（Erasmus Program）鼓勵學生在其他歐洲國家大學裡學習。跨國社會的存在，影響著民主國家的人民對本國對外政策的看法。我們有必要提到法國對 1990 年德國統一的反應。雖然對外政策專家對此不安失措，但是民意測驗卻顯示，大多數法國人歡迎德國統一。這與法國人對 1871 年德意志國家第一次統一的態度形成了巨大反差。

　　自由主義第三個分支的第一種表現形式強調制度的作用，它因此經常被冠以「新自由主義」。為什麼說國際制度起作用呢？在羅伯特‧柯恩看來，國際制度透過提供資訊和框架而塑造了期望（expectations）。[18] 國際制度使民眾相信，不會再發生衝突。它們拉長了未來的影子（shadow of the future），從而緩解了安全困境。制度減輕了無政府狀態的負面影響（不確定以及不能形成相互信任）。霍布斯把國際政治視為戰爭狀態。他又很謹慎地指出，戰爭狀態並不等於無休止的交戰，而是指戰爭的傾向（propensity），正如陰天有可能下雨一樣。從這個意義上說，和平狀態指的是和平的傾向，當無政府狀態因國際制度而有所減輕和相對穩定之後，民眾會產生對和平的期望。

　　制度從四個方面穩定人們的期望。首先，它們促使人們產生一種連續觀念（a sense of continuity），比如大多數西歐人都期望歐盟永遠存在下去。歐盟今後很可能繼續存在下去。冷戰以後，許多東歐國家政府同意和準備好加入歐盟，這影響了這些國家在 2004 年最終加入歐盟之前的行為。其次，制度創造了禮尚往來的機會。如果今天法國人得到了較多的好處，那麼明天義大利人可能得到更多

的好處。也就是說，沒有必要過於計較每一次的交易，因為經過一段時間後，大家的收益可能是均等的。第三，制度促進了資訊的流動。大家在做些什麼呢？義大利人是否會遵守歐盟通過的決定？貿易往來是否大致均衡？歐盟的制度可以提供這些相關的資訊。最後，制度可以提供解決衝突的方法。歐盟國家可以在部長理事會和歐洲委員會的框架內討價還價。此外，還有一個歐洲法院。這樣一來，制度創造了一種氣氛，促使人們期望穩定與和平。

　　古典自由主義者也期待看到，在制度和穩定期望已經形成的區域，出現和平群島（islands of peace）。政治學家卡爾‧杜意志（Karl Deutsch）把這樣的區域稱為「多元安全共同體」。這裡不可能發生國家間的戰爭，人們對和平穩定的期望已經形成。[19] 制度有助於增強這樣的期望。例如，斯堪地那維亞國家曾經相互殘殺，美國也同英國和墨西哥打過仗。但在今天，這樣的行為是難以產生了。發達的工業國家似乎具有和平的傾向，歐盟、北美自由貿易協定（NAFTA）以及美洲國家組織等國際制度創造了一種人們期望和平的文化，並且為談判提供了論壇。對穩定的期望可以成為擺脫囚徒困境的一種路徑。

　　有些現實主義者預言，即使存在著歐盟這樣的自由主義制度，歐洲今後也將重新陷入安全困境。人們曾經對 1992 年歐洲一體化抱有很高的期望，但緊接著歐洲就進入了強烈抵制一體化發展的時期，特別體現在於 2002 年流通的歐洲單一貨幣歐元的爭議上。像英國這樣的國家就擔心，給歐盟更多的權力可能有損各成員國的獨立與繁榮。在 2003 年和 2004 年，有關制定一個新的歐洲憲法的過程就顯得十分艱難。在 2005 年，法國和荷蘭的民眾投票反對準歐洲憲法。與此同時，英國和其他一些國家也擔心，如果它們選擇徹底退出歐盟的話，那麼這將使德國、法國或者義大利等選擇留在歐盟內的國家在競爭中處於有利地位。儘管歐洲一體化的深入發展遇到這樣的障礙，但是原來屬於共產主義陣營的中歐國家希望加入歐盟。儘管歐盟還遠沒有變成一個超國家，歐盟的制度已經改變了歐洲國家之間的關係。

　　自由主義者也聲稱，現實主義者不夠重視民主價值觀念。今天的德國與 1870 年、1914 年或 1939 年的德國不可同日而語。德國作為一個民主國家已經存在了半個世紀，政黨和政府都發生了和平變革。民意調查顯示，德國人不願意看到自己的國家在國際舞台上扮演一個擴張者的角色。因此，自由主義者質疑現

實主義者的預言，認為沒有考慮到民主觀念的影響。

國內民主制度和國家的戰爭傾向有關係嗎？現在的證據顯示，答案是肯定，但也留有餘地，因為兩者之間的關係還沒有達到十分清楚的地步。普魯士哲學家伊曼紐爾·康德（1724-1804）是最早提出民主國家不如專制國家好戰的人之一。專制統治者可以輕易地使自己的國家捲入戰爭，正如腓特烈大帝在1740年因為想得到西利西亞發動戰爭，或者薩達姆·海珊在1990年入侵科威特。但是，康德和其他古典自由主義者指出，在民主國家，人民會投票反對戰爭。不僅如此，為戰爭承受最大負擔的是人民，而不是統治者。康德堅信，人民比統治者更不喜歡戰爭。然而，一個國家是民主國家這一事實，並不意味著其人民總是會投票反對戰爭。正如我們已經看到的，民主國家有可能和其他國家一樣經常介入戰爭，民主制度下的選民經常投票支持戰爭。古代希臘，伯里克里斯鼓動雅典人民介入戰爭。在1898年，美國選民把不想捲入戰爭的麥金利（William McKinley）總統拖入美西戰爭之中。2003年，美國的民意調查和國會表決都支持布希總統發動對伊拉克的戰爭，儘管後來輿論因為衝突遲遲無法結束而發生逆轉。

麥可·道爾（Michael Doyle）提到了一個可以追溯到康德和古典自由主義思想、有限制條件的命題，即自由民主國家不會和**其他自由民主國家**打仗。[20] 兩個自由民主國家不會交戰這個事實，屬於一種相互關聯的現象，但是有些相關聯的現象可能是不真實的。統計資料顯示，從2000年到2009年，緬因州的離婚率和美國人造奶油的人均消費兩者之間的相關性幾乎是完美的，達到0.99，但是沒有人認為兩者之間存在著因果關係。[21] 造成不真實的因果關係的原因之一可能在於，民主國家一般是富裕國家，富裕國家傾向於從事貿易，而根據貿易自由主義理論，這樣的國家不太可能相互交戰。然而這與事實也不合，因為富裕國家經常發生戰爭，比如兩次世界大戰。自由主義者提出，這個相互關聯現象的深層原因是合法性問題。也許民主國家的人民認為，與其他民主國家交戰是不對的，因為透過殺戮來解決爭端是錯誤的行為，其他國家的人民享有同意的權利（right of consent）。不僅如此，只有當公眾可以對戰爭的合法性廣泛辯論的時候，憲法中有關戰爭的制衡原則才可以發揮較大的作用。如果沒有一個像希特勒或者薩達姆·海珊那樣的專制魔頭，那麼民主國家的民眾就不太容易被動員起來。

雖然還需要對「民主和平」理論進一步的研究與觀察，但是我們確實很難找到自由民主國家之間相互交戰的例子。不管原因是自由民主國家共用並尊重一套共同的和平解決爭端的原則，還是這些國家相互認同，或者是由於其他什麼原因（或許不同的個案有不同的解釋）；民主和平論表明，假如世界上民主國家的數量增多，發生戰爭的可能性或許會降低，至少民主國家間發生戰爭的可能性或許會減少。最近的歷史發展是令人鼓舞的。據自由之家統計，「自由國家」（即真正的自由民主國家）的數量，已經從冷戰結束時候的 65 個，增加到現在的 88 個。也就是說，自由國家的數量在世界所有國家中的比重，從 40% 增加到 45%，[22] 但是，我們需要採取謹慎態度。民主和平論不能妥適解釋那些處於民主化初級階段以及尚未完成民主化過程的國家行為。某些新興的民主國家還缺乏新聞自由、對行政機關的制衡以及定期選舉等自由民主程序，可能只是公民投票式的民主國家。冷戰後處於戰亂中的克羅埃西亞、塞爾維亞和波士尼亞的政府都是選舉產生的，但是這些國家還遠不是民主國家。厄瓜多和秘魯也是這樣，兩國在 1995 年發生過邊界衝突。民主國家的屬性是很重要的。

考慮到民主和平論的這些局限性，我們在依據該理論提出對外政策建議的時候就需要很謹慎。選舉並不能確保和平。柯林頓總統、小布希總統有關在全世界推進民主的主張，可能從長遠來說有助於增進和平與安全，但是在向民主過渡的早期階段卻存在著戰爭危險增加的可能性。

馬克思主義

第三個國際關係的主要典範就是馬克思主義。正如本書前面所提過的，馬克思主義有關世界的預言十分明確，這便於我們評估。馬克思主義者很明確但不精準地預言，帝國主義、大規模戰爭、社會主義革命以及共產主義的興起，會導致資本主義的滅亡。我們實際上所看到的卻是資本主義性質的變化、帝國主義的終結、國家間大規模戰爭的衰退、社會主義革命爆發頻率的降低（一些國家從社會主義國家轉型成為自由資本主義國家）。

馬克思主義看上去受到自身三個主要弱點的困擾。第一，它試圖把政治還原成經濟。人們雖然關心經濟，但是也關心很多其他事情。人們主要的效忠對象不太可能是經濟階級。第二，它錯誤地認為，國家只是特定階級的工具。雖然富裕

的資本家經常對本國的對外政策施壓，但是他們自我狹隘的利益難以成為對外政策的動力，這種動力即便存在，也不能持久。這方面最好的例子，可能就是在冷戰時期，美國某些跨國公司能夠說服華盛頓首府決策者，極力推翻那些宣布將當地的美國公司國有化（或者可能這麼做）的拉丁美洲國家政府。美國政府試圖推翻古巴的卡斯楚（Fidel Castro）政權失敗，但是分別在 1954 年和 1973 年成功地推翻了瓜地馬拉以及智利的社會主義政權，美國公司的利益都影響了美國政府的上述行為。第三，馬克思主義過於死板地解釋歷史進步性。馬克思及其追隨者長篇大論地闡述，資本主義必然滅亡，共產主義必然勝利。但是，他們低估了偶然性以及人類選擇的重要性。不管怎麼說，在人的一生中，除了死亡和納稅，沒有什麼事情是必然發生的。

儘管如此，正如我們在第一章中所提到的，馬克思主義還是貢獻了某些有價值的東西，透過依賴理論，幫助我們理解發達國家與不發達國家之間的關係模式，以及不斷擴大的全球不平等。馬克思所說的資本主義可能導致財富集中的觀點並沒有錯，也正確地引導我們注意經濟上嚴重不平等現象的危險性，這種現象是今日世界國家之間衝突的最主要原因之一。正如沒有人能夠做到事事正確一樣，聰明人也不可能事事都對。

建構主義

建構主義是世界政治研究中相對較新的典範，它從社會學領域獲取很多養分。和以前的典範相比，建構主義對「結構」的理解更深厚。在建構主義者看來，結構不只是指成員的數量與布局，還包括「主體間意義」（intersubjective meanings），即共有話語、觀念、習慣、規範、規則以及適當性邏輯，據以建構成員的身分，並使得成員間以相互理解的方式進行互動。此種意義的社會結構塑造了認同與利益。一個在阿富汗農村長大的人，跟一個在洛杉磯長大的人相比，一定會有很大的不同，兩者追求的目標各異。

與此同時，人們在社會背景中進行互動的時候，也會改變社會背景本身，即便這種改變很小。因此，社會結構會隨著時間的推移而發生變化。行為者與結構（agent-structure）的概念有點像系列電玩《輻射》（Fallout）中的功德（karma）評分系統：玩家角色的功德值隨行善而提高，隨作惡而下降，它影響

角色與玩家之間的關係，並且影響遊戲的結局。

建構主義的洞察力主要體現在如下三點：第一，「行為者」和結構互動方式是循環往復和相互影響的；第二，行為者的認同與利益不是既定的，而是社會互動的產物；第三，隨著時間推移，主體間意義會由於社會互動而發生變化，從而導致規則、規範、合法性期望發生變化，甚至最終導致國際體系本身的性質發生變化。

與現實主義、自由主義以及馬克思主義相比，建構主義相對來說屬於一種新的典範，因此在建構主義作為一種典範所處的地位這個問題上，建構主義者之間還存在著根本性分歧。以亞歷山大・溫特為代表的部分建構主義者認為，建構主義純粹屬於形式上的（formal）、而非實質上的（substantive）國際政治研究路徑。因此，它與現實主義、自由主義以及馬克思主義沒有直接的可比較性。建構主義與那些典範不同，它沒有明確提出有關人性的假定，因而未能表達有關行為者會如何行動的實質性主張或期望。從這個意義上說，建構主義有點像**賽局理論**（game theory），後者純粹屬於一種形式上的表述互動關係的數學技巧。相反，另外一部分建構主義者則認為，建構主義只是透過指出社會和文化背景的重要性，證明了人性的表達方式。從這個意義上說，建構主義有點像「天性還是習性」（nature vs. nurture）辯論中的「習性」。現實主義、自由主義以及馬克思主義都比較靠近「光譜」中的「天性」一端（其中新現實主義離得最近），建構主義由於也處於同一個「光譜」之中，因此本質上與其他三個典範仍然具有可比較性。

上述兩種建構主義觀點之間的分歧，對於那些主要興趣在於調和國際關係理論中的不同觀點的人來說很重要。但是，對於那些興趣主要在於解釋世界事務為什麼發生以及（如果可能的話）預測世界事務未來發展的人來說，這樣的分歧有一個實際效果，即揭示一個道理：做什麼事情都很難。我們不能簡單地假定人們會以何種方式行為。我們需要知道他們是誰，他們要什麼，以及他們是如何看世界的，這樣才可以理解他們的所作所為，為此我們必須理解他們所處的社會與文化背景。我們必須「重構世界」，以便解釋世界，這就需要獲得大量資訊，也因此需要花費很多時間與精力。但是，一些願意付出努力的建構主義者，已經成功地解釋了用那些現實主義、自由主義以及馬克思主義視角難以解釋的事情，其中

包括：日本反軍國主義力量的興起；有關反對奴隸制、修改領土邊界以及大規模殺傷性武器的強大國際規範之流行；世界人權規則的加速演變；女性主義與環境主義的興起；多元安全共同體的形成等等。[23]

現實主義由於提出了很多強有力的假定，所以比建構主義更容易預測。現實主義者的預測並非總是正確的，事實上與很多著名的現實主義者預言相反，冷戰的結束並沒有損害西方世界的團結。但是，現實主義者提供了預測未來的現成工具。建構主義的一個核心論點是，國際政治具有「路徑依賴」性，明天將會發生什麼事情，並非主要由諸如權力平衡這樣的恆常機制所決定，而更多的是取決於領導人必須藉以做出抉擇的歷史背景。根據這觀點，預測的前提是能夠梳理出未來看似合理的路徑，並且判斷出可行性最大的路徑。這樣的任務不僅很難完成，而且也意味著，我們想得越遠，對預測未來的信心就越小。

建構主義解釋並非總是與現實主義、自由主義以及馬克思主義解釋互不相容。比如，自由主義有關第二次世界大戰後日本反軍國主義力量的敘事，即強調經濟機會的吸引力，就與建構主義者的敘事相吻合，後者強調日本人民反思過去軍國主義領導人所造成的屈辱、背叛以及痛苦。我們並不需要在兩者之中選擇其一，但兩種敘事都可以有自己的合理之處。不僅如此，在某些情況下，我們可能有必要把其他典範的解釋納入建構主義之中。比方說，我們有理由相信，在解釋那些主要外交實踐者們都信奉現實主義的歷史時期的時候，現實主義最有說服力。在亨利‧季辛吉當國務卿的時候，美國對外政策的現實主義色彩最濃。而在解釋那些由堅定的自由主義者（比如威爾遜）充當主要角色的歷史時期的時候，自由主義則最有解釋力。從建構主義視角來看，這種行為者與結構之間強烈互動的現象一點都不奇怪。

反事實推理與「虛擬歷史」

2.4 解釋反事實推理在歷史研究中的作用。

1990 年，捷克斯洛伐克總統瓦斯拉夫‧哈維爾（Václav Havel）在美國國會發表了一次演講。他在六個月前還是政治犯。哈維爾說道：「作為劇作家，我習慣於幻想。我常常夢見各種難以置信的事情，並且寫進我的劇本中。所以，我

可以適應這種從坐牢到在你們面前發表演說的角色的突然變化。遺憾的是，那些可憐的政治學家不能適應這種變化，總是在極力應對可能發生的事情。」[24] 幾乎沒有人，其中包括俄國人和東歐人，曾經預見到 1989 年蘇聯在東歐統治權的瓦解。人類有時會做出令人驚奇的抉擇，而且歷史總是充滿著不確定。我們如何才能分清哪些原因和哪些分析層次比較重要呢？

　　國際政治與實驗科學不同。國際政治中無法進行可以人為控制的實驗，因為我們不可能在觀察某項變化中的事情時，不讓其他事情發生變化。亞里斯多德（Aristotle）說，任何學科必須根據自己的研究對象盡可能做到精確。如果不可能做到真正的精確，那麼我們就沒有必要要求太精確。國際政治中的變數很多，會同時發生許多變化，我們可以找到的事件發生的原因通常實在是太多了。然而，作為研究人員，我們仍然需要對五花八門的原因加以篩選，搞清楚哪些原因比較重要。正如我們在下一章討論第一次世界大戰時所做的那樣，被稱為反事實推理（counterfactuals）的思維實驗（mental experiment），就是能夠幫助我們篩選原因的有用工具。

　　反事實推理就是**設定與事實相反的條件**（contrary-to-fact conditionals），我們可以簡單地把它們看作探討因果關係的思維實驗。研究國際政治不可能擁有一個真實和有形的實驗室，只能靠自己想像出一些情勢，並假定在這些情勢中只有一件事情發生變化，其他事情是不變的，然後依此建構一個世界景象。實際上，我們每天都在運用反事實推理。許多學生可能會說：「如果我今天晚餐沒吃那麼多，那麼我的閱讀注意力就會更集中一些。」那顯然就是一種試圖解釋注意力不集中現象的反事實推理。

　　歷史學家也運用更為精細的類似方法來判斷事件的根源，只是他們經常不承認自己這麼做而已。比如，我們可以假定德皇並沒有在 1890 年解除俾斯麥的職務。這是否會使得第一次世界大戰不大可能發生呢？俾斯麥的政策能否繼續減輕其他國家對德國威脅的恐懼心理，從而避免兩個同盟體系的不斷僵化呢？在這個例子中，運用反事實推理有助於我們理解，除了結構因素之外，個人的性格也是很重要的。還有一個與第一次世界大戰有關的反事實推理的例子。假定 1914 年 6 月 28 日法蘭茲・費迪南（Franz Ferdinand）大公的司機開車到塞拉耶佛那個重要路口時，沒有轉到那條不該走的街道，繼而沒有提供塞爾維亞的加夫里

洛‧普林西普（Gavrilo Princip）射擊的目標，那麼戰爭是否還會爆發？這個反事實推理的例子揭示了暗殺事件（以及偶然因素）的作用。那個暗殺事件到底有多重要呢？鑒於當時的同盟結構處於全面緊張的狀態，如果這個暗殺事件沒發生，那麼是否可能出現其他的導火線呢？那個暗殺事件的影響是否僅僅限於決定戰爭爆發的時間？

設定與歷史事實相反的條件的方法，有助於我們探討某個原因是否重要，但這種「不確定的歷史」（iffy history）也存在著漏洞。反事實推理如果被不恰當地加以使用，那麼它可能會否定歷史的意義，從而誤導人們。事實上，只要某件事情已經發生，其他事情就不可能與它處於同等的地位，這是因為歷史事件具有「路徑依賴」性：一旦某件事情發生，所有可能的前景成為現實的機率也會跟著變化。一些事件發生的可能性要比其他事件發生的可能性更大。

我們可以用個標準來衡量反事實推理思維實驗是否有用。這四個標準是：合理性（plausibility），相近性（proximity），理論性（theory）和真實性（facts）。

合理性

有用的反事實推理必須是在合理選擇的範圍之內，這一標準有時被稱為「合理性」（cotenability）。我們必須合理地設想出兩個同時存在的條件。假設某個人說，如果拿破崙擁有隱形轟炸機，那麼他就能夠贏得滑鐵盧戰役（1815）。這樣的反事實推理主要在說明軍事技術的重要性，但在 19 世紀背景中設想 20 世紀的技術是毫無意義的。也就是說，兩者不是同時存在的。在現實生活中，絕對不可能有這種聯繫。

時間相近性

每個重要的事件都處於一個長長的因果關係鏈中，而且絕大多數事件都具有多重的原因。我們在時間上追溯得越遠，那麼就必須把更多的原因看成是常數。原因事件和結果事件（也就是說，A 是否導致 B ？）在時間上越相近，那麼答案越可能為「是」。讓我們來看看巴斯卡（Blaise Pascal, 1623-1662）的一個著名的反事實推理的論點，即假如埃及豔后克麗奧佩脫拉（Cleopatra）的鼻子短一些的話，那麼她對馬克‧安東尼（Marc Antony）的吸引力就不會那

麼大，這樣一來，羅馬帝國的歷史乃至整個歐洲文明的歷史都將重寫。於是，埃及豔后鼻子的長度就成為第一次世界大戰的根源之一。這在某種意義上來說可能是對的，但是到 1914 年 8 月時，已經發生過的事件及其原因有無數個。埃及豔后生活的年代距離第一次世界大戰如此之遠，她的鼻子對這場戰爭的影響是如此之小，以至於這樣的反事實推理最多只能博君一粲，而對我們理解第一次世界大戰爆發的原因絲毫沒有意義。時間上接近意味著因果關係鏈上的兩個事件比較相近，這樣我們就能夠相對控制其他的原因，從而比較準確地衡量各種因素作用大小。

理論性

　　好的反事實推理應當借助現有的理論，理論濃縮了我們對發生過的事情的認識。我們應當分析導致這些理論得以產生的所有個案，來判斷某個反事實推理是否合理。理論使我們在分析眾多原因時具有思想上的條理性和組織性，避免隨意猜想。例如，有關拿破崙如果擁有隱形轟炸機就不會在滑鐵盧戰敗的反事實推理就缺少理論依據。這種隨意猜想能讓人覺得好笑，也會妨礙我們藉由大腦的思考獲取有益的啟示。

　　假定我們在探討冷戰起源的時候，提出這麼一個問題：如果美國在 1945 年的時候是社會主義國家，那麼冷戰是否會發生？或者我們假定蘇聯在第二次世界大戰以後是個資本主義國家，那麼冷戰是否會發生？這些反事實推理的問題，可以用來探討有關冷戰主要源於意識形態鬥爭的理論是否正確。另外一個和冷戰相關的假說是，兩極國際結構導致冷戰的發生。也就是說，正如權力平衡理論所預言的那樣，即使美國是社會主義國家，這樣的緊張局面也可能會出現。與**實際**情況對比，可以增強反事實推理的推論。在冷戰結束以後，我們並沒有看到同盟關係發生重大變化，以平衡美國無可匹敵的超強地位，這就說明意識形態上的一致性至少戰勝了自由國家之間的權力平衡考慮。但是在冷戰時期，至少是在世界上的某些地方，共產主義國家相互之間採取權力平衡政策，而且由於冷戰，俄羅斯和中國都一直對美國保持警戒。因此，我們有充分依據得出結論，意識形態與權力平衡考慮都很重要，但並非對所有行為者來說具有同等的重要性。總之，與理論相關聯的反事實推理更有意義，也更有用處，因為這樣的思維活動運用了更加

廣博的知識，我們可以時常就理論本身提出有新意且有趣的問題。

真實性

只設想有意義的假說是不夠的。我們必須認真地用已知的事實對這些假說加以檢驗。反事實推理需要確切的事實和詳盡的歷史分析，為了檢驗一個思維實驗是否有道理，我們必須明白，所謂不變的因素是否與已經發生的真實情況吻合。我們必須謹防在同一個思維實驗中，把一個反事實推理論點建立在另外一個反事實推理論點的基礎之上。這種多重的反事實推理會導致混亂，因為同時發生變化的事情太多了，我們無法仔細分析所有這些真實的歷史事件，判斷思維實驗是否準確。

一個很好的反事實推理的方法，就是歷史學家尼爾·弗格森（Niall Ferguson）所提出的**虛擬歷史**（virtual history），好的虛擬歷史透過嚴格根據**已經**發生了的事實來回答**可能**發生的事情，可以避免不合理性以及時間點上的差距。在2008 年出品的電影《虛擬甘迺迪》（*Virtual JFK*）中，導演增谷浩治探討了這麼一個問題，即假如甘迺迪在 1964 年總統選舉中再次當選，那麼他是否可能會像其繼任者那樣派出大量的美軍介入越戰呢？他仔細觀察甘迺迪有關出兵海外的決策行為來回答這一問題。甘迺迪在其總統任期內曾經六次面對這樣的決策問題，而每次都決定不出兵。甘迺迪不僅對以軍事手段解決爭端很反感，也極度懷疑軍事和情報官員有關出兵的建言。根據甘迺迪的實際行為以及已知傾向，我們可以反事實推理，從而有理由判斷甘迺迪不會向越南派遣大量的美軍。[25]

一些歷史學家聲稱自己反對反事實推理。他們認為，歷史就是關於實際上已經發生了的事情之學問，而不是關於可能會發生的事情之學問。然而，這些人忽視了一點，即我們不僅要努力了解發生了**什麼事**，還要努力了解這些事的**原因**。當你說「A 導致 B」的時候，你實際上是在暗示「假如沒有 A，那麼就不會有 B」。你經常可以運用反事實推理來判斷一個因果關係論點的合理性。我們知道，事實上沒有一個歷史學家迴避因果關係論點，即便是那些公開質疑反事實推理的歷史學家也經常那麼做。那些質疑反事實推理的人提醒我們，要避免理查·內德·勒博（Richard Ned Lebow）所說的「魔幻的」反事實推理，比如拿破崙隱形轟炸機說，這個提醒實際上是有益的。然而，正如我們將在本書第三章所看到的，

說某些反事實推理分析是粗淺的，與說我們可以不借助反事實推理提出有悖於歷史記錄的因果推論，兩者之間是有所不同的。因此，雖然一些歷史學家認為歷史研究就是把已經發生的事情記錄下來，但是也有很多歷史學家主張，恰當的反事實推理分析對於歷史研究來說十分重要。歷史純正論者提醒我們，不可提出諸如拿破崙擁有隱形轟炸機這樣不嚴謹的反事實推理的論點。然而，正如我們將在本書下一章看到的，粗淺的反事實推理分析與深刻的反事實推理分析不可相提並論，後者有助於我們釐清事件之間的因果關係。

思考題

1. 「國家」、「民族」以及「民族國家」這三個概念是什麼關係？

2. 權威如何成為權力源泉？它是硬實力還是軟實力的源泉？

3. 體系穩定與危機穩定是什麼關係？

4. 華茲的三個意象指的是什麼？可以把它們結合起來嗎？如果可以，如何結合？

5. 為什麼自由主義者認為民主可以防止戰爭？他們的觀點有什麼缺陷？

6. 國際體系的結構與過程之間的區別何在？建構主義是否有助於我們理解過程是如何變化？

7. 什麼是反事實推理的歷史？你可以用它來解釋伯羅奔尼撒戰爭或者伊拉克戰爭的根源嗎？

第三章

從西發利亞和約到第一次世界大戰

▌本章你可以學到這些▐

3.1 區別四種有關「權力平衡」的理解：（1）一種描述；（2）一種政策；
（3）一種理論；（4）某個特定的地緣政治時期。

3.2 理解19世紀權力平衡不同階段的結構與過程。

3.3 在不同分析層次上認清第一次世界大戰起源的深層原因、中層原因和突發
原因，並且探討那場戰爭是否不可避免。

在人類歷史中，主要政治單位因時間和地點的不同而異。在孤立的、鄉野
的狩獵社會中，像部落或者擴大的家庭單位那樣的小規模群體則是主流。隨著城
市化以及更加專業的社會與經濟角色的產生，諸如城邦國家以及小王國那樣的大
規模單位開始出現了。在技術、組織以及軍事方面取得進步的社會，有時獲得了
對廣大地區的統治權。歷史上幅員最遼闊、轄區連成一片的政治單位就是蒙古帝
國，它在 1279 年鼎盛時期，統治的範圍從日本海到波羅的海、從南海到波斯灣。
1922 年的大英帝國，統治了地球表面四分之一的地方以及將近四分之一的人口。
多個政治單位於同一個歷史時期在不同地區掌握主導權，這是一種很典型的情
形。當忽必烈統治著領土範圍確定的蒙古帝國時，歐洲存在著諸多封建王國、主
教管區、公國以及較小的封地，而北美則主要是遊牧或半遊牧部落的家園。只
是在 20 世紀，一種單一的政治組織形式，即主權國家，開始在全球占據主導地
位。今天，除了南極洲（1961 年國際條約禁止國家對該地區提出領土要求），
地球上每一塊陸地都處於主權國家或者具有主權國家相同功能的實體的管轄之
下。這種狀況到底是怎樣形成的呢？

雖然在人類歷史中地球上的很多政治體管轄有一定領土、行使內部統治權，

並且不從屬於一個外部權威，但是我們所熟悉的現代主權國家，其作為國際社會中擁有特定權利與義務的單位，是歐洲的產物。實際上，我們甚至可以說，主權國家是歐洲最成功的外銷產品。在歐洲摒棄封建主義，進入西發利亞體系的數百年之後，歐洲強國採取海外冒險行為，直接或間接地統治了全世界。換句話說，那些在歐洲尊重當地鄰邦獨立地位的國家，卻無視其他地區的獨立地位。在第二次世界大戰結束之後，歐洲帝國逐漸瓦解了。全世界的民族主義團體以戰爭或者談判方式獲得正式的獨立地位，那些獨立運動的領導人在急於擺脫殖民主義枷鎖的同時，也熱切希望採用西發利亞模式。

西發利亞和約實際上是一系列條約，其中最重要的是 1648 年簽署的奧斯納布魯克（Osnabrück）條約和閔斯特（Müster）條約，它們標誌著**三十年戰爭**的結束。[1] 儘管沒有確切的死亡人數統計，但三十年戰爭是歐洲歷史上死亡人數最多的戰爭之一。大部分戰禍發生在現代德國的領土之內，當時屬於神聖羅馬帝國〔伏爾泰（Voltaire）曾經諷刺說，神聖羅馬帝國「並不神聖，也非羅馬，還不是一個帝國」〕。雖然三十年戰爭涉及的國家與問題很多，但是最重要的內容是宗教衝突。西發利亞和約有效地維護了「統治者的宗教乃人民的宗教」這一原則，從而使得各國統治者擁有決定本國宗教信仰的權利。該條約並沒有像當今國際社會那樣全力支持國家主權原則，因為其中包含了有關干涉權利的條款。但是，正如卡列維·霍爾斯蒂（Kalevi J. Holsti）所指出的：「領土專屬權原則的法律基礎、結束國家之間的不平等關係、剝奪帝國皇帝和教皇的權威並把它移交給國家，授權建立一個無政府的、王朝國家體系，並且增強體系成員的內部團結。」[2]

政治哲學家以政治共同體擁有根據美好社會的願景來管理自身事務的權利，為國家主權原則的正當性辯護。但事實上，這個原則之所以具有吸引力，主要是因為它讓統治者擁有權力與財富。查理斯·蒂利（Charles Tilly）把國家比作一個收取保護費的黑社會組織，統治者以國家安全的名義，向無能為力的公民收取租金（即剩餘基金）。[3] 這也是一些第三世界領導人在非殖民化之後熱中於強調主權國家地位的部分原因，他們中的某些人曾經設法中飽私囊。

西發利亞和約並沒有讓歐洲避免戰禍，但它的確降低了戰爭的殘酷性與頻繁性。歐洲大國繼續卯勁爭奪優勢權。荷蘭曾經在 17 世紀的短暫時期，主要藉由

荷蘭東印度公司的努力，充當商業霸主，是最早在海外建立持續長久的帝國的歐洲國家之一（還有葡萄牙）。路易十四（1638-1715）統治下的法國在歐洲獲得了優勢地位，成功地建立起一個中央集權的、現代官僚制國家，並且把北美大片地區變成自己的殖民地。英國與荷蘭、法國爭奪海上優勢地位（它雖然有強大的經濟與海軍實力，並且成功地獲取海外殖民地，但是從未成為歐洲的主要陸上強國），透過在魁北克的亞伯拉罕平原打敗法國軍隊（1759），在特拉法加海戰中戰勝法國與西班牙的聯合艦隊（1805），以及在滑鐵盧戰役（1815）中協助挫敗拿破崙，逐漸在 18 世紀和 19 世紀確立了自己的優勢地位。雖然英國因為美國革命戰爭而困擾並喪失了殖民地，但是它憑藉較早開始的工業化、海上控制權、對資本市場的主導權以及英鎊作為世界儲備貨幣的地位，在 19 世紀成為世界上最強大的國家。

從三十年戰爭以後到拿破崙戰爭（1799-1815）以前，歐洲的大多數戰爭都是短暫、快速、局部的。戰爭的原因主要包括王朝問題、領土爭端，以及在某些個案中戰爭只是為了防止別國變得太強大。歐洲國家在這個歷史時期，並沒有為了改變基本的遊戲規則而發生戰爭。換句話說，那時的歐洲國際體系是非常穩定的。歐洲領導人並不懷有革命目標。如在 18 世紀，基本的遊戲規則是：維護君主制國家的合法性（君權神授）以及維持這些國家之間的權力平衡（1713 年的**烏特勒支條約**明確提到權力平衡的重要性）。讓我們看看普魯士的腓特烈大帝（1740-1786）對待其鄰居奧地利的瑪利亞‧德蕾莎（Maria Theresa, 1717-1780）的方式。1740 年，腓特烈大帝下定決心奪取屬於瑪利亞‧德蕾莎的西利西亞省。腓特烈大帝並沒有宏大的革命目標，只是想兼併領土。他並不想鼓動西利西亞的人民發動矛頭對準瑪利亞‧德蕾莎的革命，從而推翻說德語的維也納貴族統治政權。畢竟腓特烈自己統治柏林，也是說德語的貴族。他兼併西利西亞的動機，就是因為自己想得到這塊地方，同時他也小心不做其他有損奧地利或君主制正統性原則的事情。

讓我們把它與半個世紀後的法國革命（1789-1799）比較。當時法國的主流觀點是，所有君主都應當被送上絞刑架或斷頭台，而把權力交給人民。拿破崙把這種人民主權的觀念傳遍歐洲，拿破崙戰爭對當時的遊戲規則和權力平衡局面都構成了極大的挑戰。18 世紀中葉那種溫和的過程和穩定的權力平衡，到 18 世紀

末已轉變成革命的過程和不穩定的權力平衡。我們把法國革命這樣的變革視為**外生**於建構理論的因素，因為該理論無法解釋它。這個例子說明，建構主義的思想可以補充現實主義的理論框架，建構主義很適合用來解釋像人民主權（其對立面是君主主權）規範的興起這樣的某些現象。

　　國家除了改變目標之外，也會改變手段。體系的進程也受國家所採取的手段性質之影響。正如我們在第二章所了解到的，不同的手段會產生促進穩定或者破壞穩定的作用。一些手段隨著技術的變革發生變化。例如，機關槍等新式武器的問世，使得第一次世界大戰成為一場血腥程度特別嚴重的較量。手段也可能由於新的社會結構的出現而發生變化。在 18 世紀，腓特烈大帝的目標是有限的，其手段也是有限的。他只有一支不太忠誠和後勤補給不足的傭兵。18 世紀的軍人通常是在夏季打仗，因為這個時候有足夠的食物供應軍隊，或者有足夠的金幣給那些來自社會底層的士兵軍餉。當食物或金幣用光之後，士兵們會開小差。法國革命把戰爭的社會組織改變成法國人所說的「全民皆兵」，或者現在所說的「徵兵制」或「兵役制」。建構主義者所指出，士兵的認同感是會變化的，人民開始理解自己的公民身分，為了自己的祖國而集合起來，並且了解所有人都應該參戰。戰爭不再是到遠方征戰的數千名傭兵的事，而是所有人的事。這種大規模的參與和群眾的支持，大大超過了過去傭兵的力量。國家所擁有的手段的變化，也促進了 18 世紀國際體系的變遷。

管理大國衝突：權力平衡

3.1 區別四種有關「權力平衡」的理解：（1）一種描述；（2）一種政策；（3）一種理論；（4）某個特定的地緣政治時期。

　　從西發利亞和約結束到拿破崙戰爭爆發之前，歐洲國際體系是穩定的，其主要原因在於**權力平衡**（balance of power）原則的有效作用。

　　那麼，權力平衡的確切含義是什麼呢？權力平衡是國際政治中最常用的詞彙之一，但也是含義最不清楚的詞彙之一。這個詞被廣泛使用，用來描述各種事情並尋找合理的依據。18 世紀英國哲學家大衛・休姆（David Hume）把權力平

衡視為永恆的、明智的政治規則。但 19 世紀英國自由主義者理查·科布登卻把它稱為「一個怪物，一個沒人描述過、沒人能夠描述清楚以及沒人可以理解的虛無的東西」。[4] 伍德羅·威爾遜是第一次世界大戰期間的美國總統，他認為權力平衡是個邪惡的原則，因為它鼓勵政治家像切乳酪那樣，根據政治上的權宜之計和不顧民眾的意見，對國家進行瓜分。

威爾遜之所以不喜歡權力平衡，還由於他相信權力平衡會導致戰爭。權力平衡政策的捍衛者則認為，權力平衡會導致穩定。然而，正如我們所看到的，和平與穩定並不是同件事。歐洲國家體系在過去的五個世紀裡，發生了 119 次列強捲入的戰爭。和平並不是主流的情勢，因為至少涉及一個列強的戰爭就占了這個時期的四分之三的時間。在那些戰爭中，有十次是大規模的全面戰爭，許多強國都介入，我們可以把它們稱為霸權戰爭或者世界大戰。假如要問權力平衡是否維持了過去五個世紀裡現代國家體系的和平，那麼答案是否定的。

這一點都不奇怪，因為國家追求權力平衡的目的在於維護自身的獨立，而不是維持和平。權力平衡有助於維護由獨立國家所組成的無政府體系，但並不能保證所有的國家都生存下來。比如說，波蘭在 18 世紀末被其鄰國像切乳酪那樣地瓜分，奧地利、普魯士和俄國都得到了屬於自己的一大塊波蘭領土。離我們更近的一個例子是，史達林和希特勒在 1939 年達成了一個協定，波蘭再次被瓜分，蘇聯獲得了波羅的海沿岸的幾個國家。此後，立陶宛、拉脫維亞和愛沙尼亞作為蘇聯的加盟共和國存在了半個世紀，直到 1991 年為止。總之，權力平衡不能維持和平，也不總是能夠維護各國的獨立地位，但它維持了無政府國家體系。

權力資源難以被衡量（我們在第二章已經討論），這是領導在努力判斷權力平衡的時候面臨的一個大問題。而國際政治研究者會遇到更多的疑惑，因為同一個詞彙被用來指不同的事物。我們必須區分與釐清同樣一個詞被隨意使用時，到底指的是什麼。**權力平衡**這個詞一般來說有四種含義。

作為權力分布的權力平衡

權力平衡這個詞首先被用來描述權力分布。你聽到「當前權力分布」這個說法的時候，說這個話的人就是單純從描述的意義上使用這個詞。在 20 世紀 80 年代，我們常常聽到一些美國人聲稱，假如尼加拉瓜變成一個共產國家，那麼冷

戰的權力平衡將發生變化。這或許是真的，但意義不大，它對於分析宏觀大局沒有什麼意義或啟迪。單純從描述的意義上使用這個詞，可能在修辭學上很有用，但是對於分析問題的作用很有限。

這個詞也可以被用來指一種特別的（或少有的）情勢，即權力均等地分布，如同處於平衡狀態下的天平。一些現實主義者聲稱，權力均等會產生穩定。另外一些現實主義者則認為，在一國權力處於領先地位、其他國家不敢攻擊它的時候，才會出現穩定的局面。**霸權穩定理論**的信奉者就堅持後一種觀點。根據這一觀點，一個強大的主導國家是最好的穩定局面維護者。但是，根據霸權穩定理論的第一個近親，是**霸權轉移理論**（hegemonic transition theory），當最強大的國家不可避免地開始走下坡路，或者一個新的追求霸權地位的國家崛起的時候，戰爭就很可能發生。正在衰落的霸權國家或者對崛起的國家感到恐懼的國家，會拚命採取措施維護自己的地位，而正在崛起的國家則孤注一擲地爭取霸權地位。正如我們將在本章後面論述到的，權力轉移理論有助於我們理解第一次世界大戰的爆發。它也可以幫助我們理解修昔底德對伯羅奔尼撒戰爭起源的解釋：雅典力量的增長及其引起斯巴達的恐懼，促使後者採取大膽和冒險的行為去支持科林斯。

我們要對這些理論採取謹慎的態度，因為它們對衝突的預測往往過於武斷。美國在 19 世紀 80 年代取代英國，成為世界上最大的經濟體。1895 年，美國和英國在南美邊界問題上發生爭執，雙方似乎可能動用武力。美英兩個國家，一個是正在崛起的挑戰者，另一個是日薄西山的霸主，這正是兩國走向衝突的一個原因。然而，我們在史書上並沒有讀到關於 1895 年英美戰爭的描述，因為戰爭根本沒發生。正如偵探福爾摩斯所指出的，我們可以從狗不吠叫的現象中得到重要線索。在這個例子中，英美之間沒有爆發戰爭，這促使我們去尋找其他原因。現實主義者認為，德國的崛起對英國造成了更緊迫的威脅。自由主義者則把原因歸結為兩個英語國家日益增強的民主性質，以及衰落的領導國和崛起的挑戰國之間存在著超越國界的文化紐帶。在一定程度上，我們可以把原因歸結於那些明智的英國決策者，他們意識到英國的實力地位相對於大西洋對岸的美國和歐洲大陸的德國來說正在衰落，並且聰明地向美國靠攏（部分透過綏靖政策）。[5] 我們至多只能從權力平衡這個詞彙的第一種用法中得出這麼一個有關權力平衡的結論，主

要國家間不均等的權力分布狀況的變化，是我們用來解釋戰爭和不穩定局面的一個因素，但不是唯一因素。

作為政策的權力平衡

權力平衡的第二種用法，指的是一種精心設計的平衡政策。權力平衡預先顯示著，其他國家會採取行動阻止一國發展成為主導國家。這種預言由來已久。帕麥斯頓勳爵的名言，即國家沒有永久的盟友或永久的敵人，只有永恆的利益，這是權力平衡政治堅定的宣導者們所持的觀點。帕麥斯頓作為 19 世紀中葉英國的外交大臣，始終推行權力平衡政策。1941 年希特勒進攻蘇聯之後，英國首相溫斯頓‧邱吉爾（Winston Churchill, 1874-1965）也採取權力平衡政策。邱吉爾是一位堅定的反共產主義者，他很討厭蘇聯領導人約瑟夫‧史達林。但是他認為，與史達林結盟對於防止希特勒統治歐洲至關重要。邱吉爾說過一句著名的話：「如果希特勒入侵地獄，那麼我至少也會在下議院給魔鬼說幾句好話。」[6]

採取權力平衡政策的領導人，幾乎肯定也會持現實主義國際政治觀。由於這個原因，人們常常用德語**權力政治**（realpolitik），來表述堅定地推行權力平衡政策的做法。

試圖維持權力平衡的一種主要手段就是**同盟**（alliance）。同盟是指主權國家相互間透過協議結成盟友，以維護共同安全。正如英國在第二次世界大戰的時候與蘇聯締結同盟一樣，同盟的動機可能單純是軍事方面的考慮：兩個中等國家可能決定締結同盟，以便抵禦來自更大國家的威脅。傳統上，軍事同盟是國際政治的焦點之一。但是，國家也可能因為非軍事目的而締結同盟。兩個或兩個以上的國家締結同盟，有時是由於經濟原因，或者出於意識形態信仰相同、文化相近。在那些軍事關切正在減弱的地區，比如今天的歐洲和北美，這種情況是真實存在的。

同盟的見解與同盟的締結一樣，有著多種原因，但一般來說，國家不再結盟，是因為認為對方與自己無關，或者把對方視為自身安全的威脅。這種情況之所以發生，可能是因為另外一個國家發生政權變更。在此之前，兩個國家有共同的意識形態信仰，但現在它們已經相互對立。中國與美國在 1949 年以前國民黨統治期間是盟友，但是在 1949 年中國共產黨掌權之後成為敵人。當然，還有

其他可能導致同盟瓦解的原因。一個國家可能變得更為強大。一個國家可能把另一個國家視為對手，而另一個國家則可能把對方視為威脅，而尋找其他盟友以制衡。

作為理論的權力平衡

權力平衡一詞的第三種用法，就是描述國際體系中權力的自動平衡。這就是權力平衡**理論**。權力平衡理論預測，國家將採取行動防止任一國家獲得權力優勢。或者換句話說，它預言國家將採取權力平衡政策，原因在於不得不這麼做。現實主義者把西發利亞體系看作是霍布斯式無政府狀態，體系中的國家普遍懷有恐懼感，並且相互間缺乏信任。他們把這種體系視為「自助」體系，確保生存的唯一方式，就是防止任何一個國家或者國家集團獲得權力優勢。這可以透過對內進行政策調整（比如增加軍費開支）、對外合作（比如與其他國家結盟），或者二者結合起來得以實現。

在國內政治中，我們經常看到**追隨**（bandwagoning）而非權力平衡行為：政治家常常投靠占上風的一方。然而，權力平衡理論卻預測，國家將會加入**處於下風**的一方，因為國家將採取行動防止任何一個國家獲取權力優勢。在國際政治中，一國的盲從有損於該國的獨立地位。在 1939 至 1940 年間，義大利的貝尼托·墨索里尼加入希特勒對法國的進攻行動，以便分得一杯羹，但是義大利變得越來越依賴德國。這就是為什麼權力平衡政策主張「加入較弱的一方」。權力平衡是一種幫助弱者的政策，這是因為，假如你幫助了強者，強者可能會翻臉傷害你。

權力平衡理論並不預測說，意識形態或者文化特點相同的國家會聯合起來。正如我們將在第七章提到的，當伊朗和伊拉克在 20 世紀 80 年代初交戰的時候，一些觀察家聲稱，所有的阿拉伯國家都會支持薩達姆·海珊統治下的伊拉克，反對阿亞圖拉·何梅尼（Ayatollah Khomeini）統治下的伊朗，這是因為伊拉克是一個遜尼派穆斯林占多數的、大部分居民為阿拉伯的、由世俗的阿拉伯復興社會黨（Ba'ath Party）統治的國家，而伊朗則是一個伊斯蘭教中的少數派什葉派占主導地位、絕大多數居民為波斯人、推行神權政治的國家。然而，敘利亞作為一個遜尼派阿拉伯國家，而且其領導人也屬於阿拉伯復興社會黨，卻支持伊朗。

那是為什麼呢？因為敘利亞擔心鄰近的伊拉克增強自己的權力。敘利亞選擇權力平衡政策來對抗伊拉克，儘管這兩個國家具有共同的意識形態偏好。用意識形態來預測國家的行為往往是錯誤的，而基於權力平衡來預測國家的行為常常是正確的。

當然，也有例外的情況。人類的行為不是確定無疑的。人類總要進行選擇，他們不總是按預測的那種方式行事。特定的情勢會促使人們採取特定的行為方式，但是我們不能預測人們行為的細節。如果有人在擁擠的大禮堂裡喊「失火了」，那麼我們可以預測學生們會向出口跑去，但我們不能肯定是**哪個**出口。假如所有人都選擇同一個出口，那麼大家會擠在一起，結果誰都跑不出去。國際政治理論經常都有解釋不了的例外情況。雖然權力平衡理論提供了一種在國際政治中預測的方式，但是其預測力之歷史記錄絕非完美。

為什麼國家有的時候會違背權力平衡的原則，加入強者的一方，而不是幫助弱者，或者採取超然的立場，從而甘冒喪失獨立的風險呢？有些國家會說，我們別無選擇，或者我們無力影響權力平衡。假如是這樣的話，那麼小國可以決定自己不得不處於大國的勢力範圍之內，同時希望以中立來保留某些行動自由的權利。比如，第二次世界大戰以後，芬蘭無法與蘇聯抗衡，並且遠離歐洲中心。芬蘭人認為，保持中立比參加歐洲的權力平衡更為穩妥。芬蘭人身處蘇聯的勢力範圍之內，他們所能做的，只是以失去對外政策方面的自主權換取對內事務上的獨立權。

用權力平衡預測國家行為有時並不正確的另一個原因，與對威脅的認知有關。舉個例子說，人們根據對 1917 年國家權力資源的機械統計，應該預言美國會在第一次世界大戰中站在德國的一邊；因為英國、法國和俄國擁有世界工業資源的 30%，而德國和奧地利只擁有世界工業資源的 19%。然而，實際情況並非如此，其部分原因在於，美國認為德國在軍事上比較強大，是戰爭中的侵略者。

鄰近性（proximity）經常影響國家對威脅的認知。一個鄰近的國家根據某個全球絕對標準來衡量，或許屬於弱國，但它對其所在的地區或當地來說，可能極具威脅性。讓我們看看 19 世紀 90 年代的英國和美國的關係。當時的英國理應和美國交戰，但是最終還是選擇了姑息美國的政策。英國在很多事情上都做出了讓步，包括在修建巴拿馬運河問題上向美國讓步，使得美國加強海軍地位。其

中一個原因是,與遙遠的美國相比,鄰近的德國更讓英國感到恐懼。儘管美國比德國強大,但由於德國離英國很近,在英國人的眼中,德國對英國的威脅更大。鄰近性也可以幫助我們解釋 1945 年後的同盟狀況。美國顯然比蘇聯強大,但是為什麼歐洲和日本不與蘇聯結盟、共同對抗美國呢?部分答案就在於威脅的鄰近性。在歐洲和日本看來,蘇聯的威脅是迫在眉睫的,而美國則離它們很遠。歐洲和日本於是請來遠方的強國,以便在自己的鄰近地區重新確立權力平衡。鄰近性影響了國家對威脅的認知,這個事實顯示,透過簡單、機械地統計權力資源來預測國家行為的方法有很大的缺陷。

從權力平衡的角度解釋國家行為不甚準確,這也和世界事務中經濟相互依賴作用的不斷增大有關。根據權力平衡政策,法國應該不希望看到德國實力的增長。然而由於經濟一體化,德國經濟實力的增長可以促進法國經濟實力的增長。法國政治家在本國經濟增長的時期,比較容易競選連任。由於法國和德國的經濟相互依賴,因此遏制德國經濟增長的政策是愚蠢的。從經濟上考慮,過於簡單地推行權力平衡政策,往往會導致雙贏(joint gains)機會的喪失。

最後,與權力平衡理論的預測相反,意識形態上的考慮有時也會使得一個國家站在強者而非弱者一邊。甚至是在修昔底德的時代,民主制城邦國家更可能和雅典結盟,而寡頭制城邦國家則更可能和斯巴達結盟。英國在 19 世紀 90 年代姑息美國,或者歐洲國家在 1945 年以後和美國結成民主國家的同盟,這些都與意識形態因素以及威脅的鄰近性有關。但是,誇大意識形態的作用,不僅太簡單,也太危險。在 1939 年的時候,許多歐洲人都不相信史達林和希特勒會走在一起,因為史達林和希特勒是意識形態上的死對頭。但是,他們卻結成了同盟。同樣地,美國在 20 世紀 60 年代錯誤地假定,所有的共產國家構成一種聯合、鐵板一塊的威脅。而一種基於權力平衡的政策應該會預測到,中國、蘇聯、越南以及柬埔寨會相互制衡,實際上這些國家最後就是這樣做的。假如美國領導人預知到這一點,他們無疑會採取一種代價較小的、促進東亞地區穩定的途徑,而不是派超過 50 萬的軍隊去參加越戰。

作為歷史上多極體系的權力平衡

權力平衡這個詞的第四種用法,是用來描述歷史上的多極體系的例子。例

如，歷史學家愛德華·吉利克（Edward Vose Gulick）用「經典的權力平衡」（classical balance of power）這個詞來描述 18 世紀的歐洲多極體系。我們常常用「19 世紀歐洲權力平衡」這個說法，來表述從拿破崙戰爭以後到第一次世界大戰爆發之前的歐洲體系。從這個意義上說，權力平衡要求幾個國家，要它們遵循一套被普遍認可的遊戲規則。由於**權力平衡**這個詞的這一用法指的是歷史上的國際體系，所以我們將審視本書作者第二章所提到的體系的兩個層面，即結構和過程。

19世紀的權力平衡體系

3.2 理解19世紀權力平衡不同階段的結構與過程。

19 世紀的多極權力平衡體系，使 1815 年到 1914 年之間的一百年成為現代國家體系史上最長的沒有世界大戰的和平時期。但是，這個具有活力的體系並非完全和平。其結構與進程的變化，從根本上導致了兩次洪水般的世界大戰分別在 1914 年和 1939 年爆發。因此，我們必須小心避免把一個複雜的故事變得傳奇化、簡單化。我們前面討論過的概念及其區分問題，有助於穿越迷霧，仔細理解導致 20 世紀大規模衝突的 19 世紀根源。

結構

我們如果從新現實主義視角，即權力分布來觀察 19 世紀權力平衡體系的結構，那麼就可以劃分出三個時期（見表 3.1）。第一個時期開始於拿破崙在滑鐵盧戰敗。拿破崙曾經努力建立法國在歐洲的霸權地位。他的努力使得其他大國聯合起來並最終打敗法國。假如他成功的話，那麼歐洲體系就會是單極的。然而，在拿破崙戰敗之後，1815 年的維也納會議恢復了原先的多極秩序，有五個大國相互制衡，這五個國家是：英國、俄國、法國、普魯士以及奧地利。這五個國家經常改變同盟關係，以防止其中任何一個國家主導歐洲大陸。從 1815 年到 1870 年，歐洲體系的特點是「鬆散的多極體系」。

表 3.1　第一次世界大戰以前歐洲權力平衡體系的結構變遷

1815—1871年	鬆散的兩極
1871—1907年	德國的崛起
1907—1914年	同盟的兩極分化

　　在德國和義大利實現統一之後，歐洲就有六個大國。歐洲的巨大變革伴隨德國在 1871 年實現統一。在 1871 年以前，「德國」包含 37 個邦，一直是其他國家干涉的國際政治舞台。1871 年以後，德國成為一個統一的行為者。不僅如此，它處於歐洲的中心，具有重要的地緣政治影響。從結構的視角來看，一個統一的德國，不管它是太強大，還是太弱小，都是一個問題。假如德國夠強大，可以同時抵禦來自俄國和法國的威脅，也就有足夠的能力單獨擊敗俄國或者法國。但是，假如德國沒有強大到可以同時擊敗俄國和法國的地步，那麼它就可能面臨像波蘭那樣被強鄰入侵、瓜分或者控制的命運。

　　在這第二個時期，德國的實力穩步上升。俾斯麥聰明的外交手腕，使得德國這樣一個新近統一、迅速壯大、地處歐洲中心的國家，並沒有導致歐洲體系的不穩定。然而，歐洲其他國家對德國日益增強的焦慮，加上俾斯麥繼任者所犯下的一系列錯誤，導致歐洲體系結構進入第三個時期。到 1907 年的時候，歐洲權力平衡體系已經徹底喪失靈活性。兩大同盟得以形成並且僵化：三國協約（英國、法國和俄國）與三國同盟（德國、奧匈帝國以及義大利）。歐洲權力平衡的兩極化或者形成兩個緊密的集團，使得權力平衡無法得以維持，在很大程度上導致我們很快就要論述的第一次世界大戰的爆發。

過程

　　我們如果僅僅觀察權力分布的變化，那麼就無法解釋歐洲國家體系的變遷。古典現實主義者和建構主義者所強調的**過程**是極其重要的。我們如果觀察體系運行的方式，並且注意影響國家間關係模式的歐洲文化與觀念之變化，那麼就可以把 19 世紀歐洲國際體系劃分出五個不同階段（表 3.2）。

表 3.2　第一次世界大戰以前歐洲權力平衡的演變過程

1815—1822 年	歐洲協調
1822—1854 年	鬆散的歐洲協調
1854—1871 年	民族主義與德國、義大利的統一
1871—1890 年	俾斯麥讓歐洲協調復興
1890—1914 年	喪失靈活性

　　在拿破崙戰爭結束之後，歐洲大國試圖以定期召開大會，達成維持權力平衡以及制止自由民族主義革命浪潮的協定，來維持歐洲地區秩序。這一體系後來被稱為**歐洲協調**（Concert of Europe）。「歐洲協調」始於**維也納會議**，在這次會議上，滑鐵盧戰爭中的勝利國把法國帶回到國際舞台，並且共同制定確保各國之間力量均等的某些遊戲規則。從 1815 年到 1822 年，「歐洲協調」是積極和有效的。歐洲國家經常聚會以處理爭端和維持權力平衡。它們允許在一國內部發生政治變革並可能引起該國改變政策的時候，可以採取某些國際干涉行動。從 1822 年到 1854 年，「歐洲協調」不那麼積極有效。最後，自由民族主義革命運動挑戰過去以領土補償或者恢復舊政權來維持權力平衡的做法，歐洲協調於是喊停。正如建構主義者所指出的，民族主義觀念變得太強大，不允許國家再像過去那樣隨心所欲地瓜分好處。

　　19 世紀歐洲權力平衡的第三個階段是從 1854 年到 1871 年，它相對比較動盪，經歷過五次戰爭。第一次戰爭是克里米亞戰爭，它是一場經典的權力平衡戰爭，即法國和英國阻止俄國企圖犧牲正在衰敗的鄂圖曼帝國以獲利。但是其他幾次戰爭則和義大利和德國的統一有關，政治領袖們拋棄了過去的原則，開始利用民族主義來追求自己的權宜目標。例如，俾斯麥並不是一個意識形態色彩濃厚的德國民族主義者，而是十分保守的人士，他希望德意志在普魯士君主的領導下實現統一。然而，俾斯麥充分利用民族主義的吸引力和戰爭來打敗丹麥和法國，從而實現德國的統一。當俾斯麥實現了自己的目標，就重新採取比較保守的行為方式。

　　第四個階段是從 1871 年到 1890 年，它是俾斯麥的權力平衡時期，新興的、普魯士領導下的德國在這個階段扮演了重要角色。俾斯麥以靈活的手段和各種各

樣的同盟夥伴周旋，並且努力使法國的注意力從其普法戰爭以後割讓給德國的亞爾薩斯和洛林轉移到海外的帝國主義擴張行動。他也限制了德國的帝國主義野心，以便維持歐洲以柏林為軸心的權力平衡。靈活性與複雜性是俾斯麥同盟體系的特點。前者確保權力平衡體系的穩定，因為它容許不影響結構的危機或者衝突的偶爾發生。但複雜性是它的弱點。該同盟體系得以順利運行的前提是，需要有一個像俾斯麥能靈活掌握全局的魔術大師。然而，俾斯麥的繼任者沒有像他那麼高明。他們未能同俄國續訂條約，錯誤地讓英國、法國和俄國逐漸走到一起；也未能阻止奧地利和俄國在巴爾幹地區的對峙行為。最後，德國開始介入海外帝國主義的擴張行動，並且試圖挑戰英國的海上霸權。這些政策加深了其他國家對正在崛起的德國的恐懼，從而促使體系發生兩極對立。

　　這五個階段各有特點，這些特點的形成以及從一個階段到另一個階段的變化，是由於一些在整個相關歷史時期沒有消退的強勁發展趨勢，這些發展趨勢不僅影響了國家的目標以及實現這些目標的手段，也影響了國家合作的動機。其中最重要的發展趨勢，就是自由主義和民族主義的興起。其結果是，國家與統治者逐漸變成不再是一體兩面。路易十四在距滑鐵盧戰爭一百多年前曾說過一句名言：「朕即國家」。當時沒有人反駁他。但是，到了 19 世紀初的時候，這樣的言論會引起軒然大波。誠然，拿破崙未能建立起法國霸權，改變歐洲政治的**結構**，但是他透過在歐洲傳播革命思想，改變了歐洲政治的**進程**。維也納會議曾經一度壓制這些思想，但是民族主義和自由主義思想像火山一樣在 1848 年革命中噴發，敲響了專制統治的喪鐘。

　　在 19 世紀，隨著時間推移，人民和國家領導人都開始以不同的眼光看待自己。民族主義對王朝統治者合法性的挑戰，導致一些旨在維護古典權力平衡的奇怪同盟開始瓦解。比如，法國在 1866 年並沒有向受到普魯士進攻的奧地利伸出援手，從結構現實主義視角來看，這犯了很大錯誤。法國反對奧地利在占領的義大利領土上打壓民族主義。俾斯麥利用了其他日耳曼國家要求在普魯士的領導下統一德意志的民族主義觀點，但是民族主義思想後來也約束了他的行為。俾斯麥在 1871 年從法國奪取了亞爾薩斯和洛林，這引發了法國的民族主義憤怒情緒，使得法國和德國後來無法成為同盟夥伴。正如建構主義者所指出的，新的意識形態改變國家的目標，並且使得 19 世紀的國際政治局勢不那麼和緩。

結構與過程

政治家在判斷歐洲權力平衡是否令人滿意的時候，所考慮的因素往往與權力及其分布位置沒有什麼關係。他們考慮的因素包括：國家的排名與地位；國家的榮譽與尊嚴；國家考慮結盟是否值得；國家是否在國際問題上有發言權等等。這有助於解釋，為什麼在權力平衡並沒有受到影響或者威脅的時候，危機卻由於對權力平衡的不滿而發生了。這顯示，像國際法、「歐洲協調」以及同盟這些被用來限制自己已盟友的手段，在促進與維護歐洲權力平衡中，比像締結對立的同盟或者破壞對手的聯盟這樣的權力政治方式，更廣泛地被使用，並且也更有效果。

——保羅·施羅德（Paul Schroeder），
〈19世紀的體系〉（The Nineteenth Century System）[7]

手段也有變化。新的工業技術在軍事中的使用，產生了威力巨大但缺少柔性的戰爭手段。鐵路的出現可以很快地把大量軍隊從一個地方投放到另外一個地方。但是，做到這一點需要精確的計畫，而精確的計畫則會減少動員的選擇餘地，並且讓最早採取行動的一方在戰爭爆發後的初期處於極有利的地位，從而影響危機的穩定性。機關槍、大炮以及戰壕的使用，使得俾斯麥在19世紀60年代所成功運用的短兵相接、速戰速決和有限戰爭的軍事思想被人譏笑。技術的變化如同觀念的變化，改變了領導人對於什麼是可能的以及什麼是值得的這類問題的認知。因此，我們如果要想理解19世紀權力平衡體系是如何導致第一次世界大戰爆發，那麼就需要同時觀察結構和過程。

大事記 | 歐洲

17世紀

1618-1648年	三十年戰爭：天主教和新教在歐洲的衝突；最後一場宗教戰爭；德國被擊垮
1643—1715年	法國國王路易十四在位
1648年	西發利亞和約；三十年戰爭結束
1649—1660年	英國國王查理一世被處死；奧利佛·克倫威爾統治下的英聯邦

現代續編

　　當 1990 年東德和聯邦德國重新走向統一的時候，19 世紀開始出現的所謂德國問題再次成為人們爭論的議題。蘇聯外長愛德華‧謝瓦納茲（Eduard Shevardnadze）首先宣稱，德國統一會嚴重破壞歐洲的權力平衡。政治家們再次提出這樣一個問題：「講德語的國家的數量到底應當是多少，才可以維持歐洲的穩定？」一直以來，人們對此問題有不同的解答。正如前面所提到的，在 1815 年維也納會議的時候，講德語的有 37 邦。俾斯麥認為應該有兩個，而不是一個。他不想把奧地利納入其孳畫的新的德意志帝國之中，因為他擔心這樣做會削弱普魯士對新國家的控制力。希特勒給出了一個不同的答案：建立一個講德語的國家，它應該是世界帝國的中心。希特勒的主張導致了第二次世界大戰。1945 年，取得勝利的同盟國決定建立三個講德語的國家：東德、聯邦德國和奧地利。還有一個關於某個法國人的笑話，即有人在第二次世界大戰後問這個法國人應該有幾個德國？他回答說：「我太愛德國了，當然是越多越好。」

　　蘇聯在東歐的力量退縮，導致戰後兩極政治結構不復存在，並且使得德國重新統一成為可能。但是，德國的重新統一，也引起了人們對這個擁有 800 萬人口和位於大陸心臟地區的歐洲最大經濟實體的憂慮。德國會努力扮演新的角色嗎？它會再次虎視眈眈，先進攻東線，然後進攻西線嗎？它會插手較有影響力的東側鄰國的事務嗎？芝加哥大學政治學家約翰‧米爾斯海默（John Mearsheimer）聲稱，答案就是「回到未來」（back to the future）。[8] 他根據結構現實主義者的分析方法得出了悲觀的結論，認為未來和過去沒什麼不同，因為未來和過去的情勢結構是相似的。

　　然而，已經出現了三個方面的變化。在結構層次上，美國介入了歐洲，而且美國的領土大約是統一後德國的四倍。結構主義者擔心，美國今後會不再介入歐洲事務。隨著冷戰的結束，美國人在某個時候可能轉向孤立主義和「回家」。但是，還有其他方面的變化。歐洲國際政治的進程由於新制度的發展已經有了重大變化。歐盟把德國和其他歐洲國家聯合在一起，這在以前是不可想像的。第三個變化不是發生在國際體系方面，而是發生在國內政治方面。德國作為一個民主國家已經存在了半個世紀，而且大眾觀念的變化，已經使德國從好戰國家變為福利國家。分別於 1870 年、1914 年和 1939 年在歐洲心臟挑起事端的德國不是民主國家。結構、過程以及國內方面的變化哪一個最能預示歐洲的未來呢？我們對這三個方面都要加以注意，但是基於過程和國內變化的預測似乎最有說服力。

1652—1678 年	英法和英荷爭奪海上霸權的一系列戰爭
1660 年	英國斯圖亞特王朝復辟；查理二世登基
1682—1725 年	彼得大帝開始俄國「西化」過程
1683 年	土耳其對維也納的圍攻被擊退
1685 年	路易十四廢除南特敕令；鎮壓法國新教徒
1688—1689 年	英國光榮革命
1688—1697 年	奧格斯堡同盟戰爭；反對路易十四的全面戰爭

18 世紀

1700—1721 年	北方大戰：俄國、波蘭和丹麥反對瑞典在波羅的海的主導權；俄國成為歐洲強國
1701—1714 年	西班牙王位繼承戰爭和烏特勒支條約；法國和西班牙王室的永久分離；法國實力繼續衰落
1707 年	英格蘭和蘇格蘭組成大不列顛王國
1740—1748 年	奧地利王位繼承戰爭
1756—1763 年	英國法國的七年殖民地戰爭；法國被逐出加拿大和印度；大不列顛王國成為世界頭號殖民強國
1775—1783 年	美國革命戰爭
1789—1799 年	法國革命
1799 年	法蘭西拿破崙・波拿巴政變
1799—1815 年	拿破崙戰爭使法國成為歐洲大陸主導國

19 世紀

1801 年	大不列顛王國和北愛爾蘭組成聯合王國
1804—1814 年	法國皇帝拿破崙一世在位
1806 年	神聖羅馬帝國的終結；法蘭西斯二世取消皇帝稱號
1810 年	荷蘭王國併入法蘭西帝國
1812 年	法國入侵俄國；拿破崙軍隊覆滅
1854—1815 年	維也納會議：歐洲君主制國家被恢復
1815 年	滑鐵盧戰役：拿破崙逃出厄爾巴島，但被英國和普魯士軍隊擊敗
1833—1871 年	德國統一
1837—1901 年	英國維多利亞女王時期；工業大發展和繁榮

1848 年	法國、德國、匈牙利和波希米亞革命；卡爾‧馬克思發表《共產黨宣言》
1848—1916 年	奧地利皇帝法蘭茲‧約瑟夫時期，他在 1867 年成為奧匈帝國皇帝
1852—1870 年	法蘭西第二帝國皇帝拿破崙三世在位
1853—1856 年	克里米亞戰爭：英法在同俄國的戰爭中支持鄂圖曼帝國
1855—1881 年	俄國沙皇亞歷山大二世在位
1859—1870 年	加里波底領導下的義大利政治統一
1861 年	亞歷山大二世解放俄國農奴
1862—1890 年	德國首相奧托‧馮‧俾斯麥建立德意志帝國
1864—1905 年	俄國在波蘭、巴爾幹和中亞的擴張
1867 年	奧匈帝國建立
1870—1871 年	普法戰爭：日耳曼人入侵法國；法蘭西第三共和建立
1870—1914 年	歐洲帝國主義的巔峰期；工業發展；勞工運動馬克思主義興起
1871 年	巴黎公社：巴黎成為革命中心，建立自己的政府，和國家政府的戰爭
1878 年	柏林會議；奧地利、俄國和英國瓜分鄂圖曼帝國
1881 年	俄國亞歷山大二世遇刺
1882 年	德國、奧匈帝國和義大利三國同盟條約；1907 年續約
1899—1902 年	南非布爾戰爭

20 世紀最初 10 年

1904 年	英國和法國的雙邊協約
1904—1905 年	日俄戰爭以俄國失敗告終；日本成為世界強國
1907 年	俄國和英國、法國建立三國協約

┃ 第一次世界大戰的起源

3.3 在不同分析層次上認清第一次世界大戰起源的深層原因、中層原因和突發原因，並且探討那場戰爭是否不可避免。

　　第一次世界大戰導致將近 2,000 萬人喪失生命。僅僅在索姆河（Somme）

戰役中，就有 130 萬人傷亡。讓我們來做點比較：俾斯麥在 1866 年擊敗奧地利的那場戰爭導致 3.6 萬人喪命，美國在韓戰和越戰中的死亡人數都是大約 5.5 萬。第一次世界大戰中所使用的令人可怕的戰壕、鐵絲網、機關槍和大炮，讓整整一個世代的歐洲青年躺在地下。這場戰爭不僅導致人的死亡，也摧毀了三個歐洲帝國，即德國、奧匈帝國以及俄國。在第一次世界大戰前，全球權力平衡的中心是在歐洲。第一次世界大戰後，歐洲依然重要，但是美國和日本扮演了主要角色。第一次世界大戰也迎來了 1917 年的俄國革命，由此開始的意識形態鬥爭折磨著 20 世紀的世界。

為什麼會發生這樣一個事件呢？在 1900 年到 1909 年間擔任德國首相的伯納德·馮·皮洛夫（Bernhard von Bülow）公爵，於戰爭爆發後不久，在柏林的首相府會見了其繼任者希奧波德·馮·貝斯曼·霍爾威格（Theobald von Bethmann Hollweg）。下面是皮洛夫在回憶錄中對這次會見的描述：

> 貝斯曼就站在房間的中央，我永遠忘不了他此時的臉色和眼神。某個英國名畫家畫過一幅畫，畫中一隻可憐的代罪羔羊的眼睛裡流露出不可言狀的痛苦神情，我現在就在貝斯曼的眼中看到了這種痛苦神情。開始我們誰都沒有說話。最後，我對他說道：「告訴我，事情怎麼會是這樣？」他舉起自己那細長的胳膊，用遲鈍、疲憊的聲調回答我：「哦，要是我知道就好了！」在此後很多有關戰爭罪行的辯論中，我常常想，假如能夠把當時貝斯曼站在那裡說那些話時的神情抓拍下來，那該多好啊！這樣一張照片一定是這位可憐人從未想要戰爭的最好證明。[9]

此後幾代的歷史學家都在探討第一次世界大戰的起源，試圖解釋戰爭為什麼會爆發。正如我們將在下面的分析中所看到的，我們不可能把戰爭的爆發歸結為單一原因，但是可以把這個問題分為幾個獨立的層次加以分析。在每個層次上，權力平衡不管是作為一個**多極體系**還是單個國家和領導人個人的**政策**，都是理解這場戰爭爆發原因的關鍵所在。隨著同盟體系變得越來越不靈活，權力平衡的多極結構越來越受到削弱，爆發戰爭的可能性日益增加。

三個分析層次

部分答案就分別在三個分析層次上。簡約原則告訴我們，應該從最簡單的原因著手分析，看看它們有多大的解釋力，然後再根據需要，分析較為複雜的原因。因此，我們先看看體系層次（結構與過程）的解釋，然後探討國內社會層次的解釋，最後分析個人層次的原因。接下來我們使用反事實推理思維實驗，看看如何把這些原因結合起來，以解釋第一次世界大戰。

在結構層次上，有兩個重要因素：德國的崛起和同盟體系的僵化。德國實力的上升是十分引人注目的。德國的重工業在 19 世紀 90 年代超過了英國，20 世紀初德國國民生產總值的增長速度為英國的兩倍。在 19 世紀 60 年代，英國工業產量占世界工業產量的 25%，但是到了 1913 年，英國的產量下降到 10%，而德國的比重上升到 15%。德國把它的工業力量的一部分轉變成軍事能力，包括推行大規模的海軍軍備擴充計畫。德國 1911 年制定的「提爾皮茨計畫」（Tirpitz Plan）的戰略目標，就是建立世界上第二大海軍，從而使德國成為一個世界性強國。德國的擴張計畫令英國海軍大臣溫斯頓·邱吉爾感到不安。英國開始擔心自己將被孤立和難以保護其龐大的帝國。19 世紀末英國反對荷蘭在南非的移居者布爾人的布爾戰爭，使得英國的憂慮加重，因為德國在這場戰爭中同情布爾人。

1907 年，英國外交大臣艾爾·克羅（Eyre Crowe）爵士寫了一個很長的備忘錄，試圖解釋英國的對外政策，這個備忘錄成為英國外交史上的重要檔案。他的結論是，德國的政策是含糊不清和令人混淆的，英國肯定不能允許一個國家主導歐洲大陸。克羅聲稱，英國的反應差不多就是一個自然法則。

英國對德國實力增長的反應，造成了第一次世界大戰的第二個結構性原因：歐洲同盟體系的不斷僵化。1904 年，英國背離了其扮演歐洲大陸外的均衡者角色的半孤立政策，同法國結成同盟。1907 年，英法夥伴關係擴展到俄國（它已經同法國結盟），形成了「三國協約」。德國看到自己處於包圍之中，加強了與奧匈帝國的關係。隨著同盟關係的僵化，外交上的靈活性就喪失了。俾斯麥時代那種經常變換盟友的權力平衡已經不復存在了。相反，主要大國都把自己綁在兩極的一極中。兩極體系的強化加劇了防禦性現實主義者在分析中所強調的安全困

境。正如歷史學家克里斯多福‧克拉克（Christopher Clark）所指出的：「兩個同盟集團的出現並沒有導致戰爭爆發……但是，如果沒有這兩個集團，那麼戰爭就可能不會以那樣的方式爆發。」[10]

過程又是如何變化？其一就是民族主義繼續興起。在東歐出現了一個呼籲講斯拉夫語的人聯合起來的運動。泛斯拉夫主義威脅著擁有大量斯拉夫居民的鄂圖曼帝國和奧匈帝國。在德國出現了敵視斯拉夫人的民族主義情緒，德國作家撰文宣稱條頓人和斯拉夫人的戰爭不可避免，還編撰煽動民族主義情緒的教科書。事實證明，民族主義在團結工人階級方面比社會主義更有力量，在團結銀行家方面比資本主義更為強大。在君主制國家之間，民族主義力量的確比家族關係還要強大。在戰爭爆發前夕，德國皇帝致電俄國沙皇尼古拉二世（Nicholas II, 1868-1918），希望他避免與德國交戰。德皇在電報中稱其表兄為「親愛的尼克」，署名為「您的威廉」。德皇希望沙皇和自己以相同的方式看待所面臨的問題，把戰爭迫近的原因歸結為一位皇室家族成員——奧地利大公法蘭茲‧費迪南被暗殺。但是在當時，民族主義力量已經壓倒貴族或君主團結一致的觀念，那封家族電報沒有發揮任何作用。

20世紀初權力平衡體系喪失靈活性的第二個原因，是人們對和平產生了自滿情緒。這正是建構主義者所強調的觀念變化的重要性。歐洲已經有四十年沒有發生一場有大國介入的戰爭了。1905至1906年在摩洛哥、1908年在波士尼亞、1911年再次在摩洛哥以及1912年在巴爾幹發生了危機，但是這些危機都得到了控制。然而，旨在解決這些危機的外交妥協也導致了挫折感。在這些事件發生之後，人們產生了這樣的疑問：「為什麼我們要退讓？為什麼我們不能讓另外一方做出更多讓步？」此外，社會達爾文主義被越來越多的人接受。達爾文有關適者生存的思想有助於我們理解自然物種的世代遺傳問題，但是把它應用在人類社會和特殊事件上是有問題的。達爾文的思想被用來證明「適者生存」觀點的正確。既然強者必勝，那麼為什麼要為和平擔憂呢？許多領袖認為，持久的戰爭看來是不可能的，強者占上風和速戰速決的戰爭則是受歡迎的變革。

20世紀初權力平衡體系失去靈活性的第三個原因是德國的政策。正如艾爾‧克羅所言，德國的政策是含糊不清和令人混淆的。德皇的政策有一個極其笨拙的方面，即進攻性現實主義者所說的追求更多權力。和其他殖民大國相比，德國人

在擁有「世界野心」上並沒有什麼特別之處，但是他們實現野心的方式得罪了所有人，這正好與 19 世紀 70 年代和 80 年代俾斯麥玩弄體系的方式相反。德皇過於重視硬實力，而忽視了軟實力。德國人因挑起海軍軍備競賽而激怒了英國人（圖 3.1），而且在土耳其和巴爾幹問題上得罪了俄國人，在摩洛哥的一個保護地爭端中刺激了法國人。德皇試圖以壓力迫使英國與德國和好，以為德國給英國以足夠的恫嚇，就會使英國覺得自己必須與德國保持良好關係。但事與願違，英國在德國的脅迫下，先是與法國聯手，然後又和俄國合作。所以，到了 1914 年，德國人認為必須衝出這個包圍圈，故意冒險挑起了戰爭。因此，民族主義的興起、對和平自滿情緒的滋長、社會達爾文主義以及德國的政策等這些因素，都導致了國際體系靈活性的喪失，進而引起了第一次世界大戰的爆發。

我們還可以從第二個分析層次審視在第一次世界大戰之前，國內社會、政治以及政府中所發生的事情。我們可以毫不遲疑地否定有關該層次的一種解釋，即弗拉基米爾‧列寧所說的資本主義是戰爭根源的觀點。按照列寧的解釋，第一次世界大戰就是資本帝國主義的最後階段。但是，第一次世界大戰並不是像列寧所設想的那樣，產生於帝國主義國家在殖民地問題上的衝突。1898 年，英國和法國在蘇丹的法紹達相互對峙，英國想把自己在非洲的殖民地從南非到埃及連成南北一條線，法國則想把自己在非洲的殖民地連成東西一條線。假如英法爆發戰爭，列寧的解釋可能得到證實。但事實上，戰爭是在十六年之後發生於歐洲，而且資本家在第一次世界大戰前夕強烈抵制戰爭，他們堅信戰爭對經濟有害。英國外交大臣愛德華‧格雷（Edward Grey）爵士認為自己必須遵循艾爾‧克羅的建議，英國一定要阻止德國主宰歐洲的權力平衡，但是他也擔心倫敦的資本家不支持政府向德國宣戰。因此，我們可以否定列寧的解釋，但另外兩個國內方面的原因卻是值得我們認真思考的。一個是正在衰落的奧匈帝國和鄂圖曼帝國的內部危機，另一個是德國的國內政治形勢。

奧匈帝國和鄂圖曼帝國都是多民族的帝國，因而都受到正在興起的民族主義的威脅。不僅如此，鄂圖曼帝國政府極其虛弱和腐敗，很容易成為那些要求從土耳其人幾個世紀的統治中解放的巴爾幹民族主義集團攻擊的對象。1912 年的巴爾幹戰爭結束了土耳其人的統治，但是巴爾幹國家在 1913 年就因為瓜分贓物而陷入戰爭之中。這些衝突增大了某些巴爾幹國家反對奧地利的胃口，我們既然可

德皇威廉二世對英國宣戰的反應

躺在墳墓裡的愛德華七世（Edward VII，德皇的舅舅和 1901 至 1910 年的英國國王）竟然比依然健在的我更強大！有些人認為，只要使用小小的手段就可以把英國爭取過來或者讓它安靜下來！……現在必須無情地揭穿這種詭計，要無情地當眾揭下英國人臉上所戴的基督教和平主義面具，把偽善、可恥的和平論調斬首示眾！！我們在土耳其和印度的使節、代表等，必須鼓動整個伊斯蘭世界起來反抗這個可憎的、騙人的、無道德的商人國家；如果我們堅持到流完最後一滴血，那麼英國至少要丟掉印度。

——德皇威廉二世 [11]

以趕跑土耳其人，那麼為什麼不能也趕走奧地利人呢？

在巴爾幹國家中，塞爾維亞帶頭行動。奧地利擔心自己的帝國在這種民族主義壓力之下解體，從而喪失其地位。最後，奧地利和塞爾維亞交戰，這不是因為一個塞爾維亞恐怖主義者刺殺了奧地利大公法蘭茲・費迪南（1863-1914），而是由於奧地利想削弱塞爾維亞，防止其成為巴爾幹斯拉夫人民族主義的磁場。奧地利總參謀長康拉德・馮・赫岑道夫（Conrad von Hötzendorf）將軍非常清楚地表達了自己的動機：「由於這個原因，而不是出於對暗殺事件的報復，奧匈帝國必須把劍指向塞爾維亞……我們的君王已經被掐住喉嚨，只能選擇被掐死或者最後一搏以挽救自己。」[12] 帝國在民族主義的壓力之下走向解體，是戰爭爆發的一個更為深層的原因，費迪南大公遇刺只是一個藉口而已。

另外一個重要的國內層次上的原因和德國的國內政治有關。德國著名歷史學家弗里茨・費希爾（Fritz Fischer）及其追隨者聲稱，德國的社會問題是第一次世界大戰的重要原因。在費希爾看來，德國追求世界霸權的行為，就是德國菁英試圖把人們的注意力從德國社會內部融合程度低這個問題移開的舉動。他指出，統治德國的勢力是一個由地主和一些工業大資本家組成的國內聯盟，這個聯盟被稱為「裸麥和鋼鐵的聯盟」。[13] 這個統治集團不進行國內改革，而是推行擴張主義政策，對外採取冒險行動，以競技場代替麵包。他們把擴張主義當作社會民主的一種替代品。現在許多歷史學家認為，費希爾及其追隨者把德國社會問題視為

圖 3.1 1914 年歐洲軍事力量的平衡

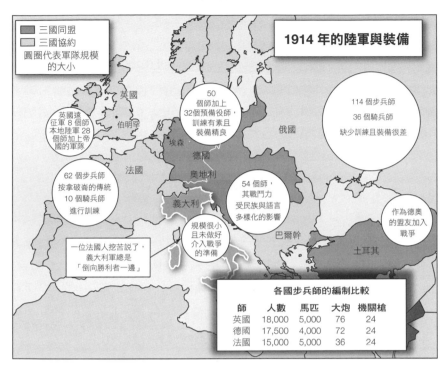

1914 年的陸軍與裝備

三國同盟
三國協約
圓圈代表軍隊規模的大小

英國遠征軍 8 個師本地陸軍 28 個師加上帝國的軍隊

50 個師加上 32 個預備役師，訓練有素且裝備精良

114 個步兵師
36 個騎兵師
缺少訓練且裝備很差

62 個步兵師按拿破崙的傳統 10 個騎兵師進行訓練

54 個師，其戰鬥力受民族與語言多樣化的影響

作為德奧的盟友加入戰爭

規模很小且未做好介入戰爭的準備

一位法國人挖苦說了，義大利軍總是「倒向勝利者一邊」

英國　伯明罕　埃森　德國　奧地利　義大利　巴爾幹　土耳其　法國　俄國

各國步兵師的編制比較

師	人數	馬匹	大炮	機關槍
英國	18,000	5,000	76	24
德國	17,500	4,000	72	24
法國	15,000	5,000	36	24

1914 年的海軍與海軍基地

✠ 德國海軍基地
▲ 盟國海軍基地
三國同盟
三國協約

（義大利在 1914 年沒有在戰爭中站在德國一邊，後來加入同盟國）

斯卡帕灣　北海　羅斯　英國　黑爾戈蘭島　哈里奇　普利茅斯　樸茨茅斯　布列斯特　大西洋　法國　基爾　威廉港　柯尼斯堡　德國　奧地利　義大利　土倫　地中海　直布羅陀　馬爾他　波羅的海　俄國　塞瓦斯托波爾　黑海　巴爾幹

型號	英國	德國
主力戰艦	20	13
較舊的戰艦	40	22
戰略巡洋艦	8	5
巡洋戰艦	58	7
輕型巡洋艦	44	34
驅逐艦和魚雷快艇	300	144
潛水艇*	78	28

*請注意，英國在數量上占有明顯優勢

一個根本原因的觀點是誇大其詞。國內經濟和社會的緊張關係不足以解釋第一次世界大戰，但是它們的確有助於我們理解德國在 1890 年以後對國際體系施加壓力的一個原因。

　　最後一個國內層次的解釋，就是關注 1914 年夏天的危機不穩定局勢。所有國家的軍事領導人都有「迷信進攻」的觀念，偏好快速動員部署戰略，包括快速調動側翼軍隊或者大規模地發動正面突破進攻。事實上，正如我們所知，當時的主流軍事技術不利於進攻，但是歐洲領導人並不這樣認為（我們可以在個人層次上解釋這個現象，即將軍們常常期望下一場戰爭就像上一場戰爭一樣，而歐洲最近發生的一場大規模戰爭，即 1870 至 1871 年的普法戰爭，就成為一個可以被解讀的事件）。當 1914 年 7 月危機爆發之後，領袖們就面臨著首先發動進攻的極大壓力。當然，這樣的解釋無助於我們理解為什麼歐洲處於一個火藥桶上面。然而，它可以幫助我們理解為什麼巴爾幹的火星很快形成熊熊大火。

　　那麼，第一個分析層次即個人的作用又如何呢？平庸是第一次世界大戰前夕的領袖們的特徵。奧匈帝國皇帝法蘭茲·約瑟夫（Franz Joseph, 1830-1916）是一個疲憊的老人，受康拉德將軍以及表裡不一的外交大臣利奧波德·馮·伯克托爾德（Leopod von Berchtold）伯爵的左右。諷刺的是，在塞拉耶佛被刺殺的奧匈帝國皇儲法蘭茲卻具有自由主義思想，他作為未來的皇帝，可能會是一股制約戰爭的力量。俄國沙皇尼古拉二世是一個與世隔絕的貴族，他在一生的大部分時間裡抵制國內的改革。由無能的外交和國防大臣所輔佐，而且深受其多病和神經質的妻子的影響。正如歷史學家瑪格麗特·麥克米蘭（Margaret MacMillan）所指出的：「俄國領導人的無能使得該國走進一場國際大風暴之中，這是俄國的不幸，也是世界的不幸。」[14] 在德國，皇帝威廉二世（1859-1941）並沒有掌控政策，但是他的地位給他很大的影響力。德皇是個自卑感很重的人。他脾氣暴躁、意志薄弱，尤其感情用事。他使得德國推行一個缺乏技巧或者前後不一的冒險政策。正如政治學家理查·內德·勒博所指出的：

　　　　威廉二世並不想要戰爭，只是在真正危急形勢的壓力下，他不相信自己的感覺而固執己見。在危急時刻，皇帝陛下會痛苦地意識到，他絕不能把自己的軍隊帶進戰場。他很清楚自己是個神經衰弱的人。他那些

充滿火藥味的黷武演說，只是想讓其他國家得到一個印象，即他是個腓特烈大帝或者拿破崙式的人物。[15]

此外，那些阿諛奉承的德國外交官從大多數大國首都發回的報告都過度美化，主要是為了討好自己那些心胸狹窄的頂頭上司。這也不能幫助德皇做出明智的決定。個人的特性確實起作用。領導人的某些個人因素，特別是德皇的個人因素，是導致戰爭爆發的重要原因。體系、社會和個人原因之間的關係見圖3.2。

戰爭是不可避免的嗎？

如果一個情勢有好幾個原因，而且每個原因都是充分的，那麼我們就認為這樣一個情勢是**過於確定**的（overdetermined）。如果第一次世界大戰是過於確定的，那麼這是否意味著它是不可避免的？答案是否定的。一直到1914年8月第一次世界大戰真正爆發的時候，這場戰爭都不是不可避免的。即便是此後的四年大殘殺也不是不可避免的。

讓我們根據時間上的遠近，來區分三種類型的原因。最遠的是**深層原因**（deep causes），其次是**中層原因**（intermediate causes），最近的原因是**突發原因**（precipitating causes）。我們用房間裡的燈光來類比：突發原因是你按了開關，中層原因是有人給房子牽好了電線，深層原因是愛迪生（Thomas Adison）發明了輸送電力的方法。另外，我們還可以用燒火來類比：木頭是深層原因，乾柴和紙張是中層原因，火柴是突發原因。

在第一次世界大戰中，深層原因是權力平衡的變化和國內政治體系某些方面的變化。特別重要的因素包括德國力量的崛起，兩極同盟體系的出現，民族主義的興起及其導致的兩個衰落帝國的死亡，還有德國國內政治。中層原因包括德國的政策、和平自滿情緒的增長以及領導人的個人特性。突發原因是費迪南大公在塞拉耶佛被一個塞爾維亞的恐怖主義者刺殺，及其在嚴重的危機不穩定局勢中得以迅速升級。

回顧過往，歷史事件看上去都是不可避免的。我們的確可以說，假如沒有那次暗殺事件，其他某個突發事件也會發生。有的人說，突發事件就好比公共汽車，每隔一段時間就有一輛。因此，發生在塞拉耶佛的那個特別事件並沒有那麼

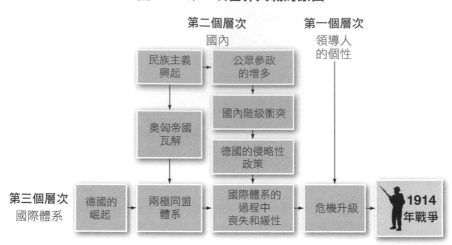

圖 3.2　第一次世界大戰的原因

重要，某個突發事件或許遲早都要發生。這樣的觀點可以用歷史研究中的反事實推理方法來加以檢驗。我們仔細探討這段歷史的時候，可以提出「如果……那麼……」和「要是……應該……」諸如此類的問題。如果沒有發生塞拉耶佛暗殺事件，那麼結果會怎麼樣？要是社會民主黨人在德國掌權，應該會出現什麼樣的局面？這裡還有一個可能性的問題。由於深層和中層原因，發生戰爭的可能性是很大的，但是 可能性很大並不等於是不可避免的。我們再用火來做比喻，木頭和乾柴可能放在一個地方很長時間了，但一直都沒有被點燃。如果在某個人拿來火柴之前下了雨，那麼即使發生了塞拉耶佛事件，也不會燃起大火來。

　　假定在 1914 年並沒有發生塞拉耶佛事件，而且一直到 1916 年都沒有發生危機，那麼結果會是怎樣呢？一種可能是，俄國力量的增長會使德國不敢肆無忌憚地支持奧匈帝國。在 1914 年，赫爾穆特·馮·毛奇（Helmuth von Moltke）將軍和外交大臣哥特利波·馮·雅戈（Gotltieb von Jagow）這兩位德國領導人在促使戰爭爆發上有很大的影響，他們堅信德國與俄國的戰爭是不可避免的。他們很清楚，兩線作戰會出問題，德國應該先把一方擊垮，然後再對另一方交戰。俄國雖然國土較大，但是技術上很落後，而且交通系統也不發達，所以應該被列為第二次打擊的目標。德國應當首先西進，擊敗法國。在西線獲勝

之後，德國才可以東進打擊俄國。實際上，這就是「施里芬計畫」（Schlieffen Plan，見圖 3.3），即德國總參謀部的戰爭計畫，它要求借道比利時（侵犯比利時的中立地位對法國發動閃電式的攻擊），迅速擊敗法國，然後把矛頭轉向東面。

但是，如果這計畫的實行被延到 1916 年，或許就不能成功，因為那時候俄國已經用法國的錢建設好自己的鐵路系統。在 19 世紀 90 年代，俄國人需要二到三個月把軍隊集結到德國戰線，這樣一來，德國就有足夠的時間先把法國擊敗。到 1910 年的時候，俄國運送軍隊的時間縮短到十八天，德國的戰爭策畫者們知道，德國所擁有的時間已經沒那麼寬裕了。到 1916 年的時候，德國大概就沒有時間先西進、後東征了，這樣一來，它可能因此放棄兩線作戰的戰略。某些德國領袖認為，從發動戰爭的時機看，1914 年是比之後的年度更合適。

假如 1914 年沒有發生暗殺事件和出現危機，那麼可能直到 1916 年戰爭都不會爆發，這樣一來，德國人就可能被嚇阻，不敢冒險發動兩線戰爭。他們在決定給奧匈帝國一張空白支票、讓它隨心處置塞爾維亞之前，一定比 1914 年時要謹慎得多。他們或許會放棄施里芬計畫，只把注意力放在東線的戰爭，或許會與英國人達成共識，改變戰爭中進攻有利的觀念。由於俄國針對波斯和阿富汗的行動，英國重新考慮本身與俄國的同盟關係。總而言之，如果再有兩年的時間，與俄國實力相關的各種變化就可能防止戰爭的爆發。假如在此期間沒有發生戰爭，德國的工業實力會繼續增強。諷刺的是，根據英國歷史學家 A. J. P. 泰勒估計，如果沒有發生戰爭，那麼德國很可能獲得對歐洲的主導權。[16] 德國可能變得超強，讓法國和英國相形失色。

我們也可以提出一個反事實推理問題，即假定還能再有兩年的和平時間，那麼英國內部事務會有什麼發展呢？歷史學家喬治‧丹傑菲爾德（George Dangerfield）在《自由英國的離奇死亡》（*The Strange Death of Liberal England*）一書中，敘述了英國的內部動盪。自由黨主張英國放棄愛爾蘭，而保守黨人（特別是來自北愛爾蘭的保守黨人）則極力反對英國放棄。在英國軍隊中也可能發生叛亂。如果阿爾斯特叛亂（Ulster Revolt）繼續發展下去，那麼英國很可能會把注意力放在國內，於是不能和法國、俄國結成同盟。的確，如果再有兩年的和平時間，那麼可能出現很多重大的歷史變革。用著火的比喻來說明，在乾柴起火

圖 3.3　大戰前夕的錯誤想法

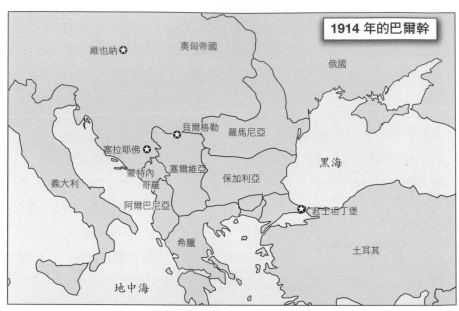

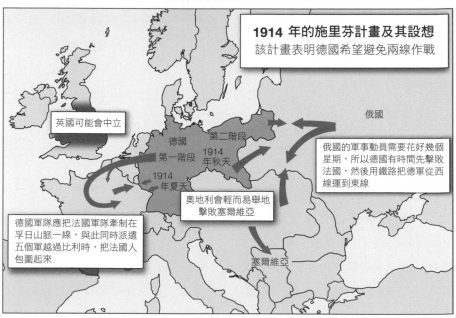

資料來源：Brian Catchpole, *A Map History of the Modern World* (Oxford: Heinemann Publishers, 1982).

之前，下雨的可能性是很大的。

第一次世界大戰是一場什麼樣的戰爭？

另外一組根據反事實推理所提出的問題，不是戰爭能否爆發，而是戰爭的類型可能會是什麼樣。毫無疑問，德國的政策讓鄰國感到恐懼，而且德國後來也擔心自己被三國協約所包圍。我們因此有理由相信，爆發戰爭的可能性很大。但是，到底爆發一種什麼類型的戰爭呢？不一定爆發我們所知道的第一次世界大戰那樣的戰爭，有可能發生另外四種類型的戰爭。

第一種僅僅是局部戰爭。德皇最初只希望 1908 至 1909 年的波士尼亞危機重演，在那場危機中，德國人支持奧地利人，奧地利人因此使俄國人在巴爾幹遭受失敗。德皇在 1914 年 7 月 5 日承諾全力支持奧匈帝國，然後就度假去了。德國人並沒有籌畫一場預防性戰爭。德皇度完假回來以後，發現奧地利人已經填了那張他給的空白支票，塞爾維亞發出最後通牒。德皇了解到這個情況後，採取措施努力避免戰爭升級，於是就有了前面提到的那封威廉致尼克的電報。假如德皇的努力成功的話，那麼很可能就不會有我們今天所說的第一次世界大戰，而 1914 年 8 月發生的衝突將只是一場奧地利和塞爾維亞之間較小規模的戰爭。

第二種可能是一條戰線的戰爭。在俄國軍事動員的時候，德國也採取相應的行動。德皇詢問馮·毛奇將軍，他是否可以只限於準備東線的戰爭。毛奇回答說，只準備東線的戰爭是不可能的，因為改變集結軍隊和運輸供給的計畫會給後勤造成嚴重問題。他告訴德皇，如果改變軍事計畫，那麼德軍將變成烏合之眾。然而，在戰爭結束之後，負責德軍鐵路運輸的馮·斯塔伯（Hermann von Staab）承認，德國完全可能順利地調整軍隊集結計畫。如果德皇知道這一點，並且堅持自己的主張，那麼後來所發生的戰爭就很可能是一條戰線的戰爭。

第三種可能是沒有英國參加的兩條戰線的戰爭，即德國和奧匈帝國對法國和俄國的戰爭。如果英國不介入，那麼德國很可能獲勝。假如德國不入侵比利時，英國真有可能不介入戰爭，儘管德國侵略比利時並不是英國參戰的主要原因。例如，在愛德華·格雷和外交部看來，英國參戰的主要原因是，當時存在德國控制歐洲大陸的危險。但是，英國是民主國家，內閣中的自由黨人士發生分裂。左翼自由黨人反對戰爭，但是在德國入侵比利時後，主戰的自由黨人說服了反戰的自

由黨人,也彌補了英國內閣的裂痕。

最後一種可能是沒有美國參加的戰爭。假如美國不在 1917 年介入戰爭和改變軍事上的力量對比,德國很可能在 1918 年初就已經取得勝利。美國介入戰爭的原因之一,是德國發動了針對協約國和美國的潛艇戰。德國還有個拙劣的舉動,德國政府發送過一封電報,即我們今天所知道的「齊默爾曼電報」(Zimmermann telegram),它指示德國駐墨西哥使館試探墨西哥政府是否願意與德國結盟反對美國。美國把這些截獲的指示視為敵對行為。上述這些因素促使美國參戰,但應該指出,即便在那個時候,威爾遜總統考慮的一個政策選項也是「武裝中立」。

我們的反事實推理分析顯示,戰爭可能不會在 1914 年爆發,爆發了的戰爭也不一定是歷經四年的大殺戮,那場戰爭摧毀了作為全球權力平衡中心的歐洲。這顯示,第一次世界大戰是一個可能發生的事件,而不是不可避免地要發生的事件。人類的選擇很重要。

選擇的漏斗

歷史的發展具有路徑依賴性。隨著時間推移,歷史事件越來越迫近,選擇的餘地就越來越小,爆發戰爭的可能性也就越來越大。然而,領導人所面對的選擇漏斗有可能變大,選擇的餘地也有可能增多(見圖 3.4)。假如我們從 1898 年開始觀察,並且提出當時歐洲最可能發生什麼樣的戰爭這個問題,答案應該是法英戰爭,這兩個國家那時正由於在一個非洲殖民地問題上的爭端而怒目相視。但是,在英法於 1904 年建立起盟約關係之後,兩國發生戰爭的可能性似乎已經變得很小。1905 年的第一次摩洛哥危機和 1908 年的波士尼亞危機,使得爆發一場同德國的戰爭的可能性更大。然而,一些有意思的事件在 1910 年發生了。德國首相貝斯曼·霍爾威格極力改善德英關係,英國也暗示德國,如果德國限制其海軍,英國願意在任何一場歐洲戰爭中保持中立。與此同時,英國和俄國以及英國和法國之間在殖民地問題上的矛盾重新激化,三國協約似乎有可能因此瓦解或者受到削弱。換句話說,到 1910 年,選擇的漏斗又變大了。

但是,這個漏斗由於 1911 年發生了第二次摩洛哥危機又變小了。當法國出兵幫助摩洛哥蘇丹之後,德國要求在法屬剛果獲得補償,而且派遣一艘炮艦開往

圖3.4　日益變窄的選擇漏斗

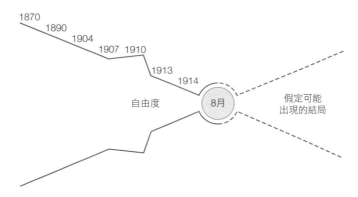

摩洛哥港口阿加迪爾，英國則準備出動艦隊。法國和德國的資本家進行反戰遊說活動，德皇也讓步了。然而，這些事態的發展對輿論產生極其深刻的影響，激起了人們對德國戰爭動機的恐懼。

儘管 1912 年和 1913 年的巴爾幹戰爭以及奧匈帝國的危機為 1914 年的戰爭搭建了舞台，有關國家還是在 1912 年再次採取措施，努力緩和局勢。英國政府派霍爾丹（Haldane）勳爵去柏林，英德兩國在一些問題上達成了共識。而且很顯然地，英國當時已經在海軍軍備競賽中贏得了勝利。所以，漏斗或許還能再變大。

1914 年 6 月，英國派出四艘巨型戰艦訪問德國的基爾港，在人們看來，英德關係有了很大的改善。如果英國已經認定戰爭很快就要發生的話，那麼英國最不該做的事就是讓四艘自己的主力戰艦駛入敵人的港口。英國顯然在那個時候並沒有想到戰爭會很快爆發。實際上，英國和德國的水兵是於 6 月 8 日一起在基爾碼頭行走的時候，聽到了塞爾維亞恐怖主義者在一個叫塞拉耶佛的遙遠地方刺殺奧地利大公的消息。歷史上常常有讓人意想不到的事情發生，我們再一次看到，**可能**不等於**不可避免**。

再談歷史教訓

我們能從這段歷史中吸取某些教訓嗎？我們必須謹慎地對待歷史教訓。類比可能起誤導的作用，人們製造了很多有關第一次世界大戰的神話。比如有人說，

第一次世界大戰是一場偶然發生的戰爭。我們不能說第一次世界大戰是偶然的，因為奧匈帝國是有意發動戰爭的。如果戰爭遲早都要發生，那麼德國寧願這場戰爭在 1914 年前而不是在 1914 年後爆發。人們對這場戰爭所持續的時間和殘酷程度的估計是錯誤的，但這並不意味著這場戰爭是偶然的。

也有人說，這場戰爭是由歐洲的軍備競賽所引起的。但是，到 1912 年，海軍軍備競賽已經結束，英國取得了勝利。雖然歐洲各國陸軍實力的增長引起了人們的擔憂，但是有關第一次世界大戰是由軍備競賽所引發的觀點是過於簡單。

在另一方面，戰爭是經過很長時間的事態發展之後爆發的，我們可以從中吸取一些有益的教訓。其中一個教訓是，我們不僅要關注權力平衡體系的結構或者權力分布，也要關注權力平衡體系的過程。在這一點上，建構主義者提出了現實主義者所忽視的一個重要論點。局勢緩和（moderation）是從過程演變而來的。單靠權力分布不能確保體系穩定。另外一個有益的教訓是，我們必須防止產生對和平的自滿情緒，或者那種認為下一場危機是上一場危機的翻版的觀念：人們認為 1914 年 7 月的危機只是 1908 年波士尼亞危機的重演，實際情況並不是這樣。第一次世界大戰被認為是普法戰爭的重演。此外，第一次世界大戰的經驗也告訴我們，保持一支在危機中可以發揮穩定作用的軍隊是很重要的，不可認為我們要不必須使用軍隊，要不就不需要軍隊。鐵路的時間表並不是第一次世界大戰的決定性因素，但是它使得政治領導人較難獲得很多時間來採取外交行動。

今天的世界在以下兩個重要方面不同於 1914 年的世界：其一，核武使得大規模戰爭具有更大的危險性；其二，正如建構主義者所指出的，今天的戰爭意識，或者贊成戰爭的觀念，要比過去弱小得多。在 1914 年時，戰爭被認為是不可避免的，社會達爾文主義的觀點進一步支持了這種宿命論的觀點。社會達爾文主義者認為，人們應該歡迎戰爭，因為戰爭就像暴風雨一樣，可以淨化空氣。在第一次世界大戰的前夕，人們的情緒的確就是這樣。正如瑪格麗特·麥克米蘭所描述的：「他們聽天由命地迎接戰爭的到來，並且心中充滿了責任感，堅信自己的祖國是無辜的……士兵們的確告訴自己的家人，他們將能回家過耶誕節」。[17] 溫斯頓·邱吉爾在《危機中的世界》（*The World Crisis*）一書中也十分清楚地論述了這種情緒：

　　空氣中瀰漫著一種奇怪情緒。由於未能從物質繁榮中獲得滿足感，各國轉而熱中於國內或國際爭端。民族情緒隨著宗教影響的衰落而極度高漲，幾乎每個地方都燃起了熊熊的（即使被掩蓋住的）大火。幾乎每個人都認為，這個世界渴望受苦。的確，每個地方的男人們（men）都急於冒險。[18]

　　他們甘冒不韙並遭遇失敗，這就是 1914 年的教訓。

大事記 | 第一次世界大戰爆發

1905—1906 年	第一次摩洛哥危機：德皇訪問丹吉爾，德國試圖取代法國的地位；阿爾赫西拉斯會議的解決方案讓法國滿意
1908 年	奧地利宣布兼併波士尼亞和赫塞哥維納，奧地利自 1878 年開始統治了這兩個斯拉夫人的地方；塞爾維亞以戰爭相逼，但是由於沒有俄國的支持，塞爾維亞人無能為力；德國支持奧匈帝國，牽制俄國
1911 年	第二次摩洛哥危機；德國炮艦「豹號」出現在摩洛哥阿加迪爾，企圖迫使法國以犧牲在其他殖民地的利益來換取德國承認法國在摩洛哥的地位
1912 年	第一次巴爾幹戰爭：保加利亞、塞爾維亞和希臘打敗土耳其並獲得色雷斯（Thrace）和薩洛尼卡（Salonika）；奧匈帝國幫助阿爾巴尼亞建國，以圍堵塞爾維亞
1913 年	第二次巴爾幹戰爭：塞爾維亞、希臘和羅馬尼亞打敗保加利亞並奪取其領土
1914 年	
6 月 28 日	奧地利大公法蘭茲・費迪南及其夫人在塞拉耶佛遇刺
7 月 5 日	奧地利努力獲得德國支持其對抗塞爾維亞的行動
7 月 23 日	奧地利向塞爾維亞發出最後通牒
7 月 25 日	塞爾維亞拒絕接受最後通牒的某些內容；尋求俄國的支持
7 月 26 日	英國外交大臣愛德華・格雷建議召開一個會議以解決危機；德國和奧地利反對英國的提議

7 月 28 日	奧地利向塞爾維亞宣戰
7 月 29 日	奧地利軍隊轟炸貝爾格勒；俄國開始針對奧地利動員
7 月 30 日	俄國和奧地利宣布總動員；法國軍隊從法德邊界後撤 10 公里
7 月 31 日	德國向俄國發出最後通牒，要求俄國取消總動員；俄國拒不答覆
8 月 1 日	德國向俄國宣戰；英國動員艦隊；法國在德國軍隊入侵盧森堡後宣布總動員
8 月 2 日	德國要求比利時提供通道
8 月 3 日	比利時拒絕德國的最後通牒；德國向法國宣戰
8 月 4 日	德國軍隊開進比利時；英國向德國宣戰

思考題

1. 第一次世界大戰是不可避免的嗎？如果是，那麼為什麼和在什麼時候是不可避免要發生的？如果不是，那麼什麼時候以及如何可以避免？

2. 你如何運用華茲的三個意象的分析方法，來分析第一次世界大戰的起源？

3. 你認為下面哪個因素最能解釋第一次世界大戰的爆發？

   a. 同盟體系 b. 公眾輿論 c. 軍事學說或軍事領導人（具體說明哪個國家） d. 政治領導（具體說明哪個國家）e. 經濟壓力或武力 f. 錯誤認知 g. 其他因素（具體說明）

4. 修昔底德認為伯羅奔尼撒戰爭的根源是「雅典力量的增長及其引起斯巴達的恐懼」。第一次世界大戰的爆發有多大程度上是由於德國力量的增長及其引起英國的恐懼？或者俄國力量的增長及其引起德國的恐懼？

5. 假如第一次世界大戰是偶然發生的戰爭，那麼它有多大程度上是偶發性戰爭？討論「偶然發生的」戰爭有意義嗎？它是否屬於「不想要的戰爭」？什麼樣的戰爭是想要的戰爭？誰想要戰爭？

6. 現實主義、自由主義和建構主義在哪些方面可以幫助我們理解第一次世界大戰的起源？

7. 今天的決策者們可以從 1914 年學到哪些教訓以避免戰爭發生？

第四章

集體安全制度的失敗和第二次世界大戰

▍本章你可以學到這些▍

4.1 比較集體安全與權力平衡，並且評估二者在兩次世界大戰之間大國關係中的相對作用。

4.2 在不同分析層次上釐清第二次世界大戰之深層原因、中層原因和突發原因，並且探討那場戰爭是否不可避免。

▍集體安全制度的興與衰

4.1 比較集體安全與權力平衡，並且評估二者在兩次世界大戰之間大國關係中的相對作用。

　　第一次世界大戰引起了社會的大分裂，並且使得人們對冷酷無情的殺戮行為（圖 4.1）極其反感。人們普遍認為，權力平衡政治導致了這場戰爭。第一次世界大戰時的美國總統伍德羅·威爾遜是一位 19 世紀古典自由主義的代表人物，他認為權力平衡是不道德的，因為違背了民主與民族自決的原則。在威爾遜看來，「權力平衡現在已經成為永遠令人憎恨的遊戲。在這場戰爭爆發之前，它是一種古老而邪惡的主導秩序。我們今後再也不需要這種東西了。」[1]

　　威爾遜的看法不無道理，因為民主或和平不是權力平衡政策的首要考量。正如我們在第三章所看到的，權力平衡是維繫主權國家體系的一種途徑。國家努力阻止任何一個國家在體系中占據主導地位。雖然權力平衡是維護國家獨立所必需的，但是它允許使用武力或許違背了自決原則。然而，第一次世界大戰的毀滅性、混亂性和殘酷性，使得人們開始認識到，藉由戰爭來維持權力平衡是一種再

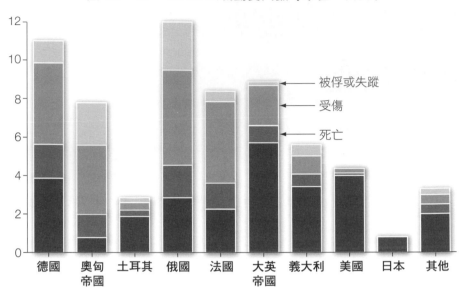

圖4.1　第一次世界大戰動員人數（單位：百萬）

也不能令人容忍的行為。然而，如果權力平衡體系是不合適的，那麼用什麼來取代呢？

　　威爾遜承認主權國家不可能被廢除，但是他認為，國際政治和國內政治一樣，可以用法律和制度來限制武力的使用。自由主義的藥方是建立起類似於國內立法和司法機關的國際制度，使得民主程序也可以應用於國際層次上。當時的一些自由主義者宣稱，第一次世界大戰可以使得民主在世界上長治久安，而反過來民主可以讓世界更和平。1918 年 1 月，威爾遜宣布了 **14 點**美國參戰的理由，其中的第 14 點最為重要。它主張「為了大小國家都能相互保證政治獨立和領土完整，必須成立一個基於特別盟約的、普遍的國族（nations，他這裡指的是國家聯盟）」。實際上，威爾遜想把基於權力平衡政治的國際體系，改變成基於集體安全原則的國際體系。

國際聯盟

　　儘管威爾遜被批評家們稱為烏托邦主義者，但他自己還是堅信，使國際安全建立在國際組織的基礎上，可以是處理世界政治的有效方法。他很清楚，僅靠紙

上協議和條約是不夠的，需要用組織和規則來實施協定和執行規則。這就是為什麼威爾遜如此鍾情於**國際聯盟**（League of Nations）思想的原因。道德力量是很重要的，但需要以軍事力量為後盾。安全必須是集體的責任。假如所有愛好和平的國家團結在一起，那麼力量的天平就會倒向善的一方。國際安全能成為集體的責任，愛好和平的國家可以組成反對侵略的同盟。和平是不可分割的。

國家如何建立起這樣一個新的集體安全體系？首先，應當宣布侵略和進攻性戰爭為非法行為。其次，愛好和平的國家必須組成一個聯盟，嚇阻侵略行為。如果大家都許諾支持世界上任何一個地方的受害者，那麼愛好和平的力量就將占上風。最後，假如嚇阻失敗和出現侵略行為，所有國家都要同意懲罰發動侵略的國家。**集體安全**（collective security）原則和權力平衡政策有相似之處，即國家都努力透過締結強大的同盟來圍堵侵略行為，一旦嚇阻失敗，它們都願意使用武力。

然而，集體安全和權力平衡的路徑有三個重要區別。第一，在集體安全體系中，人們的關注點是國家的侵略政策而非國家的能力。而權力平衡政策則不同，一些國家透過締結同盟來反對任何一個變得過於強大的國家。也就是說，人們的關注點是國家的能力。第二，在集體安全體系中，聯盟不是先建立起來的，因為不能預先確定哪些國家是侵略者。但是，一旦發生侵略行為，就是所有國家反對一個國家。而在權力平衡體系中，同盟是預先建立起來的。第三，集體安全體系具有全球性和普世性，因為沒有中立者或者搭便車者。如果太多國家採取中立態度，那麼善的聯盟可能就會顯得很弱小，從而削弱聯盟嚇阻或懲罰侵略者的能力。

集體安全思想體現在國際聯盟盟約上，而國際聯盟盟約是終結第一次世界大戰的一系列條約之一。在這裡有必要特別提及國際聯盟盟約中的幾個條款。國際聯盟盟約第 10 條規定，參加國承諾保護任何一個遭受侵略的成員國。第 11 條規定，任何一個戰爭或者威脅行為都和所有的國家有關。第 12 條和第 15 條規定，成員國同意將爭端移交仲裁，而且在仲裁失敗後的三個月內不訴諸戰爭。第 16 條至關重要，它規定任何違背國際聯盟程序的戰爭，都將被看作敵視所有國際聯盟成員國的戰爭。發動戰爭的國家將立即遭受經濟制裁，國際聯盟理事會可以進一步建議採取軍事行動。

這樣的條款聽起來直截了當，但有含糊不清之處。國際聯盟必須經過所有成員國同意，才能實施集體安全措施。這樣一來，每個國家都具有否決權。國家在

簽署盟約的時候許諾遵守第 16 條，但是實際上各國自己可以決定採取何種制裁措施以及如何實施制裁，它們不受一個更高權威的制約。因此，國際聯盟不是建立世界政府的一個步驟，只有存在著世界政府才能使得在國家之上具有一個更高的、對國家有約束力的權威。所以，國際聯盟的建立並不意味著無政府國家體系的終結，它只是國家集體懲罰不守規矩的成員國的一種方式。

集體安全涉及兩個相互關聯的概念，即**主權**與**國際法**（international law）。正如本書第二章所提及的，主權的定義很簡單，即國家在指定領土內享有最高的管轄權。國家道德主義者宣稱，而且國際聯盟也承認，國家主權是絕對的和不容侵犯的，一國政府在其邊界之內享有絕對的權威。只有在國家自己同意的情況下，權威才可以受到限制。也就是說，一國政府簽署一項條約，允許另外一國的政府在其管轄範圍內實施某些影響，這屬於自願地接受限制，而不算侵犯主權。因此，簽署國際聯盟盟約的國家就自動把某些主權轉讓給了自己所參加的國際組織，以換取集體安全的保障和國際法的保護。

根據威爾遜的理解以及國際聯盟盟約的闡述，國際法的地位優先於國內法以及特定情勢中的主權。甚至自從 1648 年的西發利亞和約以來，國際法的一個中心思想就是，國家在違背國際法的情勢中不享有主權，而且應當受到懲罰。集體安全之於國際法，如同警察之於國內法。然而，國際法被國家遵守的程度遠不及國內法。許多國家拒絕接受國際法的約束，認為遵守國際法應該是自願的行為，而非強制的行為。

美國與國際聯盟

國家不願意放棄一定程度的決策自主權以換取集體安全，其根本原因在於國際聯盟的一個重大缺陷，即美國不參加自己創建的這個國際組織。美國參議院拒絕批准包含有關建立國際聯盟內容的凡爾賽和約。其結果是，這個集體安全制度只能在缺少美國這個理應是最重要角色的參與下運作。

國際聯盟在很大程度上體現了美國有關建立新的世界政治秩序的自由主義計畫，但為什麼美國突然又退縮了呢？第一次世界大戰以後，大多數美國人希望回到「正常狀態」。不少人把「正常」理解為避免介入國際事務之中。反對美國介入世界事務的人士指出，1823 年的「門羅主義」把美國的利益限定在西半球，

他們也提到喬治·華盛頓（George Washington）有關美國應避免無限度對外承諾的忠告。反對國際聯盟的領軍人物是來自麻薩諸塞州的參議員亨利·卡伯特·洛奇（Henry Cabot Lodge），他擔心國際聯盟盟約第 16 條會限制美國的主權和憲法賦予參議院的宣戰權力。洛奇擔心，美國可能因為國際聯盟有關實施集體安全原則的決定，而不是由於參議院決定和人民的意願，被拖入遠方的戰爭。

威爾遜總統與洛奇參議員的爭論有時被描述為一位理想主義者與一位現實主義者之間的衝突，但它也可以被視為美國道德主義兩種不同的表現形式間的爭論。亞歷山大·喬治和朱麗葉·喬治在其引人入勝的心理傳記[2] 中指出，威爾遜堅決不與洛奇協商以達成共識，與眾所周知的威爾遜的性格特點有關，但這只是原因之一。參議院拒絕批准條約的行為，實際上反映了長期以來美國人對歐洲權力平衡的態度。反對國際聯盟的人認為歐洲國家以權力平衡的名義做了骯髒的勾當，美國不應該積極參加這種遊戲。但事實上，美國之所以能夠不關心 19 世紀的權力平衡，正是因為英國的艦隊讓美國人享受搭便車的好處，歐洲其他國家無力染指西半球和威脅美國。不僅如此，美國實際上並非一直是孤立主義國家，它干涉過弱小鄰邦如中美洲、墨西哥和古巴的內部事務。在第一次世界大戰結束後，美國人面臨著在兩種形式的道德主義中選擇的困境，抵制歐洲權力平衡的孤立主義觀念最終占了上風。其結果是，這個使得第一次世界大戰的權力平衡天平發生傾斜的國家，拒絕為戰後世界秩序承擔責任。

早期的聯盟

第一次世界大戰後，法國的首要目標就是獲得能夠防止德國重新崛起的軍事保障。由於美國沒有加入國際聯盟，法國要求英國提供安全保障，並且希望兩國聯合軍事準備，以防範德國重新崛起。英國反對，理由是這樣一個同盟違背了集體安全原則，因為它預先就確定了一個侵略者。而且英國認為法國比德國強大，英法沒有必要建立同盟，即使該同盟的基礎是傳統的權力平衡原則，這也是沒有必要的。英國聲稱，應當把德國重新納入（reintegrate）歐洲大家庭，這就如同在 1815 年拿破崙戰爭結束之後，維也納會議把法國帶回到「歐洲協調」的體系之中。英國人的戰爭激情比法國人的戰爭激情消退得快，英國人覺得已經到了安撫（appease）德國人和讓他們重新回到歐洲大家庭之中的時候了。

　　法國卻不為這些論點所動，它與波蘭這個在第一次世界大戰後重新建立的國家結成了同盟，同時也與原屬奧匈帝國的南斯拉夫、捷克斯洛伐克和羅馬尼亞結成了「小協約」同盟。法國的政策是兩頭落空；因為這些同盟關係不僅違背了集體安全原則，而且從權力平衡的角度上看對法國也沒有多大意義。波蘭同其鄰國的關係不睦，而且它也代替不了俄國的作用，俄國由於布爾什維克革命已經被排擠在外。「小協約」國家則因民族問題和國內分裂而動盪不安，成為法國脆弱的盟友。

一位自由主義者的願景

　　我的國際聯盟設想就是這樣的，它應該作為全世界人類有組織的道德力量發揮作用，無論在何時何地出現錯誤的行為和侵略行徑，或者產生採取此類行為的企圖，它們都要暴露在良知的探照燈光之下。

——伍德羅・威爾遜[3]

　　第一次世界大戰使德國的實力受到了極大的削弱（圖 4.2）。它喪失了 2.5 萬平方英里領土和 700 萬人口。1919 年 7 月簽署的凡爾賽和約迫使德國陸軍人數削減到十萬名，而且禁止德國擁有空軍。該和約包含一個著名的「戰爭罪行條款」，它斷定德國發動了戰爭。戰勝國認為，德國由於負有發動戰爭的責任，所以它必須支付賠款。賠款總額達 330 億美元，德國人認為這樣的賠款金額對於經濟已經受到重創的德國來說實在過高。在德國沒有按期支付賠款之後，法國出兵占領了德國的魯爾工業區，直至德國支付賠款。德國在消極抵抗之後，遭遇了嚴重通貨膨脹，通膨吞噬了中產階級的積蓄，進而導致在民主化道路上艱難邁進的威瑪共和國面臨動盪的國內局勢。

　　義大利對巴黎和會或者國際聯盟從來就不太熱心。義大利最初是和德國及奧匈帝國結盟的，但在戰爭開始後不久，它便決定站到協約國一邊，以便得到更多好處。在 1915 年秘密簽署的倫敦條約中，締約方許諾，把奧匈帝國的一部分（即戰後的南斯拉夫）劃給義大利作為補償。義大利人期望這些許諾能得到兌現，但是伍德羅・威爾遜反對這種舊式分配戰利品的行為。不僅如此，墨索里尼和法西斯黨人於 1922 年執政，其對外政策目標是追求國家的榮耀，並且實現建立一個

圖 4.2　德國戰敗的損失

戰敗的代價
德國根據 1919 年的凡爾賽和約所失去的領土

北石勒蘇益格劃給丹麥

但澤（自由市）

梅梅爾

德國失去所有的殖民地；很多德國人被趕出家園，回到德國

東普魯士

1918–1919 年，共產黨人發起革命

奧得河

西普魯士

尤潘與瑪爾梅地劃給比利時

荷蘭

波森

波蘭

由於柏林爆發革命，所以德國新政府設在該地，德國因此被稱為威瑪共和國

柏林

比利時

威瑪

劃給波蘭

西利西亞

薩爾礦區由法國管理五年

巴黎

凡爾賽

亞爾薩斯與洛林

德國不得與奧地利合併

捷克斯洛伐克

劃給法國（法國在 1871 年割讓給德國的領土）

奧地利

多瑙河

非軍事區

法國

其他和約
所有條約都在巴黎附近的法國王宮簽署

1919 年與奧地利簽訂聖日耳曼條約
1919 年與保加利亞簽訂訥伊條約
1920 年與土耳其簽訂色佛爾條約，但這個條約沒有被批准，1923 年在洛桑簽訂了一項新的條約
1920 年與匈牙利簽訂特里阿農條約

德國劃給其他國家的領土
德國移交給國際聯盟的領土
被驅趕的德國人

新的羅馬帝國的理想。這樣的目標與集體安全新構想是相違背的。

　　所以，很難想像登上國際舞台伊始的國際聯盟能夠有什麼作為。但是，1924 年到 1930 年卻是國際聯盟相對成功的時期。國際聯盟制定了減少德國賠款額的方案。1924 年，國際聯盟成員國政府簽署了一項關於和平解決爭端的議定書，同意透過仲裁解決彼此間的分歧。大概最重要的一個成就是，1925 年訂立的洛迦諾公約允許德國加入國際聯盟，並且在國際聯盟的會議中擁有一個席位。

洛迦諾公約包含兩個方面的內容。一方面，德國保證其西面與法國、比利時的邊界不可侵犯。根據凡爾賽和約，在 1870 至 1871 年普法戰爭中被俾斯麥奪取的亞爾薩斯和洛林歸還給法國，德國同意沿萊茵河地區非軍事化。洛迦諾公約重申了凡爾賽和約的上述規定。另一方面，德國同意在尋求改變其東部與波蘭和捷克斯洛伐克的邊界前，應先接受國際仲裁。然而，上述第二個條款隱藏著危機，因為這樣就使德國有了兩種邊界，西面的邊界不可侵犯，而東面的邊界則可以談判——但這樣的協定在當時看起來是一種進步。

國際聯盟設法解決了一些小的爭端，比如希臘和保加利亞之間的爭端，而且它也開始了裁軍談判的進程。在 1921 年的華盛頓會議上，美國、英國、法國、義大利和日本達成了一項海軍軍備裁減協定，隨後國際聯盟組織了一個籌備委員會，以便進行更為廣泛的裁軍談判。國際聯盟促使在 1932 年召開了世界裁軍會議，但是這個會議召開的時間太遲了。除此之外，有些國家在 1928 年的非戰公約（Kellogg-Briand Pact）中宣布戰爭為非法行為，這個公約是以美國國務卿和法國外長的名字命名的。最重要的是，國際聯盟成了外交活動的中心。雖然美國和蘇聯不是成員國，但是這兩個國家還是派了觀察員參加在日內瓦舉行的國際聯盟會議。儘管 1929 年 10 月世界金融危機的爆發和 1930 年國家社會黨（或納粹黨）在德國大選中獲勝，暗示著嚴峻的問題即將出現，但於 1930 年 9 月召開的國際聯盟大會還是充滿了樂觀氣氛。誰知 20 世紀 30 年代在中國東北和衣索比亞發生的兩場危機，使得這種有關集體安全的樂觀主義情緒消失了。

國際聯盟在中國東北的失敗

為了理解「九一八」事變，我們必須了解日本的局勢。日本把自己從 19 世紀中葉的一個潛在的帝國主義侵略的受害者，變成了 19 世紀末非常成功的帝國主義國家。日本在 1904 至 1905 年的一場戰爭中擊敗了俄國，在 1910 年把朝鮮半島變成自己的殖民地，在第一次世界大戰中加入了協約國一方。第一次世界大戰結束後，日本爭取被承認為主要大國之一。歐洲國家和美國對此表示反對。1919 年在巴黎和會上，日本建議國際聯盟盟約確認種族平等的原則，但遭到西方國家反對。在 20 世紀 20 年代，美國通過了種族歧視法案，排擠日本移民。與此同時，英國也終止了與日本的雙邊條約。許多日本人認為，在日本就要加入

大國俱樂部的時候，規則被改變了。[4]

中國是「九一八」事變的另外一個當事國。1911 年的革命宣告自 1644 年以來統治中國的清朝的終結，並建立起一個共和國。然而，這個國家很快就陷入了由軍閥混戰所引起的內亂之中。中國東北雖然屬於中國的一部分，但是處於一個軍閥的統治之下，享有半獨立地位。中國國民黨在軍事強人蔣介石（1887-1975）的領導之下，試圖統一中國，並且嚴厲譴責不平等條約，這些條約自 19 世紀的鴉片戰爭結束以後，使中國備受凌辱與剝削。20 世紀 20 年代，隨著國民黨力量的增長，中日之間開始出現摩擦，中國宣布抵制日貨。

與此同時，日本的軍人和文官集團在爭奪領導權。20 世紀 20 年代末開始的全球經濟危機，日本這個島國變得極其脆弱。日本的軍事集團在權力鬥爭中占了上風。在 1904 至 1905 年的日俄戰爭之後，日本獲得了在南滿鐵路沿線駐軍的權利。1931 年 9 月，日本軍隊在南滿鐵路線上製造了一起事件。這起事件給日本軍隊奪取整個中國東北提供了藉口。雖然日本聲稱行動的目的是保護南滿鐵路，但它越走越遠，建立了一個受日本控制的傀儡國家「偽滿洲國」，並扶植中國末代皇帝愛新覺羅溥儀為偽滿洲國皇帝。中國向國際聯盟控訴日本的行為，但是日本阻止國際聯盟通過一項要求日本撤軍的決議案。該年 12 月，國際聯盟決定派出一個以英國政治家李頓（Lytton）勳爵為首的委員會前去中國東北調查。李頓勳爵最後於 1932 年 10 月向國際聯盟遞交了一個報告。該報告認定日本為侵略者，並且指責日本的干涉行為是非正義的。雖然該報告建議國際聯盟成員國不要承認偽滿洲國，但是它沒有呼籲根據國際聯盟盟約第 16 條對日本實施制裁。1933 年 2 月，國際聯盟大會以四十二票贊成、一票反對的表決，接受了李頓關於日本侵略中國東北的報告。日本投了反對票，然後宣布退出國際聯盟。總的來看，「九一八」事變顯示，國際聯盟的程序很慢、很謹慎，也沒有任何效果。國際聯盟沒能接受中國東北事件的考驗而遭遇失敗。

衣索比亞紛爭

1935 年發生的衣索比亞事件使國際聯盟的集體安全體系面臨了最大和最後的一次考驗。國際聯盟在這個時候實施了制裁，但結果還是失敗了。義大利很早就想兼併衣索比亞，這不僅是因為這個地方緊靠義大利在紅海沿岸的殖民地厄利

垂亞，而且還由於統治義大利的法西斯分子認為，衣索比亞在 19 世紀阻撓了義
大利在該地區殖民的企圖侮辱了義大利。法西斯主義理論家聲稱，這個歷史「錯
誤」必須加以糾正。在 1934 年到 1935 年之間，義大利在衣索比亞和厄利垂亞
邊界製造了一連串事端。衣索比亞與義大利之間有一項和平條約，義大利也簽署
了宣布戰爭為非法行為的非戰公約，而且義大利作為國際聯盟成員國承諾過要將
爭端移交仲裁，並且在仲裁失敗後三個月內不採取其他行動。但是，義大利在衣
索比亞問題上的行為完全沒有顧及這些規定。

義大利在 1935 年 10 月入侵衣索比亞。這是一個赤裸裸的侵略行徑，國際聯
盟理事會為了避免義大利投否決票，召開了一個特別會議，討論對義大利採取何種
制裁措施。有 50 個國家參加了這場會議，在侵略行為發生 80 天之後，該會議
建議成員國採取四項制裁措施：禁止向義大利出售軍事產品；禁止向義大利提供
貸款；禁止從義大利進口東西；禁止出售義大利不容易在其他地方購買到的某些
產品，比如橡膠和錫。但是，國際聯盟的決定沒有涉及如下三項內容：沒有對鋼、
煤和石油實施禁運，義大利仍然可以得到這些產品；沒有斷絕與義大利的外交關
係；英國沒有關閉蘇伊士運河，義大利可以透過這個運河向厄利垂亞運送物資。

為什麼國際聯盟成員國不能採取更多的措施呢？它們普遍存在著樂觀主義情
緒，認為已有的制裁措施足以迫使義大利從衣索比亞撤軍。國際聯盟的制裁的確
影響了義大利的經濟；此後一年義大利出口下降了大約三分之一，義大利里拉貶
值，而且人們估計義大利的黃金儲備將在九個月內耗盡。然而儘管制裁措施給義
大利一定的打擊，但未能迫使墨索里尼改變對衣索比亞的政策。英國和法國對歐
洲權力平衡的擔憂勝過對衣索比亞事件的關注。英國和法國不想疏遠義大利，因
為德國的實力正在增強，這兩個國家認為有必要把義大利納入圍堵德國權力的聯
盟之中。1934 年，看到希特勒似乎就要兼併奧地利， 墨索里尼於是調動義大利
軍隊到奧地利邊界，希特勒做了退讓。英國和法國希望說服義大利加入反對德國
的聯盟。

傳統的外交家並不反對國際聯盟的集體安全制度，他們根據古老的權力平衡
原則對此做了新的解釋。從權力平衡的角度來看，最不該做的事就是在歐洲心臟
地區出現十分緊迫的問題時，捲入發生在遙遠的非洲大陸上的一場衝突之中。傳
統的現實主義者認為，在遙遠的非洲所發生的侵略行為，並不會對歐洲安全構成

威脅。所以，有關國家有必要透過談判和協商，把義大利重新拉進反對德國的聯盟之中。因此，英國和法國開始對制裁義大利的舉動採取了不太熱心的態度，這一點都不讓人感到奇怪。英國外交大臣山繆‧霍爾（Samuel Hoare）和法國外交部長皮埃爾‧拉瓦爾（Pierre Laval）在 1935 年 12 月會面，並擬定了一個把衣索比亞劃分成兩部分的方案，根據這個方案，衣索比亞的一部分屬於義大利所有，另外一部分屬於國際聯盟管轄。有人把這個計畫洩漏給了新聞界，這在英國引起了強烈反感。霍爾被指責背叛了國際聯盟和集體安全原則，因而被迫辭職。

但是在三個月內，英國的輿論又倒轉過來了。1936 年 3 月，希特勒違反洛迦諾公約，派德國軍隊進駐萊茵非軍事地區。英國和法國頓時把衣索比亞問題擱置一邊，並與義大利協商如何恢復歐洲的權力平衡。顯然，歐洲權力平衡的重要性超過了在非洲貫徹集體安全原則。1936 年 5 月，義大利在衣索比亞取得了軍事上的勝利，同年 7 月國際聯盟取消了針對義大利的制裁。

海地駐國際聯盟代表的一席話清楚地解釋了這個悲劇：「不論是大國還是小國，強國還是弱國，鄰近的國家還是遙遠的國家，白人的國家還是有色人種的國家，都要永遠記住這一點，即我們有一天也可能成為某個國家手中的衣索比亞。」[5] 而且幾年之後，大多數歐洲國家都在第二次世界大戰中落入希特勒的侵略魔掌之中。世界上最初的實施集體安全原則的努力就這樣徹底失敗了。

第二次世界大戰的起源
4.2 在不同分析層次上釐清第二次世界大戰之深層原因、中層原因和突發原因，並且探討那場戰爭是否不可避免。

第二次世界大戰的死亡人數估計在 3,500 萬到 5,000 萬之間，超過了歷史上其他任何一場戰爭。這次戰爭還以使用先進的武器而聞名。在第一次世界大戰期間，坦克和飛機才剛剛上戰場，其作用微不足道，而在第二次世界大戰中，坦克和飛機占據了主導地位。雷達在英國不列顛戰役中發揮了重要作用，這一戰役是第二次世界大戰的轉捩點之一。在戰爭快結束的時候，原子彈誕生了，世界進入核子時代。

第二次世界大戰以戰敗國無條件投降而告終。與第一次世界大戰不同的是，

西方盟國占領了德國和日本，並且在占領期間改變其社會。「德國問題」透過德國分裂半個世紀而得到了解決。第二次世界大戰也導致了**兩極**世界的出現，美國和蘇聯在這場衝突結束後成為實力超強的國家。這場戰爭宣告歐洲主導權力平衡的時代結束了，歐洲從此成為外來大國角逐的場所，如同 1870 年以前的德意志。1945 年第二次世界大戰結束後所建立起來的世界秩序的框架，一直維持到 1989 年。

希特勒的戰爭？

第二次世界大戰（1939-1945）經常被稱為「希特勒的戰爭」。這樣的說法不無道理，但過於簡單。第二次世界大戰也是以往事態發展的產物，它是使歐洲霸權在 1918 年終結的那場大戰的第二幕，戰間期只是一次幕間休息。希特勒想要戰爭，但是想要的並不是我們後來所看到的第二次世界大戰。他想要一場速戰速決的戰爭。另外，這場戰爭也發生在太平洋地區，這更說明這場戰爭不只是「希特勒的戰爭」。希特勒一直鼓動日本進攻英國的殖民地新加坡或者攻擊西伯利亞，以迫使蘇聯從歐洲抽調兵力。但日本第一波的侵略既沒有進攻新加坡，也沒有攻擊西伯利亞，而是襲擊美國在珍珠港的海軍基地，這令希特勒大為吃驚。太平洋戰爭無疑是第二次世界大戰的組成部分，但是其根源和歐洲的戰爭不一樣，它是一個更為傳統的、追求地區霸權的帝國主義行徑。

另一方面，我們也不應該過於強調其他原因。某些歷史學家的觀點近乎為希特勒開脫罪責。A.J.P. 泰勒就聲稱，雖然希特勒是個可怕的人物和令人討厭的冒險者，但他只是一個闖入西方民主國家綏靖政策導致的權力真空地帶的機會主義者。[6] 泰勒的觀點有點過分。比如，希特勒在 1924 年出版的《我的奮鬥》（*Mein Kampf*）這本書裡，提出了一個不甚明確的計畫，泰勒把它視為希特勒對法國入侵魯爾的憤怒情緒的發洩。但是希特勒在 1928 年還寫了另外一本秘密的書，這本書重申了《我的奮鬥》中的觀點。即便那並不是一個詳盡的計畫，它也是希特勒所思所想的清楚表白。

泰勒對於「霍斯巴赫備忘錄」也是輕描淡寫。希特勒的助手霍斯巴赫（Friedrich Hossbach）上校在 1937 年貝希特斯加登的一次會議上，記錄下了希特勒準備在 1943 年以前（即在德國的對手重新全面武裝之前）奪取領土的計

一位歷史學家眼中的希特勒

　　在我看來，這就是有關希特勒是否有意發動戰爭這個問題的關鍵。他並不是一心想要戰爭爆發，除非他可以使用某種聰明的詭計逃避戰爭，如同他曾經逃避國內戰爭一樣。那些心懷不軌的人很容易認為別人也懷有同樣的動機，希特勒認為別人的行為與自己一樣。

　　　　　　　　　　　　　　——A.J.P. 泰勒，《第二次世界大戰的起源》

　　　　　　　　　　　　　　（*The Origins of the Second Word War*）[7]

畫。希特勒十分清楚，德國一定要抓住在東面出現的機會，奧地利和捷克將是最初的目標。泰勒否定這個備忘錄的重要性，認為它不是一份**正式**的備忘錄。在泰勒的著作問世之後，有更多的證據已經為人們知曉。我們可以知道，希特勒經常談及該時間表和那些目標。「霍斯巴赫備忘錄」基本上預告了希特勒的行為。

希特勒的戰略

　　希特勒在 1933 年上台後，可以有四種政策選擇，但他否決了其中三種：他可以採取**消極**立場，接受德國國際地位被削弱的現實；也可以藉由發展經濟來**增強**德國實力（就如同第二次世界大戰後的日本一樣），以工業發展來擴大德國的國際影響；他可以把自己的**目標限定**在修改凡爾賽和約上，收回德國在 1918 年喪失的部分權益。即便是其他人在德國掌權，這第二種政策選擇也可能被採用。到 20 世紀 30 年代的時候，西方民主國家已經認識到，把第一次世界大戰的**所有**責任都推給德國確實有失公允。但是希特勒拒絕採取以上三種對策，而是選擇了**擴張戰略**（expansionist strategy），掙脫他認為的德國所受的箝制。在他看來，德國被夾在歐洲的中心，不應該永遠處於被包圍的境地，它必須獲取土地。德國可以向東擴展生存空間，增強自己的地位，然後再爭取在世界上發揮更大的作用。

　　希特勒經過四個階段來進行第四種對策。首先，他以一系列聰明的外交行動，來破壞凡爾賽體系的框架結構。1933 年 10 月，德國宣布退出國際聯盟以及國際聯盟所召開的裁軍會議。希特勒把導致德國採取此種行為的原因歸結為法

國人的態度。他聲稱,由於法國在裁軍會議上不願意裁減自己的軍隊,所以德國不可能繼續留在國際聯盟內和參加裁軍會議。在 1934 年 1 月,德國同波蘭簽署了一項條約,破壞了法國同波蘭以及東歐小國透過「小協約」所達成的協議。1935 年 3 月,希特勒指責凡爾賽和約的軍事條款,宣稱德國軍隊的數量不要限定在十萬之內。他宣布了把德國軍隊數量增加三倍以及建立德國空軍的計畫。

英國、法國和義大利的代表在義大利的斯特萊沙召開會議,討論如何應對希特勒的行動。但是還沒等這些國家組織起來,希特勒就向英國建議,德英透過談判締結一項海軍軍備協定。英國迅速抓住這個機會,從而使得斯特萊沙會議不能提出各國協調行動的對策。1936 年 3 月,正當衣索比亞事件轉移了人們對中歐的注意力的時候,希特勒把他的軍隊開進了萊茵地區,這個地區根據洛迦諾公約應該是非軍事化的。希特勒宣稱是法國迫使他這麼做的。他說,法國與蘇聯達成一個協議,這已經破壞了洛迦諾公約。他還暗示,假如其他歐洲國家接受他的關於修改凡爾賽和約的想法,德國可能回到國際聯盟之中。這個舉動是利用西方民主國家的罪惡感和不確定心理。

希特勒在第二個階段(1936-1940)向鄰近的小國入侵擴張。希特勒在1936 年制定了一個為期四年的擴充軍備計畫,以便在 1940 年以前做好戰爭的準備。德國與義大利簽署了軸心國條約,同日本簽訂了反對共產國際的協定(共產國際在 1919 年由列寧建立,企圖發起世界範圍的布爾什維克式的革命,它在 1935 年根據史達林的指示改變了自己的方針,支持所謂的「人民陣線」政府,以及由共產黨人、無政府主義者和「資產階級政黨」組成的反法西斯同盟)。希特勒還支持法西斯分子反對民選的西班牙人民陣線左翼政府的戰爭。希特勒聲稱,他派遣軍隊和轟炸機支援西班牙內戰(1936-1939)中的法西斯將軍法蘭西斯‧佛朗哥(Francisco Franco),是為了保護西方免受布爾什維克主義的威脅。1937 年,西班牙成了德國軍事力量的實驗場,希特勒的飛行員轟炸了手無寸鐵的民眾,並且毀滅了格爾尼卡的巴斯克市(the Basque city of Guernica)。這場野蠻的屠殺因為畢卡索(Pablo Picasso)的一幅畫作而被人們永遠記住,許多人認為這是畢卡索畫得最好、也最讓人心神不寧的作品。儘管國際社會廣泛聲援西班牙,但法國、英國和美國並沒有採取有效措施保護西班牙共和國的擁護者。1938 年,奧地利總理科特‧馮‧舒施尼格(Kurt von

Schuschnigg） 舉行公民投票，決定奧地利是否併入德國，他希望奧地利人民在希特勒強行吞併奧地利之前，能夠投票反對與德國合併。但是，希特勒出手干預。在 1938 年的「合併」行動中，德國軍隊開進了維也納，奧地利的獨立地位從此終止。

德國的下一個目標便是捷克斯洛伐克。希特勒以生活在捷克斯洛伐克蘇台德地區 300 萬日耳曼人的民族自決問題，向捷克斯洛伐克施壓。靠近捷德邊界的蘇台德地區具有軍事上的重要意義，因為那裡的波希米亞高地是捷克斯洛伐克的天然防線，也是捷克斯洛伐克開始抵抗可能發生的德國入侵行動的前沿地帶。希特勒聲稱，作為第一次世界大戰後的解決方案，戰勝國把那些講日耳曼語的人劃在捷克斯洛伐克的領土內，違反了民族自決原則，這是西方國家出賣德國的又一個例證。他要求讓講德語的地區脫離捷克斯洛伐克，加入日耳曼人的祖國—— 德國。捷克斯洛伐克人感到恐懼，開始動員一部分後備軍。這激怒了希特勒，他發誓要粉碎捷克斯洛伐克。

這些事件也讓英國感到不安，英國不希望歐洲爆發戰爭。1937 至 1940 年擔任英國首相的尼維爾‧張伯倫（Neville Chamberlain）三次出訪德國，試圖阻止戰爭。張伯倫確信，英國無法保護捷克斯洛伐克，因為英國離捷克斯洛伐克很遠，而且英國在歐洲大陸也沒有駐軍。更重要的是，他認為英國不值得為捷克斯洛伐克而戰，況且他也知道，英國尚未做好參戰的準備。德國對格爾尼卡的轟炸顯示，制空權已經變得越來越重要，人們對轟炸的恐懼日益增長，張伯倫意識到英國的防空和雷達系統尚未做好空戰的準備（某些英國官員也認為，蘇台德的日耳曼人有理由抱怨，蘇台德在第一次世界大戰結束以後被強行從德國劃到捷克斯洛伐克）。由於這些考慮，張伯倫於 1938 年 9 月在慕尼黑與希特勒舉行會晤，同意把捷克斯洛伐克的蘇台德地區割讓給德國，條件是德國不侵犯捷克斯洛伐克的其他地區。希特勒做了承諾，張伯倫於是回到英國，並且聲稱自己拯救了捷克斯洛伐克，掙得了「我們時代的和平」。

僅僅經過了六個月，德國的軍隊就於 1939 年 3 月開進捷克斯洛伐克的其他地區，並且占領了其首都布拉格。英國對此深感震驚，並且意識到希特勒還可能進一步採取行動，他的下一個目標可能就是波蘭。波蘭在 18 世紀被瓜分，第一次世界大戰結束後重新建國，擁有一條通往波羅的海沿岸格但斯克的走廊，在該

地區的居民中包括講日耳曼語的人。希特勒重施故技。他宣稱，波蘭領土包含日耳曼人的居住地，違背了自決原則，這是凡爾賽和約出賣德國的另外一個例證。但在這一次，英國和法國決心抵制德國的侵略行為，它們表示要捍衛波蘭的獨立地位。

　　希特勒接著採取了一項高明的外交舉措。雖然希特勒曾經表示要抵制布爾什維克主義對西方的威脅，但是他突然在 1939 年 8 月和史達林簽訂了一項條約。這項條約使得希特勒可以放開手腳，在西面採取行動。這項條約也包括一個關於瓜分波蘭的秘密議定書，史達林和希特勒同意各自獲得波蘭的一部分領土。希特勒在 1939 年 9 月 1 日進攻波蘭，占領了自己所應得的那部分領土。希特勒這一次並不想再得到一個慕尼黑協定，不願意讓英國介入和以同意德國吞併波蘭的一部分領土換取德國許諾不再採取侵略行動。

　　第三個階段十分短暫。德國在 1940 年的時候，在軍事上取得了對歐洲大陸的主導權（圖 4.3）。在希特勒入侵波蘭之後，歐洲局勢一度顯得比較平靜，這個時期被稱為「虛假的戰爭」（phony war）。希特勒猜測英國會求和。然而，

另外一位歷史學家眼中的希特勒

　　希特勒之所以成為一個具有超凡魅力的元首和近乎救世主的統治者，是因為經過民族屈辱和政治孱弱之苦的德國渴望國家復興與團結，這使得德國成不了一個「正常」或平常的國家，也沒有出現較為保守的威權主義。其政權試圖透過主宰歐洲和種族淨化來實現民族復興的目標。這意味著德國要不斷保持活力與生機，並且強化種族主義。這個政權存在的時間越長，就越妄自尊大，所帶來的災難就越加深重。德國為了追求世界霸權，要締結同盟對抗一些強國。這是一場以弱敵強的賭局，必然導致希特勒政權和德國本身的毀滅。這正是納粹黨人極其不理智的表現。因此，希特勒成為一位具有超凡魅力的領袖正表明，德國不僅具有從未有過的毀滅力量，而且本身也包含著自我毀滅的種子。從這個意義上說，這位德國獨裁者在 1945 年 4 月 30 日自殺，不僅是件令人高興的事情，而且也是第三帝國合邏輯的生命終結。

——伊恩・科蕭（Ian Kershaw），《希特勒和納粹獨裁》
（Hitler and the Nazi Dictatorship）[8]

圖4.3　1940年第二次世界大戰爆發

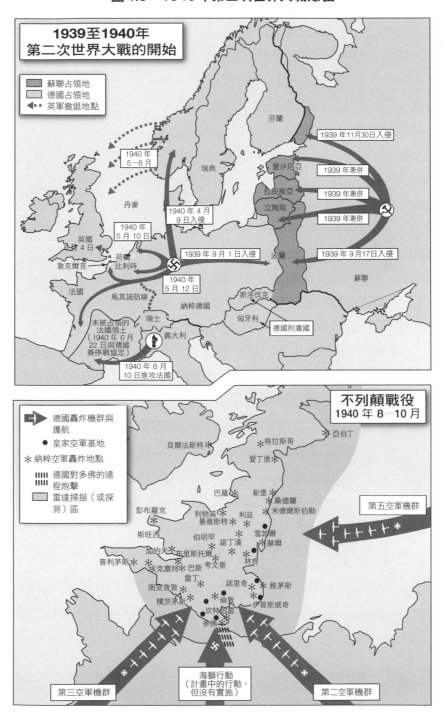

到了 1940 年春天，希特勒十分擔心英國出兵挪威。於是，他搶在英國之前，先向挪威出兵。然後，他又對荷蘭、比利時與法國發動閃電式進攻。1940 年 5 月德國的坦克穿越了被認為是不可逾越的阿登森林，讓法國人和英國人感到十分吃驚。他繞過了法國沿法德邊界修建的防禦工事——馬其諾防線。他把英軍趕到了敦克爾克，迫使英軍丟下裝備，讓剩餘的軍隊橫渡海峽。因此，希特勒藉由一系列高明的舉措，在 1940 年的時候已經成為蘇聯以西的歐洲大陸的主人。

德國在第四個階段，即「戰線過長的階段」（1941-1945），發動了全面的戰爭。雖然希特勒長久以來就想向東進攻蘇聯，但是他想先吃掉英國，避免兩線作戰。要是德國具有空中優勢，德軍一定會渡過海峽、入侵英國。可是希特勒的空軍在不列顛戰役中遭受重創。由於德國不具備空中優勢，人們會做這樣一種猜測：希特勒會推遲進攻蘇聯的計畫嗎？

儘管德國無力擊敗英國，希特勒還是決定進攻蘇聯，希望迅速擊垮蘇聯，然後再來對付英國。而且，他相信德國這樣做還可以阻止英國與蘇聯結成同盟。1941 年 6 月，希特勒進攻蘇聯，從而犯了一個天大的錯誤。在 1941 年 12 月日本襲擊珍珠港之後，希特勒又犯了一個大錯：向美國宣戰。或許希特勒是想讓日本深陷戰爭之中，因為他一直希望日本站在自己一邊，而且他也對美國的船隻發動潛艇戰。這樣一來，希特勒也就挑起了一場葬送第三帝國的全球大戰。

個人的作用

希特勒的個性在導致第二次世界大戰上，究竟有什麼樣的影響？這在第一個階段或許並不是至關重要的因素。西方民主國家是那樣地充滿罪惡感、顯得軟弱無力和處於內部分裂的境地，任何一個聰明的德國民族主義者都可能修改凡爾賽體系。但是，德國在第二和第三個階段使得自己成為歐洲大陸的主宰勢力，則與希特勒的計謀、膽量和好戰性格分不開。他經常否決思想保守的將軍與幕僚的建議。希特勒想要戰爭，也願意冒險。德國在第四個階段的行為導致全球大戰的到來和德國的失敗，這也和希特勒個性的兩個方面有密切關係。一方面，希特勒的胃口越來越大。他相信自己具有非凡才能，這種自負導致他犯了兩個大錯誤：在吃掉英國之前發動對蘇聯的進攻；向美國宣戰，讓 1933 至 1945 年擔任美國總統的富蘭克林・羅斯福（Franklin Roosevelt）獲得了美國介入歐洲戰爭以及太

平洋戰爭的藉口（羅斯福一直都很想和英國一起與希特勒作戰，但他直到珍珠港事件之後才使得國會同意美國對德國宣戰）。

希特勒另一方面的大弱點就是他的種族主義意識形態，他宣稱雅利安人種最優秀。這大大削弱了德國的力量。比如，德國第一次進攻蘇聯的時候，許多烏克蘭人和其他一些民族一起反對史達林的野蠻統治。但是，希特勒把他們視為低等的斯拉夫人，認為德國不值得與他們合作以對付史達林。他也認為美國很弱，因為其人口中包含黑人和猶太人。他常常取笑羅斯福有一個猶太人的祖先，不知道美國社會的多元化也可以是權力的源泉。不僅如此，反猶太主義的觀念促使他趕走一些對原子彈的研製工作至關重要的科學家。簡而言之，個人的因素是導致第二次世界大戰的重要原因。戰爭的類型和結果在很大的程度上取決於希特勒的偏執狂個性。[9]

體系和國內原因

當然，還有其他原因。第二次世界大戰不只是希特勒的戰爭，A.J.P. 泰勒這個解釋是有道理的。還有體系的原因，包括結構和過程的原因。從結構層次上看，第一次世界大戰並沒有解決德國問題。凡爾賽和約是一方面太苛刻，激起了德國的民族主義情緒，另一方面又太寬容，讓德國擁有對抗該和約的能力。不僅如此，由於美國和蘇聯長期處於歐洲的權力平衡體系之外（它們在很晚的時候才開始改變這種地位），德國的擴張主義行為沒有受到制約。此外，國際體系的過程也缺少和緩性。德國是一個致力於摧毀凡爾賽體系的修正主義國家。而且在 20 世紀 30 年代，法西斯主義和共產主義這兩大意識形態力量的增長，強化了國家間的敵視並阻礙了國家間的溝通。

國內層次上的三個變化也特別重要。首先，西方民主國家由於階級分化和意識形態分野而四分五裂，幾乎無法透過協商一致來制定對外政策。例如，在 1936 年法國社會黨人萊昂·布盧姆（Léon Blum）執掌政權之後，法國的保守派提出了「寧要希特勒，不要布盧姆」的口號。1939 年，英國派遣代表團赴莫斯科，試探與史達林簽訂一項條約的可能性，但是該代表團以及英國政府內部就存在意見分歧。在英國人還沒有拿定主意的時候，希特勒就已經給英國人當頭棒喝。英國人遲遲未與蘇聯達成共識的原因，就在於英國上層人士不願意和共產黨

人打交道。

第二個導致戰爭的國內層次的原因是經濟崩潰。大蕭條是全球性的，波及所有國家，其產生的原因在於主要資本主義國家沒有建立起有效的國際協調制度，以解決國際貿易和資金流動不平衡的問題。但是，這場大蕭條對國內政治和階級衝突產生了極大影響。大量人員的失業所產生的政治效應，就如同往火上加油，它導致納粹在德國掌權，並且削弱了民主國家政府的力量。

第三個層次的原因是美國的孤立主義政策。美國在第一次世界大戰結束後成為世界上最大的經濟體，但拒絕承擔這種地位所帶來的責任。在20世紀30年代，大蕭條使得美國人更為關心國內問題，孤立主義傾向大大增強。富蘭克林·羅斯福總統在其第一個任期內和其他美國人一樣，不怎麼關心歐洲事務。他在1936年競選連任後才開始認識到，如果希特勒變得過於強大，德國有可能主宰歐洲，並最終威脅美國。1937年，羅斯福開始談論歐洲發生的事件，但是美國民眾並不想介入。1940年，羅斯福向英國提供驅逐艦，換取英國同意美國使用其在西半球的軍事基地。1941年，羅斯福說服國會通過「租借法案」，允許美國向英國提供戰爭物資，防止英國被希特勒擊垮。然後，由於受國內輿論的限制，羅斯福反對希特勒的行為不能走得太遠。只是由於日本襲擊珍珠港和希特勒向美國宣戰，美國的孤立主義政策才得以終結。上述國內、個人和體系的原因是如何一起發揮作用的呢？我們可以這樣說，第二次世界大戰的深層原因是體系因素，即它是第一次世界大戰的延續。中層原因主要是國內因素，即社會和意識形態分裂，它們使得德國出現了希特勒這樣的人物，並導致了民主國家內部的政治和經濟弱點。突發原因是阿道夫·希特勒爭奪霸權的戰略（見圖4.4）。

希特勒眼中的自己

現在，波蘭已經處於我賦予它的地位……我只是擔心在最後關頭會有某個討厭的傢伙向我提出一個斡旋方案。

——阿道夫·希特勒，1939年8月27日 [10]

圖 4.4　第二次世界大戰的原因

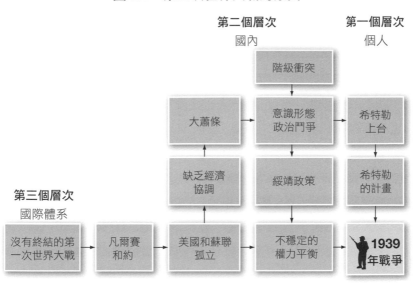

戰爭是不可避免的嗎？

　　第二次世界大戰是不可避免的嗎？答案是否定的，但是隨著時間推移，發生戰爭的可能性越來越大。在 1926 年的時候（即簽訂洛迦諾公約之後），發生戰爭的可能性變小，但是隨著 1929 年發生大蕭條和 1933 年希特勒上台，選擇的漏斗變小，最後在 1941 年爆發了全球性的戰爭（見圖 4.5）。

　　由於第一次世界大戰沒能解決德國問題，所以發生第二次戰爭的可能性在 1918 年就已經萌芽了。如果西方民主國家在 20 世紀 20 年代選擇安撫德國的政策，而不是那樣嚴厲地懲罰德國，那麼威瑪共和國民主政府或許可以生存下來。或者假如美國批准了凡爾賽和約，並且留在歐洲以維護權力平衡（就如同 1945 年後美國的做法一樣），希特勒可能就不會上台。歐洲可能會發生戰爭，但不一定會爆發世界大戰。20 世紀 30 年代的經濟大蕭條，促使了那些美化侵略行為的意識形態之興起，使得爆發戰爭的可能性變大。

　　依據反事實推理，我們假定英國和法國早在 20 世紀 30 年代就與德國對抗，並且與蘇聯結成同盟，或者假定美國加入了國際聯盟，這樣一來，希特勒就可能

圖 4.5　戰爭是不可避免的嗎？

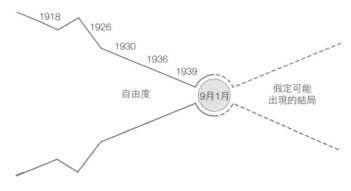

被圍堵住或者其侵略行為被推遲。希特勒或許就不能一開始便接二連三地獲得成功，也可能會被手下的將領所推翻，他的將領有好幾次想發動這樣的政變，並且一再與英國官員秘密接觸，提醒英國注意希特勒的好戰動機，並希望英國採取措施加以阻止。[11] 然而，由於這樣的事情並沒有發生，希特勒的個性和戰略成為了關鍵的突發原因。到 20 世紀 30 年代末，當希特勒開始策畫戰爭的時候，戰爭幾乎是不可避免的。即便如此，一些歷史學家仍然認為，如果法國和英國在 1939 年 9 月發動攻勢，它們很可能擊敗德國。

太平洋戰爭

　　太平洋戰爭有自己特殊的原因。日本把注意力集中在東亞，它對歐洲事務的介入程度並不是很深。在 20 世紀 20 年代的時候，日本尚末成為一個成熟的民主國家，但是已經有了議會制度。但是，在 20 世紀 30 年代，軍人和極端民族主義者獲得了對政府的控制權。他們所提出的帝國主義擴張政策得到了廣泛的支持。日本總是擔心不能獲得本國經濟持續發展所必需的進口原料。當 20 世紀 30 年代的大蕭條導致日本對外貿易額大幅衰退之後，日本人開始擔心，如果不能改變自己所處的地位，那麼日本的前途就十分黯淡了。作為一個地區霸主，日本想建立一個自己所聲稱的「大東亞共榮圈」（這是征服鄰國的一種十分委婉的說法）。日本堅信，建立這樣一個共榮圈將使得它可以抵制英國和美國的威脅，這兩個國家是太平洋上的主要海上力量。

　　日本首先向中國擴張。日本對中國發動的野蠻戰爭，導致日美之間產生了外交衝突，因為美國支持中國國民黨政府。1940年法國被希特勒攻陷之後，日本人抓住機會，侵占了法屬印度支那（現在的越南、柬埔寨和寮國）。日本擴張主義者在這個時候有三種政策可選擇。第一種選擇是向西攻擊蘇聯。由於日本和蘇聯軍隊已經在靠近中國東北的邊境地區發生過衝突，所以有的人認為日本和蘇聯在靠近中國東北的邊境地區發生戰爭是最有可能的。第二種選擇是向南進攻。雖然日本已經占領了法國在東南亞的殖民地，但是荷屬東印度（即今日的印尼）的石油是日本所需要的。第三種選擇是向東進攻美國，這是最為冒險的一種選擇。

　　日本人最後採取了第二和第三種對策。1941年12月7日，日本向東攻擊美國，向南進軍印尼和菲律賓。南進是為了奪取原料，而攻擊美國的動機則難以解釋。由於權力資源對比懸殊，日本人很清楚，他們最終無法贏得一場對美國的戰爭，但是他們希望對珍珠港的突然襲擊會使美國士氣低落，同美國的全面戰爭可能不會發生。這是日本人的一個極大的判斷錯誤，但是從日本政府的角度來看，與其坐等失敗，還不如冒冒風險。

　　到1941年秋天的時候，日本擴張主義者已經不再把蘇聯當作要攻擊的目標了。希特勒對蘇聯的進攻，消除了蘇聯對日本的威脅。與此同時，美國對日本實施石油禁運政策，努力阻止日本的南進行動。正如羅斯福總統所指出的：「美國要在日本的脖子上繫上繩套，時不時勒它一下。」據說助理國務卿迪安‧艾奇遜（Dean Acheson）那時也聲稱，這樣做並不會導致戰爭，因為「理智的日本人都清楚，攻擊美國只會給日本帶來毀滅性的打擊」[12]。但是日本人卻認為，如果不發動與美國的戰爭，那麼最終無論如何也會遭受失敗。日本90%的石油依賴進口，假如石油供應被切斷，日本海軍將堅持不到一年。因此，他們認為，與其慢慢地被凌遲，不如發動進攻。

　　除了限制日本的石油供應，美國還要求日本從中國撤軍。日本人認為，日軍撤出中國將使得日本失去經濟腹地。正如一名日本軍官對裕仁天皇所說的，當時的局勢就好像一位患重病的人：「動手術可能十分危險，但是有挽救其生命的一線希望。」[13] 從這個角度來看，日本發動戰爭的行為並非完全喪失理智，因為這可以算作是兩害相權取其輕。假如德國擊敗英國，而且突襲珍珠港使得美國人失去信心，那麼透過協商締結和平並非是不可能的事情。陸軍參謀本部次長冢田攻

的一席話正反映了日本領導人的這種不太明智的心態。

　　　　總的來看，如果我們發動戰爭，前途並不光明。我們都在考慮是否
　　還有某種和平的方式。沒有人願意說：「別擔心，即使戰爭被一直拖下
　　去，我也會承擔全部責任。」另一方面，我們不可能維持現狀。因此，
　　大家不可避免地得出這樣一個結論：我們必須發動戰爭。[14]

　　當然，日本可以選擇放棄侵略中國與東南亞的政策，但是這對於那些具有擴
張主義和好戰思想意識的軍事領導人來說，是絕對不可能的事。因此，日本人在
1941 年 12 月 7 日襲擊了珍珠港（圖 4.6）。

　　那麼，如何從三個分析層次來觀察太平洋戰爭呢？太平洋戰爭中**個人的作
用**與希特勒在歐洲的作用相比絕對要小得多，但是決策者個人無疑影響了事態的
發展。主張擴張的日本將軍們企圖增強日本的地區影響力，積極策畫西侵中國，
南占新加坡、印尼和菲律賓，東襲美國在太平洋的領地。東條英機等軍事領導人
主導政府政策，而他們的政策主張是一致的。在德國，雖然希特勒得到了軍方和
工業巨頭的支持，但是他基本上是獨斷專行的。而在日本，決策層的權力相對分
散，政策是透過政治和軍事菁英的協商而制定的。

　　個人因素在決定美國政策的時候也有很重要的作用。羅斯福希望對日本實行
懲罰性的制裁，以回應日本在東南亞的侵略行為，但是在國會以及整個美國，有
很多人不喜歡羅斯福那種積極的和對抗性的對外政策。1940 年和 1941 年，在
美國還存在著十分強烈的孤立主義情緒，不少人仍然反對美國介入國際政治。假
如某個像蒙大拿州參議員伯頓・惠勒（Burton Wheeler）、北達科他州參議員

日本領導人看日本的境遇

　　即便我們向美國做出讓步，放棄我們國家政策的某些目標，從而換取暫時的和
平，美國隨著其軍事地位的增強，勢必也會要求我們做出更多讓步，最終使得我們
的帝國匍匐在美國的腳下。

　　　　　　　　　　　　　　　　　　　　　　　　　　——1941 年日本政策會議記錄

圖4-6 第二次世界大戰的太平洋戰區

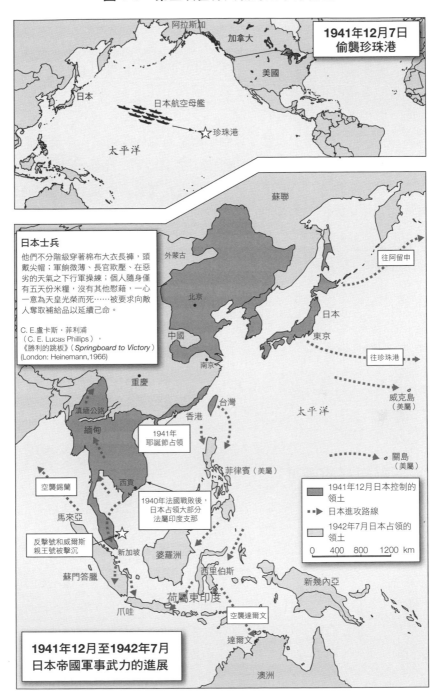

1941年12月7日
偷襲珍珠港

阿拉斯加
加拿大
美國
日本
日本航空母艦
☆珍珠港
太平洋

蘇聯

日本士兵

他們不分階級穿著棉布大衣長褲，頭
戴尖帽；軍餉微薄、長官欺壓、在惡
劣的天氣之下行軍操練；個人隨身僅
有五天份米糧，沒有其他慰藉，一心
一意為天皇光榮而死⋯⋯被要求向敵
人奪取補給品以延續己命。

C. E.盧卡斯・菲利浦
（C. E. Lucas Phillips），
《勝利的跳板》（*Springboard to Victory*）
(London: Heinemann,1966)

外蒙古
北京
中國
南京
重慶

往阿留申
日本
東京
往珍珠港
威克島
（美屬）

台灣
滇緬公路
香港
緬甸
1941年
耶誕節占領
太平洋
關島
（美屬）

空襲錫蘭
西貢
菲律賓（美屬）

1940年法國戰敗後，
日本占領大部分
法屬印度支那

反擊號和威爾斯
親王號被擊沉
馬來亞
新加坡
婆羅洲
蘇門答臘
西里伯斯
新幾內亞

荷屬東印度
爪哇
空襲達爾文
達爾文

■	1941年12月日本控制的領土
▪▪▪▶	日本進攻路線
▨	1942年7月日本占領的領土

0　400　800　1200 km

**1941年12月至1942年7月
日本帝國軍事武力的進展**

澳洲

吉羅德‧奈（Gerald Nye）或者加州參議員海勒姆‧詹森（Hiram Johnson）
的孤立主義者擔任總統，那麼美國很可能對日本的侵略行為採取綏靖而不是對抗
的政策，其結果是日本可能不會想到要進攻美國。當然，日本的侵略行動也不會
受到約束，而且日本可能成為西太平洋的地區強權（regional power）。

　　我們再看看**國內**和**體系的原因**。國內層次上的日本政府中日益增強的軍國
主義傾向，使得爆發戰爭的可能性增大。在 20 世紀 30 年代，與歐洲的情形一
樣，日本和美國的經濟崩潰影響了這兩個國家的對外政策，日本變得更具擴張
性，而 1940 年以前的美國則變得更提倡孤立主義政策。此外，國民黨統治下的
中國內戰一直持續到 20 世紀 30 年代，使得它在面對日本擴張行為的時候，更
加脆弱不堪。這反過來也增強了日本國內政治中軍國主義者的影響力。在兩次世
界大戰之間，日本人對美國不願意在國際聯盟盟約中寫入種族平等的條款一直心
懷不滿，這毒化了東京與華盛頓之間的關係。從體系層次上看，凡爾賽和約沒能
滿足日本對中國的野心，而 20 世紀 30 年代的經濟困難使得日本更難完全靠貿
易獲得原料。本來就已經很弱的國際聯盟集體安全制度在 1931 年到 1933 年間
完全失敗，這也使得日本帝國主義野心不受任何國際制度的制約。與歐洲的戰爭
有所不同的是，太平洋戰爭的深層和中層原因主要是國內層次的，即日本的擴張
傾向、美國孤立主義勢力的增強和 20 世紀 30 年代中國的內戰。突發原因是羅
斯福在 1941 年 7 月決定對日本實施全面禁運，以及隨之而來的日本軍隊在當年
12 月 7 日攻擊美國。

綏靖與兩種類型的戰爭

　　我們可以從中吸取什麼教訓呢？有人認為 20 世紀 30 年代最大的教訓就是，
綏靖（appeasement）沒有作用，甚至被稱作是一種露骨的邪惡。然而，綏靖是
傳統的外交手段，本身並不壞。它是一種允許權力平衡發生有利於競爭對手的變
化的政策選擇。一個國家可能認為，與其圍堵對手的侵略行為，還不如讓對手得
到一點好處。在伯羅奔尼撒戰爭前夕，科林斯人對雅典人說，雅典應該允許科林
斯併吞基西拉。但是雅典拒絕對科林斯採取綏靖政策，而是選擇打仗。我們從後
續發生的事情來看，雅典在基西拉問題上對科林斯採取綏靖政策或許要比挑戰科
林斯好。綏靖政策在 1815 年的時候被運用得十分成功，當時的戰勝國對戰敗但

依然強大的法國採取了綏靖政策。英國在 19 世紀 90 年代，對正在崛起的美國也採取了綏靖政策並成效卓著。[15] 甚至綏靖政策也可能是西方盟國在 20 世紀 20 年代對德國政策的正確選擇，因為英國那時特別願意嘗試對德國採取綏靖政策以滿足其「合理的抱怨」（很多英國人對凡爾賽和約在領土上肢解德國的做法，強烈地感覺到良心不安）。[16] 兩次世界大戰期間一個很諷刺的事情是，西方國家在 20 年代應該對德國採取綏靖政策，但是實際上卻採取了對抗政策，在 30 年代應該對德國採取對抗政策，但是實際上卻採取了綏靖政策。

以綏靖對付希特勒是一種錯誤政策，然而英國首相尼維爾‧張伯倫並非像在慕尼黑事件中所表現出來的那樣是一個膽小鬼。他想避免一場新的世界大戰。他在 1938 年 7 月這樣說道：

> 當我想起那四年可怕的戰爭，想到 700 萬年輕人沒能享受青春年華、1,300 萬人死亡和傷殘以及那些身為父母和兒女的人所受的折磨時，我堅信在戰爭中沒有勝利者，大家都是失敗者。正是這些想法使我感覺到，我的首要職責就是盡力避免在歐洲再次爆發大戰。[17]

張伯倫的錯誤不在於動機，而在於無知和自負，他未能正確地估計形勢。犯這樣錯誤的人不止他一個。

第一次世界大戰和第二次世界大戰經常被視為兩種不同類型的戰爭，即偶然發生的戰爭和蓄意預謀的侵略行為。第一次世界大戰是人們不願意看到的衝突不斷升級的結果。從某種程度上說，這場戰爭可以藉由綏靖政策加以避免，儘管德國的要求沒有那麼容易得到滿足。政治學家大衛‧卡萊歐（David Calleo）曾經說過：「我們從中吸取的教訓並不只是要對侵略者保持警惕，而是認識到拒絕對崛起的國家採取合理的綏靖政策，會導致災難性的後果。」[18] 但是，第二次世界大戰不是人們不願意看到的衝突不斷升級的結果，而是由於希特勒策畫的侵略行為沒有被遏阻。從這個意義上說，分別用於防止第一次世界大戰和第二次世界大戰的合理政策幾乎是截然相反的。安撫德國可能有助於防止第一次世界大戰，而圍堵德國則可能避免第二次世界大戰的爆發，然而實際的政策正好相反。英國領導人為了避免第一次世界大戰悲劇的重演，而在 20 世紀 30 年代所推行的政

策，促成了第二次世界大戰的爆發。與此同時，美國領導人對日本的嚇阻政策促成了太平洋戰爭的爆發。美國對日本的嚇阻政策遭到失敗，這是由於日本感覺到自己被逼到牆角，認為選擇和平不如選擇冒險發動戰爭。

當然，把兩次世界大戰看作是兩種類型的戰爭有點過於簡單。第一次世界大戰不單純是偶然發生的戰爭，而第二次世界大戰不僅僅是蓄意預謀的戰爭（尤其是太平洋戰爭，它並非希特勒侵略所致）。最重要的教訓是，我們要小心對待過於簡單的歷史模式。永遠要對一個模式提出質疑，看看它是否同歷史事實相吻合，是否與現實一致。我們要記住馬克・吐溫（Mark Twain）所講述的一個有關貓的故事。馬克・吐溫指出，被熱爐子燙過的貓不會再爬到熱爐子上，也不會爬到涼爐子上。我們在運用歷史類比的分析方法，或者把兩次世界大戰當作理解後來事件的模式時，需要知道哪個爐子是涼的、哪個是熱的。

大事記 | 兩次世界大戰之間

1919 年	凡爾賽和會召開；通過威瑪憲法
1920 年	國際聯盟創建
1921—1922 年	華盛頓海軍軍備會議
1922 年	海牙常設法庭成立；德國和蘇聯之間的拉巴洛條約；墨索里尼在義大利掌權
1923 年	法國和比利時占領魯爾，以懲罰德國停止運煤的行為；納粹啤酒館暴動失敗
1924 年	道威斯賠償計畫被接受；關於和平解決國際爭端的日內瓦議定書通過
1925 年	洛迦諾會議與公約
1926 年	德國加入國際聯盟
1928 年	非戰公約簽署
1930 年	倫敦海軍會議
1931 年	日本侵略中國東北；奧地利信貸銀行倒閉；英格蘭銀行被迫放棄金本位制
1932 年	裁軍會議；關於德國賠款的洛桑會議
1933 年	希特勒成為德國首相；國會縱火事件；德國國會通過授權法案，

	建立納粹獨裁政權；德國退出裁軍會議和國際聯盟
1934 年	蘇聯加入國際聯盟
1935 年	德國違反凡爾賽和約的裁軍條款；法俄締結同盟條約；英德達成海軍協定；義大利侵略衣索比亞；霍爾一拉瓦爾協定
1936 年	德國違背洛迦諾公約，重新占領萊茵地區；義大利在衣索比亞戰爭中獲勝；作為政治工具的國際聯盟喪失信譽；羅馬一柏林軸心形成；反共產國際協定簽訂
1936—1939 年	西班牙內戰
1937 年	日本侵略南京以及其他中國城市
1938 年	德國侵略和併吞奧地利；張伯倫在貝希特斯加登、哥德斯堡和慕尼黑會晤希特勒以解決德捷危機；慕尼黑協定簽署
1939 年	捷克斯洛伐克危機；德國占領捷克斯洛伐克全境；英法向波蘭承諾並答應保障希臘與羅馬尼亞的安全；義大利入侵阿爾巴尼亞；蘇德（莫洛托夫一里賓特洛普）條約；德國入侵波蘭；英法向德國宣戰
1940 年	希特勒入侵丹麥和挪威；希特勒入侵荷蘭、比利時、盧森堡和法國；不列顛戰役；日本占領法屬印度支那
1941 年	希特勒侵略蘇聯；日本襲擊珍珠港

思考題

1. 當時的決策者從第一次世界大戰中得到什麼「教訓」？這如何影響他們在兩次世界大戰戰間期的行為？

2. 集體安全概念與權力平衡概念有什麼區別？集體安全原則是烏托邦式的觀念嗎？如果不是，那麼集體安全原則如何才能在戰間期發揮更大的作用？

3. 第二次世界大戰是不可避免的嗎？如果是，那麼為什麼以及在什麼時候會發生？如果不是，那麼在什麼時候以及如何被避免？

4. 第二次世界大戰的爆發與相關領導人的個性有多大的關係？

5. 戰間期的某些經驗教訓有助於今天的決策者們避免戰爭嗎？

6. 日本 1941 年攻擊美國的行為是不理性的嗎？

第五章

冷戰

┃本章你可以學到這些┃

5.1 界定嚇阻和圍堵，以及闡述兩者之間的關係。

5.2 釐清有關冷戰的傳統派、修正派和後修正派的解釋。

5.3 從機會主義角度（作為圍堵的行為）和道德角度評估美國在越南的戰爭。

5.4 評估個性、理念、經濟趨勢和核武在和平終結冷戰中的作用。

　　20 世紀上半葉充滿了暴力，20 世紀下半葉最顯著的特徵就是沒有爆發第三次世界大戰，而是爆發了一場**冷戰**（cold war），也就是一個沒有戰爭的緊張對抗時期。這場對抗是如此緊張，以至於許多人預言兩個超級大國會發生軍事衝突。實際上在這個時期爆發過戰爭，只不過戰爭是發生在邊緣地帶，而不是直接發生在美國和蘇聯之間。冷戰從 1947 年到 1989 年，前後持續了四十多年。1947 年至 1963 年是冷戰的高潮時期，在這段期間，美蘇幾乎沒有過認真的談判。兩國最高領導人甚至在 1945 年至 1955 年間沒有舉行過會晤。1952 年，美國駐莫斯科大使喬治·肯南（George Kennan）認為，他被孤立於美國駐蘇聯大使館內的處境，和自己在第二次世界大戰時期被拘禁於柏林的經歷相類似。20 世紀 70 年代和 80 年代的冷戰與此有著很大的不同。美國人和蘇聯人頻繁接觸，他們一直在進行軍備控制談判。1985 年戈巴契夫（Mikhail Gorbachev）上台之後，隨著蘇聯政策的變化，冷戰很快也令人驚訝地結束了。1989 年，蘇聯在東歐的霸權地位開始瓦解。1991 年，蘇聯本身也解體了。

嚇阻和圍堵

5.1 界定嚇阻和圍堵，以及闡述兩者之間的關係。

為什麼冷戰沒有變成「熱戰」？人們對此有各種各樣的解釋，我們將論及這些不同的觀點。冷戰的發展軌跡跟一般不同，為我們提供了一種獨特的認識國際關係的角度，而且也揭示了國家可能進行兩種對外政策選擇的動力。這兩種對外政策選擇是**嚇阻**（deter）和**圍堵**（contain）。嚇阻是指透過恐嚇，讓對手打消某種念頭。雖然嚇阻概念經常同冷戰聯繫在一起，但是並不是國際政治中的一個新概念。在歷史上，國家常常以增加軍備、締結同盟和威脅，來阻止其他國家發動進攻。在冷戰期間，隨著核武的出現，超級大國更以威脅來促使對手放棄某種行為，而不是在敵手發動進攻之後，透過防禦加以抵制。冷戰中的嚇阻有賴於大量的核武，也是權力平衡邏輯的延伸。透過核威脅進行嚇阻，是一個超級大國努力防止另外一個超級大國取得優勢，從而避免破壞兩國間權力平衡的一種方式。我們將會看到的是，嚇阻經常加劇美國和蘇聯之間的緊張關係，因此難以證明嚇阻是否起作用。我們總是會看到虛假的因果關係。如果某位教授說她講課讓大象跑出了教室，那麼我們很難證明她的話是錯誤的，因為大象根本就沒有進過教室。我們可以用反事實推理來驗證此種說法，如果某人在講課，那麼大象進教室的可能性有多大？與此相類似的是，到底是核嚇阻的作用還是侵略計畫的缺失，更能解釋冷戰時期的和平狀態？我們在冷戰時期知道，美國並沒有軍事征服的意願，但是美國人假定蘇聯有這樣的意願。如今，蘇聯冷戰時期的檔案已經公開，蘇聯領導人和美國領導人一樣，都不能確定對方的動機。

由於對蘇聯擴張主義的恐懼，美國採取**圍堵**（containment）政策。圍堵指的是美國在冷戰時期所採取的特定政策，它透過美國的盟友和美國的軍事基地，以及在蘇聯勢力範圍之外推動形成一個自由的世界經濟與政治秩序，來包圍蘇聯。然而，圍堵和嚇阻一樣，並非冷戰所特有，但這個專用名詞是冷戰的產物。幾個世紀以來，圍堵一直是對外政策的重要手段。在 18 世紀，歐洲保守的君主制國家試圖圍堵法國革命所主張的自由與平等的觀念，而且在比法國革命更早的時候，天主教教會在反宗教改革運動中，企圖圍堵宗教改革運動的擴展和馬丁·路德（Martin Luther）思想的傳播。圍堵的形式形形色色，既可以是進攻性，

也可以是防禦性的。它可以是戰爭或同盟形式的軍事圍堵，也可以是貿易集團或制裁形式的經濟圍堵，還可以是運用軟實力，後者的表現形式為傳播思想和價值觀。在冷戰期間，美國總是在以圍堵共產主義為目標的擴張性政策和以圍堵蘇聯為目標、較為受限的政策之間搖擺，但是始終把硬實力和軟實力資源結合起來使用。

解釋冷戰

5.2 釐清有關冷戰的傳統派、修正派和後修正派的解釋。

到底誰導致冷戰，或者什麼原因導致冷戰？幾乎從冷戰一開始，這些問題就一直為學者和決策者激烈爭論。有三個主要的思想流派：**傳統派**（traditionalist）、**修正派**（revisionalist）和**後修正派**（postrevisionist）。

傳統派聲稱，有關誰導致冷戰的問題很容易回答：是史達林和蘇聯導致了冷戰的發生。第二次世界大戰結束後，美國外交是防禦性的，而蘇聯外交則是進攻性和擴張性的。蘇聯的威脅使得美國人慢慢警覺。

傳統派引用了哪些證據？他們認為，第二次世界大戰結束，美國就主張透過聯合國建立起普遍的世界秩序和集體安全體系。蘇聯則不怎麼重視聯合國，因為它想擴展自己的影響，並且維持在東歐的勢力範圍。戰爭結束後，美國開始執行軍隊復員計畫，而蘇聯則在東歐留駐大量軍隊。美國承認蘇聯的利益，比如在羅斯福同史達林和邱吉爾在雅爾達會晤的時候，美國努力滿足蘇聯的要求。然而，史達林卻不遵守協定，特別是不允許波蘭自由選舉。

他們還指出，戰爭結束後，蘇聯遲遲不從伊朗北部撤軍：這是蘇聯擴張主義的又一個表現。最後，蘇聯只是在壓力之下才被迫從伊朗撤軍的。1948 年，共產黨人在捷克斯洛伐克奪取了政權。蘇聯在 1948 年和 1949 年封鎖柏林，企圖把西方國家趕出去。緊接著在 1950 年，北韓軍隊跨越邊界進入韓國。在傳統派看來，這些事件使得美國逐漸認清蘇聯擴張主義威脅的性質，從而導致冷戰。

修正派主要是在 20 世紀 60 年代和 70 年代初發表著述，他們認為，冷戰是由美國的擴張主義而非蘇聯的擴張主義所導致的。他們的證據是：第二次世界大戰結束後，世界並不是兩極的，蘇聯要比美國弱小得多，美國在第二次世界大戰

中增強了實力，而且擁有核武；蘇聯的實力在戰爭中受到削弱，而且沒有核武。戰爭使蘇聯喪失了 3,000 萬人口，戰爭結束時，工業產值只及 1939 年工業產值的一半。史達林在 1945 年 10 月告訴美國駐蘇聯大使埃夫里爾・哈里曼（Averell Harriman），蘇聯將致力於國內重建。不僅如此，修正派還指出，戰後初期史達林的對外行為是很有節制的；在中國，他試圖限制毛澤東領導的共產黨人的革命行為；在希臘內戰中，他試圖限制希臘共產黨人的行為；而且他還允許匈牙利、捷克斯洛伐克和芬蘭的非共產黨政府繼續存在。

修正派分為兩個分支派別，一派強調個人層次的解釋，另外一派強調國家層次的解釋。強調個人重要作用的修正派學者認為，1945 年 4 月羅斯福去世是一個至關重要的事件，因為哈利・杜魯門（Harry S Truman）繼任總統後，美國的政策變得強硬。1945 年 5 月，美國突然停止執行戰時租借援助計畫，一些已經開往蘇聯港口的船隻只好折返。在 1945 年 7 月的波茨坦會議上，杜魯門故意在史達林面前提到原子彈，嚇唬這位蘇聯領導人。在美國國內，民主黨逐漸從左傾和中立向右傾。1948 年，杜魯門解除了亨利・華萊士（Herny Wallace）的農業部長職務，因其主張美國與蘇聯維持良好關係。與此同時，杜魯門新任命的國防部長詹姆斯・福萊斯特（James Forrestal）則是強硬的反共分子。溫和修正派認為，這些人事變動表明美國開始對蘇聯採取敵視態度。

強調國家層次因素重要作用的修正派學者的看法正好相反。他們認為，問題不在個人，而在美國資本主義的性質。例如加布里・柯爾科（Gabriel Kolko）、喬伊絲・柯爾科（Joyce Kolko）和威廉・威廉斯（William A. Williams）就認為，美國的經濟性質決定著美國要採取擴張主義政策，以及確保資本主義而非民主在世界上享有安寧的環境。[1] 美國的經濟霸權絕不能容忍任何國家建立起一個獨立的經濟區。美國領導人擔心 20 世紀 30 年代危機的重演，如果沒有對外貿易，那麼新的大蕭條就會來臨。在這些修正派學者看來，援助歐洲的馬歇爾計畫（下文將討論）就是美國經濟擴張的一種方式。蘇聯人認識到馬歇爾計畫對其在東歐的勢力範圍構成了威脅，因此明智地拒絕參加該計畫。用威廉斯的話來說，美國人總是主張在國際經濟中實行門戶開放政策，因為這樣他們就可以進入別人的門戶了。

流行於 20 世紀 70 年代末和 80 年代的**後修正派**以歷史學家約翰・劉易斯・

加迪斯（John Lewis Gaddis）為代表，他們提出了另外一種觀點，強調體系結構層次的解釋。[2] 他們聲稱，不論傳統派還是修正派的觀點都是錯誤的，因為不能把發生冷戰的責任歸咎於某個人或某一方。戰後的兩極權力平衡結構決定了冷戰是絕對或者幾乎不可避免的。1939 年的世界是個多極世界，存在著七個主要大國，而在第二次世界大戰結束以後，只剩下美蘇兩個超級大國。兩極結構加上歐洲國家的虛弱，造成了一個權力真空地帶，並將美國和蘇聯拖入其中。後修正派因此認為，美國和蘇聯註定要發生衝突，追究發動冷戰的責任是沒有意義的。

後修正派也指出，在戰爭結束後，蘇聯和美國的目標是不同的。蘇聯更關心確保領土控制，既包括對本國的控制，也包括對緩衝區或者勢力範圍的控制。美國的主要興趣在於建立一個自由的、根據規則治理的國際秩序。換句話說，美國的**環境目標**與蘇聯具體的領土占有目標發生衝突。美國倡導全球性的聯合國制度，而蘇聯則努力鞏固其在東歐的勢力範圍。然而，後修正派指出，這些風格上的區別並沒有讓美國人覺得自己是偽善的，由於美國的盟友在表決中占有多數票，因此聯合國使得美國獲得了好處，美國卻不怎麼受聯合國的約束。蘇聯人在東歐擁有一個勢力範圍，美國人在西半球也擁有一個勢力範圍。

後修正派宣稱，美國和蘇聯都註定要擴張，原因不在於修正派所強調的經濟決定論，而在於很早就有的、國家在一個無政府體系中所面臨的安全困境。不論美國還是蘇聯，都不允許對方主宰歐洲，就像雅典不允許科林斯控制基西拉的海軍一樣。後修正派為了證明這個論點，引用了史達林在 1945 年對南斯拉夫領導人米洛凡·吉拉斯（Milovan Djilas）所講的一段話：「這次戰爭和過去不同了。無論誰占領了領土，都會在那裡強加它自己的社會制度。每個國家都把自己的制度強加於其軍隊所能到達的地方。」[3] 換句話說，在一個意識形態兩極化的世界中，一個強大的國家會在其勢力範圍內使用軍事力量，按照自己的意象去重新塑造其他國家，以確保自身的安全。羅斯福在 1944 年秋天也說了一段類似的話：「在這次全球性的戰爭中，沒有什麼問題──不管是政治還是軍事──是美國所不感興趣的。」[4] 後修正派指出，這種兩極結構使得衝突呈螺旋狀發展：一個國家的強硬路線導致另外一個國家也採取強硬路線。兩個國家都把對方視為 20 世紀 30 年代的希特勒那樣的敵手。冷戰隨著雙方認知的僵化而不斷深化。

冷戰結束以後，一些蘇聯時期的秘密檔案開始被解密曝光，它促使人們再次

爭論有關哪一方挑起冷戰的問題。比如，約翰・劉易斯・加迪斯就越來越確信，蘇聯要對這場超級大國爭鬥的開啟與性質負主要責任。他的論據包括史達林和其他蘇聯領導人在意識形態上所持的僵硬立場，以及克里姆林宮頑固堅持在勢力範圍內維持一個形式上的帝國。加迪斯的看法已經向傳統派的觀點靠攏，並引起學者的質疑。這也就表示，這場爭論在可見的將來不會結束。

羅斯福的政策

富蘭克林・羅斯福希望避免重蹈第一次世界大戰的覆轍，因此他反對凡爾賽式的和平，而是堅持德國必須無條件投降。他希望建立起一個自由貿易體系，避免出現那種曾經在20世紀30年代破壞世界經濟以及促使戰爭爆發的保護主義。美國要加入一個新型的、較強有力的國家聯盟，其表現形式就是設立一個強有力的安全理事會的聯合國組織。在第二次世界大戰期間的大部分時間裡擔任美國國務卿的科德爾・赫爾（Cordell Hull），是一位忠實的威爾遜主義者，美國的輿論也強烈支持聯合國。

羅斯福為了實現自己的宏偉計畫，在國內需要得到美國兩黨對其國際主張的支持。而在國外，他要讓史達林相信，加入聯合國將保障蘇聯的安全利益。有人批評羅斯福的戰後計畫過於天真。羅斯福的計畫並不天真，但他的某些策略確實如此。他對聯合國寄予太大厚望，高估了美國孤立主義勢力，而且最為重要的是，他過分低估了史達林的敵意。羅斯福認為他可以用對待一位美國政治家的方式來對待史達林，希望以主動擁抱史達林來促進美蘇雙方的關係。

雖然羅斯福對史達林的認識並不正確，但是他並沒有像後來某些人所說的那樣，在1945年的雅爾達會議上出賣美國的利益。羅斯福並非在各方面的政策都很天真。他試圖以經濟援助換取蘇聯做出政治讓步，並且拒絕與蘇聯人分享原子彈的秘密。對於戰爭結束後哪個國家應該在歐洲駐軍和對該地區事務擁有發言權這個問題，他完全採取了現實主義的態度。羅斯福所犯的錯誤在於，他認為史達林看世界的方式與自己一樣，相信自己了解美國的國內政治，覺得可以用美國領導人那種調和分歧與增進友誼的政治技巧，與史達林打交道。

史達林的政策

對史達林來說，戰後當務之急就是加強國內的控制。第二次世界大戰給蘇聯所造成的嚴重損害，不僅包括前面已經提到過的人員慘重的損失和工業產量的大幅度下降，而且還包括共產主義意識形態影響的削弱。不少蘇聯人出於對史達林高壓統治的強烈不滿，在戰時與德國人合作，德國的入侵嚴重削弱了史達林的控制權。在戰爭期間，史達林借助民族主義來號召民眾，因為共產主義意識形態的吸引力已經下降，不足以動員蘇聯人民（那時的蘇聯人以及今天的俄羅斯人都把這場戰爭稱為「偉大的衛國戰爭」）。戰後，史達林採取了孤立主義政策，企圖消除來自歐洲和美國的外部影響。史達林把美國當作敵手，以此讓蘇聯人民不信任外國人，並且加強對蘇聯人民的集中控制。但是，這並不是說後來發生的冷戰就是史達林想要的。

如果國際合作有助於蘇聯實現其在東歐的目標和從美國獲得一些經濟援助，那麼史達林願意採取某些合作態度。作為一個傑出的共產主義者，他相信美國會向蘇聯提供經濟援助，因為資本主義國家必須向外輸出資本，以解決國內需求不足的問題。史達林還相信，資本主義制度的一場新的危機將在十年到十五年內爆發，蘇聯到那個時候已經復興，將在與資本主義國家不可避免要發生的衝突中占據有利地位。

在對外政策方面，史達林既要維護自己在國內的地位，也要維護蘇聯透過1939 年和希特勒簽訂的蘇德條約所獲得的在東歐的權益。史達林也曾試探能否在其他地方擴展自己的影響，這樣的舉動在沒有發生危機的時候更容易成功。1941 年，史達林告訴英國外交大臣安東尼・艾登（Anthony Eden），他喜歡算術，不喜歡代數。換句話說，他喜歡務實性的東西，不喜歡理論性的東西。所以，當溫斯頓・邱吉爾提出有關瓜分戰後巴爾幹勢力範圍的方案時，史達林做出積極的回應。根據邱吉爾的這個方案，巴爾幹有些國家屬於英國的勢力範圍，有些國家屬於蘇聯的勢力範圍，而英國和蘇聯在某些巴爾幹國家中的影響力各占50%。戰後初期，史達林對中國、捷克斯洛伐克和匈牙利共產黨人的支持都是有所節制的，這和史達林喜歡以算術非代數的方式追求目標的行為是相吻合的。史達林是一位堅定的共產主義者，雖然他用共產主義的框架看世界，但是經常採取

務實的策略。

衝突的階段

　　早期的冷戰可以劃分為三個階段：1945 至 1947 年是冷戰的序幕和傾向冷戰的階段，1947 至 1949 年是冷戰開始階段；1950 至 1963 年是冷戰高潮階段。

　　無論是史達林還是杜魯門，都不願意看到冷戰爆發。第二次世界大戰結束後，杜魯門就派羅斯福的助手哈利·霍普金斯（Harry Hopkins）出訪莫斯科，尋求與蘇聯達成共識。即使是在波茨坦會議以後，杜魯門依然把史達林看作是一個穩健、溫和的人。直到 1949 年，他還把史達林比作自己在堪薩斯城的老友博斯·彭德格斯特（Boss Pendergast）。1946 年，美國駐莫斯科使館代辦喬治·肯南向美國國務院發回一份電報，試圖讓美國決策者了解史達林政權的真實性質與動機；溫斯頓·邱吉爾則在密蘇里的富爾敦發表了一場著名演說，警告說一個「鐵幕」已經降臨歐洲。當國務卿詹姆斯·伯恩斯（James Byrnes）還在努力與蘇聯談判、希望與蘇聯達成一項戰後條約的時候，杜魯門指派其助手克拉克·克利福德（Clark Clifford）準備一份有關蘇聯真實計畫的報告。克利福德與相關人士交換意見之後得出結論，即肯南的看法是正確的：蘇聯人會抓住一切代價不高的機會進行擴張。然而，杜魯門在 1946 年 12 月看到這份報告後告訴克利福德，他不想讓很多人知道該報告的結論，因為他還在努力遵循羅斯福的大政方針，尚未制定出一個新的戰略。

　　有六個問題促使美國最後調整了戰略，導致冷戰的爆發。第一是蘇聯人在波蘭和東歐的行為。波蘭無疑是第二次世界大戰的一帖催化劑，並且美國人認為，史達林違背了戰後在波蘭自由選舉的諾言。然而，史達林的承諾是不甚清楚的。史達林與羅斯福 1943 年在德黑蘭會面的時候，羅斯福提出了波蘭問題，但是他主要是出於 1944 年美國將進行總統選舉的考量，史達林允許波蘭舉行選舉。羅斯福自己將參加總統選舉；美國有許多美籍波蘭裔選民，他需要向這部分選民承諾，波蘭在戰後將舉行自由選舉。史達林從來就不擔心蘇聯的選舉，所以他對羅斯福的關切並不是很在意。1945 年 2 月的雅爾達協定也比較含糊，史達林極力按自己的需要來解釋其含義，當蘇聯紅軍從波蘭趕走德國人之後，蘇聯便在華沙建立了一個共產黨政府。美國人感覺自己受騙，但是史達林認為美國人會接受現

實，因為是蘇聯軍隊解放了波蘭。

第二是美國在 1945 年 5 月，突然終止租借援助計畫，美國和蘇聯的經濟關係因此陷入緊張。租借援助計畫突然終止執行，在某種程度上是官僚機構所犯的錯誤，而 1946 年 2 月美國拒絕了蘇聯的貸款要求，則是兩國總體關係沒能改善的結果。蘇聯人把以上兩個美國的做法解釋為敵視行為。

第三是德國問題。在雅爾達會議上，美國和蘇聯同意，德國要支付 200 億美元的賠款，其中一半給蘇聯。但是雅爾達會議並沒有確定如何以及何時支付賠款，只決定以後再討論這個問題。在 1945 年 7 月的波茨坦會議上，蘇聯要求獲得 100 億美元賠款，而且要求這些賠款應從美、英、法占領的西德獲得。哈利‧杜魯門關心德國的重建問題，他提出，如果蘇聯要從德國獲取 100 億美元賠款的話，應該從自己占領的東德獲得。杜魯門聲稱，在西德實現重建之後，如果那裡還剩下什麼東西的話，他一定會告訴蘇聯人。這樣，在有關德國如何重建的問題上，美國和蘇聯人存在著分歧。美國與英國、法國一起，在西德發行新貨幣，開始了把西德融入西方的過程，這也導致了蘇聯加強對東德的控制。

第四是東亞問題。直到戰爭結束的一個星期前，蘇聯在太平洋戰爭還保持中立的態度。然後蘇聯就向日本宣戰，並趁機從日本手中奪取中國東北、庫頁島南部以及整個千島群島。在波茨坦會議上，蘇聯要求在日本獲得一個占領區，就像美國擁有一個德國的占領區一樣。杜魯門的反應實際上是這樣的：蘇聯人來遲了一步，所以不能獲得占領區。從美國人的角度來看這十分合情合理。然而，這不能不讓蘇聯人聯想起東歐的情形，美國要求在東歐舉行自由選舉和在東歐事務上擁有發言權，而蘇聯軍隊是最先到達這個地區的。因此，蘇聯人把遠東情勢與東歐情勢相類比，而美國人則把遠東發生的事視為蘇聯努力擴張影響的又一個例證。

第五是原子彈問題。羅斯福已經決定美國不與蘇聯分享原子彈的秘密。今天，大多數的歷史學家認為，杜魯門下令在廣島和長崎投擲兩顆原子彈，主要是為了使對日戰爭早點結束，而不是如一些修正派人士所說的是在嚇唬蘇聯。但是，他確實希望原子彈會產生一些政治效果。在波茨坦會議上，當杜魯門告訴史達林美國已經擁有原子彈的時候，史達林臉上神色自若。顯然，史達林事先已經透過自己的情報人員知曉消息，但是他的鎮定態度讓美國人驚訝。1946 年，美

國提出了由聯合國控制核武的「巴魯克計畫」（Baruch Plan），史達林斷然拒絕，因為他想製造自己的核武。在史達林看來，處於國際控制下的原子彈仍然是美國的原子彈，因為只有美國人知道如何製造，蘇聯擁有原子彈更有助於維護自己的安全。蘇聯研製的原子彈終於在 1949 年試爆成功。

第六個問題涉及東地中海和中東國家。第二次世界大戰以前，英國在該地區具有很大的影響力。第二次世界大戰結束後，在該地區發生了一些事件。首先是 1946 年 3 月蘇聯拒絕從伊朗北部撤軍。美國在聯合國的有關辯論中支持伊朗。蘇聯最後還是撤走了軍隊，但是這個事件讓蘇聯人很不高興。接著，蘇聯又對其南面的鄰居土耳其施加壓力，而且希臘共產黨眼看就要獲得希臘內戰的勝利。這些事件讓西方更加相信，蘇聯人正在試圖擴張其勢力。

儘管上述每個問題中都包含著某些誤解的因素，但這六個問題都是確實存在的。這些問題可以透過協商和綏靖的方式得到解決嗎？綏靖能起作用嗎？或許不能。肯南聲稱，蘇聯人傾向於試探對方的每一個弱點。綏靖政策可能被視為一個弱點，從而招致蘇聯採取更多的試探行為。1946 年 6 月，蘇聯前任外交部長馬克沁・李維諾夫（Maxim Litvinov）告誡美國國務卿不要做出讓步，因為緊張關係的根源是「這裡的主流意識形態觀念，即共產主義世界和資本主義世界之間的衝突不可避免」，讓步只會導致「西方將在或長或短的時間內面對越來越多的要求」。[5] 綏靖政策或許並沒有什麼作用，但是強硬的討價還價態度可能制約了某些事態的發展，導致冷戰的爆發。如果美國在採取堅定立場的同時，對史達林的機會主義行為採取一些安撫性的策略，並且做出願意談判的姿態，那麼 1945 至 1947 年間的事態發展或許會更好一些。

第二個階段，即 1947 至 1949 年的冷戰開始階段，是在希臘與土耳其問題出現後啟動的（圖 5.1）。英國在第二次世界大戰中受到嚴重削弱，覺得自己已經無力再向東地中海地區提供安全保障。美國面臨著或者讓該地區繼續存在一個真空地帶，或者取代英國，提供援助希臘和土耳其的政策選擇問題。介入這個地區的事務，意味著美國要改變傳統的對外政策軌道。杜魯門不敢確定美國國內輿論是否會支持，當時人們仍然擔心，孤立主義可能繼續主導戰後美國的對外政策。杜魯門問來自密西根州的共和黨參議員亞瑟・范登堡（Arthur Vandenberg），參議院是否支持美國政府向希臘和土耳其提供援助？范登堡回

答說，杜魯門必須「讓議員們感到害怕」，這樣才可以使得國會支持政府改變美國傳統對外政策。於是，杜魯門在向國會解釋政策變化的時候，沒有提及透過援助希臘和土耳其來維持東地中海地區權力平衡的必要性。相反地，他大談美國需要支持各個地方熱愛自由的人民。這種從道德和意識形態角度解釋美國對外援助的做法，被稱為「杜魯門主義」。

羅斯福與史達林：互不信任

　　總統的行為似乎顯示，美國人相信真正的合作不管是在戰時還是戰後都可以實現。羅斯福顯然忘記了（假設他曾經意識到），在史達林眼裡，他和希特勒並沒有兩樣，兩人都是強大的資本主義國家的領袖，長遠的企圖與克里姆林宮的目標是相牴觸的。

——威廉‧陶布曼（William Taubman），
《史達林的對美政策》（*Stalin's American Policy*）[6]

　　當時已經回到國務院任職的喬治‧肯南，反對這種用意識形態語言表述對外政策的做法，認為它是沒有限度的，會使美國陷入困境。顯然，「杜魯門主義」所表述的圍堵政策包含著極其含糊不清的內容。美國到底是要圍堵蘇聯的權力，還是要圍堵共產主義意識形態呢？剛開始，圍堵蘇聯的權力和圍堵共產主義似乎是一回事，但後來隨著共產主義運動的分裂，這種含糊不清所造成的問題就很嚴重了。

　　杜魯門誇大了美國所面臨的威脅，並且用意識形態的語言解釋美國政策的變化，這種做法是錯誤的嗎？一些觀察家指出，在民主國家中改變公眾輿論比在極權國家中改變政策要困難得多。他們聲稱，誇大威脅的做法加快了民主國家輿論的轉變過程。為了讓一輛狂奔中的馬車掉頭，勒緊韁繩是十分必要的。不管誇大威脅的做法是否必要，它的確促使冷戰的性質發生了變化。

　　1947 年 6 月，國務卿喬治‧馬歇爾（George Marshall）提出了一個援助歐洲的計畫。按照馬歇爾計畫的最初建議，假如蘇聯和東歐國家願意的話，可以參加該計畫，但是史達林向東歐國家施加極大的壓力，使它們不敢參加這個計

圖 5.1 歐洲冷戰的早期

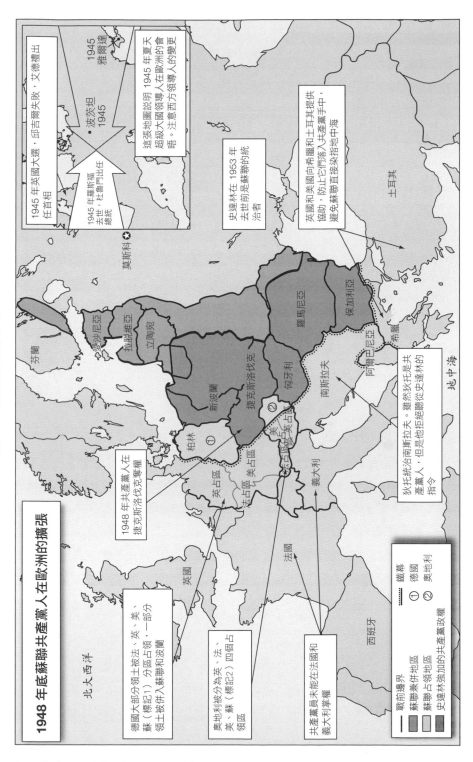

畫。在史達林看來，馬歇爾計畫並不是美國慷慨大方的表現，而是一個經濟大槌，用來破壞東歐作為蘇聯安全緩衝區的地位。在捷克斯洛伐克表示想得到美國的援助之後，史達林加強了對東歐的控制，1948 年 2 月，共產黨完全掌握了捷克斯洛伐克的政權。

杜魯門從這些事件中聯想到了 20 世紀 30 年代的事態發展。他開始擔心史達林可能成為另一個希特勒。美國提出了一個有關德國西區貨幣改革的計畫，史達林則以封鎖柏林來加以回擊。美國對柏林封鎖的反應是實施空運和建立北大西洋公約組織（NATO）。雙方針鋒相對，衝突不斷升級。

1949 年發生的兩個令人震驚的事件使得冷戰進入了最嚴重階段。一個事件是蘇聯試爆了第一顆原子彈，這比美國人預計的時間要早得多。另一個事件是中國共產黨控制了中國大陸，迫使國民黨敗退台灣。美國人的驚慌心理表現在「國家安全委員會第 68 號文件」（NSC-68）這個機密政策文件上，該密件預測，蘇聯在四到五年內會發動一場攻擊，這是它追求全球霸權計畫的一部分。NSC-68 呼籲美國大幅增加國防開支。杜魯門由於受到財政問題的困擾，直到 1950 年 6 月韓戰爆發後，才批准 NSC-68。

朝鮮半島與 NSC-68

NSC-68 的目的在於改變美國大眾對政府的認知，讓他們相信總統不僅可以做出決定，而且可將該決定付諸實施。即使是這樣，假如蘇聯人沒有那麼愚蠢地鼓動對韓國發動進攻和掀起「仇視美國」的運動，那麼美國可能就難以在此後的幾年裡採取那些行動了。

——國務卿迪安・艾奇遜，《參與創建》（*Present at the Creation*）[7]

韓戰所起的作用就如同往火苗上澆汽油（圖 5.2）。它使得西方確信史達林具有擴張主義野心，並導致美國杜魯門政府大大增加國防預算。為什麼史達林允許北韓的行動呢？赫魯雪夫在其回憶錄中做了這樣的解釋：北韓領導人金日成促使史達林抓住統一朝鮮的時機。美國人曾經表示，朝鮮半島不在其防禦線之內，艾奇遜國務卿表明了這一立場，參謀長聯席會議主席也進行相對規畫。北韓是史

圖5.2 韓戰

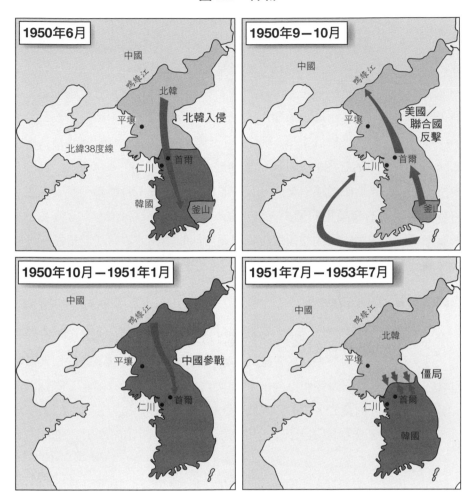

達林的弱點。但是，當韓戰爆發之後，杜魯門的反應是不由自主的，並非深思熟慮。他想起了希特勒進軍萊茵地區，並且想到了必須在各處反擊侵略行為的格言。韓戰所引發的歷史類比，其作用之大讓精心設計的防禦計畫黯然失色。美國當時可以動員聯合國安理會同意實施集體安全原則（美國之所以能夠這樣做，是因為當時蘇聯抵制安理會，當時聯合國安理會未能給予中國共產黨政權合法地位，而讓台灣國民政府「享有」席位），並且打著聯合國的旗幟出兵朝鮮，把共產黨人推回到「三十八度線」以北，「三十八度線」把朝鮮半島分為南北兩個部

分。

一開始，北韓軍隊向南長驅直入，幾乎到達半島的最南端。但是，美國軍隊於 1950 年 9 月在朝鮮半島中部的仁川登陸，切斷了北韓的退路。如果美國軍隊就地止步，那麼就能因為恢復朝鮮半島戰前現狀成為勝利者。然而，杜魯門迫於國內的壓力，命令美軍跨越「三十八度線」，追擊北韓軍隊。在美國人逼近中朝界河鴨綠江後，中國共產黨開始介入，把聯合國軍隊趕回到半島的中部。雙方在戰爭中僵持了三年，最後於 1953 年簽署了一項停戰協定。美國開始捲入與中國的糾紛之中，而共產主義陣營則表現得如同一鼻孔出氣。在美國國內，美國在戰爭中所遭受到的挫折使得國內發生分裂，並促使麥卡錫主義興起。麥卡錫主義因來自威斯康辛州的參議員約瑟夫・麥卡錫（Joseph McCarthy）而得名，麥卡錫嚴厲指責所謂的美國國內的顛覆陰謀，然而他的指責並沒有什麼根據。冷戰的壁壘日益分明，兩大集團之間的交流幾乎完全中斷。

冷戰是不可避免的嗎？

冷戰的爆發是不可避免的嗎？假如我們把「不可避免」理解為「可能性很大」，那麼後修正派的觀點就是正確的。兩極結構使得雙方很可能被拖入歐洲的權力真空之中，並且很難從中擺脫出來。嚴重的意識形態對立限制了聯合國的作用，阻礙了國際間的交流，使得國際體系內的程序變得繁複。在這樣的體系條件之下，國際間的衝突會因為上述六個問題或其他某些問題而產生，而且很難解決。

然而，後修正派過於依賴體系層次的解釋。冷戰或許是不可避免的，但是冷戰的激烈程度並非如此。不管怎麼說，冷戰具有幾個不同的階段。由於兩極體系結構一直到 1989 年都沒有發生變化，因此結構層次的分析不能解釋為什麼這場衝突會出現不同的階段，也說明不了為什麼它的激烈程度不是一成不變的。因此，個人以及國內政治起了很重要的作用。我們只有觀察領導人的個性以及其所處的國內政治背景，才能真正理解冷戰。修正派關注國內問題的方法是正確的，但是他們錯誤地過分強調經濟決定論。意識形態和國內政治中的誇大其詞所起的作用更大。鑒於戰後蘇聯的國內問題，史達林利用了意識形態，而杜魯門則為了讓美國人民支持美國對外政策的轉變，故意誇大美國所面臨的威脅。把當前形勢

與 20 世紀 30 年代相類比的思維方式，使得雙方的立場更加僵化。諷刺的是，如果雙方在各個不同的時期裡選擇其他政策，那麼這場衝突的激烈程度或許會小些。比如，如果美國在 1945 至 1947 年間聽從肯南的建議，採取較為強硬的反應措施，在 1947 至 1950 年間爭取與蘇聯進行務實的談判和相互溝通，那麼冷戰很可能不會發展到 20 世紀 50 年代初那樣激烈的程度。

分析的層次

冷戰的起源可以從幾個不同的意象或者分析層次加以解釋，如圖 5.3。

亞歷克西斯·德·托克維爾（Alexis de Tocqueville, 1805-1859）在 19 世紀時就預言，俄國和美國註定要成為世界上兩個最強大的國家。現實主義者可能因此預言，這兩個國家將陷於某種形式的衝突之中。當然，1917 年的布爾什維克革命為這場衝突增加了意識形態內涵。威爾遜總統最初獲知俄國革命的消息後，對俄國人民的民主精神大加讚揚。但美國人很快就開始譴責布爾什維克黨人處死沙皇、沒收私人財產，以及在第一次世界大戰中與德國人合作等行為。美國派了一小支軍隊參加盟國干涉俄國的行動，聲稱這樣做的動機是想讓俄國繼續參加對德作戰，但是蘇聯人卻把這項干涉行動的目的解釋為西方國家企圖把共產主義政權扼殺在搖籃之中。儘管兩國關係中存在著這些不和諧的因素，但美國和蘇聯在兩次世界大戰之間並沒有發生衝突，還在 20 世紀 40 年代上半葉成為盟友。第二次世界大戰後，其他大國權力的衰落所導致的兩極結構以及出現權力真空地帶，改變了美蘇兩國之間的關係。而在此之前，雖然美蘇互不信任，但是兩國相距甚遠。在第二次世界大戰前，兩國避免相互接觸，但是在 1945 年以後，它們開始近距離地相互面對，歐洲被一分為二，嚴重的衝突在 1947 年後開始出現了。人們在思考一個問題，即這種局面是否為兩極結構的必然產物？不管怎麼說，蘇聯是一個陸上強國，而美國則是一個海上強國，為什麼它們不能像熊和鯨魚一樣勞動分工、各自生活在自己的空間裡呢？

答案在於，世界政治的重要賭注或者那些可以影響權力平衡的國家（特別是歐洲國家和日本），正好位於蘇聯的邊緣地帶。正如喬治·肯南在戰後所指出的，世界上有四個地區具有技術和工業方面的創造力，它們的同盟傾向將左右全球的權力平衡。這四個地區是美國、蘇聯、歐洲和日本。[8] 美國同歐洲和日本結盟，

圖5.3 冷戰的原因

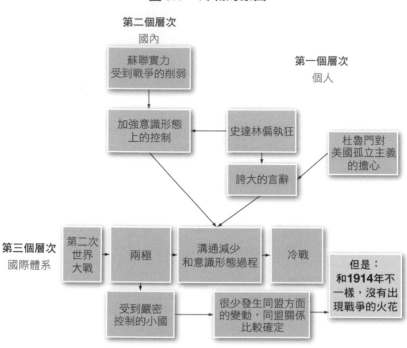

共同反對蘇聯,無疑具有至關重要的意義。

　　體系層次的解釋預測衝突必然發生,但是它無法說明衝突的強度有多大(參見圖5.3)。為此,我們需要超越體系層次的分析,從國家與個人層次探討問題,以及了解建構主義者的解釋。在國家層次上,這兩個國家截然不同。簡單來說,蘇聯的政治文化及在外交中的表現,是由俄國傳統以及共產主義意識形態這兩個方面的根源所決定的。建構主義者指出,俄國的政治文化具有如下幾個特徵:強調專制而非民主,渴望有位強勢的領導人,害怕出現無政府狀態(因為俄國是個幅員遼闊的大國,它擔心無政府狀態與異議分子的存在會導致帝國解體),擔憂外來入侵(俄國是個在地理上很脆弱的陸上大國,在過去幾個世紀裡多次遭受鄰國的侵略),希望甩掉落後的帽子(自從彼得大帝以來,俄國人一直努力證明自己的國家在國際競爭中具有活力),以及崇尚秘密(試圖掩蓋俄國社會生活中的陰暗面)。除此之外,共產主義制度以階級的權利而不是個人的權利為正義的基

礎。個人或者社會應當起的作用，就是使無產階級或者工人階級成為領導力量，因為無產階級或工人階級被認為代表著歷史發展的方向。

　　意識形態因素增強了蘇聯對外擴張的傾向，並且使得蘇聯的對外政策過程是秘密的，受到嚴密控制的。這種對外政策既有優點，也有弱點。史達林在 1939 年之所以能夠迅速地與希特勒簽訂條約，正是由於蘇聯對外政策的優點。史達林可以不受公眾輿論的制約，也不需要擔心官僚機構會扯自己的後腿。他可以隨心所欲地與希特勒簽訂條約，而此時的英國和法國領導人還拿不定主意是否同蘇聯打交道。然而，當 1941 年希特勒進攻蘇聯之後，蘇聯對外政策中的弱點也就暴露無遺。史達林不敢相信希特勒會那麼做，於是他在此後的一個多星期裡，情緒極度消沉。下屬中沒人敢站出來填補領導層的空缺，結果蘇聯的軍事防禦在戰爭剛爆發的時候遭受了毀滅性的打擊。

　　與此相反，美國的政治文化強調自由民主、多樣性和權力分散。美國人不僅不用為自己國家的落後狀況而汗顏，反而會為美國在技術和經濟上所取得的成就感到自豪。美國不用真正擔憂外來入侵，這是因為其鄰國皆較弱小（因而容易受到美國的攻擊），兩個大洋把美國與其他大國隔開，而且英國海軍也曾經阻止其他國家插手西半球。美國是開放的國家，政府文件經常在出爐幾天或者幾個星期之後，就能為新聞界所獲得。美國社會十分重視個人正義，不強調階級正義。基於此種政治文化的對外政策強調道德感和公開性，而且總是在內向和外向兩種傾向之間來回搖擺。其結果是，美國對外政策的過程常常是前後不一致、缺乏連貫性的。然而，硬幣還有它的另一面。公開性和多樣性的優點經常能保證美國避免犯更大的錯誤。

　　因此，兩個結構迥異、對外政策過程不同的社會不能夠相互理解，建構主義者一點都不覺得奇怪。我們從 20 世紀 40 年代杜魯門和羅斯福與史達林打交道的方式中，可以找到這樣的例子。在冷戰期間，美國很難理解蘇聯，因為後者就像是一個黑盒子。美國領導人只能看到進出黑盒子的東西，不知道裡面所發生的事。美國同樣也讓蘇聯人難以理解。美國就像一部發出噪音的機器，產生的背景聲音太雜了，讓人很難聽清真正的訊息。也就是說，過多的人在談論太多的事情。因此，蘇聯人經常搞不清楚美國人的真正目的是什麼。

美國和蘇聯在冷戰中的目標

蘇聯經常被指責為一個擴張主義國家和革命國家,不是一個滿足現狀的國家。然而,後修正主義者的觀點更精細,也更準確。在他們看來,蘇聯事實上更傾向於追求具體目標或占有目標,而美國則傾向於追求抽象或環境目標。我們從史達林、邱吉爾和羅斯福在雅爾達談判桌上所提出的目標,可以看出端倪。史達林在雅爾達的目標十分明確:即從德國和波蘭獲得權益。羅斯福想建立聯合國開放的國際經濟制度(邱吉爾的目標是幫助法國重建,以便在美國軍隊「回家」之後抗衡蘇聯)。從某種意義上說,史達林的戰後目標屬於俄羅斯帝國的傳統目標,他想保留從蘇德條約所獲得的權益。史達林的目標和彼得大帝的目標十分相似。

一些美國人認為,蘇聯人和希特勒一樣,都是擴張主義者,想要建立世界霸權。也有人認為,蘇聯人主要是追求安全,擴張是為了防禦。蘇聯的擴張主義至少在兩個方面和希特勒有所不同。第一,蘇聯不好戰,它不想介入戰爭。希特勒入侵波蘭的時候,擔心西方國家建議他再簽署一個慕尼黑協定,而他真正想要的卻是戰爭,以此為法西斯主義建立汗馬功勞。第二,蘇聯採取了謹慎小心的機會主義態度,不會輕率冒險。冒險主義被認為是一種和共產主義相違背的罪惡,因為它可能打亂歷史發展的進程。蘇聯在冷戰時期,從未像希特勒那樣好戰與魯莽。

然而,我們也不能說蘇聯的行為完全是防禦性的。在兩極世界中很難區分進攻與防禦行為。某些行為的動機是防禦性的,但可能對另一方極具威脅。而且,防禦性的擴張主義或帝國主義的傳統由來已久。比如在 19 世紀,英國開始進入埃及的目的是為了保護通往印度的航線。在奪取埃及之後,英國人又認為應該占領蘇丹以保護埃及,接著又覺得有必要併吞烏干達來保護蘇丹。在占領烏干達之後,英國又不得不奪取肯亞,以建設一條鐵路來保護烏干達。吃得越多,胃口越大,安全困境被用來說明不斷擴張的合理性。蘇聯還用解放全世界的工人階級這個共產主義意識形態目標,為擴張行為尋找合法依據。簡言之,蘇聯在冷戰時期是個擴張主義國家,但是其擴張行為是小心謹慎和充滿機會主義的。

美國的目標是什麼呢?在冷戰時期,美國政府想圍堵蘇聯。但是,圍堵政策

有兩個十分含糊不清的地方。其一是目標問題：到底是圍堵蘇聯權力還是圍堵共產主義？第二個是手段問題，到底是使用資源阻止蘇聯任何一次擴張行為，還是僅僅在對權力平衡至關重要的地區圍堵蘇聯的擴張行為呢？在韓戰爆發以前，人們就針對圍堵手段和目標含糊不清的問題進行過激烈的爭論。喬治·肯南批評杜魯門所提出的那種毫無限制的圍堵政策。肯南自己的圍堵思想與古典外交思想相吻合。它不太強調軍事手段，而且地點是有所選擇的。南斯拉夫就是一個極好的例子。1948 年，狄托（Josip Broz Tito）因為反對蘇聯控制南斯拉夫的對外政策以及南斯拉夫向希臘共產黨人提供軍事援助問題，而與史達林決裂。從圍堵的意識形態角度來看，美國不應該支持南斯拉夫，因為後者是共產國家。從圍堵的權力平衡角度來看，美國應該支持南斯拉夫，以此削弱蘇聯的權力。美國實際上就是選擇了後者。儘管「杜魯門主義」提出要保護各個地方熱愛自由的人民，美國還是向一個共產國家提供了軍事援助。美國這樣做是出於權力平衡的考慮，它大大削弱了蘇聯在歐洲的勢力。

肯南有關圍堵的觀點

說美國單槍匹馬就能決定共產主義運動的命運，並很快使得蘇聯政權垮台，這是誇大其詞。但是，美國的確能夠對蘇聯的政策施加極大的壓力，迫使克里姆林宮的行為比近年來的所作所為更加溫和與克制，從而最終導致蘇聯政權的垮台或者逐漸軟化。

——喬治·肯南，〈蘇聯行為的根源〉（The Sources of Soviet Conduct）[9]

然而，在韓戰爆發後，肯南的圍堵主張失去了說服力。在當時，NSC-68 有關蘇聯擴張主義的預言似乎得到了證實。在中國人加入韓戰之後，共產主義世界看上去是鐵板一塊，有關圍堵的言論強調阻止共產主義擴張這個意識形態目標。正是在這個背景之下，美國犯了一個嚴重錯誤，開始介入越戰。

圍堵行動：越戰

5.3 從機會主義角度（作為圍堵的行為）和道德角度評估美國在越南的戰爭。

美國在將近二十年的時間裡（1955-1973），努力阻止共產黨人控制越南，為此導致 58,000 名美國人喪生，200 至 300 萬的越南人失去生命，美國花費了 6,000 億美元，美國國內還出現了動盪局勢，圍堵政策因此失去民眾的支持。美國除了在南越圍堵共產主義，還在世界其他地方採取類似行動，因為美國擔心，假如它不能圍堵共產主義的擴張，美國的信譽將受到損害。在胡志明的領導下，越南成功地挫敗了法國在第二次世界大戰結束後使越南重新殖民化的企圖。1954 年的日內瓦國際會議把越南劃分為兩部分，北面是共產黨國家北越，其首都位於河內，南面是非共產黨國家南越，其首都位於西貢（即今日的胡志明市）。越戰始於這兩個政府之間的內戰，南越政權努力抵制北越「統一祖國」的行動。在美國的支持之下，南越成功地阻止了一次有關統一的全民公投，儘管它在日內瓦會議上贊同舉行全民公決。

美國從冷戰的角度看待越南的衝突，即把它視為共產國家對非共產國家的侵略。美國擔心，假如南越陷落的話，那麼東南亞的其他非共產國家就會像骨牌倒塌一樣垮台。北越政府及其南越的盟友（民族解放陣線或者 NLF，美國人通常稱之為「越共」）則把這場戰爭看作是爭取獨立和自決的反法鬥爭的延續。經過十五年的戰爭，美國在 1973 年簽署巴黎和平條約之後，停止其在越南的直接干涉行動。北越和南越之間的戰爭一直持續到 1975 年河內統一越南為止。然而統一後的越南不僅沒有導致骨牌式倒塌，反而與其共產黨鄰國（東埔寨和中國）發生了戰爭。假如美國當初從民族主義和自決的角度認識越南衝突，那麼就可能以權力平衡的角度看待這場衝突，並且以跳棋而非骨牌的比喻來主導自己的政策。諷刺的是，今天的越南共產黨政府與美國保持著良好關係。

動機、手段和結果

除了美國發動越戰是否明智這個問題之外，從美國的目標來看，美國發動越戰還涉及是否道德的問題。我們應當遵循什麼原則來對越戰進行道德判斷呢？我們可以從與正義戰爭傳統（讀者應該記得，本書第一章曾經論述過這個問題）相

關聯的三個層面來判斷：動機、手段和結果。這三者都很重要，因為只從一個層面判斷干涉行為，可能無法全面地理解衝突，它在倫理上也有問題。

單單是好的動機也不能證明干涉行為是正當的。諾曼・波德霍雷茲（Norman Podhoretz）指出，美國干涉越南的行動是正當的，因為美國的目的是把南越人民從極權統治下解放出來。[10] 這裡舉一個類比的事例。假設某個晚上，朋友主動提出要開車送你的女兒回家。當時正下著雨，朋友車開得太快，結果車翻到路邊，你女兒死了。朋友說：「我的動機完全是善意的。我只想讓她早點到家睡個好覺，準備第二天的學術評量考試（SAT）。」然而，你更關心的無疑是你朋友的行為後果，很顯然是開車不小心導致事故發生。同樣地，像波德霍雷茲所說的，美國在越南的行動是「魯莽但符合道德的」，卻沒有考慮到結果和手段。單單是結果也不能證明行為的正當性。林登・詹森（Lyndon Johnson）的國家安全事務助理瓦特・羅斯托（Walt Rostow）聲稱，越戰是正義的，因為美國願意以巨大的生命與金錢代價兌現對南越的長期承諾，顯示美國可信賴和增強其在西歐的嚇阻力。假設越戰真的具有這樣的效果（許多外國領導人對美國干預越南的認識，大都是困惑，而不是好感）；那麼美國的行為也有點像前面提到的你那位朋友所言，他自己沒有錯，開車送孩子回家的行為應該受到讚揚，即便他的原因只是為了不用在家裡洗盤子（動機），而且他一路上闖紅燈（手段）。最後，單單是手段也不能證明行為是否正當。假如美國在越戰中所採取的手段是嚴格符合法律的（很遺憾，事實並非如此），那麼這也並不能用來為美國的行為辯護。你那位朋友為了不洗盤子而開車送你女兒回家，這樣的行為動機自然是不會讓他獲得讚揚的，如果他撞死三個路人，即便他沒有超速，也遵守了交通規則，他的行為也是不正當的。我們在評估干涉行為時，必須考量動機、手段以及結果。

在越戰中，美國努力把南越從北越所造成的恐怖中解救出來，這並不足以說明美國的行為是正當的。即便美國的動機是正當的，它所使用的手段也是不正當的。人們可能會問，難道沒有其他選擇嗎？干涉是最後的手段嗎？美國採取保護無辜生命的措施了嗎？美國的行動合乎比例原則（比方說罪與罰是否相稱）還是過頭了？美國是否考慮過採取國際多邊措施，以克服人類從自我的角度考慮問題的傾向？這樣做的結果如何？會取得成功嗎？由於不能充分了解當地的情況和難以辨識平民和游擊隊員，有可能會產生哪些意想不到的危險？顯而易見，我們對

那些錯綜複雜、原因眾多的情勢要採取十分謹慎的態度。我們在做出判斷之前，必須把動機、手段和結果等因素都考慮進去。

　　讓我們來看看圍堵政策是怎樣導致美國干涉越南的。正如我們在前面已經看到的，美國在第二次世界大戰後初期所面臨的問題是，它是否應該取代英國在東地中海的地位，以防止土耳其以及希臘可能遭受蘇聯的入侵。而如何向人民解釋美國的干涉行動這個問題，美國政府內部並不同調。國務卿喬治‧馬歇爾採取十分謹慎的態度。至於其他人，如副國務卿迪安‧艾奇遜和參議員亞瑟‧范登堡，則主張用道德言辭來使美國人相信普世的自由權利。所以，杜魯門總統後來在「杜魯門主義」演說中解釋自己的行動時，大談美國要保護各地方熱愛自由的人民。

　　曾經提醒美國政府注意史達林侵略計畫的外交家肯南，看到圍堵政策已經高度意識形態化後很失望。他聲稱，美國要圍堵的是蘇聯的權力，因此任何可以平衡蘇聯的權力而又不需要動用美國軍隊干涉的措施都是好的。但那些從意識形態角度看問題的大多數人則認為，美國應該採取更具侵略性的方式，直接圍堵蘇聯的共產主義。經過一段時間後，平衡蘇聯權力的主張輸給了使世界遠離共產主義的圍堵主張，後者的目標較為廣泛。這種觀念導致美國領導人在越南問題上低估了共產主義國家之間的分歧。美國開始認為它必須圍堵中國和蘇聯的權力以及共產主義意識形態的傳播。當圍堵主義從 1947 年的東地中海轉到 20 世紀 50 年代的東南亞的時候，它已經成為了好高騖遠、註定失敗的干涉行動的依據。

大事記 ｜ 美國捲入越戰

1954 年	艾森豪總統針對法國在奠邊府的失敗，提出了「骨牌理論」，提醒如果越南落入共產黨人手中，其他東南亞國家將步其後塵
1956 年夏天	隨著法國撤出法屬印度支那，美國的軍事援助顧問團開始訓練南越軍隊
7 月	越南沒有舉行 1954 年日內瓦協議所約定的選舉
1961 年	美國每天對南越的援助超過 100 萬美元
1 月	蘇聯部長會議主席赫魯雪夫宣布蘇聯支持「民族解放戰爭」；胡志明解釋為允許共產黨人對南越的攻擊升級

5 月	約翰·甘迺迪總統派遣 400 名綠扁帽特種兵充當南越軍隊反叛亂戰爭行動的「顧問」
1963 年	到 12 月 31 日，大約有 16,000 名美國軍事顧問在越南
11 月 1 日	在美國的同意之下，南越軍隊包圍西貢的總統府，吳廷琰總統在次日被暗殺
11 月 22 日—24 日	林登·詹森接替被暗殺的甘迺迪出任美國總統，他表示在其任內，美國不會「丟掉」越南
1964 年	美國每天對南越軍隊的援助超過 200 萬美元；截至年底 12 月 31 日，有 23,000 名美國軍事顧問在越南
8 月 2 日	發生「東京灣」事件，三艘北越巡邏船在東京灣向美國軍艦馬多克斯號開火
8 月 7 日	美國國會以壓倒多數票通過「東京灣決議」，授權詹森「採取必要措施，包括使用武裝力量，防止進一步的侵略行動」
1965 年	在該年 1 月，民眾對美國干涉越南的支持率大約 80%；到該年底，大約 184,000 名美國軍人被派往越南
3 月	詹森下令開始實施「滾雷行動」，美國軍隊為此對北越實了持續三年的轟炸，而且美國也在越南使用地面部隊
12 月	麥納馬拉警告詹森，時間越長對北越越有利，美國戰鬥部隊的死亡人數可能達到每個月 1,000 人；當月月底，第二輪轟炸暫停
1966 年	截止到該年年底，大約 39 萬名美國軍人被部署在越南
1 月底	美國開始了為期六週、意圖徹底消滅越共的「搜剿」行動；美國重啟轟炸行動，並且於 4 月開始使用 B-52 轟炸機
1967 年	到該年年底，美國在越南的軍隊人數大約 463,000 人，戰死人數大約 16,000 人
11 月 29 日	麥納馬拉辭去國防部長職務，部分原因在於他不滿詹森的戰爭政策
1968 年	到該年年底，美國在越南的軍隊人數上升到 495,000 人，每個月的傷亡人數超過 1,000 人，美國軍隊在越南的死亡人數累計達到三萬人
1 月	北越發起「春季攻勢」，多次攻擊包括西貢在內的南越城市；儘管美國軍隊挫敗了共產黨人的叛亂行動，「春季攻勢」的規模使得美國新聞界和公眾質疑五角大廈有關敵人已基本被消滅的説

	法；在「春季攻勢」之後，民調表明只有 26% 的美國人支持詹森的戰爭政策
3 月 31 日	詹森宣布不尋求連任；他還提出美國部分停止轟炸行動，並呼籲北越人參加和談
5 月 10 日	「巴黎和平談判」開始，美方代表為埃夫里爾·哈里曼，北越代表為外交部長春水；雙方的談判在此後的五年中時斷時續
11 月	理查·尼克森當選總統
1969 年	美國在越南軍隊死亡人數達到大約四萬人
1 月底	巴黎和談恢復
3 月 17 日	尼克森下令對北越在柬埔寨的補給站實施秘密轟炸
4 月	美國在越南的軍隊人數達到新高——543,400 人
6 月	尼克森和國防部長梅爾文·賴爾德宣布美國的「越南化」政策，美國將因此開始撤出軍隊和讓南越部隊承擔更多責任
1970 年	截止到該年 12 月 31 日，在越南的美國軍隊人數下降到 28 萬人
2 月	季辛吉開始了持續兩年的與黎德壽的談判
4 月 30 日	尼克森宣布強化在柬埔寨的軍事行動力量
6 月 24 日	美國參議院投票廢除東京灣決議
12 月 22 日	美國國會通過庫珀—邱奇修正案，禁止使用美國的國防預算在寮國和柬埔寨從事軍事行動
1971 年	到該年年底，美國在越南的軍隊人數減少到大約 156,000 人；美國軍隊在越南的死亡人數超過 45,000 人，
6 月 18 日—22 日	美國參議院通過不具約束力的決議，要求美國軍隊在該年年底之前撤出越南
1972 年	
4 月	尼克森下令 B-52 轟炸機轟炸河內和海防，企圖迫使北越在談判桌上做出更多讓步
7 月	巴黎談判恢復
10 月	季辛吉在和黎德壽達成一個廣泛的協議後，宣稱「和平即將來臨」；但是，南越總統阮文紹拒絕接受美國提出的允許共產黨軍隊留在南越的建議
12 月	由於北越對阮文紹提出的一系列協議修正方案的不滿，和談失敗了；尼克森下令實施一系列「耶誕轟炸」行動，企圖迫使北越重

	回談判桌
1973 年	到該年年底，美國從越南撤走所有軍隊；美軍在越南的死亡人數為 47,424 人
1 月	季辛吉和黎德壽達成一項修改後的協定，美國迫使阮文紹接受該協議；阮文紹稱該協議「無異於投降」
3 月 29 日	美國從越南軍事脫身
1974 年	
12 月	北越對南越發動新攻勢，占領了湄公河三角洲地區；美國在外交上做出回應
1975 年	
4 月 30 日	隨著北越軍隊進入西貢，最後一批美國政府雇員撤出大使館；幾個小時之後，北越宣布越戰結束

冷戰的其他方面

5.4 評估個性、理念、經濟趨勢和核武在和平終結冷戰中的作用。

　　1952 年，德懷特‧艾森豪（Dwight Eisenhower）當選美國總統，他曾經在競選中表示要結束韓戰，並把共產主義推回去。共和黨聲稱，圍堵是一種向共產主義妥協的膽小鬼行為，正確的方法是把它推回去。但不到六個月，人們就已經清楚看出，把共產主義推回去的政策風險太大，因為可能引發核子戰爭。1953 年史達林去世後，在冷戰中僵持的東西方關係開始緩和。1955 年，美蘇兩國在日內瓦舉行的高峰會上，就奧地利成為一個中立國的問題達成了協定。1956 年，時任蘇共中央第一書記的赫魯雪夫在蘇共二十大上做了一個秘密報告，揭露史達林的罪行。秘密報告被洩漏出去，並導致在蘇聯的東歐勢力範圍內發生了動亂。匈牙利人試圖發動起義，但是蘇聯出兵干涉，迫使匈牙利繼續留在共產主義陣營之中。

　　赫魯雪夫決定要把美國人趕出柏林和徹底解決第二次世界大戰遺留下來的問題，以便蘇聯鞏固其在東歐的地位，並且利用第三世界非殖民化運動所帶來的機會擴展自己的勢力。但是，赫魯雪夫和美國打交道的方式，使人聯想起了德皇在 1914 年以前試圖迫使英國與德國談判的外交風格，兩者都充滿著恐嚇與欺騙。

蘇聯努力迫使美國就範這種做法使結果適得其反，赫魯雪夫在 1958 至 1961 年的柏林危機以及 1962 年發生的古巴飛彈危機中都遭受失敗。

正如我們將在本章後面所看到的，蘇聯和美國在古巴飛彈危機中走到了戰爭的邊緣，彼此都讓對方感到恐懼，兩國之間的關係也因此進入一個新階段。從 1963 年到 1978 年，兩國關係逐漸緩和（détente），或者說緊張關係有所緩解。在古巴飛彈危機之後，軍備控制談判取得了進展，1963 年簽署了禁止在大氣層進行核子試驗的部分禁止核子試驗條約，1968 年簽署了核武禁止擴散條約。雙邊貿易也逐步增長，緩和的範圍似乎正在擴展。越戰使得美國人給予共產黨中國以更多的關注。

從 1969 年到 1974 年，尼克森政府以緩和為手段，追求圍堵的目標。古巴飛彈危機之後，蘇聯大大增加了軍備開支，在核武方面取得了與美國均等的地位。越戰使得美國公眾對於冷戰的干涉行動失去了信心。尼克森的戰略是：（1）達成一項限制戰略武器條約，使得雙方核力量對比相對平衡；（2）打開對華外交關係，在亞洲形成一個三邊的權力平衡格局（而不是促使蘇聯和中國聯手）；（3）擴大美蘇間的貿易，使得美蘇關係中既有胡蘿蔔，也有大棒；（4）利用「聯繫」原則把政策的各個組成部分相互連結起來。緩和的高潮出現在 1972 年和 1973 年，但它持續的時間並不長。

1973 年的中東戰爭以及蘇聯在非洲支持反美運動導致美蘇相互指責。美國的國內政治也促進了緩和的退潮，某些國會議員如亨利‧傑克遜（Henry Jackson），極力主張把對貿易與人權問題（比如蘇聯對待猶太居民的態度）聯繫起來，而反對把對蘇貿易和蘇聯的國際行為聯繫起來。這樣一來，美國的國內政治就加速了緩和的衰亡過程。1975 年，在葡萄牙宣布允許其殖民地安哥拉和莫三比克獨立後，蘇聯運送古巴的軍隊到當地，支持當地具有共產主義傾向的政府。到了 1976 年美國總統選舉的時候，傑拉德‧福特（Gerald Ford）總統再也不使用「緩和」一詞了。其繼任者吉米‧卡特（Jimmy Carter）在上台後的最初兩年裡，還努力維持與蘇聯的「緩和」，但是蘇聯和古巴還是介入了衣索比亞內戰之中。此後，蘇聯繼續擴充軍備，特別是在 1979 年 12 月，蘇聯入侵阿富汗，致使緩和壽終正寢。

為什麼美蘇兩國又重新對抗呢？一種解釋是，緩和被過分吹捧，人們的期望

值太高。更合理的解釋應該是，20世紀70年代的三個事態發展導致了緩和的消亡。首先是蘇聯的軍備擴張，蘇聯國防預算的年增長率將近4%，蘇聯所增加的新式重型飛彈讓美國軍方領導人很不安。其次是蘇聯干涉安哥拉、衣索比亞和阿富汗。蘇聯人認為，上述地區的事態發展正反映了歷史進程中的「力量對比」的變化，歷史正朝著馬列主義所預言的方向發展。最後是美國國內政治的變化，出現了一個向右轉的傾向，破壞了原先支持民主黨的聯盟。蘇聯行為和美國政治傾向相互作用所導致的結果顯示，冷戰是持久的，而緩和則是短暫的。然而，美蘇在20世紀80年代重新進行對抗，**並不**意味著兩國又回到了20世紀50年代那樣的冷戰。兩國回到了50年代的冷戰只是在言論上，而不是在行動上。儘管隆納德·雷根總統稱蘇聯為「邪惡帝國」，但他還是準備和蘇聯達成軍備控制協定。兩國間的貿易，尤其是穀物貿易，繼續增長著，美國人和蘇聯人之間的交流也沒有間斷。兩個超級大國還制定了相互關係中的某些謹慎的原則：避免直接交戰，不使用核武，進行軍備與核武控制談判。顯然，20世紀80年代的冷戰與50年代的冷戰不可相提並論。

冷戰的結束

冷戰是什麼時候結束的呢？由於冷戰的起源與歐洲的分裂密切相關，所以冷戰結束的時間應該是歐洲分裂結束的時間，也就是1989年。1989年11月，蘇聯決定不使用武力來支持東德的共產黨政權，興奮的人群拆毀了柏林圍牆，這可以說冷戰已經結束了。

但是，冷戰為什麼結束呢？一種觀點認為，這是圍堵的結果。喬治·肯南在第二次世界大戰結束後就聲稱，如果美國可以阻止蘇聯進一步擴張，那麼蘇聯的意識形態影響力就會因為缺少勝利果實而受到削弱，蘇聯共產主義會逐漸軟化。新的觀念就會產生，人們會了解共產主義並不代表著歷史發展的未來，歷史並不在它那一邊。總的來看，肯南是對的。儘管冷戰後公布的蘇聯文件顯示，美國對蘇聯擴張主義的恐懼是被誇大的，但毫無疑問，美國的軍事力量幫助制止蘇聯擴張，而美國文化、價值以及觀念的軟實力則侵蝕了共產主義意識形態。但是這種觀點無法解釋有關冷戰結束的時間問題：為什麼冷戰在1989年結束？為什麼冷戰持續了四十年？為什麼蘇聯經過那麼長的時間才軟化？為什麼冷戰不能再延續

十年？

　　另外一種解釋是「帝國過度擴張」。歷史學家保羅·甘迺迪（Paul Kennedy）宣稱，帝國總是過度擴張，直至耗盡內部的所有能量。[11]蘇聯的確是過度擴張的，因為它把四分之一的經濟資源都用在國防和對外事務上，相較來說，20世紀80年代，美國在這方面的開支只占其所有經濟資源的6%。但是，甘迺迪又進一步指出，歷史上任何一個過度擴張的多民族帝國只有在一場大國戰爭中戰敗或者受到削弱之後，才會退縮到原本族群的原有生存地域。然而，蘇聯並沒有在一場大國戰爭中戰敗或者受到削弱。

　　第三種解釋是，美國在20世紀80年代擴充軍備，迫使蘇聯無力應對而在冷戰中投降。蘇聯經濟的確難以支撐其擴張主義軍備競賽，尤其是在人們所說的「軍事革命」時代開始的時候，蘇聯與美國在技術上的差距越來越大。然而，除了少有的（以及短暫的）例外情況，在整個冷戰時期，美國始終是在技術上領先蘇聯的，美國經濟的表現也總是比蘇聯好，美蘇軍備競賽一直是個常態，而不是例外。為什麼這個特定時期的軍備競賽會有如此特殊的效果呢？

　　要解釋冷戰為什麼在這個時候終結，我們需要觀察三個方面的原因，即突發原因、中層原因和深層原因，導致冷戰結束最重要的突發原因是戈巴契夫的個人因素。他想改革共產主義，而不是以別的東西取代。然而，改革就像滾雪球一樣導致了一場革命，這場革命是自下而上發生，蘇聯上層很難加以控制。戈巴契夫在內政和對外政策領域所採取的一系列行動，加速了蘇聯的衰落和冷戰的結束。戈巴契夫在1985年上台後的最初時期，試圖透過增強蘇聯人的紀律來克服經濟停滯問題。在發現加強紀律不足以解決問題之後，他又提出了「改革」（perestroika）的主張，但是他無法進行自上而下的改革，因為官僚們不服從他的指示。為了打擊官僚主義者，他點了一把火，推出了「公開化」（glasnost）戰略，或者公開討論問題和民主化進程。戈巴契夫堅信，讓人民發洩對蘇聯制度的不滿情緒，可以對官僚主義者施加極大的壓力，並且使改革產生作用。然而，一旦公開化和民主化，允許人民把自己的真實想法講出來並且享有表決權，許多人就會提出：「我們要改變現狀。在蘇聯沒有新型的公民。這是一個帝國王朝，我們對這個帝國沒有歸屬感。」戈巴契夫導致了蘇聯的解體，在1991年8月保守派政變失敗之後，蘇聯的解體成為一個不爭的事實。到了1991年12月，蘇

聯的歷史已然終結。

戈巴契夫的對外政策（他自己稱之為「新思維」）也加速了冷戰的結束。這一政策有兩個十分重要的面向。第一個是建構主義者所強調的觀念的變化，比如提出了共同安全觀念，主張透過國家間的合作來擺脫傳統的安全困境，以維護國家的安全。戈巴契夫及其追隨者指出，在一個相互依存程度日益加深的世界中，安全是一種非零和賽局，各國都可以從合作中受益。核威脅的存在意味著，如果競爭失控，那麼大家會一起毀滅。戈巴契夫摒棄了核武越多越好的觀念，提出保持 「充足」的核力量的思想，即保留最低限度的核保護力量。戈巴契夫的對外政策中另一個變化是，他認為擴張主義的代價大於收益。蘇聯控制東歐以及為遠方的附庸國（比如古巴）不斷輸血的代價很大，而收益甚小。蘇聯入侵阿富汗證明是一個高代價的災難。戈巴契夫相信，必須採取其他方式來維護蘇聯的安全，而不能再繼續以在蘇聯周邊或其他地方建立和維持「友好的」共產國家的方式來維護蘇聯的安全。

因此，到了 1989 年夏天的時候，東歐國家獲得了更大程度的自由。匈牙利政府允許東德人經由匈牙利逃往奧地利，東德人的出走給東德政府極大的壓力。此外，東歐國家政府已經喪失了鎮壓示威者的決心（或者失去了蘇聯的支持）。該年 11 月，柏林圍牆被推倒了，在很短時間內發生的一系列事件終於有了戲劇性的結局。我們可以說，這些事件之所以發生，就是由於戈巴契夫判斷失誤。他認為共產主義是可以被修補的，但事實上，努力修補的結果是挖了一個洞。如同水壩中出現一個漏洞，一旦被抑制住的壓力開始消失，漏洞很快就會導致決裂和整個體系的崩潰。

我們還沒有回答如下問題：為什麼冷戰在 1989 年結束？為什麼冷戰在戈巴契夫當政的時候結束？從某種程度上說，戈巴契夫本身就是一個偶然的歷史產物。在 20 世紀 80 年代初期，三位年邁的蘇聯領導人陸續去世。直到 1985 年的時候，戈巴契夫這位從赫魯雪夫時期開始嶄露頭角的年輕一代（所謂的「1956年的那一代人」）的領導人才有了機會。但是，如果蘇共中央政治局在 1985 年選擇一位和戈巴契夫爭權、堅持強硬路線的人作為蘇聯領導人的話，那麼已經衰落的蘇聯很可能還會再繼續存在十年。如果是這樣的話，蘇聯就不會那麼快解體了。戈巴契夫的個性，在很大程度上可以解釋冷戰結束的時間。

　　至於中層原因，喬治‧肯南和保羅‧甘迺迪兩人都已經提及。兩個重要的中層原因，分別是建構主義者所強調、屬於軟實力的自由觀念，以及現實主義者所強調的過度擴張。戈巴契夫所提出的公開化、民主以及新思維，都是西方的觀念，它們已經為 1956 年的那一代人所接受。亞歷山大‧雅科夫列夫（Aleksandr Yakovlev）是改革和公開化政策的主要設計者之一，他曾經作為一名交換生在美國待了一年，並且在加拿大擔任大使十年。他為西方的多元主義理論所吸引。跨國交流與接觸的增加，使得鐵幕被刺破，並且促進了通俗文化和自由觀念的傳播。西方經濟上的成就增加了這種觀念上的吸引力。硬的軍事實力圍堵了蘇聯擴張主義，軟實力則侵蝕了鐵幕後的共產主義信仰。柏林圍牆最終在 1989 年倒塌，不是因為受到大炮的轟擊，而是民眾用鐵鎚和推土機把它推倒了。

　　在帝國過度擴張方面，蘇聯巨額軍費支出開始影響蘇聯社會的其他方面。蘇聯人所享受的健康福利待遇減少，而死亡率則上升（蘇聯是唯一一個死亡率上升的發達國家）。由於缺少資金，基礎設施開始衰敗。最後，甚至蘇聯軍方也感受到了過度擴張所帶來的巨大包袱。1984 年，蘇聯總參謀長尼古拉‧奧加科夫（Nikolai Ogarkov）元帥提出，蘇聯需要進一步發展民間經濟，擴大與西方的貿易，以及加強從西方引進技術。但是在那個停滯的年代裡，年邁的領導人不願意接受奧加科夫的建議，還解除了他的職務。

　　軟實力和帝國過度擴張，這兩個中層原因自然是很重要的。但是，我們最後還必須分析深層原因，即共產主義意識形態影響的衰落（建構主義者的解釋）和蘇聯經濟的衰退（現實主義者的解釋）。共產主義在戰後時期逐步喪失了正當性地位，這是個極富戲劇性的現象。在第二次世界大戰剛剛結束的時候，共產主義具有廣泛的吸引力。不少共產黨人曾經在歐洲領導了反法西斯的抵抗運動，很多人相信共產主義代表了未來的發展方向。蘇聯靠共產主義意識形態獲得了很多軟實力，但濫用了它。蘇聯的軟實力受到以下事態發展的損害：1956 年揭露史達林罪行的去史達林化運動；1956 年匈牙利事件；1968 年捷克斯洛伐克事件；以及自由觀念跨國交流的增加等。儘管從理論上說，共產主義的目標是建立一個以階級正義為基礎的制度，但是列寧之後的領導人則是藉由野蠻的國家安全制度，如勞改營、流放地（gulag）、廣泛的書報檢查和告密等等，來維持國內統治。這些壓迫性措施導致蘇聯人民普遍對制度喪失信心，不滿的情緒反映在地下抗議

文學作品以及日益增多的人權活動家的異端言論中。

除此之外，蘇聯經濟也在衰退，這顯示中央計畫經濟制度已經難以適應世界經濟的變化。史達林建立起了一個集中的經濟管理制度，強調重工業或煙囪工業；這極其不靈活，即只有大拇指，沒有手指頭。它傾向於囤積勞動力，而不是把勞動力轉移到發展服務行業上。正如經濟學家熊彼得（Joseph Schumpeter）所指出的，資本主義是創造性的破壞，是靈活地應對技術變革重大趨勢的方式。[12] 在 20 世紀末，世界經濟中存在著很多不穩定的因素，但是西方市場經濟國家可以把勞動力轉移到服務業，可以整合重工業，並且轉向電腦產業。而蘇聯則跟不上這些變化。比如，1985 年戈巴契夫上台的時候，蘇聯有五萬台個人電腦，美國有 3,000 萬台個人電腦。四年以後，蘇聯個人電腦數量達到 40 萬台，美國個人電腦數量為 4,000 萬台。以市場為導向的經濟體和民主國家，在應對技術變革的時候，比史達林在 20 世紀 30 年代煙囪工業時期建立起來的蘇聯集權制度要靈活得多。一位蘇聯經濟學家在 20 世紀 80 年代末指出，按照世界標準，只有 8% 的蘇聯工業具有競爭力。一個 92% 的工業缺少競爭力的國家，很難保持超級大國的地位。

20 世紀末，第三次工業革命的主要技術變革就是，資訊在經濟中的作用正日益增大。蘇聯的制度尤其不善於處理資訊，政治制度的高度機密性意味著，資訊的流動是緩慢和困難的。情況是如此之差，以至於蘇聯官員得用美國中央情報局的蘇聯經濟評估報告來規畫和預測本國的經濟運行。雷根總統增強國防力量的舉措，給被經濟問題困擾的蘇聯政權再添壓力。

冷戰的結束是 20 世紀發生的一個重大的革命性事件。從它對國際體系結構所造成的影響來說，冷戰的結束可以與第二次世界大戰相提並論，但是冷戰的結束是一個和平的過程。在下面幾章中，我們將分析冷戰結束對未來國際政治的影響。

在蘇聯解體之後，俄羅斯經歷了一個重大的變革過程。冷戰後的俄羅斯放棄了蘇聯時期的計畫經濟，試探性地邁上了民主化和經濟自由化的道路。但是，這條道路充滿危險。俄羅斯政府最初聽從了國際貨幣基金的建議，實施經濟「休克療法」，希望以此完成俄羅斯從經濟集權制國家到自由民主國家的轉變。然而，「休克療法」使俄羅斯社會大分裂，它很快就被一種較為漸進的方式所取代。隨

從內到外解釋冷戰

　　和大多數歷史學家寫歷史的方式有所不同的是，在整個 20 世紀 80 年代末，冷戰史學家是在事件的發展過程中，而不是在事件結束以後來描述冷戰。我們不清楚最後的結局，我們只能確定主要角色的某些而非全部的動機……用一句話來說，我們現在知道了。或者說，我們現在至少要比過去知道得多。我們永遠無法了解歷史的全貌；不管一個歷史事件離我們有多遠，我們都無法完全了解。歷史學家對已經發生過的事件描述的詳盡程度，不超過地圖再現地上景物的詳細程度。但是，我們可以描述過去，就像製圖員繪製地形一樣。冷戰的結束，以及至少是將前蘇聯、東歐和中國的文件部分開放，會使得我們的描述更接近事實。

　　　　　　　　　　　　　　　　　　　　　　　　——約翰·L·加迪斯 [13]

著經濟形勢的惡化，俄羅斯的民族主義開始復甦。儘管今天的俄羅斯在形式上屬於民主國家，但它已經退回到一個舊式的威權國家的道路上。今天的佛拉迪米爾·普丁（Vladimir Putin）享有一定程度上的對俄羅斯的個人掌控力，這是自從 1985 年戈巴契夫上台之後很久沒有出現過的情形。麥可·道爾等理論家，根據自由民主國家間不會發生戰爭的論點得出結論，即如果俄羅斯順利轉型，成為一個民主國家，那麼這就有利於國際和平。[14] 當前，俄羅斯事態發展的方向正好與此相反。

　　不管前景如何，還有一個與冷戰為什麼結束同樣重要的問題等待我們解答：為什麼冷戰持續了那麼長時間，而美蘇之間一直都沒有爆發「熱戰」？也就是說，為什麼冷戰沒有發展成第三次世界大戰？

核武的作用：物理學和政治學

　　一些分析家認為，先進的發達國家吸取了第一次和第二次世界大戰的教訓，根本就不想打仗。另外一些人認為，20 世紀下半葉的「長久和平」是超級大國追求有限的擴張主義的結果。還有人把原因歸結為兩個國家（而不是兩個緊密的同盟）位居主導、純粹的兩極結構的穩定性。然而，在大多數分析家看來，這個問題的答案跟核武和核嚇阻的特殊性質有很大的關係。

核武的巨大毀滅力幾乎是無法想像的。一次百萬噸級的核爆炸使溫度高達一億攝氏度，這是太陽中心溫度的四到五倍。1945 年在廣島投下的那顆原子彈爆炸力是比較小的，只相當於 15,000 噸的炸藥（TNT）。今天的飛彈可以攜帶超過廣島原子彈爆炸力 100 倍以上的核彈頭。事實上，第二次世界大戰中所有炸藥的爆炸力，只相當於一顆 300 萬噸級的核彈頭，在一枚重型洲際飛彈的頭部就可以裝載上一枚這樣的核彈頭。20 世紀 80 年代的時候，美國和蘇聯一起擁有的核武達到數萬件（見圖 5.4）。

核子爆炸所產生的某些物理效應，目前尚不確定。比如，核冬天理論認為，核子戰爭在大氣層中所產生的很多塵埃會阻擋陽光、妨礙植物進行光合作用，從而導致生命種群的滅絕、人類文明的毀滅。國家科學院（National Academy of Sciences）的一份研究報告指出，核冬天是可能出現的，但是很不確定。[15] 這與核武瞄準的是城市還是其他武器有關。燃燒的城市會產生大量煙霧，它擋住很多陽光，但是我們還不能確定煙霧到底能夠飄浮多長時間。如果北半球發生核彈爆炸，那麼煙霧是否會飄到南半球呢？一些持懷疑態度的人認為，最壞的結果並不是出現核冬天，而是出現核秋天——這給人們一點小小的慰藉。人們難以確定的是，大規模的核子戰爭能否導致我們已知的文明毀滅，或者至少是摧毀北半球的生命？美國天主教的主教們在 1983 年所發表的一份關於核武的報告中，只是使用了以下略帶誇張的表述：「我們是自創世紀以來具有毀滅上帝創造物能力的第一代。」[16]

核武改變了戰爭的性質，但是它沒有改變把世界組織起來的基本方式。國家之上沒有更高權威的那種無政府國家體系依然繼續存在於核時代。1946 年，美國提出有關國際控制核武的巴魯克計畫，蘇聯把它視為美國的又一個陰謀。在巴魯克計畫流產之後，愛因斯坦悲嘆，什麼都發生了變化，只有思維方式依然如故。據傳，他說過「物理學比政治學更容易」這句話。

1945 年以後核武之所以沒有導致更大後果，是由於軍事和政治方面的原因。比如說，最早的原子彈殺傷力不及大規模地使用常規武器。1945 年 3 月對東京的轟炸所造成的死亡人數，大於原子彈襲擊廣島所導致的死亡人數。當然，襲擊廣島的 B-29 轟炸機只有一架，而參與轟炸東京的 B-29 轟炸機則達到 279 架。但是，美國剛開始所擁有的核武數量很少。美國在 1947 年只有兩顆原子彈，

圖5.4 美國和蘇聯的戰略核武

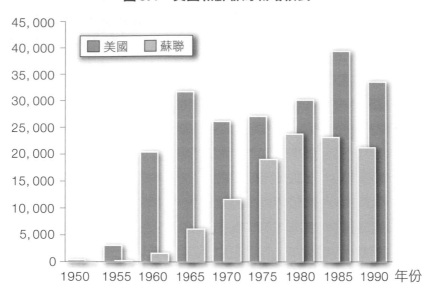

1948 年時有 50 顆。

美蘇較量的開始也使得政治思維方式變化緩慢。蘇聯不信任聯合國，認為它過於依賴美國。美國不能逼迫蘇聯合作，因為歐洲是夾在美國和蘇聯中間的人質。如果美國以核進攻相威脅，那麼蘇聯可以用對歐洲發動常規軍事進攻來威脅美國。結果還是一種僵局。核技術在物理學領域所取得的革命性成果，並不足以改變國家在無政府體系中的行為方式。

1952 年，第一顆氫彈爆炸成功，核革命從此進入了第二階段。氫彈依靠原子聚變後產生的聚變能量，裂變式原子彈則不同，它依靠原子的裂變所產生的能量。氫彈大大增加了單一武器的毀滅力。地球表面上最大威力的氫彈爆炸試驗發生在 1961 年，當時蘇聯試爆了一顆 6,000 萬噸級的氫彈，其爆炸威力是第二次世界大戰中所使用的全部炸彈爆炸威力的 20 倍。這種特別武器的試驗只是半強度的。

諷刺的是，在氫彈問世之後，核武技術的進一步發展竟然是表現在彈頭的小型化上。核融合聚變技術使得很小的彈頭就具有極大的破壞力。早期原子彈的運載工具變得越來越大，因為核彈頭變大後，所占據的空間必然增大。1948 至

1958 年在美國空軍服役的 B-36 轟炸機是一種具有八個引擎的巨型飛機，但是只能裝載一顆原子彈。而一顆威力相同的氫彈則要小得多。如果把核彈頭裝在彈道飛彈的頭部，那麼發動一場洲際核子戰爭只需 30 分鐘，而 B-36 轟炸機飛行同樣的距離要花八個小時。

氫彈破壞力的增強也提高了核子戰爭的代價，人們因此不再認為戰爭只是政治透過其他手段的延續。19 世紀的普魯士將軍、軍事理論家卡爾‧馮‧克勞塞維茨（Karl von Clausewitz, 1780-1831）宣稱，戰爭是一種政治行為，因此無限制的戰爭是個愚蠢的行為。核武的巨大毀滅力意味著，今天軍事手段和國家所追求的政治目標之間幾乎是脫節的。目標和手段的脫節，導致有關國家在大多數情況下無法使用核武這個終極的軍事手段。1945 年以後，核武從來沒有被使用過，只是用來嚇唬人的。核武的威力實在太大了，因而與任何有意義的目標脫節。

核武雖然沒有改變世界的無政府狀態，但是產生了五個重大的政治後果。第一，它讓人們重新接受有限戰爭的觀念。我們在 20 世紀上半葉看到了從 19 世紀的有限戰爭到兩次世界大戰的變化，這兩場戰爭導致了數千萬人喪生。在 20 世紀中期，分析家把 20 世紀稱為「全面戰爭的世紀」。但是 20 世紀下半葉的戰爭更像 18 世紀和 19 世紀那種舊式戰爭，例如，韓戰和越戰，雖然各導致超過 55,000 名美國人喪生（戰鬥與非戰鬥人員），但依然在範圍與規模上都屬於有限戰爭。在越南和阿富汗，美國和蘇聯都分別接受了失敗，沒有使用自己的終極武器。

第二，危機取代戰爭成為真實的瞬間。在過去，戰爭就是在桌面上亮出手中所有的牌。在核時代，戰爭的毀滅性太大了，傳統的戰爭方式太危險。在冷戰期間，柏林危機、古巴飛彈危機以及 20 世紀 70 年代初的中東危機，都有類似戰爭的作用，反映了軍事上的力量對比狀況。

第三，核武使嚇阻（藉由恐嚇使對手不做某事）成為一種重要戰略。今天，事先調動軍事力量讓對手感到害怕，從而阻止對手進攻，是極其重要的戰略。美國在第二次世界大戰中，靠的是在戰事爆發後動員和逐漸做好參戰準備的能力，但是這種戰爭動員的方式現在已經不管用了，因為核子戰爭在幾個小時內就可能結束。

第四，核武導致超級大國產生事實上的行為謹慎規制（a de facto regime of superpower prudence）。兩個超級大國雖然存在著嚴重的意識形態分歧，但是也具有共同的利益，那就是避免核子戰爭。在冷戰期間，美國和蘇聯介入過代理人戰爭或者間接的邊緣戰爭，但是這兩個國家從未迎頭相撞。而且，雙方都圈定了自己的勢力範圍。在 20 世紀 50 年代，雖然美國大談要在東歐把共產主義推回去，但實際上，當 1956 年匈牙利人反對蘇聯統治者的時候，美國由於擔心爆發核子戰爭，並沒有急於幫助他們。同樣地，除了古巴之外，蘇聯比較小心謹慎，避免向西半球滲透。另外，兩個國家都遵守不使用核武的規範。最後，兩個超級大國學會相互溝通。在古巴飛彈危機之後，華盛頓和莫斯科建立了熱線（最初是傳真類型的）聯繫，使得美蘇兩國領導人可以經常即時溝通。與此同時，美蘇兩國領導人自 1963 年簽署部分禁試條約開始，簽訂了一系列軍備控制條約，經常性的軍備控制談判是討論如何實現局勢穩定的一個途徑。

第五，核武，尤其是氫彈，被大多數官員視為戰時不可使用的武器。這不僅僅是由於氫彈潛在的破壞力，使用核武逐漸變成一種禁忌，而使用常規武器則並非如此。事實上，工程師和科學家一直到 20 世紀 60 年代末，都不斷設法使核武小型化，使得美國和蘇聯有能力分別在越戰、波灣戰爭和阿富汗戰爭中，使用一些小型的核武，避免造成比使用常規武器更大的破壞效果。但是，不管是美國領導人，還是蘇聯領導人，都選擇常規武器，避免使用小型核武。其中部分原因在於，他們擔心不管核武多小，只要使用這種武器，就將開啟使用其他種核武的窗口，因此絕對不能冒這樣的風險。

不願意使用核武還有另外一個原因。自美國在廣島投擲原子彈以來，人們就一直懷有一種觀念，即核武是不道德的，不可以在戰爭中使用。儘管我們很難衡量這種規範性約束力的大小，但這種觀念已經深植進有關核武的辯論之中，是國家不願意使用核武的一個原因。

恐怖平衡

核武導致一種特殊形式的權力平衡，它有時被稱為「恐怖平衡」（balance of terror）。雙方的較量更多的是心理上，而非物理上的。雙方都奉行防止對方占據主導地位的政策，但是和以前的權力平衡體系相比，其結果是很不一樣的。

在 19 世紀的權力平衡體系中，五個大國不斷更換盟友，而冷戰時期的權力平衡明顯地圍繞著兩個最強大的國家，每個超級大國都有能力迅速摧毀另一個超級大國。

傳統安全困境所導致的問題並沒有因為核恐怖而消失，但是兩個超級大國的行為十分謹慎——儘管它們存在著意識形態的分歧。兩國這種謹慎的態度類似於 19 世紀的大國在處理多極權力平衡的時候頻繁地溝通。與此同時，超級大國努力計算雙方的軍事力量對比，就像以前的政治家比較雙方的領土、步兵和炮兵的數量一樣。

核恐怖平衡正好出現在兩極體系時期。一些諸如肯尼士·華茲那樣的新現實主義者，把兩極界定為全部力量幾乎都集中在兩個大國的一種情勢。[17] 但實際上，單純的兩極狀況是很罕見的。歷史上更常出現的兩極體系，都是兩個同盟的內部關係十分緊密，從而失去了靈活性，伯羅奔尼撒戰爭時期的權力平衡狀況就是這樣。儘管同盟的成員都是獨立的城邦國家，但以雅典和斯巴達為中心的兩個同盟內部的關係變得十分緊密，從而導致了兩極局面的產生。與此相類似的是，在第一次世界大戰前夕，聯盟體系變得很緊密，進而發展成為兩極對峙。

華茲聲稱，兩極體系可以很穩定，因為這種體系使得相互溝通和計算力量變得簡單：當只需要關注另外一個大國的時候，你就可以密切監視權力平衡狀況。另一方面，兩極體系缺少靈活性並且提高了邊緣地帶衝突（如越戰）的重要性。過去人們普遍認為，兩極體系要嘛逐漸消亡，要嘛引起矛盾激化。如果是這樣的話，那麼為什麼第二次世界大戰後的兩極體系沒有激化矛盾呢？

或許這是由於核武使得大國的行為十分謹慎，華茲把穩定性歸結於單純的兩極結構，實際上穩定是核武的產物。核恐怖透過「水晶球效應」導致穩定的局面。讓我們假設在 1914 年 8 月，德皇、沙皇和奧匈帝國皇帝從水晶球中看到 1918 年的畫面。他們可能看到自己失去了皇冠，帝國被瓦解，數百萬國民被殺死。如果是這樣的話，那麼他們還會在介入戰爭嗎？也許不會。了解核武的威力，大概就好像給第三次世界大戰後的領導人一個水晶球。由於國家不值得冒自我毀滅的危險去追求某個政治目標，所以他們都不會去冒大的風險。當然，水晶球可能因為意外事件或者判斷錯誤而被打碎；但是這個類比說明，是兩極結構和核武的結合，導致了一個現代國家體系誕生以來主要大國之間最長的和平時期。上一次記

錄是 1871 年到 1914 年。

核嚇阻的問題

核嚇阻（nuclear deterrence）屬於嚇阻的一種形式，但是核武具有獨特的性質，它改變了冷戰時期超級大國處理國際關係的方式。核嚇阻促使人們這麼思考問題：「假如你攻擊我，我們可能無法阻止你進攻，但是我手中的報復手段是如此強大，以至於你不敢先對我發動攻擊。」因此，核武使得一個古老的概念具有了新的含義。

判斷核嚇阻是否有效的一個辦法就是進行反事實推理。假定沒有核武，冷戰變成「熱戰」的可能性有多大呢？政治學家約翰‧米勒（John Mueller）聲稱，冷戰沒有變成「熱戰」跟核子武器無關。[18] 他認為，歐洲人自從恐怖的第一次世界大戰以來，就開始反對把戰爭作為政策的工具。和平的原因在於人們——至少是發達國家的人——日益認識到戰爭的恐怖性。在米勒看來，希特勒是一個不正常的人，一個少有、未從第一次世界大戰中獲取教訓的人，他還想參加戰爭。第二次世界大戰以後，人們的反戰情緒比過去任何時候都要強烈許多。然而，絕大多數的分析家還是認為，核武和沒有爆發第三次世界大戰有著極大關係。假如沒有核武的水晶球效應促使政治家採取謹慎的態度，那麼柏林危機、古巴危機，或許還有中東危機，很可能升級和失控。

這引出了幾個問題。其中一個是，靠什麼來進行嚇阻呢？有效的嚇阻不僅要求具有傷害對手的能力，也需要讓對手相信某種武器將會被使用。可信度（credibility）取決於衝突所涉及的利害關係到底有多大。比如，美國威脅要用核武打擊莫斯科以報復蘇聯的核進攻，這是可行的。但是，假如美國在 1980 年威脅說，蘇聯若不從阿富汗撤軍，美國就要用核武打擊莫斯科，蘇聯人相信嗎？美國的確具有打擊莫斯科的能力，但是美國的威脅不具可信度；因為蘇聯在阿富汗的利害關係太小，而且蘇聯反過來也會威脅要打擊華盛頓。因此，嚇阻不僅和能力有關，也和可信度密不可分。

可信度問題使得我們有必要區分兩種情況：一是以嚇阻手段抵制針對自己國家的威脅；二是把嚇阻範圍擴大到保護自己的盟友。比如，美國不能使用核嚇阻來阻止蘇聯入侵阿富汗，但是它在四十年的冷戰中明確表示，如果蘇聯侵略西歐

核武器和越戰

當甘迺迪總統在 1962 年到 1963 年間決定大增美國軍事力量的時候……他腦中想著兩個問題：假如赫魯雪夫在 1961 至 1962 年的柏林危機中不相信他，那麼會有什麼後果？假如赫魯雪夫在 1962 年的古巴飛彈危機中不相信他，那麼結果又會是什麼樣呢？

我想，我們犯了一個錯誤，認為中國人大概不會在 1950 年介入韓戰，這影響了美國不入侵北越的決策。軍方說，雖然他們不相信中國會介入越戰，但萬一中國介入的話，核子戰爭就可能發生，這導致美國決定不入侵北越。

——國務卿迪安·魯斯克（Dean Rusk）[19]

的北約國家，那麼美國將使用核武。因此，判斷核武在擴大嚇阻範圍和防止戰爭中的作用大小時，我們有必要討論涉及重大利害關係的重要危機。

歷史可以回答這些有關核武作用的問題嗎？肯定不能，但是它能給我們一些幫助。在 1945 年到 1949 年期間，美國壟斷了核武，但是沒有使用核武。因此，甚至在相互進行核嚇阻的局面產生前，就已經有某些自我約束的行為了。其中部分原因包括：核武數量很少；對這些新式武器缺乏認識；美國擔心蘇聯會使用其龐大的常規軍事力量占領整個歐洲。到 20 世紀 50 年代的時候，美國和蘇聯都擁有核武，而且美國領導人在幾次危機中曾經考慮要使用。韓戰的時候，沒有使用核武；1954 年和 1958 年在中國共產黨集結軍隊和威脅進攻國民黨所控制的台灣時，也沒有使用核武。杜魯門總統和艾森豪總統出於某些考慮，不同意使用核武。在韓戰的時候，美國搞不清楚投擲核武能否阻止中國人介入戰爭，而且美國也擔心蘇聯的反應。這場衝突一直存在著升級的危險，而且蘇聯人可能使用核武來支持中國盟友。因此，儘管美國在核武的數量上占有優勢，但還是存在著戰爭範圍擴大、不僅限於與北韓和中國交戰的危險。

此外，倫理和公眾輿論也起了作用。美國政府在 20 世紀 50 年代的時候估計，如果使用核武，將會導致很大數量的人員喪生，所以使用核武的想法就沒有付諸實施。艾森豪總統在被問及有關使用核武的問題時，回答道：「我們不應該在不到十年的時間裡，再次使用那些可怕的東西去對付亞洲人。我的上帝！」[20]

儘管美國在 20 世紀 50 年代比蘇聯擁有更多核武，但某些因素促使美國人決定不使用核武。

古巴飛彈危機

　　1962 年 10 月的古巴飛彈危機是一個有關核嚇阻的重要個案。這場持續了 13 天的危機，是由赫魯雪夫企圖把核武偷偷運進古巴的行為所引起的，它或許是核時代最接近於導致核子戰爭的一個事件。如果一個純粹的局外人或者「一位火星人」來觀察這個事件，那麼他一定會看到，美國在核武方面擁有巨大優勢。我們現在已經知道，蘇聯當時僅有少量可以打到美國的戰略飛彈。[21] 假如甘迺迪總統認為赫魯雪夫走的這步棋是不可接受的，為什麼他不下令對當時大都尚處於建設之中、相對脆弱、蘇聯在古巴的飛彈基地啟動先發制人的攻擊呢？答案就在於，甘迺迪不願冒風險，擔心只要有一兩枚蘇聯飛彈漏網，就會對一座美國城市發射。此外，隨著危機的發展，甘迺迪和赫魯雪夫意識到，他們實際上難以控制本國軍隊的危險行為，雙方軍隊都處於高度戒備、隨時準備開戰的狀態。他們如果了解一些當時並不知曉的內情的話，那麼會更感到害怕。[22] 在危機接近最高點的時候，赫魯雪夫給甘迺迪寫了一封信，表達了極為恐懼的心理。他寫道：「我們各自抓住一根繩子的一端，在這根繩子的中間有一個我們所繫的戰爭之結，我們兩人抓得越緊，這個結也就越死。最後的結果可能是，這個繩結被繫得很死，以至於繫繩的人無力解開，只能把結砍斷。這意味著什麼，就不需要我向您解釋了，因為您本人十分清楚我們兩國軍隊所擁有的可怕力量。」[23]

　　二十五年之後，一群哈佛大學學者與曾經參加甘迺迪政府國家安全委員會行政委員會的官員舉行有關古巴飛彈危機的會議。這樣的會議共開了六次，與會者之後還包括蘇聯人和古巴人。與會者爭論最大的一個問題是，美國和蘇聯到底願意冒多大的風險？這取決於各方判斷發生核子戰爭的可能性有多大。甘迺迪的國防部長羅伯特‧麥納馬拉隨著危機的發展，變得越來越謹慎。他當時認為在古巴飛彈危機中爆發核子戰爭的機率大概是五十分之一（儘管他在 20 世紀 90 年代獲知蘇聯當時已經在古巴部署核武後，認為爆發核子戰爭的機率更大）。甘迺迪的財政部長道格拉斯‧迪龍（Douglas Dillon）則認為，爆發戰爭的機率基本上為零。在他看來，危機不會發展到爆發核子戰爭，因此美國應該對蘇聯施加更

「最嚴重的問題」

到了 1962 年 10 月中旬的時候，冷戰已經不知不覺變得更嚴峻。古巴這個曾經是美國實際殖民地的國家，最近加入了蘇聯的陣營，在 9 月底的時候，美國報紙開始報導蘇聯向古巴運送武器的消息。約翰．甘迺迪告訴美國公眾，據他所知，這些都是防禦性武器，不是進攻性武器。蘇聯總理赫魯雪夫曾經向他保證。甘迺迪表示：「如果事實不是這樣，那麼最嚴重的問題將會出現。」

10 月 16 日，星期二，在上午將近九點的時候，甘迺迪的國家安全事務助理麥克喬治．邦迪（McGeorge Bundy）把照片送到總統的臥室裡，這些照片顯示，「最嚴重的問題」已經出現了。這些由 U-2 偵察機在高空拍攝到的照片，顯示蘇聯在古巴修建了針對美國本土城市的核彈基地。

在甘迺迪看來，美國不能容忍這些飛彈的出現。而且這也證明赫魯雪夫欺騙了他。在此後的 13 天裡，甘迺迪和幕僚討論如何應對這一挑戰。他們十分清楚，可能發生的一個後果將是核子戰爭；而且在討論的過程中，甘迺迪政府中的文職國防專家提供了一些令人感到害怕的、有關美國人口易於遭受打擊的情報。

——歐尼斯特．梅（Ernest May）和菲力浦．澤利科夫（Philip Zelikow），
《甘迺迪錄音帶》（*The Kennedy Tapes*）[24]

大壓力、冒更大風險，而不應該像麥納馬拉所主張的那樣小心謹慎。甘迺迪的參謀長聯席會議主席麥斯威爾．泰勒（Maxwell Taylor）將軍也認為，發生核子戰爭的可能性很小，他批評美國在古巴飛彈危機中對蘇聯讓步太多。他指出，美國應該施加更大的壓力，要求古巴總統菲德爾．卡斯楚下台。泰勒將軍說道：「我確信我們在軍事力量上占上風，我對最後的結局一點都不擔心。」[25] 可是，甘迺迪總統十分擔心危機失控，他極其小心，甚至謹慎到讓某些幕僚看不下去。這個故事的寓意在於，一小點的核嚇阻具有很大的作用。這被稱為**有限嚇阻**或**存在性嚇阻**（finite or existential deterrence）。無疑，這樣的核嚇阻在古巴飛彈危機中發揮了作用。

最後，赫魯雪夫退卻了。至少有三個原因使赫魯雪夫採取這個舉動。第一個可能使赫魯雪夫退讓的原因是，美國擁有的核武比蘇聯多。第二個原因是，兩個超級大國在危機中所具有的利害關係的大小程度不一。古巴是美國的後院，而對

蘇聯人來說只是在遙遠的地方下的一個賭注。第三個原因在於，古巴靠近美國意味著如果危機升級為戰爭，那麼美國人可以輕易地調動占絕對優勢的常規軍事力量；蘇聯人在面對美國大規模入侵和除掉蘇聯在古巴部署的核飛彈（或許還有卡斯楚）的時候，則沒有希望能夠保護得了古巴。蘇聯人背著心理包袱，因為美國在這個地區擁有更大的利害關係，而且可以隨時動用常規軍事力量，這使得美國的威脅比蘇聯的威脅更具有可信度。

儘管當時人們普遍認為美國是古巴飛彈危機的贏家——因為赫魯雪夫公開同意撤走飛彈——這場危機的結局實際上是妥協的產物。美國人在古巴飛彈危機中有三個選擇。第一個選擇是動用武力，轟炸古巴的飛彈基地；第二個選擇是封鎖古巴，迫使蘇聯撤走飛彈；第三個選擇是收買蘇聯，即透過某種交易，比如美國從土耳其撤走自己的飛彈，讓蘇聯從古巴撤走飛彈。很長時間以來，有關當事人很少提起收買蘇聯的解決方案，但是事後發展證明，美國悄悄地向蘇聯許諾自己將從土耳其撤走其已經該退役的飛彈。已有證據顯示，對危機升級到核子戰爭的擔憂，不僅讓赫魯雪夫不敢持續強硬下去，也迫使甘迺迪不能為了美國的利益而逼對手太緊。如果一方誤判或者走錯一步，那麼即便是少量幾枚核武就極具破壞力，由此導致的恐懼心理，比起美蘇雙方所擁有的核武的絕對數量要重要得多。

道德問題

古巴飛彈危機之後，冷戰的緊張程度相對來說有所緩和，似乎美國和蘇聯在走到懸崖邊往下看一眼後，趕緊縮回去了。1963 年，華盛頓和莫斯科之間建立了熱線聯繫，兩國也簽署了一項禁止在大氣層進行核子試驗的軍備控制條約，甘迺迪宣布美國願意擴大與蘇聯的貿易，兩國之間的緊張關係緩和。在 20 世紀 60 年代末期，美國主要關注於越戰，也在軍備控制方面做過努力。在 1979 年蘇聯入侵阿富汗之後，人們又開始擔心爆發核子戰爭。在 1980 年至 1985 年間的「小冷戰」時期，限制戰略武器的談判停頓下來，美蘇雙方使用激烈的言辭相互攻擊，軍費開支和核武的數量有所增加。雷根總統在談論進行和打贏核子戰爭問題時，反戰團體則要求首先凍結和最終銷毀核武。

許多人在這種高度緊張的氣氛中思考這樣一個基本問題：「核嚇阻符合道德嗎？」正如本書前面所提到的，正義戰爭理論認為，道德判斷需要符合特定條

件。自衛通常被視為正義的事業，但是自衛戰爭的手段與後果也同樣重要。從手段來說，必須區分戰鬥人員和平民；從結果來說，目標和手段要相稱，目的的重要性與手段的代價要相稱。

核子戰爭有可能符合正義戰爭的模式嗎？從技術上說，是有可能的。少量的核武器核炮彈和深水炸彈，可能被用來攻擊雷達系統、潛水艇、水面船隻或者很深的地下指揮掩體，它們的效果與類似的常規武器並沒有很大區別。但是，到底戰爭會就此停止，還是會升級呢？克勞塞維茨在 19 世紀指出，戰爭升級是自然傾向。將軍們總是寧願多用武力，而不是少用武力。一旦國家跨過核子戰爭門檻，升級的危險就是恐怖的，我們真的值得冒可能導致上億人死亡，甚至是地球毀滅的風險嗎？

從歷史中學習

在 1962 年的時候，甘迺迪總統要求國家安全委員會成員必須閱讀芭芭拉·塔克曼（Barbara Tuchman）所著的《8 月砲火》（*The Guns of August*）。這本書寫的是歐洲國家如何無意介入戰爭。作者在這本書的開頭引用了俾斯麥的一句話：「在巴爾幹國家中發生的某些討厭、愚蠢的事情」會點燃下一場戰火。然後她敘述自從 1914 年 6 月 28 日塞爾維亞民族主義者刺殺奧地利皇室法蘭茲·費迪南以後所發生的一系列事件，正是這些微小、本身並不重要的事件，導致了歷史上最駭人聽聞的軍事衝突。在戰爭前夕，有關國家領導人不斷努力阻止衝突的發生，但是這些事件還是把他們捲入戰爭。

甘迺迪總統提醒我們注意兩位德國首相關於那場戰爭起源的一個對話。一位問道：「戰爭是怎麼發生的呢？」他的繼任者回答說，「要是我知道就好了。」甘迺迪以這種方式來強調判斷失誤的危險性。

——羅伯特·麥納馬拉，《掉進災難的深淵》（*Blundering into Disaster*）[26]

在冷戰時期，有些人宣稱：「與其死亡，不如赤化。」然而，上述提問的方式可能不對。或許我們也可以這樣問：為了避免一場大災難，冒點小風險是否正當呢？據說甘迺迪在古巴飛彈危機期間認為，發生戰爭的機率是「在三分之一到二分之一間」。[27] 此外，還有核升級的危險。甘迺迪的冒險行為是否正當呢？我

們可以透過反事實推理的方法來回答這個問題。假定甘迺迪不想在古巴冒險，那麼赫魯雪夫有可能採取其他更危險的行為嗎？假定蘇聯在危機中取勝，並且後來又在像柏林這樣的地方挑起一場核危機或更大規模的常規戰爭，那麼結果將如何呢？

核武在防止冷戰變成「熱戰」上，可能起了重要作用。在 20 世紀 80 年代，美國天主教主教團聲稱，核嚇阻在特定條件下是正當的，這是在找到更好的辦法之前可以接受的暫時性措施。[28] 但是，這個暫時的階段到底有多長呢？只要人們還具有核知識，某種程度的核嚇阻就會繼續存在。儘管核武讓有關國家在冷戰時期採取了謹慎的行為，但由此產生的自滿情緒也是很危險的。美國和蘇聯經過一段時間才學會控制核武，但是我們不清楚，那些希望擁有核武的國家，比如北韓，或許還有伊朗，將來是否會遵循這樣的控制體系。此外，核武控制也可能對恐怖主義者無效。

人們對核擴散的擔心還將繼續存在。雖然已經有 190 個國家簽署了核武禁擴條約，但是印度和巴基斯坦在 1998 年試爆了核武，緊接著北韓在 2006 年也進行了核子試驗。伊拉克、伊朗、利比亞等國家也試圖獲得核武，儘管它們都是核武禁擴條約的簽署國。生物和化學武器等非常規性武器的擴散，也同樣讓人擔憂。比如，利比亞、伊拉克和敘利亞建造了化學武器設施。伊拉克在與伊朗的戰爭（1980-1988）中使用了化學武器，敘利亞在 2013 年使用化學武器對付本國人民。在 1991 年的波灣戰爭後，聯合國稽查人員發現並摧毀了伊拉克主要的核武和生化武器工程，但是人們擔心這樣的工程會被重新啟動，這是導致 2003 年伊拉克戰爭的一個原因。2014 年，在國際壓力下，敘利亞政府同意銷毀其所擁有的化學武器。

在核武和生化武器擴散問題上，國家並不是唯一令人擔憂的行為者。在 2004 年，巴基斯坦核科學家 A.Q. 汗（A.Q. Khan）被披露曾向一些國家，包括利比亞、伊朗和北韓出售核技術。不僅如此，有報導指出，日本的奧姆真理教和奧薩瑪‧賓拉登的基地組織等恐怖主義組織，正試圖生產核武和生化武器。人們擔憂，一旦非國家行為者獲得這樣的武器，那麼我們無法遏阻它們使用這些武器。如果一個人沒有家園或者願意犧牲自己，那麼你怎麼可能以威脅要毀滅其家園的方式來阻止這個人的行為呢？國際社會擔憂大規模毀滅性武器，有道德和現

實主義兩方面的動機。從道德上譴責核武的國家，不僅包括那些沒有能力或者不想製造核武的國家，而且也包括已經擁有核武的國家，如美國、英國、法國和俄羅斯。自從在第一次世界大戰中使用芥子毒氣並引起廣泛抗議之後，使用化學武器和生化武器的行為就一直受到譴責。現實主義方面的考慮很簡單，大規模毀滅性武器具有極大的破壞力，並且可能導致衝突升級。只要這些武器還存在，衝突的動態就變化莫測。擁有核武或者非常規武器的弱國能對強國造成更大的威脅，而擁有這些武器的強國，則可以更有效地威脅對手而產生嚇阻作用。與此同時，不管是在美國和北韓之間的對峙中，還是在印度和巴基斯坦或者以色列和伊朗之間的衝突中，一旦危機失控和對抗加劇，這些武器就可能被使用。正如本書第九章和第十章將要論述的，恐怖主義者可能使用這類武器的危險，更讓人們相信，僅靠嚇阻是不夠的。冷戰可以說已經結束了，但是大規模毀滅性武器的時代還未終結。

大事記 | 冷戰時期

1943 年	史達林、邱吉爾和羅斯福在德黑蘭會晤
1944 年	
7 月	布列敦森林會議：建立國際貨幣基金和世界銀行
8 月	敦巴頓橡樹園會議：建立聯合國
10 月	邱吉爾和史達林在莫斯科會晤：在巴爾幹瓜分勢力範圍的計畫
1945 年	
2 月	史達林、邱吉爾和羅斯福在雅爾達會晤
4 月	羅斯福去世
5 月	德國投降
4—6 月	舊金山和約；聯合國憲章
7 月	第一次原子彈試爆；杜魯門、邱吉爾和史達林參加波茨坦會議
8 月	廣島和長崎毀於原子彈；蘇聯參加亞洲的戰爭，日本投降
1946 年	邱吉爾發表鐵幕演說；希臘內戰重新爆發
1947 年	
3 月	杜魯門主義出現
6 月	馬歇爾計畫出現

10 月	莫斯科建立歐洲共產黨和工人黨情報局
1948 年	
2 月	捷克斯洛伐克共產黨發動政變
3 月	柏林部分封鎖開始
6 月	柏林空運開始；南斯拉夫被共產黨和工人黨情報局開除
11 月	杜魯門再次當選總統
1949 年	
4 月	北大西洋公約在華盛頓簽署
5 月	柏林封鎖結束
8 月	蘇聯第一顆原子彈試爆
9 月	德意志聯邦共和國（西德）成立
10 月	中華人民共和國成立；德意志民主共和國（東德）成立
1950 年	
2 月	中蘇條約在莫斯科簽署
4 月	NSC-68 草案出爐
6 月	韓戰開始
1952 年	美國第一顆氫彈試爆；艾森豪當選總統
1953 年	
3 月	史達林去世
6 月	東柏林動亂
7 月	韓戰停戰
8 月	蘇聯第一顆氫彈爆炸
9 月	赫魯雪夫當選蘇聯共產黨第一書記
1954 年	第一次台灣海峽危機
1955 年	聯邦德國加入北約；華沙公約簽署；奧地利國家條約簽署；奧地利中立化
1956 年	
2 月	赫魯雪夫在蘇共二十大上譴責史達林
6 月	波蘭波茲南起義
10 月	匈牙利起義開始
11 月	蘇聯干涉匈牙利
1957 年	
8 月	蘇聯發射第一顆洲際彈道飛彈

10 月	蘇聯發射人造衛星
1958 年	
2 月	美國發射第一顆人造衛星
8 月	第二次台灣海峽危機
1959 年	
1 月	菲德爾‧卡斯楚在古巴取得勝利
9 月	赫魯雪夫訪問美國
1960 年	
2 月	法國第一顆原子彈試爆
5 月	美國 U-2 飛機在蘇聯上空被擊落；巴黎高峰會流產
1961 年	
4 月	在古巴豬玀灣的登陸行動失敗
6 月	赫魯雪夫和甘迺迪在維也納會晤
8 月	修築柏林圍牆
10 月	柏林查利檢查站事件；緊張關係加劇
1962 年	
10 月	古巴飛彈危機
1963 年	
6 月	甘迺迪訪問柏林，聲稱「我是柏林人」以顯示堅定的態度
10 月	甘迺迪簽署部分禁止核試條約；蘇聯、美國和英國同意禁止在大氣層、水下和外太空進行核子試驗
11 月	甘迺迪被刺殺；詹森接任總統
1964 年	
8 月	國會通過東京灣決議，美國在越南的介入升級
10 月	赫魯雪夫下台，布里茲涅夫和柯西金掌權
11 月	中國試爆第一顆原子彈
1966 年	
3 月	在美國和歐洲爆發反對越戰的遊行
4 月	中國「文化大革命」開始
1967 年	
1 月	美國、蘇聯和另外 60 個國家同意簽署禁止把外太空用於軍事目的的條約

6 月	中國試爆第一顆氫彈
1968 年	
1 月	捷克斯洛伐克發生布拉格之春的改革運動；越南的春季攻勢
7 月	美國、蘇聯和另外 58 個國家簽署核武禁擴條約
8 月	蘇聯入侵捷克斯洛伐克
11 月	尼克森當選總統
12 月	美國在越南的軍隊人數達到最高點：543,400 人
1969 年	美蘇開始限制戰略武器談判（SALT）
1970 年	
2 月	美國和北越開始巴黎和談
4 月	美國軍隊入侵柬埔寨；四名美國大學生在肯特州立大學反戰遊行中被殺
1971 年	中華人民共和國加入聯合國
1972 年	
2 月	尼克森訪問中國
5 月	簽署第一階段限制戰略武器條約，在五年中凍結洲際彈道飛彈和潛射彈道飛彈的數量
1973 年	
1 月	巴黎協定簽署，規定在越南實現停火和政治解決越戰
5 月	東德和聯邦德國正式建立外交關係
9 月	智利阿葉德領導的社會黨政府為美國支持的軍事政變所推翻
10 月	以色列和阿拉伯國家之間的齋月戰爭，美國和蘇聯差一點捲入戰爭；阿拉伯國家對美國的石油禁運持續到 1974 年 3 月
1974 年	尼克森因水門事件辭職，傑拉德・福特宣誓就任總統
1975 年	
4 月	美國在失去西貢後撤離了越南
7 月	美國和蘇聯的太空人在外太空會合；美國和蘇聯簽署赫爾辛基協定，同意承認歐洲的邊界和保護人權
1976 年	吉米・卡特當選總統
1979 年	
1 月	美國和中華人民共和國建立正常的外交關係
6 月	卡特和布里茲涅夫簽署第二階段制限戰略武器條約，限制遠程飛

	彈和轟炸機的數量
7 月	尼加拉瓜桑定解放陣線推翻了蘇慕薩獨裁政權
12 月	蘇聯入侵阿富汗；美國制裁蘇聯和有意抵制莫斯科奧運會
1980 年	卡特主義出爐，它宣稱美國在波斯灣有至關重要的利益
1981 年	
1 月	華勒沙領導波蘭團結工會舉行非法的罷工；隆納德・雷根宣誓就職
12 月	波蘭實行軍事管制
1982 年	雷根闡述了削減戰略武器條約（START）的基本內容，即美蘇雙方削減洲際彈道飛彈和戰略核武的數量
1983 年	
3 月	雷根提出戰略防禦倡議（SDI），俗稱「星戰計畫」，以發展飛彈防禦技術
11 月	美國開始在西德部署潘興中程飛彈
1985 年	戈巴契夫擔任蘇共中央總書記；基於削減戰略武器條約模式的「核武與太空武器談判」（NST）在日內瓦召開
1986 年	
10 月	在雷克雅維克高峰會中，雷根拒絕了戈巴契夫提出的有關美國以放棄星戰計畫換取蘇聯大幅裁軍的建議
11 月	美國以向伊朗出售武器來資助尼加拉瓜反政府武裝的秘密洩漏
1987 年	在華盛頓高峰會中，雷根和戈巴契夫同意銷毀中程飛彈，以便今後達成削減戰略武器條約
1988 年	
4 月	蘇聯同意不晚於 1989 年 2 月從阿富汗撤軍
6 月	戈巴契夫告訴共產黨領導人，共產主義學說必須有所變化
8 月	古巴從安哥拉撤軍
11 月	老布希當選總統
1989 年	
6 月	中國軍隊在天安門攻擊民主示威者
11 月	柏林圍牆倒塌，成千上萬的東德人進入聯邦德國
1990 年	
5—6 月	老布希與戈巴契夫在華盛頓高峰會
10 月	德國重新統一

11 月	歐洲常規武裝力量條約減少美蘇駐歐洲的軍隊
12 月	華勒沙當選波蘭總統
1991 年	
7 月	老布希和戈巴契夫簽署削減戰略武器條約，承諾銷毀數千枚核武
8 月	反對戈巴契夫的政變失敗，但權力落到俄羅斯總統伯里斯‧葉爾欽的手中
9 月	所有戰略轟炸機、空中加油機和民兵一II型洲際彈道飛彈停止戒備狀態
12 月	蘇聯解體，美國承認亞美尼亞、白俄羅斯、哈薩克、吉爾吉斯、俄羅斯和烏克蘭獨立

思考題

1. 冷戰是什麼時候開始的？什麼時候結束的？為什麼？現實主義、自由主義和建構主義方法是如何幫助你解答這些問題的？

2. 冷戰是不可避免的嗎？如果是，那麼為什麼？以及在什麼時候爆發？如果不是，那麼在什麼時間點可以避免？以及如何可以避免？

3. 為什麼政治家不能在第二次世界大戰結束後重建協調一致的體系？產生了何種體系？

4. 在冷戰的形成過程中，第一和第二層次的原因有多重要？美國和歐洲政治家是如何了解蘇聯的？蘇聯又是如何看待美國和其他西方國家的？

5. 一些歷史學家聲稱，關鍵的問題不是冷戰為什麼會發生，而是為什麼冷戰沒有發展成「熱戰」？你同意這種看法嗎？為什麼沒有爆發熱戰？

6. 圍堵指的是什麼？美國的圍堵政策是如何形成和實施的？蘇聯如何反應？

7. 常規武器與核武有什麼不同？核武的出現從根本上改變了國家的行為方式嗎？

8. 米勒認為核武不是發達國家之間沒有爆發大戰的主要原因，這看法對嗎？他認為的其他原因是什麼？

9. 從道德上說核嚇阻是防禦性的嗎？或者用一個理論家的話來說，它的道德是否類似於把嬰兒綁在汽車前面的保險桿上以防止在陣亡將士紀念日（Memorial Day）發生交通事故？是否有的嚇阻戰略比其他的嚇阻戰略更符合道德？

10. 除了核嚇阻，核武與國際關係還有什麼樣的關係？它們有多大的用處？

11. 冷戰為什麼結束？現實主義、自由主義和建構主義對你的回答有什麼貢獻？硬實力和軟實力扮演了什麼角色？

第六章

冷戰後世界上的衝突與合作

本章你可以學到這些

6.1 釐清合作型問題的特徵,並且解釋管理國際衝突與管理國內衝突有何不同。

6.2 闡釋當今武裝衝突的複雜性及性質的變化,並且釐清與國際衝突有關的道德標準。

管理世界舞台上的衝突

6.1 釐清合作型問題的特徵,並且解釋管理國際衝突與管理國內衝突有何不同。

衝突存在於社會生活中的各個方面。當兩個或兩個以上的人具有不同偏好的時候,就存在潛在的衝突。假如你想看《冰與火之歌:權力遊戲》(*Game of Thrones*),而妹妹想看《吸血鬼日記》(*The Vampire Diaries*),那麼除非有兩台電視機,否則你們之間就會發生衝突。生活中絕大多數的衝突都以和平方式解決,極少會升級為暴力行動。在某些情形中,衝突以一方獲勝、一方失敗而得到解決。如果父母對你說,你必須讓妹妹看《吸血鬼日記》,那麼她就獲勝,而你則失敗。你或許會不高興,但不可能拔槍射擊。

解決衝突的另外一種方式就是妥協,你可以得到自己想要的部分東西,而不能囊括一切。假如你和妹妹都想吃最後一塊蛋糕,那麼一種解決的辦法就是把蛋糕一分為二。這種辦法對於吃蛋糕來說可能是有效的,而對於看電視則沒什麼用處。你和妹妹兩人可能都會想,吃半塊蛋糕比沒得吃要好,但是要看半集《權力

遊戲》則是完全不能令人滿意的。

　　當父母要你讓妹妹看《吸血鬼日記》的時候，他們可能答應下一次讓你看電視，以此緩和你的情緒。他們這麼說，實際上是用輪流的規範，即一種互惠的形式，來控制衝突。這種舉動有效地把分出勝負的衝突解決方式，嵌入一種比較廣義的妥協模式之中。久而久之，你和妹妹將共享播放時段。如果你和大多數人一樣，那麼失敗的痛楚就將因此得到安撫。這也可能讓你更加尊重父母的權威，因為他們通情達理、公正不阿。

　　第三種解決衝突的方式，就是某人說服一方或者雙方改變自己的偏好。父親可能告訴你，今晚播放的那一集《冰與火之歌：權力遊戲》是重播，你已經看過了。母親也可能獎勵你們兄妹倆出去吃冰淇淋，而不看電視。

　　你們不僅要注意這些情境中的不同解決方式，也要關注不同的危機處理策略。父母簡單地命令你讓妹妹，這是他們在動用自己的權威。你可能還記得本書第二章所提到的，這屬於一種統治權。他們建議遵循輪流規範，是運用公平原則和宣導規範。父親告訴你那齣戲是重播，則是透過提供相關新資訊來改變你的偏好，從而運用軟實力。你的母親提出買冰淇淋，是以物質獎勵的形式行使權力。

　　這樣和平地處理衝突，需要相互合作。辭典對**合作**（cooperation）的解釋是「一起工作或行動」。但是，在政治學、經濟學或者賽局理論中，合作還有一個關鍵要素，即抵制欺騙、背叛或者「搭便車」的企圖。合作通常並非自然發生，常常需要由某個人或者某件事來安排或促成。以軍事同盟中的防衛開支為例，假如同盟中的一個成員堅信其他成員會保護自己，那麼這個國家就有強烈的動機減少防衛支出，而讓其他國家承受負擔。然而，如果所有同盟成員都這麼做，那麼這個軍事同盟就不夠強大，保護不了所有成員國。

　　和諧（harmony）是指一種大多數人偏好相同、皆大歡喜的情勢。和諧是很好的事情，大多數人至少也在某個時刻，在生活的各個方面都體驗過和諧。然而，我們常常沒注意到和諧，因為和諧並沒有一個需要解決的問題。和諧多半要求簡單的協調，樂隊指揮的工作就是確保每位樂隊成員在恰當的時候演奏自己的樂器，否則，演奏出來的音樂就會不堪入耳。這是因為每個成員都希望演奏出來的音樂是美妙的，都會竭盡全力，不會背叛其他成員，演奏時做到與指揮合拍。

　　衝突的解決方法或者衝突管理策略不是隨時都有，也並非任何情況都奏效。

它取決於所涉及的「財貨」（good）之性質。經濟學家把財貨分成如下四種類型：

1. 「私有財」（private goods）具有**排他性**：可以阻止他人占有。同時，私有財也存在著**競爭性**。假如你有一件私有財，那麼就意味著其他人不能得到它。你的汽車是你的私有財。如果你手裡有車鑰匙（以及有效的防盜裝置），那麼就可以防止他人把車開走，你在開車的時候，別人就無法開走你的車。

2. 「公共財」（public goods）具有非排他性和非競爭性：沒有辦法阻止他人消費這些公共財，你消費某些公共財，這並不能減少其他人對這些公共財的消費。新鮮空氣就是一種公共財，你顯然無法阻止別人呼吸空氣，你呼吸了空氣，這並不能影響其他人也呼吸空氣。

3. 「俱樂部財」（club goods）具有排他性和非競爭性，包括如衛星電視訊號之類的東西。衛星電視訊號與傳統的電台訊號有所不同，前者是加密的，你如果沒有用於解碼的機上盒，就不能觀看電視節目。但是，擁有解碼器的人則可以觀看衛星電視節目。你對訊號進行解碼，並不影響別人也這麼做。

4. 「共有財」（common goods）具有非排他性和競爭性，它包括諸如野生魚類以及遊戲之類的東西。你不能阻止別人釣魚，但如果你釣到一條魚，別人就不能再得到這條魚。假如你釣魚純粹是為了好玩，並且把釣到的魚扔回到水裡，那麼你就把一條特定的魚變成了一件公共財。

　　不同類型的物品會對合作造成不同的問題，就像防衛開支的例子所顯示的，有關公共財經典的合作問題就是供給不足：由於所有人都可以從一個公共財中獲利，因此沒有人具有強烈的動機去承擔提供該財貨的費用。比方說，道路是另一個公共財的例子。雖然大多數司機原則上願意分擔修築和養護道路的費用，但是也總有人想「搭便車」。研究顯示，假如修築和養護道路的預算全部來自捐贈，那麼得到的錢是絕對不夠用的，因此政府必須徵稅，或者收取過路費，抑或既徵稅又收取過路費。

　　涉及共有財的一個經典合作問題被稱為「共有財的悲歌」（tragedy of

commons）。北大西洋鱈魚捕撈業在 20 世紀 90 年代陷入破產困境，部分原因就在於，每條拖網漁船的船長都具有強烈的經濟動機，想盡可能捕撈鱈魚，結果是，船隊捕撈漁獲的速度比鱈魚繁殖的速度要快得多。

人們為了實現合作，也需要決定如何分配與保障私有財與俱樂部財的使用。只有在一個複雜的社會、法律和經濟體系中，**你的**汽車才真正屬於你，因為該體系提供了金融、執照、登記以及執法（旨在保護你的所有權）等服務。需要有人為衛星電視的使用分配電磁波頻譜，以避免其他人使用相同的頻率發射訊號。從某種意義上說，電台訊號也是如此。電台訊號可能屬於公共財，但電台頻率並非如此，後者是私人物品。你可以阻止他人使用同一頻率，如果一個人使用特定頻率進行廣播，那麼其他人便不能同時使用該頻率。

正如我們看到的，合作對於確保人們從任何一物品中獲利是很重要的。前面提到的例子顯示，很多解決合作問題的有效方式都包含著政府（或者其他權威，比如父母、團體以及俱樂部）所制定和執行的規則與規範。事實上，各國政府有時利用自己的權力確保物品不得隨意流通。比方說，MP3 音樂檔在某種意義上說屬於公共財：由於網路檔共用，防止別人獲得這些檔幾乎是不可能的事，一個人在網上下載 MP3 檔案，並不會影響其他人下載。然而，假如音樂作品屬於真正的公共財，那麼表演者和作曲家將由於「搭便車」問題而無法靠音樂謀生計。因此，政府透過制定針對圖檔共用的法規，以及懲罰那些非法共用圖檔的人，以此保護智慧財產權。在 2009 年夏天，有位波士頓大學的研究生因為下載和分享年輕歲月（Green Day）和超脫樂團（Nirvana）的音樂作品而被罰款 67.5 萬美元。

國際政治與國內政治的一個重要區別，就是在國際政治中沒有高於國家的權威，這就意味著，解決國際合作問題的大型機制根本不存在。這雖然不會使國際合作無法實現，但仍然讓國際合作更加複雜。年輕歲月和超脫樂團可以讓美國政府去懲罰那些非法分享音樂作品的美國人，但是美國政府無法逮捕、審判、懲罰那些用家用電腦下載音樂檔的上海人。美國官員只能努力說服中國政府制定和執行保護智慧財產權的法律。中國作為一個主權國家，有權決定自己是否要這麼做，儘管它必須考慮拒絕保護智慧財產權、激怒其他國家所付出的政治或經濟代價的問題。

有意思的是，雖然國際合作一般來說比國內合作更困難，但是絕大多數國際衝突也都是以和平方式解決，只有相對較少的國際衝突升級為暴力事件。當解決衝突的努力失敗之後，大多數的結果是陷入僵局或者繼續尋找可以接受的解決方式，在冷戰時期，大多數人都沒有注意到這一點，因為冷戰本身就是這種局面。正如在第五章中所了解到的，至少從兩個超級強國擁有很高水準的毀滅能力這一背景來看，冷戰時期發生的暴力衝突是很少的。大多數冷戰時期的暴力事件都發生在所謂的邊緣地帶，而且涉及冷戰的「代理人」（蘇聯或美國所支持的附庸政權、民族解放運動以及民兵或者各種非正規軍隊）。雖然存在著很多沒能解決的東西方衝突，但是其中大部分衝突只是陷於僵局，並且透過比較廣泛和深入的合作協定，包括正式協定（比如軍備控制協定）和非正式協議（各種的「安全制度」），而逐步得到控制。

國際法和國際組織

國際法和國際組織，是世界政治中管理衝突與促進合作的兩個主要手段。雖然我們在論述過程中多次涉及國際法與國際組織，但是在這裡需要更詳盡地剖析，因為許多人為冷戰結束喝采，終於有一個實現威爾遜理想的機會，即締造一個以國際法和國際組織來實施更有效和可靠管理的世界。可能有人認為，新威爾遜主義者期待出現建構主義者所說的社會化與創建規範的過程，以此克服自由主義理想所面臨的現實主義障礙。可以說，當今世界之所以更有秩序，就是因為在國際治理方面所取得的進步，以及和平解決衝突規範的增多與深化。然而，抱持最樂觀態度的新威爾遜主義者並不滿足，因為世界並沒有他們所期望的那麼和平、穩定與安全。與此同時，那些悲觀主義者的預言也被證明是錯誤的，悲觀主義者曾經自信地預言，永恆的現實主義邏輯必將導致某種新的、領先的、敵對的軸心，這會阻礙任何形式的進步。

人們在理解國際法和國際組織時會遇到一些問題，這是由於他們把國際法和國際組織與國內法和國內政府進行類比。但是，國際組織不同於國內政府，國際法也不同於國內法。國際組織並不是萌芽中的世界政府，其原因有二：其中一個原因是，大多數國際組織章程規定要保護成員國的主權。聯合國由於成員國幾乎包括世界上的所有國家，以及它具有廣泛的授權以及議程，是最接近世界政府的

組織，但是聯合國憲章第二章第 7 條還是規定：「本憲章不得認為授權聯合國干涉在本質上屬於任何國家國內管轄之事件。」換句話說，國際組織並不想取代民族國家。與此類似的是，**世界貿易組織**（WTO）之所以在解決貿易爭端卓具成效，並不是因為它凌駕成員之上並擁有權威。該組織的有效性，完全是由其成員知道遵守全球貿易規則符合自身長遠利益，即便意味著本國不得不接受在某些貿易爭端案中敗訴的後果〔縱然世界貿易組織在促進貿易**合作**方面卓有成效，國際民用航空組織（ICAO）在**協調**航空飛行的規則和程序上也同樣成果輝煌，但是，民用航空不同於貿易，前者處於一種和諧的個案，而非衝突的個案，因為所有人享有共同利益，沒有背叛的動機。然而，不管是世界貿易組織，還是國際民用航空組織，都不享有美國商務部或者聯邦航空管理局所擁有的權威，美國商務部和聯邦航空管理局的決定是以美國法院和美國法律為後盾〕。

國際組織不是世界政府的另外一個原因，在於國際組織本身的弱點。世界上有一個國際司法機關，即**國際法庭**（International Court of Justice, ICJ），它是由 15 名法官組成，法官由聯合國選舉產生，任期九年。但是，國際法庭並不是世界的最高法庭。國家可能拒絕接受國際法庭的管轄權，而且一個國家即使接受國際法庭的管轄權，但是可能不會接受國際法庭的判決。比如在 20 世紀 80 年代，國際法庭判定美國在尼加拉瓜港口的布雷行為是非法的，但是雷根政府拒絕接受這個判決。

如果我們把聯合國大會想像成美國的國會，那麼前者就是一個十分奇特的立法機構。它遵循的原則是一個國家擁有一個投票權，但是這個原則既不體現民主，也不反映世界上的權力關係。民主的基礎是一個人擁有一個投票權。而在聯合國大會上，位於南印度洋上的馬爾地夫群島和巴西一樣，都擁有一個投票權，但是前者只有 35 萬人，而後者人口卻有兩億。這就是說，一個馬爾地夫人在聯合國大會上所擁有的投票權力是巴西人的 570 倍，這顯然不符合立法機構的民主標準。同樣地，它也沒有適當反映出權力關係，因為馬爾地夫群島在聯合國大會上所擁有的權力，與美國、印度或者中國相同。聯合國大會的這種奇特性，使得國家不願意讓該組織通過有約束力的法律。因此，聯合國大會通過的是決議，而不是法律。

最後，我們可能想像聯合國秘書長相當於世界總統。然而，這同樣也會讓人

誤解。秘書長（secretary-general）是一個很弱小的行政官員，更像一個秘書（secretary），而不太像一個將軍（general）。如果說秘書長有權力的話，那麼他更像教宗擁有軟實力，而不像一個總統同時擁有硬實力與軟實力。我們如果試圖透過與國內政府類比的方法來理解國際組織，那麼必然會得出錯誤的結論。它們最好被看作是國家間進行協調與合作的框架。

國際法在很多重要的方面不同於國內法。國內法是立法機關和慣例的產物，有時被稱為「普通法」（common law）。國內法包括法律執行、由個人提出裁決請求（你可以自己上法庭和提起訴訟）和立法機構按程序修改法律等規定。國際公法在某種意義上說與國內法相類似，因為它也是由條約和慣例所構成，條約是國家間的協定，慣例是國家普遍接受的行為習慣。但是，國際法在執行和裁決方面，和國內法區別很大。在執行方面，沒有一個國際行政機構來確保一個國家服從法庭的決定。國際政治是一個自助體系，國際法有時是由大國來執行的。比如，在海洋法方面，曾經形成了一個慣例，即國家擁有 3 海里的海洋管轄權。烏拉圭在 19 世紀提出要擴大領海的範圍，以保護沿海捕魚業；而當時的海上強權英國則把炮艦開到離烏拉圭沿岸 3 海里以內的海域，以此作為回應。在 20 世紀 80 年代，當利比亞企圖把錫德拉灣當作本國領海時，美國這個當時世界上最大的海權國家把第六艦隊派遣到該海域。你或許會問：「如果英國或美國違反了國際法，那麼由誰來執行制裁英國或美國的法律呢？」答案在於，在自助體系中執行國際法只是一種單向行為。

在國際法中，是由國家而不是個人提出裁決請求（但設在盧森堡的歐盟普通法庭是一個地區性例外情況）。國際法庭受理的案件較少，部分原因在於國家經常傾向於透過談判來解決爭端，同時也不願意冒敗訴的風險。國際法庭在 20 世紀 90 年代設立了特別法庭，審判波士尼亞及盧安達衝突的戰爭罪犯，而且一大批國家在 2002 年同意建立**國際刑事法庭**（International Criminal Court, ICC），以審判那些國家政府無法審判的、犯有戰爭罪行和種族滅絕罪行的人。但是一些重要國家，其中包括美國和中國，拒絕簽署這個條約，因為它們認為該條約侵害了本國主權。此外，即使國家同意遵循一個共同原則，它們還面臨如何解釋習慣規則的難題。讓我們以徵用原則為例來說明。國家普遍接受的一個規則是，國家可以對其領土上的一家外國公司實施國有化，但必須給予該公司相應的

補償。然而，到底由誰來確定補償是否合理？許多不發達國家認為少量的補償就足夠了，而富國則通常要求較多的補償。

最後，聯合國大會所通過的決議，也有很多模稜兩可的地方，而且不具有約束力。只有安理會根據聯合國憲章第七章的規定所做出的決定，才是每個成員國在法律上必須接受的。聯合國憲章第七章是關於對和平的威脅、對和平的破壞以及侵略行為的規定。如果安理會（而不是聯合國大會）認定存在一個侵略或對和平構成威脅的行為，並且要求對此行為進行制裁，那麼成員國必須採取制裁措施。1990 年伊拉克入侵科威特和美國在 2001 年遭受跨國恐怖攻擊之後，就出現過這樣的情況。

新法規產生的另一個方式是：先由大型的政府間國際會議討論和起草條約，然後各國政府簽署這個條約。這類會議通常規模龐大，而且效率不高。比如：20 世紀 70 年代的海洋法會議，有一百多個國家參加，旨在制定有關 12 海里領海、200 海里漁業專屬經濟區以及海底礦藏屬於人類共有遺產等規則。其中的麻煩在於，有的國家只同意條約文本的部分內容，這就使得相關的國際法規不甚明確。儘管如此，在 1995 年，美國為了抵制中國可能對南沙群島一帶海域提出主權要求，還是求助於國際海洋法。今天的美國依然如此作為，儘管美國參議院至今沒有批准聯合國海洋法公約。

國際法基本上反映了國際政治的分散性質（fragmented nature）。國際政治中的共同體觀念是很弱的，這意味著國家不太願意出於履行義務或者服從權威的考慮，而遵守規則或者約束自己。由於世界上缺少一個擁有合法使用武力壟斷權的全球性行政機構，主權國家處於以自助、武力和生存為特徵的環境之中。當生存問題出現以後，法律通常只能排在第二位。

可預見性與正當性

然而，國際法和國際組織是國際政治現實的重要組成部分，因為它們可以影響國家的行為方式。國家由於以下兩個原因需要國際法和國際組織：可預見性與正當性。

國家如同個人，總是被捲入相互間的衝突之中。國際間的交往，不管是政府行為還是個人行為，是極其廣泛的，它包括貿易、旅遊、外交使團以及人員跨國

接觸等。隨著相互依存程度的加深，發生摩擦的機會也就增多。在摩擦出現後，國際法可以讓政府避免衝突升級。比如，如果一位美國遊客因販運毒品而在墨西哥被捕，或者英國船隻與挪威船隻在北海相撞，或者一家日本公司指責印度公司侵犯專利權，有關國家政府可能不想讓這些涉及個人的爭端，影響國家關係的其他方面，如果按照國際法和普遍接受的原則解決，那麼就可以使得這些問題非政治化和具有可預見性。可預見性有助於增進交往，並且有序地處理因交往而產生的衝突。

正當性是國家需要國際法的第二個原因。政治不僅僅是爭奪物質權力的鬥爭，它也是爭取正當性的較量。如同本書第二章所提到的，權力與正當性不是相互對立，而是互相補充。人既不是完全按道德原則行事，也不完全是自私自利。有關對與錯的信念是人們行為的動力，這是一個政治事實，因此正當性也就是權力的一個源泉。如果一國的行為被認為缺少正當性，那麼該國就要為其政策付出更高的代價。國家希望借助國際法和國際組織來證明自己的政策具有正當性，並且指責別國的政策缺乏正當性，這會影響到它們的行為及其後果。正當性也會增強一國的軟實力。

國際法在重大的利益衝突中，可能對國家沒什麼約束力，但是它往往會影響國家政策的制定。法律是權力鬥爭的組成部分，也許懷疑論者會說，這些只是律師們玩的遊戲而已。但是，法律並非毫無作用，因為政府總是很重視援引法律依據，或者認真考慮國際組織的決議。這就好像一句格言所說的：「如果用邪惡的方式來表明自己是善良的，那麼善良肯定要因此付出代價。」簡單地說，政府的行為可能被自己提出的法律藉口所束縛。

以聯合國安理會第 242 號決議為例，該決議是在 1967 年中東戰爭結束後通過的，呼籲有關國家恢復戰前的邊界。在此後幾年裡，它使得以色列在戰爭中奪取的領土占領缺乏正當性，從而迫使以色列在聯合國處於守勢。阿拉伯國家雖然在戰爭中遭受失敗，但是仍然能夠對以色列施加壓力。1976 年，阿拉伯國家聯盟極力促使聯合國開除以色列，美國花費了很多政治資源來勸說阿拉伯國家，防止聯合國大會通過開除以色列的決議。這個事例再次說明，國際組織中的正當性象徵是權力鬥爭的組成部分。

一個國家在面臨生死攸關的重大問題時，會使用武力這個最有效的權力形

式。這也可以解釋為什麼國際法和國際組織，對使用武力的事態只能有很有限的作用。用國際法來處理毒品走私、海上船隻相撞或者侵害專利權等是一回事，遵守國際法使國家面臨生存威脅則是另外一回事。這就是 20 世紀 30 年代集體安全制度所存在的問題，但是聯合國憲章再次建立起了一種有所改進的集體安全制度。

聯合國：集體安全、維持和平與建設和平

在傳統的權力平衡體系中，戰爭是合法的，武力也是被允許使用，而且它被認為有助於確保體系的穩定。在 19 世紀，隨著技術革新導致戰爭更具破壞力以及民主與和平運動的興起，有關國家採取了串聯國家組織以防止戰爭的措施。1899 年，26 個國家在海牙召開了和平會議。1907 年，44 個國家參加了第二次海牙會議。海牙會議所採取的是法律手段，與會者極力說服世界上所有的國家簽署一項仲裁條約，以便透過仲裁而非使用武力來處理爭端。他們也試圖制定戰爭法規，以便在仲裁失敗的情況下約束戰爭行為。

正如本書第四章所提到的，在第一次世界大戰結束後，有關國家創建起了國際聯盟，試圖透過國家的聯合來阻止侵略行為和懲罰侵略者。在威爾遜及其思想的追隨者看來，第一次世界大戰基本上是一場由權力平衡所導致的偶然的和不必要的戰爭，為了集體安全而建立起來的國家同盟可以防止這樣的戰爭。如果說建立國際聯盟的目的，在於防止再次爆發像第一次世界大戰那樣的戰爭，那 1943 至 1945 年間建立聯合國的努力，目的就是防止再次爆發如同第二次世界大戰那樣的戰爭。1945 年，49 個國家代表聚集在舊金山簽署了一個憲章，它包含了一些創新的內容，以克服國際聯盟的弱點。除了國家出於自衛或者集體安全的需要而使用武力外，以武力相威脅或者使用武力的舉動被宣布為非法。這樣的集體安全制度和 19 世紀權力平衡體系的區別在於，任何一個簽署聯合國憲章的國家以武力發動進攻的行為都是非法的。但是有三個例外情況，即國家出於自衛、集體自衛、集體安全的目的，才可以使用武力。

聯合國的設計師們也設立了一個安全理事會，它由五個常任理事國以及一些有任期的非常任理事國組成。安理會可以被看作是 19 世紀的權力平衡思想和聯合國集體安全框架相結合的產物。根據聯合國憲章第七章，安理會可以通過具有

約束力的決議。如果五個大國不能達成一致意見，那麼它們都具有否決權，否決權就好比一座房子裡的照明系統中的保險絲。聯合國創立者們認為，與其讓一場針對一個或兩個大國的戰火燒掉房子，不如使用否決權讓所有的燈都熄滅。

聯合國集體安全制度在冷戰期間，只有在韓戰中發揮作用。這是由於當時蘇聯代表為了抗議台灣的國民黨政府（不是北京的共產黨政府）擁有中國在聯合國的席位而缺席安理會會議。在冷戰時期的絕大部分時間裡，大國未能就什麼是合法地使用武力的行為達成共識。它們在界定侵略的定義時，也遇到了很大難題。比如，如何判斷挑起戰爭的是先進行秘密滲透的國家呢？還是其軍隊先越界的國家？1956 年，以色列深受由埃及支持的游擊隊越界攻擊之苦，但是以色列的正規軍首先越過邊界。對於誰是侵略者這個問題，不同的國家有不同的看法，這取決於一個國家究竟是站在冷戰的哪一方。在聯合國創建後的最初二十年裡，聯合國的有關委員會試圖給侵略下定義，它在列出一個侵略行為的清單之後，又加了但書，指出安理會也可以確定其他行為屬於侵略行為。即便動用了軍隊，安理會也可能說沒有發生侵略行為。就聯合國來說，只有安理會可以認定是否為侵略行為。一切都取決於在安理會內部能否達成共識，而這在冷戰時期是很難做到的。

集體安全制度處於無能為力的境地，它促使了聯合國預防外交思想以及**維和**（peacekeeping）部隊的產生。聯合國不再關注集體安全的基本思想，即確定和懲罰侵略者，而是把來自獨立國家的軍隊聚集起來，並部署在交戰雙方的中間地帶。這種模式形成於 1956 年蘇伊士運河危機期間。

1956 年 7 月，埃及總統賈邁勒·納瑟宣布將蘇伊士運河收歸國有（見圖6.1）。英國首相安東尼·艾登爵士認為埃及的行為對英國構成了極大威脅，他把納瑟比作新時期的希特勒，並且把該事件與 20 世紀 30 年代的情形相類比。他對納瑟接受蘇聯武器的事實感到擔憂。英國與法國、以色列一起制定了一項秘密計畫，即以色列入侵埃及（該國一直派游擊隊跨越以色列邊界），英法兩國進行「干預」以恢復和平，並占領蘇伊士運河。聯合國安理會辯論是否通過一項呼籲停火的決議，英國和法國利用否決權來阻止安理會通過停火決議，它們希望繼續干涉，直到除掉納瑟。

聯合國秘書長道格·哈馬紹（Dag Hammarskjöld）和加拿大外長萊斯特·皮爾遜（Lester Pearson），提出了一個解決方案，即動用一支聯合國維和部隊

圖6.1 蘇伊士運河危機與維持和平行動的誕生

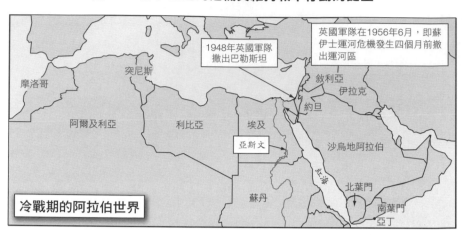

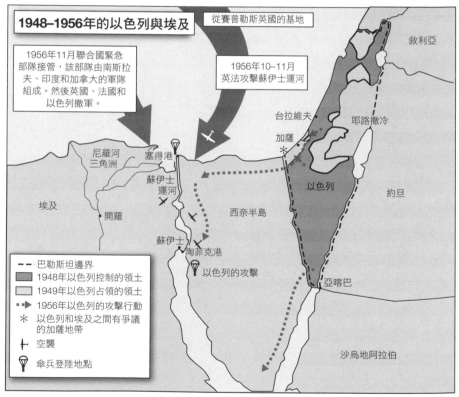

資料來源：Brian Catchpole, *A Map History of the Modern World*（Oxford, Heinemann Publishers, 1982）

把以色列人和埃及人隔離開。聯合國大會（大國在此沒有否決權）一致通過決議，授權向西奈半島派遣一支聯合國部隊。美國沒有支持歐洲盟友，因為擔心英法的干涉行動會刺激阿拉伯民族主義者，繼而為蘇聯介入中東創造更多機會。11月15日，第一批聯合國緊急部隊（UNEF）到達西奈，把以色列和埃及的軍隊隔離開，接著在12月，聯合國開始清理蘇伊士運河的沉船。

聯合國緊急部隊成為後來數十次「藍盔」維和行動的模式，而且聯合國在1992年設立了維和行動部（Department of Peacekeeping Operations, DPKO）來負責監督維和行動。迄今為止，總共有69次聯合國維和行動。目前在四大洲部署的聯合國維和行動有16個，來自120個國家的將近十萬人參加了維和行動，2014至2015年度的維和行動預算總額超過70億美元。維和是聯合國具有創造力的一個典範，這是聯合國創始人在1945年時沒有想到的。與此形成對比的是，集體安全行動僅有兩次（1950年在朝鮮半島，1991年在科威特）。

雖然冷戰阻礙了聯合國實施正式的集體安全原則，但是並沒有阻礙聯合國採取富有創意的行動，用國際部隊把爭端雙方分開。根據集體安全制度，如果某個國家越過界線，那麼其他國家都應該聯合起來對付它，並且迫使它退回到原來的界線內。而在維和行動中，如果一個國家越過界線，那麼聯合國就會介入，並且把當事方分開——不管誰對誰錯。在冷戰期間，聯合國維和行動的一個基本原則是，維和部隊總是由小國提供，而不是來自蘇聯或者美國，這樣大國就不會直接捲入衝突之中。預防性外交與維和行動是富有創意的舉措，至今仍然有重要作用。但是，它們不屬於集體安全措施。時至今日，許多維和人員仍在努力把內戰衝突的雙方隔開。

1990年伊拉克入侵科威特是冷戰後的第一場危機。由於蘇聯和中國沒有行使否決權，集體安全原則在四十年中第一次被付諸實施。這有三個原因：第一，伊拉克採取了赤裸裸的侵略行動，和20世紀30年代希特勒的行為相似，促使政治家們想到當年集體安全制度失敗的教訓。第二，政治家們認為，如果聯合國集體安全制度對這麼明顯的侵略行動無能為力，那麼就不可能成為維持冷戰後世界秩序的一個原則。第三，聯合國內的小國支持這項行動，因為這些國家大都很脆弱，都有殖民主義遺留下來的具有爭議的邊界問題。薩達姆・海珊為其侵略科威特的行為辯解，也讓其他大多數的小國害怕。用前面引用過的海地駐聯合國代

表的話來說，它們不想成為別人手裡的科威特。

聯合國集體安全制度將是新的世界秩序的基礎嗎？答案是這樣的可能性很小。比如，安理會五個常任理事國在 1999 年和 2003 年，都未能達成授權對科索沃和伊拉克使用武力的協定。存在以下幾個重要問題：第一，當發生明顯的侵略行為的時候，聯合國集體安全制度最能夠發揮作用，而它難以在內戰中起作用。第二，集體安全制度在沒有國家使用否決權的情況下可以發揮作用，但是如果美國、俄羅斯、中國、英國和法國不能達成協議，集體安全制度將會再度陷入癱瘓之中。況且 1945 年設計的聯合國集體安全制度是不能用來反對五大國的，這五個國家在安理會都享有否決權。第三，集體安全制度只有在成員國提供資源時才可以發揮作用，如果擁有龐大軍隊的國家不提供資源，那麼很難想像集體安全制度有什麼作用。集體安全制度在 20 世紀 30 年代徹底的失敗，在冷戰時期被冷凍起來，然後在 1991 年的波灣戰爭中，如同聖經中的拉撒路（Lazarus）一樣死而復生。但這只是個小小奇蹟，正如我們將在第十章看到的那樣，集體安全制度將來只是人們用來維持世界秩序的手段之一。

致艾森豪總統的一封信

希特勒在 20 世紀 30 年代透過一系列精心策畫的行動，確立了自己的地位。他最初是占領萊茵地區，接下來成功地實施入侵奧地利、捷克斯洛伐克、波蘭和西方的行動計畫。大部分西歐人容忍和原諒了他的行為……

同樣地，我們確信，奪取蘇伊士運河是納瑟實施計畫的第一步，該計畫的目的是在阿拉伯世界中剝奪西方的利益，並且把西方影響清出阿拉伯世界。他相信，如果他能夠順利實施這個計畫並成功地挑戰 18 個國家，那麼他就能夠在阿拉伯世界享有極高威信，可以鼓動沙烏地阿拉伯、約旦、敘利亞以及伊拉克的青年軍官發動革命（我們知道，他已經開始在伊拉克這個最穩定、最進步的國家裡策動一場革命）。這些國家的新政府，如果不是俄國人的衛星國，那麼實際上就會成為埃及的衛星國。這些地方的石油資源將處於由埃及領導並受俄國影響的阿拉伯合眾國的控制下。一旦這個時刻到來，納瑟就可以停止向西歐供應石油，我們就將看他的臉色行事。

——英國首相安東尼・艾登，1956 年 [1]

　　聯合國發揮政治作用，即便在集體安全原則無法實施的時期也是如此。這是因為聯合國憲章所闡明的反對使用武力的原則，讓那些想使用武力的國家負有舉證責任。建構主義者指出，此種有關使用武力的規範觀念之變化，會影響國家的軟實力。此外，安理會為討論國際暴力問題提供一個重要論壇，會在危機時期增強集體關注的效果和吸引國際社會的注意力。而且它有時也可以促使人們的觀點變得明確，增加武力侵略行為的代價，以及有外交安全閥的作用。最後，聯合國維和部隊的作用雖然有限，但是很有用處。聯合國所設置的這些防護網和緩衝區，屢屢被認為是很有用處的措施。

　　隨著冷戰結束，聯合國發揮作用的機會更多了。聯合國除了監督維和部隊，還在納米比亞非殖民化、監督薩爾瓦多的人權狀況、尼加拉瓜選舉、柬埔寨的管理等方面都起了作用。聯合國維和行動的最近記錄有好有壞。聯合國維和人員20世紀90年代在海地和柬埔寨的工作卓有成效，但是未能防止盧安達和蘇丹的族群清洗，也不能阻止安哥拉內戰，並且在波士尼亞則不得不被更強大的北約軍隊所取代。我們有時很難判斷它到底是成功還是失敗。聯合國維和人員確實幫助防止賽普勒斯的希臘人與土耳其人之間的流血衝突，但有人批評長期駐紮在賽普勒斯的聯合國維和部隊（聯合國藍盔部隊自從1964年開始就一直駐紮該國），實際上妨礙該國透過協商重新統一。在族群衝突地區派駐中立的部隊，似乎並不總能發揮作用。一些政治學家認為，中立的干涉行動可能延長內戰時間，導致更多傷亡。在另一個方面，聯合國依然發揮著使行為具有正當性的重要作用。例如，由於聯合國安理會在2003年未能通過第二個明確授權使用武力的決議，美國和英國為占領伊拉克付出了極大代價。[2]

　　聯合國繼續扮演有創意的新角色。其中一個很好的例子就是**建設和平**（peace-building），這體現在聯合國伊拉克援助團（United Nations Assistance Mission for Iraq, UNAMI）上。聯合國伊拉克援助團是根據2013年7月聯合國安理會第2110號決議設立的，其任務是向伊拉克政府提供諮詢、援助與支持，以促進該國的政治對話、民族和解、選舉法與憲法修正、法律改革、國內邊界爭端的解決、邊境安全、能源安全、原有非法武裝集團成員在社會與政治上的重新融入、人道主義援助、社會服務體系、重建、經濟改革、培訓、人權和法治。這是一個比將交戰各方隔離開來的維和更雄心勃勃的行動。這類「支持和平行動」（peace support operations)絕對是在舊金山起草聯合國憲章的人所沒有想到的，但它們日漸成為聯合國在管理衝突所做出的重要貢獻之一。支持和平行動具有不同形式和不同規模，可以承擔或小或大的任務。聯合國伊拉克援助團承擔著比較廣泛和野心勃勃的任務；而聯合國蒲隆地選舉觀察團則承擔著一個比較小的任務。目前，有四個聯合國秘書處政治事務部領導的建設和平行動，在最近出現的衝突地帶還設有九個辦公室。

雖然最初的集體安全構想並沒有完全付諸實施，但否定國際法和聯合國作用的觀點是錯誤的。國際法和聯合國是無政府國家體系政治現實的一部分。對國際組織和國際法採取過於懷疑或者過於天真的態度都是錯誤的。國家不能只按法律行事，但是如果完全沒有法律，那麼國家就無法生存。

很多觀察家呼籲改革聯合國制度。聯合國安理會 15 個成員國擁有授權使用武力的法律權力，其中五個常任理事國（中國、美國、俄國、英國和法國）1945 年以來一直享有否決權。2005 年，聯合國秘書長科菲·安南（Kofi Annan）任命的一個高級小組建議，將安理會成員國數量增加到 24 個，印度、巴西、日本和德國成為新的常任理事國。然而這計畫最後失敗了，因為中國反對日本成為常任理事國，一些地區的競爭對手表明反對該計畫的態度，非洲國家也要求更多席位。這個小組也提出其他一些有意義的改革建議，包括設立一個建設和平委員會監督失敗國家的重建，改組聯合國人權委員會，取消那些侵犯人權國家的成員資格，制定允許先發制人地使用武力和人道主義干涉的明確標準，以及界定恐怖主義的含義。成員國除了允許設立一個小型的建設和平委員會以及一個溫和的、新的人權理事會以外，並不願意實施該小組的建議。

今天，成立於 1945 年的聯合國顯然不是其創立者當初所期望的「人類議會」（parliament of humankind）。聯合國每年正常的財政預算大約為 270 億美元，擁有 1.7 萬名雇員，該組織擁有的資源比很多城市要少（比如只有洛杉磯市年度預算的三分之一）。即使把維護行動的特別預算（大約 70 億美元）和所有專門機構以及發展基金的年度預算都加在一起，聯合國所擁有的經費總數也就大約 120 億美元，大致相當於美國國防支出的 2%。聯合國人權行動的預算少於蘇黎世歌劇院的預算，而聯合國轄下的世界衛生組織的預算大約等於一所大型大學醫院的預算。

聯合國依然是一個由主權國家所組成的組織，193 個成員國繼續努力透過外交手段維護本國利益，並尋求達成合作的共識。同時，聯合國在以國際合作解決安全、國際發展、人道主義援助、環境惡化、毒品、跨國犯罪、健康與疾病以及全球共同生存空間等諸多問題中，也處於中心地位。不管聯合國具有什麼樣的弊病，它依然是唯一充當國際外交焦點的世界性組織。人們有時候會說，假如聯合國不存在了，那麼還得重新創立一個這樣的組織。鑒於當今世界在文化和國家利益上的多樣性，我們是否能夠重新創立一個這樣的組織仍是未知。

冷戰後的武裝衝突：模式與趨勢

6.2 闡釋當今武裝衝突的複雜性及性質的變化，並且釐清與國際衝突有關的道德標準。

我們在看冷戰後的暴力衝突時，發現有好消息，也有壞消息。好消息是，已經發生過的國家間的衝突數量很少，規模也不大，而且從未發生過大國之間的衝突（見表 6.1）。儘管讀者將在本書第七章看到，說大國之間的戰爭不可能發生的觀點是錯誤的，但大多數觀察家也認為，今天發生大國捲入其中的主要戰爭的可能性比歷史上任何時候都要小，這是由於經濟相互依賴、兩次世界大戰的可怕教訓、反對使用武力規範的深化與強化、其他爭端解決模式的增多，以及「核水晶球」的效應。

壞消息是，地區和國內衝突仍然持續不斷（圖 6.2 和 6.3）冷戰結束到現在，世界上所發生的 71 次衝突中，有 52 次純粹是國家內部的衝突 （內戰），還有 11 次是有外國干涉的內部衝突。[3] 從衝突所涉及國家行為者、國際組織、非政府組織、離散群體和其他非國家行為者（例如跨國公司或者黑市交易商，軍火商或者毒販）一起扮演著不同形式的角色。這個意義上說，以上所有衝突都具有「全球化」的性質。[4] 在那些國內衝突中，很多屬於**族群戰爭**（ethnic wars）或者**群體戰爭**（communal wars），戰爭中的各方部分依據諸如語言、宗教或者相似特性等文化界線，界定自己的身分。其他的國內衝突屬於革命戰爭，交戰雙方以意識形態切割。有些最嚴重的衝突是由政府有意挑起，而在某些情況下，政府則

表6.1　冷戰後國家間的武裝衝突

1989年	美國入侵巴拿馬*
1990—1991年	波灣戰爭#（伊拉克對科威特、美國及其盟友）
1995年	塞內帕戰爭*（厄瓜多對秘魯）
1994—1996年	巴卡斯半島爭端*（奈及利亞對喀麥隆）
1998—2000年	厄利垂亞一衣索比亞戰爭#
2003年	伊拉克戰爭#（伊拉克對美國及其盟友）
2008年	吉布地一厄利垂亞邊界衝突*
2012年	黑格里格（Heglig）危機（蘇丹對南蘇丹）*

* 死亡人數少於1,000人　　# 死亡人數超過1,000人

無力制止衝突。衝突的傷亡人數可能很大。自從第二次世界大戰結束以來，已經有超過十萬人在下列國家衝突中喪生：阿富汗、剛果民主共和國、伊拉克、利比亞、盧安達、獅子山、索馬利亞、蘇丹、敘利亞以及南斯拉夫。

　　大部分國內戰爭是在衝突調停機制失敗之後爆發的。在帝國（如歐洲國家在非洲的殖民帝國以及蘇聯在高加索和中亞的帝國）瓦解後，經常出現政府無法調停衝突的情形。這樣的「失敗國家」有的缺少一個強硬政府，有的政府權威受到經濟狀況惡化、正當性喪失或者外來干涉的損害。因此，儘管冷戰兩極衝突的結束導致外國軍隊撤出阿富汗、柬埔寨、安哥拉以及索馬利亞，但國內衝突並沒有因此消失。前南斯拉夫是一個在兩極世界中可以保持獨立地位的國家，但是狄托元帥之死和冷戰的結束，削弱了該國政府調停族群衝突的能力。

　　建構主義者指出，族群性（ethnicity）並不是一個不可改變的、必然導致戰爭的因素。從符號、神話和記憶都會隨時間而改變這個意義上說，族群性是社會建構的。[5] 比如，在1994年遭遇種族仇殺的盧安達，民眾講同一種語言，同樣的膚色，但是在圖西族和胡圖族人之間，存在著經濟地位不同的區別。幾個世紀以前從其他地方遷移到這裡的圖西族人屬於遊牧民族，而占人口大多數的胡圖族則屬於農耕民族。隨著時間推移，通婚和社會變遷使得兩者之間的某些界線變得很模糊，但是殖民主義統治則強化了這樣的區別。在1994年的種族仇殺中，75萬個圖西族人被屠殺，許多主張採取溫和態度或者同情圖西族的胡圖族人也

圖6.2 每年武裝衝突數量（按類型統計）

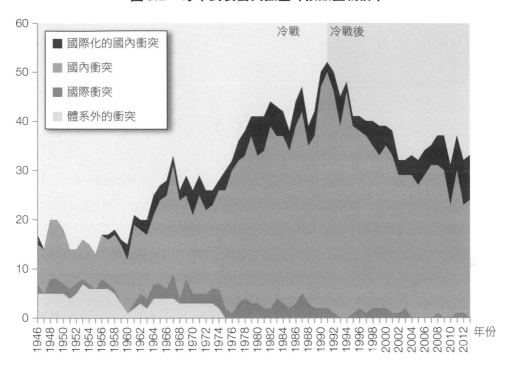

慘遭殺害。

1991 年前南斯拉夫聯邦的解體，也導致了族群衝突。在波士尼亞的塞爾維亞人、克羅埃西亞人和穆斯林之間就發生一些嚴重的殺伐，而波士尼亞是南斯拉夫聯邦中種族成分最複雜的共和國。1991 年夏天，斯洛維尼亞和克羅埃西亞宣布從南斯拉夫獨立出來，塞爾維亞人和克羅埃西亞人就開始廝殺了。聯合國對前南斯拉夫所有共和國都實施武器禁運。次年，波士尼亞與赫塞哥維納（在其人口中，44% 為穆斯林，31% 為塞爾維亞人、17% 為克羅埃西亞人）宣布獨立並為西方所承認。波士尼亞的塞爾維亞人也宣布成立一個獨立的塞爾維亞共和國，一場族群之間的戰爭隨即爆發。在 1992 至 1993 年，有報導稱在波士尼亞發生了針對穆斯林的「族群清洗」（ethnic cleansing）或者驅逐穆斯林事件。不僅如此，塞爾維亞人武裝阻止聯合國人道救援進入波士尼亞保護當地的穆斯林。隨著克羅埃西亞人把拚殺的對象從塞爾維亞人轉向穆斯林，塞爾維亞人也開始反對按

圖6.3　每年武裝衝突數量（按死亡人數統計）

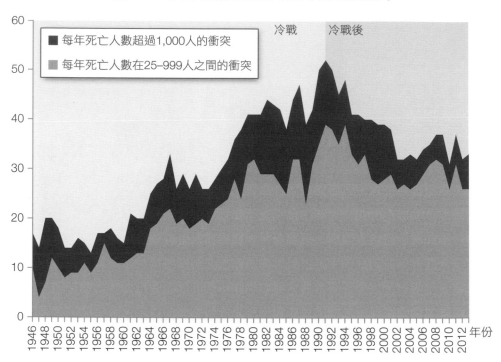

照族群界線分裂波士尼亞。1994年，波士尼亞政府軍征討塞爾維亞武裝的戰鬥
行動得到了北約的支持。戰鬥持續到1995年，塞爾維亞人在斯雷布雷尼察屠殺
了6,000名穆斯林，克羅埃西亞軍隊在一次大規模族群清洗行動中迫使塞爾維亞
人逃出克拉季那。在該年年末，波士尼亞、塞爾維亞以及克羅埃西亞簽署代頓和
平協定，波士尼亞戰爭結束，北約維和部隊進駐該國。

　　1998年，塞爾維亞總統米洛塞維奇（Slobodan Milošević）派軍隊鎮壓科
索沃省的動亂，科索沃解放軍隨即發動游擊戰。當年9月北約提出最後通牒，要
求米洛塞維奇停止鎮壓科索沃阿爾巴尼亞人，否則將對塞爾維亞實施空中轟炸。
1999年，北約對南斯拉夫持續78天的轟炸，造成了大規模的難民危機。由於
北約的空襲，米洛塞維奇從科索沃撤軍，他也被聯合國的特別法庭指控為戰犯。
在2000年選舉之後，爆發了反對米洛塞維奇的抗議行動，並導致他下台。一年
之後，米洛塞維奇被捕並被移交海牙國際刑事法庭，2002年出庭受審，但是一

直沒有結果，米洛塞維奇於四年之後在監獄中死亡。巴爾幹地位問題尚未得到解決，國際維和部隊依然部署在當地。

　　但是，有的人也會把前南斯拉夫的衝突看作是農村與城市之間的衝突，因為舊的認同觀念與神話在農村地區的影響最大，而城市群體中的很多人是族際通婚，並且把自己視為「南斯拉夫人」，不是塞爾維亞人、克羅埃西亞人或者穆斯林。一旦南斯拉夫解體和廝殺爆發之後，一些人被強加了新的身分。有人在1993年說過：「我一直都把自己看作是南斯拉夫人，而不是穆斯林。現在，我是一個穆斯林了，因為這是強加在我身上的。」一些理論家把族群衝突的原因，歸結為根深柢固和自古以來的仇恨，或者文明之間的大衝突。但是，如同邁克爾‧伊格納蒂夫（Michael Ignatieff）所指出的，族群間的區別，用西格蒙德‧佛洛伊德的話來說，就是「對細微差別的自我陶醉」。[6]

利用認同的差別

　　我曾經問過一位參加過莫斯塔爾戰役的波士尼亞克羅埃西亞族軍事指揮官，他是怎麼知道應該對準目標射擊的？因為街上的人看上去都差不多。他回答說，在戰前，你必須知道對方的名字，但現在可以比較容易根據他們的制服辨識。

——約瑟夫‧奈伊

　　為什麼人們會因為細微差別而相互殺戮呢？在大多數情況下，人們並不這樣。人類總是把自己歸於不同的群體之中，而且有時差別伴隨著歧視與仇恨。但是，只在極少數的情況下，這樣的差別才會導致暴力。雖然並不存在著兩個一模一樣的衝突，但是存在著共同的動力，即族群符號和神話導致分歧，經濟競爭或者國家權威的削弱引發對於群體生存的憂慮；菁英或者領導人借助族群信條來尋求支持；有些事件（比如1992年波士尼亞宣布獨立或者1993年4月盧安達總統因為飛機失事而喪生）會引發衝突。

　　政治學家約翰‧米勒強調那些借助族群神話和恐懼而達到目的的暴力群體所起的作用。在他看來，「族群戰爭」這個概念本身就完全錯誤，因為它意味著霍布斯所說的所有人反對所有人的戰爭，而實際上「它是由很小的好戰者群體所採

取的行為，這些群體以較大實體的名義廝殺與殺戮」。[7] 他認為，訴諸暴力行為的少數群體，破壞了那些溫和的中產階層的生活空間，並且使得病態與犯罪因素在隨之而來的混亂狀態中生長。斯圖亞特・考夫曼（Stuart Kaufman）強調符號政治（symbolic politics）的重要作用。政客和極端主義團體利用族群符號可以煽動民眾情緒的作用，來重新建構更大團體的偏好。我們在第一章所描述的經典安全困境之所以產生，是因為理性行為者之間缺少信任，以及無法在無政府狀況中保證協議可以實施，以至於爆發嚴重衝突。但是，在考夫曼看來，許多族群衝突之所以爆發，「是因為衝突的一方或雙方寧願衝突，而不願意合作。」[8] 在諸如獅子山、賴比瑞亞或者索馬利亞這樣的失敗國家中，對那些教育水準低和沒工作的年輕人來說，打劫和掠奪有著極大的經濟利益。族群衝突早期階段的安全困境之所以產生，除了理性行為者在無政府結構狀態中面臨的困境之外，經常是由於那些崇尚暴力並從中獲利的人操縱了情感符號。

干涉與主權

　　一些分析家認為，當存在著失敗國家或種族屠殺危機的時候，其他國家可以不理會相關國家的主權，並採取出於人道主義目的的干涉行動。2005 年，聯合國威脅、挑戰和變革問題高級小組（the United Nations High-Level Panel on Threats, Challenges and Changes）贊成「國際社會負有保護平民不受戰爭和侵犯人權行為所傷害之集體責任這一規範」。該小組認為，這一責任「可以由安理會行使，即在發生種族屠殺和其他大規模屠殺、族群清洗或者嚴重違反人道主義法律而主權國家無能為力或不願意制止的情況下，授權使用軍事干涉這一最後手段」。

　　干涉（intervention）是一個容易令人混淆的概念，其部分原因在於，它既是個描述性（descriptive）的概念，也是個規範性（normative）的概念。它不僅描述正在發生的事情，也做出價值判斷。因此，討論干涉問題的時候往往會涉及道德問題。不干涉主權國家的內部事務是國際法的一個基本規範（norm）。不干涉是一個強有力的規範，因為它對秩序和正義都有影響。秩序限制了混亂的程度。如果基本原則得到遵守，那麼國際無政府狀態——即缺少一個更高權威的狀態——並不等同於混亂。主權和不干涉是保證在無政府世界體系中存在著秩序

的兩個基本原則（principles）。同時，不干涉與正義也有關係。國家指的是由
那些享有在自己國境內共同生活權利的人所組成的共同體，其他國家的人要尊重
他們的主權和領土完整。然而，並非所有的國家都屬於這種理想國家。很多國家
難以用「主權國家」這個概念定義。比如，在21世紀初的獅子山、利比亞和索
馬利亞，存在著集團與氏族（clan）的紛爭，缺少能夠有效控制整個國家的政府，
甚至孩童也被迫參與戰鬥。因此，正義與秩序之間經常產生衝突，以致人們對於
是否進行干涉的看法相矛盾。

干涉概念的界定

　　最為寬泛的定義為：**干涉**就是指影響另外一個主權國家內部事務的外部行
為。某些分析家則使用一個較為狹窄的定義：干涉是指對另外一個國家的內部事
務進行**強迫性**的干預（forcible interference）。這種狹窄的定義僅僅是強制程
度從弱到強變化的光譜之一端而已（見圖6.4）。在光譜的左端，干涉可能僅僅
表現為一次企圖影響另外一個國家內政的講話。比如，1990年老布希總統呼籲
伊拉克人民推翻薩達姆‧海珊的統治，1999年海珊號召一些阿拉伯國家的人民
推翻本國政府。這樣的發言目的是干涉其他國家的內政，但是經常沒什麼作用。
美國政府在20世紀80年代設立了馬蒂電台，播放反對古巴菲德爾‧卡斯楚的
訊息，但是卡斯楚直到2008年的時候依然掌權。

　　經濟援助也可以影響另一個國家的國內事務。比如在冷戰時期，美國和蘇聯
分別向薩爾瓦多和古巴提供經濟援助，目的在於影響這兩個國家的內部事務。儘
管賄賂是一種不合法的經濟援助形式，它可以藉由收買外國高級政府官員，促使
相關國家改變政策。在冷戰時期，美國和蘇聯的情報機關經常投入資源影響外國
選舉的結果。同樣地，在20世紀70年代，韓國政府花了很多錢，試圖幫助那
些較為照顧韓國利益的美國政治家在選舉中獲勝。

　　光譜中強度更大的干涉行動是派遣軍事顧問。在20世紀50年代末的越戰
初期，美國的干涉行動先是經濟援助，然後是軍事援助。與此類似的是，蘇聯和
古巴向尼加拉瓜和其他「附庸」國家提供軍事援助和軍事顧問。另一種干涉的形
式是支持反對派。比如在20世紀70年代初，美國向智利民選總統薩爾瓦多‧
阿葉德（Salvador Allende）的反對派提供金錢援助，蘇聯也在不同的時期用金

圖6.4 干涉概念的界定

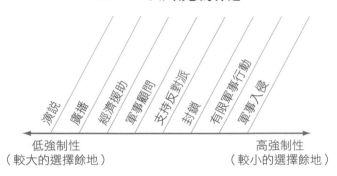

演說　廣播　經濟援助　軍事顧問　支持反對派　封鎖　有限軍事行動　軍事入侵

低強制性　　　　　　　　　　　　　　　　　高強制性
（較大的選擇餘地）　　　　　　　　　　（較小的選擇餘地）

錢支援西歐國家的和平組織。最近發生的相關事件有：美國向幾個從前蘇聯獨立出來的共和國（包括烏克蘭）中的民主運動提供金援；敘利亞對黎巴嫩的事務一直以來介入甚深，委內瑞拉則利用其石油財富影響拉美國家的選舉。

靠近圖6.4光譜最右端的是有限軍事行動。比如在20世紀80年代，美國轟炸利比亞，報復該國支持恐怖主義的行為。1998年，美國用巡弋飛彈攻擊蘇丹和阿富汗，以報復東非美國大使館的恐怖襲擊。在2001年9月11日發生針對美國的恐怖襲擊之後，美國也透過空中轟炸和向當地武裝提供地面支援的方式，推翻了阿富汗塔利班政權。在2011年的「阿拉伯之春」（本書第九章將對此詳細論述）中，有18個聯合國成員國提供軍隊，確保在內戰中的利比亞設立禁航區。圖6.4最右端是大規模軍事入侵或者軍事占領。這樣的例子包括美國1965年在多明尼加共和國、1983年在格瑞那達、1989年在巴拿馬以及2003年在伊拉克的行動，還有蘇聯1956年在匈牙利、1968年在捷克斯洛伐克以及1979年在阿富汗的行為。實際上，不只是大國才會軍事干涉。比如在1979年，坦尚尼亞出兵烏干達，越南入侵柬埔寨。1997年，小小的盧安達有力地干涉了大鄰國——剛果民主共和國的事務，衣索比亞在2007年出兵索馬利亞。某些干涉是多邊的，但通常以一國為首。比如，美國在1995年領導了聯合國對海地的干涉和在1999年領導北約對科索沃的干涉，奈及利亞在20世紀90年代領導幾個西非國家干涉賴比瑞亞和獅子山。

廣泛的干涉定義包括了光譜中所有的行為，其強制程度是由弱到強。干涉的強制程度是很重要的，因為它和當地人選擇權的大小相關，因而也和當地自主權

受外界力量限制程度的大小有關。

對干涉行為做出判斷

　　對於懷疑論者來說，道德判斷沒有任何意義，但現實主義者、世界主義者以及國家主義者對於干涉有著不同的認識。在現實主義者看來，國際政治中最基本的價值（values）是秩序與和平，最重要的制度（institution）是權力平衡。因此，現實主義者認為，有助於維持權力平衡和秩序的干涉行為就是正當的。在整個冷戰時期，兩個超級大國正是採取這樣的干涉行為來維護各自的勢力範圍：美國在西半球的勢力範圍，蘇聯在東歐的勢力範圍。比如，美國在 1965 年干涉多明尼加共和國、在 20 世紀 80 年代干涉中美洲，其依據是不能容忍在西半球出現更多的共產政權。蘇聯則在東歐採取干涉行為，以維護當地的共產政權。蘇聯人在 1968 年提出了「布里茲涅夫主義」，顯示蘇聯有權採取干涉行動，以捍衛其勢力範圍內的社會主義事業。現實主義者可能認為這樣的干涉行動是正當的，因為它們維護了秩序，並且防止了可能因為誤解或者判斷失誤而發生的戰爭，尤其是核戰爭。

　　相反，世界主義者看重正義。在他們看來，個人組成的社會是最重要的國際制度。因此，如果干涉行為伸張了正義，那麼它就是正當的。換句話說，應該允許為了善意的目的而進行干涉。但是如何界定「善意的」含義呢？在冷戰時期，自由的世界主義者認為，諸如反對菲律賓費迪南德·馬可仕（Ferdinand Marcos）獨裁政權（1965-1986）和南非種族隔離政權（1948-1990）的干涉行為就是正當的，而保守的世界主義者則認為，反對左翼政權的干涉行為是正當的。在 20 世紀 80 年代，一些美國人宣揚「雷根主義」，即針對尼加拉瓜桑定政權、安哥拉和莫三比克政權的干涉行動是正當的，因為這些政權侵犯了民主權利。在 20 世紀 90 年代，隨著冷戰結束，世界主義者極力支持以下的人道主義干涉行動：在索馬利亞防止饑荒的蔓延（1992），在海地恢復民選總統的權力（1994），在波士尼亞制止一場內戰（1995），在科索沃遏止由塞爾維亞的米洛塞維奇政府挑起的「族群清洗」（1999）。同樣地，他們呼籲美國干涉賴比瑞亞（2003）和蘇丹達佛省衝突（2008）。左派和右派世界主義者有一個共識，即如果干涉行為伸張了個人的正義和維護了人權，就是正當的。

在國家道德主義者的眼裡，國家和人民的自主權是國際政治中最基本的價值。他們認為，最重要的制度是國家組成的社會，它擁有一定的規則和國際法。在這些行為規則中，最重要的是不干涉別國領土主權的原則。因此，在國家道德主義者看來，干涉行為基本上是不正當的，只有捍衛國家領土主權或者抵制外來侵略的戰爭才是正當的。然而，現實世界有時要複雜得多。外來侵略的性質經常不甚明確。例如，1967 年 6 月，以色列軍隊穿過邊界，對埃及發動了進攻。但是，人們經常認為，以色列不算是侵略者，因為它是發動一場先發制人的戰爭，以阻止埃及即將發動的進攻。到底誰是侵略者呢？是在邊境集結軍隊、伺機進攻以色列的埃及呢，還是在埃及發動進攻之前就開始攻擊的以色列？

不干涉規則的四個例外

政治學家和國家道德主義者渥爾澤在其著作《正義和非正義戰爭》（*Just and Unjust Wars*）中指出，儘管沒有發生公然的侵略行動，但在四種情勢中進行戰爭或者採取干涉行為可說是正當的。不干涉原則的第一個例外是先發制人的干涉行動，1967 年以色列攻擊埃及就是這樣。如果一個國家的領土完整和政治主權，面臨著明顯和嚴重的威脅，那麼這個國家就必須馬上採取行動，否則的話，它以後就再也沒機會了。但是，威脅必須是迫在眉睫的。這並不意味著 1979 年蘇聯干涉阿富汗和 2003 年美國領軍攻擊伊拉克是正當的。**先發制人的打擊**（preemptive strike）不同於**預防性戰爭**（preventive war），前者是在威脅迫在眉睫的時候發生，後者則是在領導人確信早打不如晚打的時候爆發。正如我們在第三章所了解到的，這種預防性戰爭的思維影響了 1914 年的德國總參謀部。許多人擔心，假如德國等到 1916 年再發動戰爭，那時俄國已經太強大了，「施里芬計畫」將無法實施。渥爾澤所說的不干涉原則的第一個例外並不意味著允許發動預防性戰爭，因為德國並沒有面臨明顯的、迫在眉睫的威脅。在本書前面所列舉的反事實推理實例中可以看出，假如發生其他事情，那麼 1914 年到 1916 年的情勢可能大不一樣。在 2003 年伊拉克戰爭中，美國官員讓這種區別變得很模糊，聲稱美國在進行一場先發制人的戰爭，而實際上美國並沒有迫在眉睫的攻擊威脅。

不干涉原則的第二個例外是，可以用一次干涉行動來平衡上一次的干涉行

為。這個規則可以追溯到約翰‧史都華‧穆勒和 19 世紀自由主義者的觀點，即人民有權決定自己的命運。如果上一次發生的干涉行為使得當地人民無法決定自己的命運，那麼一次反干涉行動就是正當的，因為它恢復了人民決定自己命運的權利。根據穆勒的觀點，只有針對上一次干涉行為的反干涉行動才是正當的，除此之外的干涉行動是不正當的，讓當地人民解決自己的問題是一個基本原則。美國有時就是用這個理由來說明自己介入越南的行為是正當的。1979 年，中國軍隊越過邊界、對越南採取干涉行動，但在幾個星期之後撤回本國。中國聲稱此舉旨在反擊越南入侵柬埔寨的行為。

不干涉原則的第三個例外是，為了拯救面臨大屠殺威脅的人民而採取的干涉行為是正當的。如果這些面臨殺身之禍的人民不能獲得解救，那麼尊重當地人民獨立或權利的不干涉原則就失去了任何意義。在 2015 年，奈及利亞軍隊無力應對「博科聖地」組織在該國東北部恐怖襲擊無辜平民的行為，查德和尼日未經奈及利亞的許可派遣軍隊進入該國。1979 年，坦尚尼亞入侵烏干達是在烏干達獨裁者大規模屠殺當地人的時候，這個干涉行動是為了拯救面臨大屠殺威脅的人民，因此是正當的。1978 年，越南以類似藉口，即拯救柬埔寨人民，入侵了柬埔寨。然而，並非只要發生大屠殺或者族群仇殺事件，其他國家或者國際社會就會干涉。比如，美國就不願意出兵干涉盧安達（1994）、波士尼亞（1992-1995）、賴比瑞亞（1996）、獅子山（1999）以及剛果民主共和國（2003）等國所發生的這類事件。聯合國大會在 2005 年通過決議，主張國際社會承擔起保護民眾免於可以避免的災難之責任。但是，有關人道主義干涉的爭議依然很大。比如在麻煩不斷的蘇丹達達佛省，阻止族群集體屠殺行為的軍事干涉行動只限於溫和的維和行動。

不干涉原則的第四個例外是，如果一個分離主義運動具有廣泛的代表性，那麼支持它的干涉行動就是正當的。換句話說，如果某個國家的一群人明確表示要建立一個獨立國家，那麼幫助他們從原來的國家中分離出去就是正當的行為，因為這樣做有助於他們把自己的權利放在一起，享有作為一個國家（nation）的自主權利。然而，分離主義運動在什麼時候才值得幫助呢？是否說分離主義運動獲得勝利就意味著外界值得向它提供幫助呢？穆勒觀點的部分含義是，一個群體為了建立一個合法的國家，必須具備拯救自己和為自己的自由而戰的能力。這樣的

觀點至少和不干涉原則以及國家組成的社會之觀念是相統一的，但作為一個道德原則是有缺陷的，因為意味著強權即公理。

自決的問題

　　有關支持分離主義運動之干涉行動的一個問題是，「人民」（people）到底指的是什麼？他們是否具有共同的生活方式？外人如何知道國家內的一群人是否願意把自己的權利交給一個共同體或者國家（state）呢？**自決**（self-determination）是指人們具有決定自己政治命運的權利，其最常見的表達形式就是希望建立一個國家。這是個重要原則，但總是存在著由誰來做決定的問題。我們來看看索馬利亞的情況。與許多非洲國家的情況不同的是，索馬利亞人基本上有著共同的語言和族群（ethnic）背景。而比鄰的肯亞人則由於殖民統治的原因，是由幾十種族群或部落（tribes）所組成的，他們的語言背景和生活習俗差別很大。其中，在肯亞北部居住有索馬利亞人。索馬利亞聲稱，根據民族自決的原則，應該讓肯亞東北部和衣索比亞南部的索馬利亞人分離出去，因為他們屬於同一個民族（nations）──索馬利亞人。肯亞和衣索比亞對此表示反對，認為他們還處於創建多民族國家過程中。結果是在北非發生了一系列圍繞索馬利亞民族主義問題的戰爭。諷刺的是，索馬利亞自己後來陷入了氏族和軍閥之間的內戰之中。

　　投票並不總能解決民族自決的問題。首先，有一個應該在哪裡投票的問題。以烏克蘭為例加以說明。烏克蘭人口的 17% 在族群意義上屬於俄羅斯人。2014年的廣場起義導致烏克蘭親俄總統維克多・亞努科維奇（Viktor Yanukovych）被迫下台，之後在俄羅斯人占據多數（60%）的克里米亞，當地政府舉行全民公投，結果是克里米亞脫離烏克蘭並加入俄羅斯。假如烏克蘭境內所有俄羅斯人都參加烏克蘭全民公投的話，那麼公投幾乎肯定是要失敗的。[9] 克里米亞公投是在俄羅斯軍隊的監視下進行的，加上俄羅斯總統普丁早已計畫兼併克里米亞，這損害了這次投票的正當性，也有助於解釋為什麼幾乎整個國際社會都不承認公投結果，繼續把克里米亞視為烏克蘭領土的一部分，並且認為俄羅斯的介入屬於不正當的外國干涉行為。

　　分離運動的歷史給我們提出一系列其他問題。分離運動會給當事國的其他人

造成傷害嗎？分離主義者會從當事國帶走多少資源，或者會給該國造成多大的混亂？比如，蘇台德地區在 1918 年奧地利帝國解體之後被合併到捷克斯洛伐克，而那裡的居民卻是講德語的德意志人。在 1938 年慕尼黑協定簽署之後，蘇台德地區的德意志人脫離了捷克斯洛伐克並加入德國，其結果是，原先屬於捷克斯洛伐克的那個多山的邊疆地區就處於德國的控制之中，這對於捷克斯洛伐克的防衛來說，無疑是一個巨大損失。讓蘇台德的德意志人行使民族自決權，意味著剝奪捷克斯洛伐克的軍事防禦能力，這樣做是否正當呢？在 20 世紀 60 年代，奈及利亞東部地區要求與奈及利亞分離，建立一個新的國家——比亞法拉，但是奈及利亞其他地方的人堅決反對，其部分原因在於，奈級利亞的絕大部分石油產區位於比亞法拉。他們宣稱，石油屬於所有奈及利亞人，而不只是屬於該國東部地區。印尼對於石油資源豐富的亞齊省的分裂主張，也採取了類似立場。

在 1989 年以後，自決問題在東歐和前蘇聯地區變得十分尖銳。在前蘇聯地區，各種族群團體（ethnic groups）要求獲得自決權利，它們中的許多族群團體在 1917 年到 1920 年間曾經享受過這樣的權利。在高加索地區，亞塞拜然人、亞美尼亞人、喬治亞人、阿布哈茲人和車臣人都要求在自決的基礎上建立自己的國家。

正如前面所看到的，在前南斯拉夫地區，不同的族群和宗教團體採取分離主義行動和要求行使自決權。斯洛維尼亞人、塞爾維亞人和克羅埃西亞人在 20 世紀 90 年代初建立起了獨立的共和國，但是波士尼亞—赫塞哥維納的穆斯林卻沒有那麼順利。波士尼亞戰爭造成了大量平民死亡，後來海牙國際法庭設立了戰爭罪行法庭，從 1996 年開始審判那些負有屠殺罪責的人。然而，在衝突發生後的很長一段時間裡，聯合國、北約以及歐盟不能就如何應對這場衝突達成一致的意見。波士尼亞戰爭讓國際社會感到為難的部分原因在於，人們難以判斷這場衝突算不算是屬於波士尼亞的克羅埃西亞人、塞爾維亞人和穆斯林之間的內戰，在何種程度上是塞爾維亞的干涉行為？如果這場衝突不是簡單的外來入侵行為，那麼國際社會出面干涉的唯一理由就是防止大屠殺。巴爾幹和盧安達的情況一樣，引起國際社會的一致譴責，但是在 1995 年北約維和部隊開往衝突地區之前，國際社會一直沒能就採取有效的聯合行動達成一致意見。

自決權是一個含糊不清的道德原則。威爾遜總統在 1919 年認為它可以解決

中歐問題，但實際上引發更多問題。希特勒在 20 世紀 30 年代利用這一原則侵害了弱小國家。在當今世界，只有不到 10% 的國家屬於單一族群國家，把自決權視為首要原則而不是次要原則，可能會在世界上很多地方導致災難性後果。

對今後來說最重要的是，釐清決定**什麼**以及由**誰**來決定。在不同群體難以共同生活的情勢中，可能允許一定程度上的決定內部事務之自主性。內部自決可以允許類似瑞士或比利時那樣的文化、經濟和政治自主性。如果這種鬆綁行為還不行的話，那麼在某些情況下，可以安排友好的分手，就像捷克斯洛伐克在 1993 年 1 月 1 日和平地分裂成兩個主權國家一樣。但是，如果沒有小心地處理，有關自決的絕對要求很可能成為暴力之源。2014 年開始困擾烏克蘭東部的內戰，無疑是因為頓內次克和盧干斯克的俄羅斯族分離主義者受到克里米亞「分離」的鼓舞。

總之，儘管簡單、絕對的不干涉原則經常在實踐中違反，但是依然很重要。對於不干涉原則的幾種例外，必須根據具體個案以及觀察動機、手段和結果來判斷。

種族滅絕與「保護的責任」

我們在第二章提到，主權國家地位需要獲得其他國家的承認。在這方面，由主權國家組成的西發利亞體系有點像一個俱樂部，只有獲得俱樂部其他成員的承認，你才可以成為俱樂部的一員。自從 17 世紀以來，成員標準一直處於演變之中。在過去，主權通常是防止外部干涉的屏障。而在今天，主權的此種作用已經不再那麼強調。國際共同體的成員逐漸要求一國政府首先需要在其邊界之內達到某些行為標準，然後別國才能遵循不干涉該國的原則。正如干預與國家主權國際委員會（International Commission on Intervention and State Sovereignty）報告所指出的：「國家主權意味著責任，國家承擔著保護本國人民的主要責任。」具體來說，「當一個群體由於內戰、叛亂、鎮壓或者國家失靈（state failure）而遭受嚴重傷害，以及所在國不願意或者無力加以制止、避免此種傷害的時候，不干涉原則就讓位於國際保護的責任」。[10]

與世界政治中的重要規範變遷發生的情形一樣，保護責任（Responsibility to Protect, R2P）之所以產生，大部分是源於對過去的失敗所做出的反應。國際

共同體在盧安達爆發種族滅絕的時候袖手旁觀，以及沒有及時干涉南斯拉夫，導致一種真正的羞恥感。這很像 1948 年 12 月聯合國大會通過的「防止及懲治種族滅絕罪公約」（The Convention on the Prevention and Punishment of the Crime of Genocide，簡稱「反對種族滅絕公約」），是對世界未能阻止希特勒暴行和防止大屠殺做出的反應。儘管保護的責任是一個相對較新出現的原則，但它尷尬地遭遇了與「反對種族滅絕公約」類似的命運。我們的確可以說，所有那些試圖使和平、正義與安全國際化的善意努力，其中包括國際聯盟的建立以及 1928 年簽署的、宣布戰爭為非法行為的「非戰公約」，都遭遇了一系列重大障礙：權力政治、自我利益以及搭便車問題。一般國家通常不願意挑戰大國。有的時候大國把防止國際共同體干涉盟友、附庸國或者衛星國的內部事務，視為自己的重大利益。國家常常擔心，過快同意授權對其他國家進行干涉，從而開創一個先例，這很可能會在今後被別國用來反對自己。不僅如此，和平、正義與安全從一定意義上說屬於公共財：由於它們對所有國家都有益，因此每個國家都希望讓其他國家承擔提供這些公共財的費用。

防止及懲治種族滅絕罪公約所遇到的問題不只限於上述那些，該公約第 2 條對種族滅絕行為定義如下：「蓄意全部或局部消滅某一民族、人種、種族或宗教團體，犯有下列行為之一者：（1）殺害該團體的成員；（2）致使該團體的成員在身體上或精神上遭受嚴重傷害；（3）故意使該團體處於某種生活狀況下；以毀滅其全部或局部的生命；（4）強制施行辦法，意圖防止該團體內成員生育；（5）強迫轉移該團體之兒童至另一團體。」[11] 這個定義本身為國際共同體在面對暴行時的不作為，提供了充足的依據。例如，肇事者及其同情者會聲稱，受害者之所以成為打擊對象，是由於政治原因，而不是因為他們的民族、族群、種族或者宗教認同。他們也可以說，那些被殺死或者被迫離開家園的人，只是「間接傷害」，而不是有意加害行動的受害者。他們還可以說，「全部或局部」意味著團體中的所有或者是大多數成員，而不是指團體中的一部分成員，儘管這部分成員的人數可能成千上萬。即便一個個案非常符合上述定義，國際共同體也可能認為，鑒於正在進行外交努力，干涉行動不切實際或者時機不成熟。其結果是，在該公約通過四十多年後，所有的國際指控都是以設立臨時法庭的形式出現。這些臨時法庭對種族滅絕行為提出指控，以及法庭判決本身讓種族滅絕的界定得到

擴展和細化（比如，強暴現在被從法律上界定為特定環境下的種族滅絕行為），無疑都是重要的進步象徵。然而，進步過程是極其緩慢的。

保護的責任（R2P）旨在克服某些上述局限性。它主張國家具有積極和主動地干預「大規模暴行」（mass atrocity，包括但不限於公約中所界定的種族滅絕行為）的義務。儘管人們起初對這個原則的期望很高，但是它迄今為止對國內衝突的影響卻很小。

達佛省衝突是保護的責任（R2P）較早遇到的一個嚴峻挑戰，結果並不太令人振奮。自從 2003 年爆發衝突以來，可能已經有 45 萬平民在蘇丹最西部這個省的族群衝突中喪生（各種死亡人數估計差別很大，蘇丹政府官方公布的死亡人數是兩萬人）。其中大部分人是被阿拉伯民兵組織（Janjaweed militia）殺害的，該組織得到蘇丹政府的支持，儘管蘇丹政府不承認這一點。迄今為止，美國是安理會常任理事國中唯一主張把達佛省衝突定性為種族滅絕行為的國家，其他國家則不願意這麼做，擔心因此承擔採取行動的義務。國際共同體採取的唯一有力的反應措施，就是派遣一支非洲聯盟維和部隊，但該部隊在人數、武器裝備、訓練以及指揮上都很弱，也沒有得到保護平民的授權。與人們普遍的認識不同，保護的責任（R2P）只是把軍事干涉當作最後手段，但是批評者聲稱，如果連達佛省衝突都不能讓國際社會採取果斷行動，那麼很難想像還有什麼衝突會促使國際社會採取這樣的行動。

2011 年對利比亞內戰進行的國際干涉更令人鼓舞，利比亞內戰之所以爆發，是由於人民對格達費（Muammar Gaddafi）專制政權不滿發展成為武裝起義。反對格達費政權的人控制了該國東部的大部分地方以及部分西部地區，迫使格達費政權發動進攻。格達費政權憑藉無法挑戰的空中優勢力量、強大的裝甲部隊，對反對派展開進攻並且不放過支持反對派的平民，預示著一場血腥大屠殺就要到來。正當這個時候，聯合國安理會顯示出不同尋常的果斷與團結，它通過了 1973 號決議，以保護平民的目的在利比亞設立一個禁航區。這是保護的責任（R2P）原則首次得到果斷的實施。

1973 號決議是否意味著國際共同體的態度發生重大轉變，願意給予保護的責任（R2P）以強力支持？在短期內，答案似乎是否定的。該決議雖然把空中戰鬥任務視為合法的外國軍事干涉行動，而且成功地擊潰了格達費的空軍，但是禁

止對利比亞派遣地面部隊。從這個意義上說，對利比亞的干涉行動屬於一種折衷的措施。也有人認為，聯合國安理會迅速通過 1973 號決議，並不意味著保護的責任（R2P）獲得那麼大的支持，而主要是因為某些成員國（主要是中國和俄羅斯）擔心，假如它們不同意建立禁航區的話，那麼更嚴重的流血衝突會導致要求採取更嚴厲的干涉措施，包括派遣地面部隊，而它們既不會輕易批准這樣的外國軍事干涉行動，也不願意為阻止干涉行動而行使否決權。俄羅斯和中國後來的確表達了對於「使命偏離」（mission creep）的憂慮，擔心使用對地攻擊的戰鬥機打擊裝甲部隊、後勤補給設施、指揮與控制中心、甚至格達費的住所，認為它們超出了設立禁航區的授權。然而，1973 號決議沒有留下倡導者所期望的遺澤，最主要原因在於該決議沒有達到所期望的效果。今天的利比亞依然處於內亂之中。雖然格達費可能是一個獨裁者，但是利比亞在其統治之下並不是一個失敗國家，而今天的利比亞卻屬於失敗國家。保護的責任在利比亞的實踐並不像人們期望的那樣有效，可能是它後來在內戰這個更大的人道主義災難中始終未能被加以考慮的主要原因，本書第七章將詳盡地論述敘利亞內戰。

思考題

1. 合作與協調之間的區別何在？

2. 國際組織和國內政府機構有什麼區別？

3. 國際法與國內法有什麼區別？在哪些方面兩者是一樣的？

4. 為什麼具有完整主權的國家會遵守國際裁定或者國際法，儘管不這麼做有利於本國的短期利益？

5. 集體安全、維持和平以及建設和平之間的區別何在？

6. 為什麼時至今日很少發生國家間的戰爭？

7. 什麼是族群衝突？它在什麼時候可能發生？

8. 干涉在什麼時候是正當的？自決總是正當的嗎？人道主義干涉的局限是什麼？

9. 你如何從目標、手段以及結果來評價基於保護的責任（R2P）理念對利比亞的國際干涉行為？

第七章

當今熱點

┃本章你可以學到這些┃

7.1 闡釋和評估現實主義、自由主義和建構主義者，有關冷戰後俄羅斯與西方緊張關係的論述。

7.2 評估認同和物質利益在近東和中東各種衝突中的相對重要性。

7.3 評估在印度—巴基斯坦關係中的核嚇阻穩定性。

7.4 釐清東亞和東南亞對中國「和平崛起」所構成的主要威脅。

7.5 解釋為什麼北韓威脅地區穩定。

　　正如我們在第六章所看到的，第二次世界大戰結束以後，相較於國內衝突，國家間衝突導致更多的死亡、破壞以及流離失所，而且這種狀況在冷戰結束以後更為明顯。即便是在冷戰結束以前，國家間戰爭的明顯減少，已經促使政治學家約翰‧米勒提出，國家間的大規模戰爭已經變得「過時了」。[1] 假如這意味著我們越來越難以想像成本—收益計算會為國家間的大規模戰爭提供依據，那麼米勒所言或許是對的。有能力發動大規模戰爭的國家，不是發達國家，就是快速發展中的國家（如中國），前者希望維持一個擁有很多衝突管理手段的、和平的、井然有序的國際秩序，而後者則急於在國際社會中獲得應有地位。然而歷史顯示，戰爭有時會由於那些難以用傳統的成本—收益計算方法來解釋的原因而爆發。偶然事件、錯誤認知以及疏忽大意的行為，常常都會引發戰爭。歷史還顯示，國家有時介入戰爭，並非完全出於理性考慮，而是由於對象徵性物質和理想的強烈追求，或者出於其他無形的考慮。因此，我們一方面要為已經比較容易解決國家間戰爭問題而欣慰，另一方面又不可聲稱國家間戰爭問題已經得到徹底解決，尤其是因為當今一些擁有強大核武的國家與其鄰國存在著嚴重爭端。

　　國家間的戰爭並非到處都可能發生。很多人或許認為，在本書第二章所提到

的「和平群島」或安全共同體中，國家間的戰爭基本上就不可能發生。這些地方
包括：西歐、斯堪地那維亞半島、北美、澳大利亞、紐西蘭以及日本。在世界其
他地方，比如撒哈拉沙漠以南的非洲，國家脆弱不堪、支離破碎或者深陷國內暴
力之中，國家間的戰爭幾乎不是一個緊迫問題。各個「熱點」地區有爆發戰爭的
危險，那些充分武裝、長期爭執的國家相互對峙，國際危機有可能升級為核子戰
爭。由於某些原因，這些熱點分布於從俄羅斯西部到印度次大陸，再到東北亞的
廣大地區。這些地區熱點到底有多危險呢？這些熱點是否獨具特點或者具有重要
的共同點呢？理論和歷史如何幫助我們回答這些問題呢？

▌東歐：新冷戰？
▌7.1 闡釋和評估現實主義、自由主義和建構主義者，有關冷戰後俄羅斯與西方緊張關係的論述。

　　冷戰的結束和蘇聯的解體，使得俄羅斯和西方有機會結束相互對抗的歷史，
走進一個共同繁榮和安全的新時代。蘇東劇變意味著，冷戰時期那種意識形態分
裂已經不復存在。西方民主開始在俄羅斯和東歐扎根。計畫經濟開始向自由資本
主義經濟轉型。北大西洋公約組織和華沙公約組織之間的敵對已經成為歷史。
「鐵幕」被日益緊密的貿易、投資和人員交流網絡所取代。讓世人驚奇的是，從
原蘇聯加盟共和國脫胎而來的獨立國家，比如烏克蘭和哈薩克，經過談判，把部
署或儲存在本國領土內的原蘇聯核武器和平地轉交給俄羅斯，美國也透過一項權
謀的核安全技術轉移專案對此給予幫助。從銷毀了的原蘇聯核武器中獲取的核分
裂材料，甚至被用於美國的民用核發電站，加上從美國銷毀的核武器中獲取的核
分裂材料，今天這些核分裂大約生產了美國 10% 的電力。
　　然而，蜜月是短暫的。在幾年之內，雙邊之間的友好關係就開始倒退，相互
敵視和猜疑重現。今天，由於俄羅斯在克里米亞和烏克蘭東部的行為（我們將對
此進行討論），及其引發的西方對俄羅斯的嚴厲經濟制裁，華盛頓和莫斯科的關
係實際上處於一種冰冷狀態。軍備控制談判裹足不前。雙方藉由武器的現代化、
採購以及重新部署加強國防力量。如同冷戰高峰時期一般，俄羅斯和北約的飛機

圖7.1 東歐

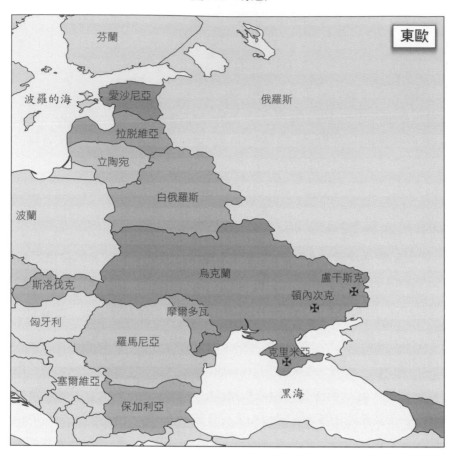

又開始在國際水域的上空玩起了貓捉老鼠的遊戲。到底出了什麼問題？

可以說，雙方過去對於未來的景象過於樂觀了。國家之間都會有利益衝突，期望進入一個全面相互理解的黃金時代是不實際的。俄羅斯過去總是一直和很多鄰國，包括（或許主要是）某些前華沙公約盟國關係緊張。這些國家容易想起俄羅斯以往支配鄰國的政策傾向，而且害怕歷史重演（圖7.1）。俄羅斯和東歐的民主化與資本主義轉型註定會是痛苦的，時有進展，偶有逆流。但是，我們所見證的關係惡化是否不可避免呢？

讓我們回到本書第二章討論的四種相互競爭的典範，即現實主義、自由主

義、馬克思主義和建構主義（見表 2.1）。我們在討論這個個案的時候，可以把馬克思主義典範棄之不用，因為不能給我們啟示，我們所見證的俄羅斯與西方不屬於不同階級之間的緊張關係。這個朝著新冷戰方向發展的、令人擔憂的歷史性轉折，並非工人階級反對資產階級，而是俄羅斯人與美國人、東歐人的對抗。我們很難用馬克思主義所強調的概念，比如貪婪與剝削，來敘述和理解冷戰後的事態發展。

　　自由主義典範有一些更好的分析工具，或許能幫助我們理解已經發生的事情，但也只是可能具有潛在的解釋力。一個自由主義者或許會說，假如俄羅斯完全融入西方制度，真正的民主在俄羅斯扎根，以及西方與俄羅斯的經濟關係變得更緊密和深入，那麼俄羅斯與西方之間將更容易合作，雙方的關係也將更積極。這種觀點可能是對的，但是自由主義解釋不了為什麼這些都沒發生。

　　這就使得現實主義和建構主義成為可能為我們提供答案的主要典範，以解釋看上去越來越像新的（也可說是比較溫和的）「冷戰」的根源。我們知道，在現實主義者看來，國家行為的根本動力是恐懼，在一個像霍布斯無政府狀態的西發利亞主權國家體系中，自助會導致權力平衡行為（根據現實主義，弱小國家有時會採取追隨行為，但大國傾向於權力平衡行為）。以此觀點，新冷戰可能是不可避免的。像俄羅斯和美國這樣的大國，在自身安全問題上，註定會以懷疑的視角看待對方，傾向於採取謹慎的態度。相互信任是難以出現的。這種立場會導致雙方在軍備、盟友和影響力等方面競爭。或許我們所看到的冷戰後俄羅斯與西方的關係，正是現實主義動力作用的結果。

　　相反，建構主義讓我們注意到認同和利益是如何透過互動演進的。建構主義者會說，俄羅斯與西方之間的新冷戰並非不可避免，然而一旦敵意重現，以及缺少克服此種敵意的有效措施，那麼毫無疑問，敵對動力會發展，而且越來越強大。哪一種解釋與事實比較相符呢？

　　為了評估現實主義的解釋是否有力，我們必須知曉相關的權力變化趨勢。別忘了，修昔底德說過，正是雅典權力的增長引起斯巴達的恐懼，導致了第二次伯羅奔尼撒戰爭。[2] 正如我們在第二章所看到的，權力大小的重要衡量指標就是一國的經濟規模，經濟規模通常是以國內生產總值（GDP）來衡量的，出於對比的目的，我們常常把國內生產總值加以調整，以體現價格差別（按購買力平價衡

圖7.2　按購買力平價衡量的國內生產總值（2011年當時匯價，單位為兆美元）

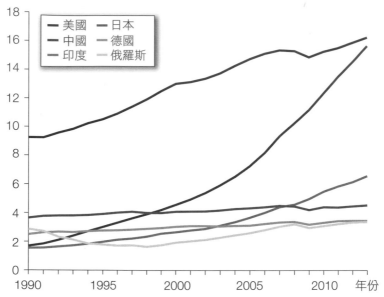

資料來源：World Bank, http://data.worldbank.org/indicator/NY.GDP.MKTP.CD

量的國內生產總值，或者稱 PPP GDP）。[3] 圖 7.2 顯示冷戰結束以後世界上六個最大經濟體按購買力平價衡量的國內生產總值。你會注意到，美國和中國的關係屬於雙馬賽跑。俄羅斯在經濟上屬於這六個國家中最弱的一方。如果把國內生產總值當作關鍵的指標，那麼經典的權力平衡理論勢必預言中國和美國將互為對手，然而它是否也會預言俄羅斯和美國將互為對手呢？

　　要讓現實主義可以預言俄羅斯和美國將互為對手的一個方式，就是聲稱俄羅斯追隨中國以反對美國。從表面上看，的確有些中國和俄羅斯在能源和軍事安全等重大問題上加強合作的表現。尤其是，俄羅斯和中國越來越積極地透過上海合作組織與雙邊安全合作（比如 2015 年在地中海和太平洋舉行海上聯合演習）來促進區域安全合作。然而，中國和俄羅斯沒有締結正式的同盟關係，中俄合作所選擇的時間顯示，此種合作是對俄羅斯與西方關係惡化的回應，而不是導致俄羅斯與西方關係惡化的原因，其他一些更重要的原因才是惡化的主因。

　　光是國家經濟規模本身，不足以說明一國經濟是否發達或運行良好。為了衡量國家的實力，那些可以告訴我們國家動用資源或實現創新，以應對安全挑戰的

圖 7.3　按購買力平價衡量的人均國內生產總值（2011年當時匯價，單位為1,000美元）

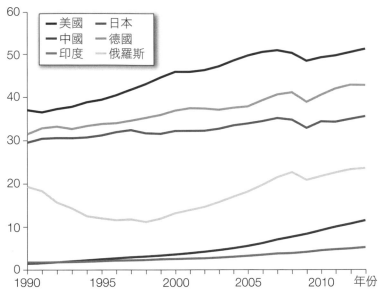

資料來源：World Bank, http://data.worldbank.org/indicator/NY.GDP.PCAP. PP.KD

效率衡量指標十分重要。在這個意義上，人均國內生產總值和人均壽命是更為重要的指標。人均國內生產總值顯示體系中剩餘財富的多少，以及在特定階段一國的發展／現代化程度。人均壽命則顯示一國提供公共衛生、清潔環境、工作場所安全等重要產品的能力。正如圖 7.3 和 7.4 所顯示的，按照這些衡量指標，俄羅斯和中國的表現都不算特別好，這更讓人質疑現實主義的權力平衡詮釋。

　　俄羅斯在一個硬實力的衡量指標即核武上表現突出（圖7.5）。從這個角度來觀察，今天的世界的確是兩極的，俄羅斯和美國顯然分屬兩極。但是，這有兩個方面的影響。一方面，雖然核權力平衡可以解釋為什麼俄羅斯和美國可能互相把對方看作主要安全威脅，兩國一直擁有世界上大部分的核武，但是現實主義卻難以解釋為什麼冷戰結束以後俄羅斯和美國的關係曾經有過「蜜月」時期。另一方面，正如在第二章所看到的，核武在冷戰結束以後是無法使用的。我們很難想像可以正當地使用核武來追求某個外交政策目標。這損害了核武作為硬實力資源的用處，並且使得核武不但不是對他國的一個威脅，還是對核武擁有國的一個威脅。人們可能會說，今天美國和俄羅斯領導人吸取了約翰‧甘迺迪和尼基塔‧赫

圖 7.4　人均壽命（歲）

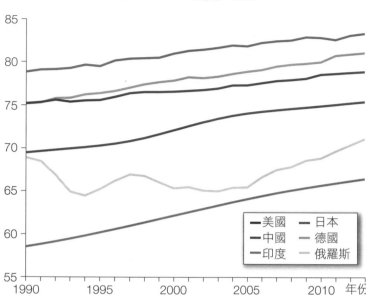

資料來源：World Bank, http://data.worldbank.org/indicator/SP.DYN.LE00.IN

魯雪夫在古巴飛彈危機中所獲得的教訓：核武是一個問題，而不是解決問題的手段；在大國政治中透過合作來減少使用核武，這是最重要的事。

　　俄羅斯和美國關係惡化的建構主義解釋，是把認同放在首要和中心位置，其相關解釋大致如下：在冷戰結束和蘇聯解體之後，俄羅斯努力告別共產主義的歷史，但是保留了民族優越感，尤其是保留身為大國的認知。俄羅斯的後蘇聯（post-Soviet）菁英們，其中包括總統伯里斯・葉爾欽（Boris Yeltsin）以及外交部長安德列・科茲烈夫（Andrei Kozyrev) 轉向西方以尋求機會、靈感，甚至是某種程度上的援助，幫助俄羅斯實現政治和經濟轉型。正如桑喬伊・巴納吉（Sanjoy Banerjee）所指出的，他們一度願意接受「一個合作但不對等互動的結構」。[4] 但是，他們希望俄羅斯被平等地對待並得到尊重，而且相信理應如此。不僅這樣，他們不認為自己已經「輸掉」冷戰。他們堅信自己跨越了冷戰。

　　從俄羅斯的視角來看，俄羅斯受到尊重的一個重要表現，就是西方信守諾言，以及考慮俄羅斯的基本安全利益。在俄羅斯人的腦中，對北約敵對記憶猶新，雖然華約已經於 1991 年解散，但北約依然存在。據參與 1990 年德國統一談判

圖7.5　國家擁有的核武數量（2015年）

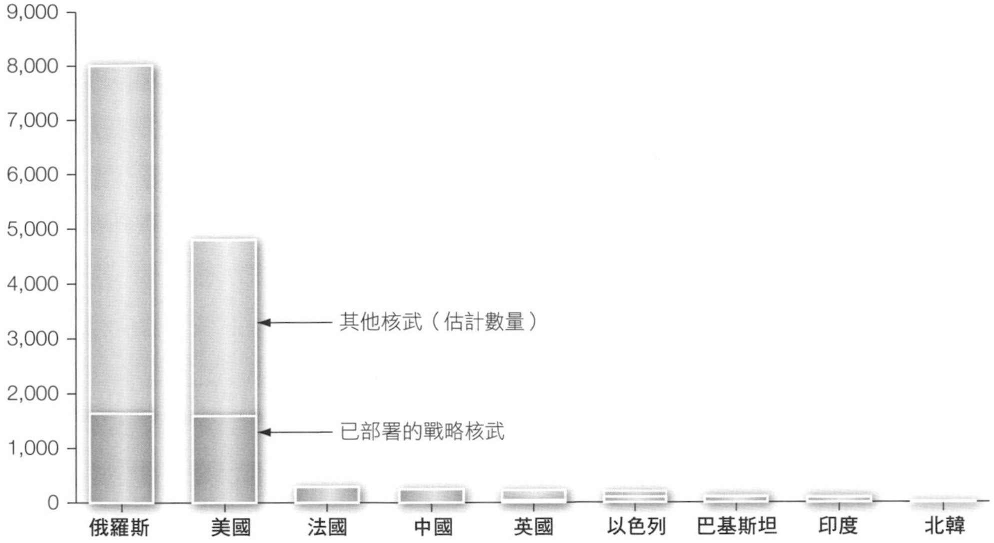

（在柏林圍牆倒塌之後，蘇聯解體之前）的俄羅斯官員說，西方官員清楚地承諾，如果蘇聯不反對德國統一，那麼北約將不會向東擴張。蘇聯（以及後來的俄羅斯）要求的最後一件事，就是北約被限定在現有邊界之內。一些西方官員堅持認為，沒有這麼一個正式承諾。但是不管怎麼說，匈牙利、波蘭和捷克共和國於1999年加入北約，以及保加利亞、羅馬尼亞、斯洛伐克、斯洛維尼亞、愛沙尼亞、拉脫維亞和立陶宛於2009年加入北約，對俄羅斯造成了傷害。特別是最後三個原屬蘇聯加盟共和國的國家加入北約，根本是在傷口上撒鹽。俄羅斯認為自己被誤導、背叛和無視。在俄羅斯人眼中，北約擴大，無疑顯示西方敵視俄羅斯，西方的很多其他行為也是如此，其中包括1998年對俄羅斯傳統的巴爾幹附庸國塞爾維亞進行「人道主義空襲」以支持科索沃分裂分子，2002年美國甚至計畫在波蘭和捷克共和國設立飛彈防禦基地，美國聲稱這些防禦基地是用來抵禦伊朗的飛彈攻擊，而莫斯科則認為它們對俄羅斯的核嚇阻能力構成威脅。[5]

　　國際政治中的很多重要事件，經常類似於黑澤明的著名電影《羅生門》中的情節，目擊者們對已發生事件的描述截然不同。對冷戰結束的解讀也不例外，西方領導人對俄羅斯沒有明顯的敵意，他們真的努力與俄羅斯建立起合作關係，但

是堅信西方贏得了冷戰，西方有權利在塑造後冷戰時代中當頭人。在他們看來，俄羅斯堅持要求被平等對待，似乎既不現實，也不合理。這無疑深深地刺激了俄羅斯。冷戰後西方所倡議的行動，包括和平夥伴關係（1994）、歐洲－大西洋夥伴關係理事會（1997）和俄羅斯－北約理事會（2002），都是企圖把俄羅斯納入合作安全框架之中，解決俄羅斯關切的真誠舉動，但是並沒有得到讚賞與感激，俄羅斯的反北約言論越來越激烈。俄羅斯似乎越來越抗拒握住西方的友誼之手，並且退回到那種誇大的民族主義立場。當俄羅斯的親歐派離開政府或被解除職務，形勢發展有利於民族主義者和歐亞主義者後，俄羅斯與西方的關係開始降溫，西方政府也隨即失去使形勢逆轉的希望和興趣。

2013 年秋天，在原屬於蘇聯加盟共和國、有很多講俄語的少數族群的烏克蘭所發生的事件，使得俄羅斯與西方的關係惡化到了極點。正如前面所提到的，冷戰後初期，烏克蘭和俄羅斯的關係在某些方面屬於合作的典範。新獨立的烏克蘭政府不僅同意把存在於本國領土的原蘇聯核武撤走，甚至允許俄羅斯黑海艦隊使用設立在烏克蘭領土的基地。但是，烏克蘭面臨著一個沒有解決的問題，即該國的未來到底是向東還是向西看。那些講俄語的人和俄羅斯族群（主要生活在烏克蘭東部）看重與俄羅斯的關係，擔心烏克蘭可能倒向歐洲。而占人口多數的烏克蘭族群，則出於經濟和安全的考慮，越來越期望烏克蘭與歐洲保持密切關係。當親俄總統維克多・亞努科維奇背信棄義，決定不再和歐盟簽署一項聯合協定，轉而同俄羅斯簽訂條約（烏克蘭因此從俄羅斯獲得幾十億美元貸款）的時候，憤怒的烏克蘭人湧向基輔市中心的獨立廣場。經過持續數週的暴力行動，示威者們迫使亞努科維奇下台。新總統彼得・波洛申科（Petro Poroshenko）於 2014 年 6 月 27 日簽署了烏克蘭－歐盟聯合協議。

在這個問題上，俄羅斯和西方的敘事又是相互矛盾。在俄羅斯看來，西方在諸如極右集團斯沃博達（Svoboda）那樣的法西斯主義者的幫助下，抓住機會策動了一個反對合法當選總統的非法政變。西方則認為，弗拉迪米爾・普丁以強力手段促使亞努科維奇背離烏克蘭人民的民主意願，讓烏克蘭保持在俄羅斯的軌道上並受俄羅斯控制。無論如何，結果是在烏克蘭東部頓巴斯地區爆發了內戰，交戰一方是得到俄羅斯正規軍（秘密地）武裝和支持的俄羅斯族群分離主義者，另一方則是得到西方公開（少量）支持的、武器裝備差並且缺乏訓練的烏克蘭

軍隊。雙方曾經達成幾個停火和降低戰爭強度或範圍的協定，但是後來這些協定都無視了，事態發展處於一種不確定的僵局之中。迄今為止，我們無法知道準確的死亡人數，但是聯合國人道主義事務協調辦公室提供的死亡人數超過 6,000 人，另外還有將近 200 萬人流離失所逃離烏克蘭。這場衝突的一個大悲劇就是，2014 年 7 月 17 日，馬來西亞航空公司一架從阿姆斯特丹飛往吉隆坡的民用航班 MH17 在頓內次克上空被詭異地擊落，導致飛機上的 298 人罹難。雖然這個悲劇的確實細節不得而知，但這架飛機無疑是被一枚俄制地對空飛彈擊中的。問題在於到底是俄羅斯族群分離主義者，還是俄羅斯正規部隊發射了這枚飛彈？

從一個更大的國際政治視角來看，烏克蘭危機中最令人不安的，或許就是俄羅斯趁機通過一個在 2014 年 3 月 16 日匆忙舉行的公投，兼併了主權國家烏克蘭的領土—克里米亞和塞瓦斯托波爾。我們現在知道，這個兼併行動是莫斯科策畫的，而且是在俄羅斯軍隊精心執行的滲透行動之後。世界上大多數國家都不承認俄羅斯兼併烏克蘭領土的行為。聯合國大會以 100 票對 11 票的表決，宣布該兼併行為非法，並宣告克里米亞和塞瓦斯托波爾依然屬於主權國家烏克蘭的領土。這個兼併行動之所以令人不安，不僅僅是因為俄羅斯違背了自己在 1994 年「布達佩斯備忘錄」中所表示的承認和捍衛烏克蘭領土完整之承諾，而且還因為它違反了戰後秩序中一個最為重要和最強有力的規範，即禁止單方面改變國家間的邊界。

這些事件，以及涉及這些事件各個方面的兩種相互衝突的敘事，體現了建構主義在此個案中的解釋力。冷戰的結束，的確是俄羅斯和西方建立一種新的、對雙邊都有利的關係之機會。然而，雙方在「冷戰是否有『贏家』和『輸家』」、「俄羅斯是否應該受到尊重」等認知上存在著巨大的分歧，以及相互對立的、潛在的（後來被迅速啟動的）民族認同，導致了相互不理解、不信任的惡性發展，最後引發敵對行動。正如建構主義者所預想的，我們在這個個案中看到了利益和認同是如何透過一段時間的互動而演進的。自由主義者認為，假如俄羅斯在制度經濟上更快、更徹底地融入，以及初生的民主不為寡頭、貪官污吏以及獨裁者所綁架，那麼這樣的事件可能就不會發生。自由主義者的這個看法或許是對的。現實主義者非常正確地用恐懼、不信任以及舊式的權力政治來描述俄羅斯與西方關係的特點，但只有建構主義者可以告訴我們為什麼會是這樣。我們只能希望，未

來雙方明智的領導人會找到阻止彼此關係惡化甚至敵對的方法。這個世界未來所期待的事態發展，不應該是另一場長時間的冷戰，冷戰總有變成熱戰的風險。

大事記 | 1990 年以來俄羅斯與西方關係

1991 年	蘇聯正式解體；俄羅斯聯邦宣布自己為蘇聯的繼承國
1993 年	俄羅斯總統伯里斯・葉爾欽和美國總統比爾・柯林頓在加拿大溫哥華會晤，討論一項擴大援助計畫，包括食品和醫療援助，以及貸款給俄羅斯企業
1994 年	該年 2 月，美俄進行第一次聯合航太飛行任務；美國和俄羅斯不再把飛彈瞄準對方
1995 年	美國太空梭亞特蘭提斯號成功與俄羅斯太空站 Mir 對接；俄羅斯加入北約領導的波士尼亞維和部隊
1998 年	俄羅斯應邀加入七國集團（G7），該組織被改稱為八國集團（G8）
1999 年	葉爾欽辭職，普丁總理為代理總統；俄羅斯在安理會提出一項反對北約干涉科索沃的決議案；匈牙利、波蘭和捷克共和國加入北約
2000 年	普丁在總統選舉中獲勝
2002 年	美國開始和波蘭及其他歐洲國家進行有關設立攔截長程飛彈基地的談判，這引發了俄羅斯的批判
2004 年	普丁再次當選總統
2007 年	美國開始和波蘭以及捷克共和國舉行有關建立飛彈防禦基地的正式談判，這促使俄羅斯威脅在其西部邊境地區部署短程核飛彈
2008 年	普丁說北約東擴至俄羅斯邊界被視為對俄羅斯安全的直接威脅；由於任期的限制，普丁無法再次連任總統：德米特里・梅德韋傑夫當選總統並任命普丁為總理；俄羅斯以保護南奧塞提亞和阿布哈茲抵制喬治亞進攻為藉口入侵喬治亞，美國和其他國家認為入侵缺乏依據，並向喬治亞提供人道主義和軍事援助；俄羅斯派遣艦隊到委內瑞拉參加聯合演習，美國聲稱這是一次挑釁行動
2009 年	美國取消在波蘭和捷克共和國的飛彈防禦計畫；保加利亞、羅馬尼亞、斯洛伐克、斯洛維尼亞、愛沙尼亞、拉脫維亞和立陶宛加

入北約

2010 年	俄羅斯和美國簽署新戰略武器削減條約；美國表示支持俄羅斯加入世界貿易組織；烏克蘭政府暗示將不會參加北約；梅德韋傑夫訪問烏克蘭以示支持
2011 年	俄羅斯通過一項新的法律，總統任期從四年延長到五年；普丁表示自己將爭取第三次出任總統；經濟學人智庫稱俄羅斯正在退回到威權主義
2012 年	普丁第三次當選總統
2013 年	俄羅斯向遭受美國通緝的、美國國家安全機構前工作人員愛德華‧史諾登提供政治庇護；歐巴馬總統取消原定的與普丁的會晤；烏克蘭總統亞努科維奇背信棄義，決定不簽署和歐盟的聯合協定；基輔獨立廣場爆發抗議行動
2014 年	亞努科維奇下台；俄羅斯兼併克里米亞；美國和歐盟制裁俄羅斯，指責普丁鼓勵分離主義者；馬來西亞航空公司 MH17 航班在烏克蘭東北部被俄羅斯援助的叛軍擊落*

▎近東和中東的分裂與動盪

▎7.2 評估認同和物質利益在近東和中東各種衝突中的相對重要性。

　　向南和向東看，我們看到的一系列熱點就在近東和中東。近東和中東這兩個詞的地理含義並不確定，但是圖 7.6 包括了我們所要討論的近東和中東國家。

　　近東和中東一直是世界上惡名昭彰的地區衝突的所在地。在冷戰後俄羅斯與西方關係上，建構主義對已經發生的事件有比較大的解釋力，相形之下，借助現實主義能夠清楚理解近東與中東所發生的許多事件，儘管民族主義、宗教、國際法和國際組織也扮演了重要角色。伊朗—伊拉克戰爭（1980-1988）是一個很好的例子。為什麼伊拉克入侵比自己大的鄰國？一個原因是伊朗伊斯蘭革命推翻了

---

* 編註：2016 年 1 月 9 日，俄羅斯空襲敘利亞西北部伊德利卜省馬拉特努曼鎮，目標為阿蓋德的敘利亞分支努斯拉陣線，造成包括婦孺 65 死 22 傷。2017 年 9 月 1 日俄羅斯為回應美國針對俄羅斯在 2014 年對克里米亞的吞併以及干預美國大選的制裁，宣布驅逐 755 名美國駐俄外交官。2019 年 4 月 23 日俄羅斯在北德文斯克船廠舉行 09852 型「別爾哥羅德」（Belgorod）號核子潛艇下水儀式，其為「波塞冬」（Poseidon）核動力無人潛航器的運載工具。

圖 7.6　近東和中東

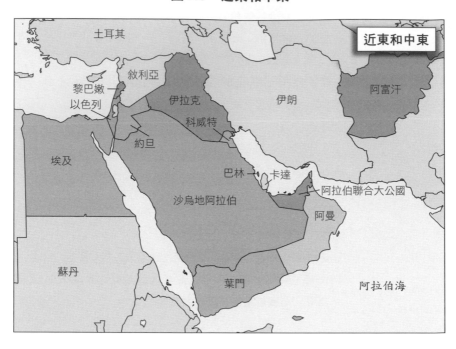

國王巴勒維（Mohammad Reza Pahlavi）的統治。國王統治下的伊朗聲稱對伊朗和伊拉克之間的整個阿拉伯河水道擁有控制權。但是在 1979 年革命推翻國王統治之後，伊朗處於紛爭之中，伊拉克總統薩達姆‧海珊趁機發動進攻。而且，革命後的伊朗為伊拉克國內製造了難題。伊拉克穆斯林分為遜尼派和什葉派，薩達姆‧海珊是世俗的國家元首。伊朗的什葉派基本教義者鼓動伊拉克的什葉派教徒起來反對薩達姆‧海珊。薩達姆‧海珊殺死了很多伊拉克什葉派領袖，使得這種跨越國界的宗教煽動行為遭到失敗。然而，伊拉克也做了錯誤判斷。雖然伊朗人不屬於阿拉伯人，但在靠近伊拉克的伊朗領土上生活著很多講阿拉伯語的人，在伊朗處於少數民族的地位。伊拉克人認為，生活在伊朗的講阿拉伯語的人，會以對待救星的態度歡迎伊拉克人，但實際情況並非如此。相反，伊拉克的進攻促使伊朗人團結起來。

　　在這樣的誤判之後，這場戰爭變成了一場漫長的戰事，而不是薩達姆‧海珊所期望的一場時間很短和對伊拉克有利的戰爭。伊拉克人很想脫身，但伊朗人

緊抓不放。伊朗遭受了伊拉克的攻擊，不願意讓伊拉克人想走就走。伊朗精神領袖阿亞圖拉‧何梅尼宣稱，只要薩達姆‧海珊不下台，伊朗就不會停戰。在此後將近十年的時間裡，全世界都在關注這個事件。保守的阿拉伯國家，比如沙烏地阿拉伯和約旦，支持伊拉克反對伊朗，因為它們更害怕伊朗的革命政權。然而，正如我們所看到的，雖然敘利亞是個世俗和激進的阿拉伯國家，在很多方面跟伊拉克很像，但是卻出於權力平衡的考慮，站在伊朗的一邊。敘利亞擔心比鄰的伊拉克壯大，而不那麼擔心離自己較遠的伊朗。局外國家也選邊站。美國擔心伊朗勢力增強，所以向伊拉克提供秘密援助。儘管伊朗基本教義派號召消滅以色列，以色列還是暗地裡把美國造的武器運往伊朗。以色列這樣做是出於權力平衡的考慮。以色列對伊朗和伊拉克都很擔心，但是伊拉克是一個離得較近的威脅源，根據「敵人的敵人就是朋友」的原則，以色列向伊朗提供了援助。因此，這場戰爭是錯誤的判斷引發的，戰爭的根源在於宗教、民族主義因素以及個人野心，權力平衡的考慮進一步促使它成為一場很難解決的、持續將近十年的衝突。

　　民族主義是如何引起戰爭的呢？民族主義不只是一個描述性（descriptive）的詞，也是一個指涉性（prescriptive）的詞。如果一個詞既具描述性，又具指涉性，那麼就會成為政治詞彙，被應用於權力鬥爭之中。民族主義已經成為當代世界國家合法性的重要源泉，從原則上說，所有民族都有自決權，而自決權正如第二章所指出的，經常被表達為建立國家的訴求。如果一個群體可以讓其他人承認它是一個民族，那麼就可以要求獲得民族國家的權力，並以此反對自己的敵人。如在 20 世紀 70 年代，阿拉伯國家成功地說服聯合國大會通過一項決議，認定猶太復國主義——有關猶太人有權在聖經的土地上建立自己的國家之信念——為種族主義（racism），阿拉伯國家透過貶損猶太人的民族主義來剝奪以色列的合法性。成為一個民族是好事，而成為種族主義者則是壞事。這種觀點是有問題的，因為宗教可以是民族認同的一個基礎。而且毫無疑問，宗教基礎可以使得不屬於該宗教的少數人更難以分享這種民族認同感。以色列境內穆斯林的生存會比猶太人艱難，巴基斯坦境內印度教徒的日常生活也比穆斯林艱辛。但這並不意味著，把宗教當作民族自決基礎的群體就是種族主義者。聯合國大會最後在 1991 年通過第二次投票，廢除了上述決議。

　　在 18 世紀的時候，民族主義並沒有那麼重要。為什麼民族主義的主張在今

天顯得如此重要呢？不管怎麼說，正如建構主義者指出，人類的效忠目標是多種多樣的，有的在國家層次上，有的在國家層次之下，而且目標也不是一成不變的。當正常的生活模式被破壞之後，人們的效忠目標就會發生變化。民族的理念往往產生於正常生活模式受到極大破壞、處於文化邊緣地帶以及認同不明確的那些人的腦中。他們在自己的正常生活模式被破壞之後，便開始思考一些問題。民族主義主張通常首先是由知識分子和宗教團體提出來的，例如生活在 19 世紀的早期阿拉伯民族主義者基本上都是基督徒，而不是穆斯林。隨著工業化和城市化破壞農村社會的傳統生活模式與效忠目標，他們所表述的有關新的認同的想法，漸漸地獲得越來越廣泛的支持。

導致民眾形成新的認同的動力，可能來自國內，也可能來自國外。近代民族主義的產生，很大程度上是法國革命所推動的。中產階級的興起破壞了傳統的政治與社會模式，新興的政治集團希望法蘭西不再是國王統治下的國家，而是民族的國家、全體人民的國家。從外部的情況來看，拿破崙的軍隊橫掃歐洲，破壞了當地的社會模式，促使那些講德語的人和其他人產生了民族主義情緒。到 19 世紀中葉，同一個民族應該生活在同一個國家的思想得到廣泛認可，這種觀念最後導致了德國和義大利的統一。正如在本書第二章所看到的，諷刺的是，俾斯麥是一個保守派人士，他並沒有極力把講德語的人都統一在一起，只是統一了那些普魯士國王能夠控制得了的德意志人。然而，他也利用民族主義來實現自己的目標，而且德國和義大利的統一模式是頗為成功的。

第二次世界大戰削弱了歐洲殖民帝國，而且在此後三十年裡，非殖民化成為亞洲和非洲的主要運動。宗主國的社會已經受到戰爭的削弱，殖民地的菁英們開始運用民族主義觀念反對搖搖欲墜的歐洲帝國。19 世紀典型的國家是以語言和種族為基礎，如果這種模式還運用於後殖民地世界，那麼將導致在整個非洲和亞洲的許多地方出現無數個微型國家。然而，後殖民時代的菁英主張國家擁有締造民族的權力，反對與此相反的 19 世紀模式。當地領導人聲稱，他們需要利用殖民主義者所建立的國家機器，如財政機構、警察和公務員，把那些較小的部落群塑造成為一個民族。這兩種截然對立的主張，即民族締造國家和國家締造民族，同樣都可以從民族主義意識形態中找到理論依據，這是因為**民族主義**是一個政治詞彙，可以被當作工具來使用。從這個意義上說，民族認同是社會建構的（即便

是在法國這個似乎為「民族締造國家」的個案中，國家也利用教育和警察，使布列塔尼這樣的落後地區就範）。

在早期反殖民主義解放運動的浪漫時代裡，那些「泛」運動之間的差別被成功地掩蓋。在 19 世紀和 20 世紀初，泛斯拉夫主義在歐洲興起，聲稱所有講斯拉夫語的人具有一樣的認同。在當代，中東有泛阿拉伯主義，非洲有泛非主義。早期反對異族統治的人宣稱，由於殖民地人民都遭受外來殖民者的壓迫，所以他們應該組成泛非或者泛阿拉伯民族。然而，他們在獲得解放或者擺脫殖民主義統治之後，開始面臨建立政權這個實際問題，並且發現政權運轉需要財政機構、警察和公務員這些手段。而且這些手段的存在並不依賴於「泛」的基礎，而是根據殖民主義者人為劃定的邊界。所以，隨著浪漫主義情感的消退，以國家為基礎的認同開始取代以「泛」運動為基礎的認同。儘管如此，「泛」運動的浪漫主義情感作為一種破壞性的力量依然存在著。

泛阿拉伯主義在中東一直有著很大的影響力，而且在中東曾經出現過奇特的情勢：某些國家突然宣布組成一個國家聯盟，比如埃及和敘利亞在 1958 年組成阿拉伯聯合共和國。然而，經過一段時間後，國家的力量在與泛民族主義運動的較量中占了上風。這是個漸進的發展過程，還沒有完結。在大部分後殖民國家中，由於經濟變革和現代通訊方法的出現，正常的生活模式受到了極大的破壞。政治領導人極力控制這種後殖民時代的不滿情緒。某些人借用民族主義的感召力，另一些人借用泛阿拉伯主義的感召力，還有一些人借用宗教基本教義的感召力。它們導致了近東和中東地區的衝突。該地區國家在現代化過程中遭受失敗，有助於解釋為什麼一些人轉向了基本教義或恐怖主義。

正如我們所看到的，近東和中東是政治上很複雜的地區。這種複雜性加上其他各種因素，比如不平等、貧窮、人口與資源壓力等等，無疑導致了這些地區動盪不安。接下來要關注的是，這些極為複雜的地區中某些重要的衝突舞台。

以色列

阿拉伯—以色列衝突的結果是，導致了五次國家間戰爭，以及在兩個聲稱具有不同的民族認同和爭奪一塊彈丸之地的群體之間幾乎持續不斷的低強度衝突（不時導致大規模的軍事行動）。以色列聲稱，早在聖經時代，那塊地就屬於猶

太人，它後來在西元前 1 世紀的時候才為羅馬人所占據。以色列人還援引現代兩次世界大戰相關的幾個事件，來說明以色列作為一個國家存在的正當性。英國在第一次世界大戰期間發表了「貝爾福宣言」，即英國政府致信英國猶太復國主義者聯盟領導人羅思柴爾德勳爵（Lord Rothschild），表示英國將為在巴勒斯坦建立一個猶太人的家園而努力。以色列人宣稱，在第二次世界大戰中希特勒的大屠殺顯示，建立一個猶太人的國家是十分必要的。1948 年，猶太定居者同意接受把巴勒斯坦一分為二的解決方案，但是當地的阿拉伯人反對。聯合國承認了新建立的猶太人國家，但是以色列人不得不為了阻止阿拉伯人的聯合攻擊、維護國家的生存而鬥爭。以色列人認為，這就是以色列國的起源及其正當性。

巴勒斯坦的阿拉伯人則反駁說，他們也在這個地區生活了好幾個世紀。在第一次世界大戰期間發表「貝爾福宣言」的時候，巴勒斯坦地區 90% 的居民是阿拉伯人。直到 1932 年，仍然有 80% 的當地居民是阿拉伯人。他們宣稱，英國沒有權利以犧牲阿拉伯人的利益來給猶太人承諾。阿拉伯人進一步指出，大屠殺的確是歷史上一個大污點，但犯下這個罪行的是歐洲人。為什麼阿拉伯人要為此付出代價呢？

雙方的觀點看上去都有道理。在第一次世界大戰期間，今日巴勒斯坦的那塊地方處於土耳其人的統治之下，那時的鄂圖曼帝國與德國結盟。鄂圖曼帝國在戰敗之後便瓦解了，其阿拉伯領土成為國際聯盟的託管地。法國託管敘利亞和黎巴嫩，英國把自己託管的約旦河與地中海之間的那塊地方稱為「巴勒斯坦」，把其託管的約旦河以東的地方稱為「外約旦」。

在 20 世紀 20 年代，移居巴勒斯坦的猶太人數量很少，但在 30 年代，隨著希特勒上台和歐洲反猶太主義勢力的增長，猶太移民的數量迅速增加。到 1936年的時候，40% 的巴勒斯坦居民是猶太人，而且猶太移民導致阿拉伯居民暴動。英國政府設立了一個皇家委員會，建議把巴勒斯坦分成兩個國家。1939 年 5 月，隨著第二次世界大戰的迫近，英國需要阿拉伯世界的支持以對抗德國，所以英國答應阿拉伯人會限制猶太人移民。但是，英國的限制措施在戰爭結束後很難實施。由於大屠殺，許多歐洲人支持建立猶太人家園的計畫，而且大量猶太人悄悄地移居巴勒斯坦。除此之外，一些巴勒斯坦的猶太移民採取了恐怖主義行動，反對當地的英國統治者。同時，由於第二次世界大戰和印度的非殖民化（1947 年

英國宣布這個政策，1948 年 5 月印度脫離英國的殖民統治），英國的經濟和政治實力大幅衰落，於是它把巴勒斯坦問題移交給聯合國處理。

巴勒斯坦走向分治

　　大英帝國政府贊成在巴勒斯坦建立一個猶太人的民族家園，並且將盡自己的最大努力促使這個目標實現。英國政府十分清楚，不得採取任何行動使巴勒斯坦現存的非猶太群體的公民權益和宗教權利受到損害，亦不應損害在任何其他國家的猶太人所享有的權利和政治地位。

——貝爾福宣言，1917 年 11 月 2 日

　　1947 年，聯合國建議巴勒斯坦分治。諷刺的是，假如當初阿拉伯人接受了聯合國的分治計畫，處境會更好一點，然而阿拉伯人拒絕接受這個計畫，以致在當地爆發了戰爭。1948 年 5 月，以色列國宣布建國，其阿拉伯鄰居發動進攻，企圖阻止巴勒斯坦分治。第一次以阿戰爭斷斷續續進行了八個月。儘管阿拉伯人在人數上超過以色列人，占有 40：1 的優勢，但他們的組織性很差，而且不團結。在實現停火和經過聯合國的調停之後，約旦控制了被稱為西岸的那個地區，埃及控制了加薩地帶，巴勒斯坦託管地的絕大部分處於以色列人的控制之中，以色列控制的領土面積大大超過其根據 1947 年聯合國分治計畫所能得到的領土。

　　這場戰爭致使大量巴勒斯坦人淪為難民，這讓阿拉伯人產生了恥辱感，並且促使阿拉伯人普遍抵制有關永久和平的方案。阿拉伯人不願意接受戰爭的結局，因為他們不想承認以色列的合法性。他們相信時間站在自己這邊。阿拉伯領導人極力煽動泛阿拉伯主義情感，並且堅信阿拉伯人將在下次戰爭中消滅以色列。事實上，約旦國王阿布杜拉（Abdullah）1951 年被刺殺，就是因為當時努力與以色列單獨簽訂一項和平條約。這使得阿拉伯國家和以色列之間更加難以達成和平協定。

　　第二次以阿戰爭發生於 1956 年。1952 年，納瑟和其他一些青年軍官推翻了埃及國王法魯克一世（King Farouk）的統治並奪取政權。他們很快從蘇聯獲得了軍火，並且試圖控制蘇伊士運河——一條連接歐洲和亞洲的重要商業運輸通

道。埃及派遣游擊隊對以色列發動了一系列騷擾性的攻擊。正如本書第六章所提到的，英國和法國不滿納瑟在運河問題上的立場，並且擔心他主宰中東，因而與以色列進攻埃及。然而，美國拒絕幫助英國，聯合國通過決議，派遣維和部隊把衝突雙方的軍隊隔開，從而促使停火。但是雙方並沒有簽署和平條約。

第三次以阿戰爭，也就是 1967 年 6 月的「六日戰爭」是最為重要的，因為導致了今日的主要領土問題，也就是今日中東問題的核心。納瑟和巴勒斯坦人繼續用游擊隊的攻擊行動騷擾以色列人，而且埃及還關閉了蒂朗海峽，切斷以色列通往紅海的航線。納瑟並沒有充分做好戰爭的準備，但他看到敘利亞和以色列即將開戰後，認為這正是埃及介入戰爭的好時機。於是，納瑟請求聯合國從埃及邊境撤走維和部隊。以色列看到納瑟正在備戰，便決定先發制人。以色列摧毀了埃及地面上的戰鬥機，緊接著占領了整個西奈半島、敘利亞的戈蘭高地和約旦的西岸地區（見圖 7.7）。

超級大國在這個時候介入，迫使交戰雙方同意停火。1967 年 11 月，聯合國安理會通過第 242 號決議，要求以色列從占領的領土上撤退，換取中東實現和平和以色列獲得承認。但是第 242 號決議有意用了一些模稜兩可的語言。該決議的某些語種的文本沒有提及「**所有的**領土」，而只是提了「領土」，這意味著某些領土可以不必歸還。在決議中，有關巴勒斯坦人地位的表述也是模稜兩可的，巴勒斯坦人不被視為一個民族，而是被當作難民。最根本的問題還是沒能得到解決。

第四次以阿戰爭，即消耗戰，重要性較小。在 1969 年到 1970 年間，納瑟得到蘇聯的幫助，策畫了一些橫渡蘇伊士運河以及其他的騷擾行動。這些行動引發了以色列和埃及之間的一系列空戰。最後，空戰逐漸陷入僵持局面。

第五次以阿戰爭就是 1973 年 10 月的贖罪日戰爭（Yom Kippur War）。納瑟去世後，安瓦爾·沙達特（Anwar Sadat）繼任埃及總統，沙達特意識到埃及無法消滅以色列。沙達特認為，在採取實現和平的和解行動之前，應該取得某種心理上的勝利。所以，他決定埃及軍隊越過運河，對以色列發動攻擊，但是不收復整個西奈半島。沙達特與敘利亞人合謀，發動了一次頗為成功的突襲。在戰爭的初期，埃及人處於有利的地位，但是以色列人進行強有力的反擊。超級大國再次介入，呼籲雙方停火。美國國務卿季辛吉飛往莫斯科，然而以色列軍隊就在

圖7.7 1967年以前和1967年以後的以色列邊界

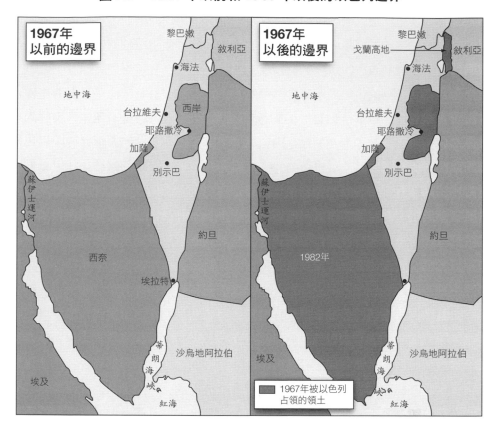

這個時候包圍了埃及的軍隊。蘇聯人感到受騙了,於是在蘇聯南部集結軍隊,並且致信美國政府,建議兩個超級大國直接出兵干涉。美國則宣布其核武力量進入緊急戒備狀態作為回應,我們現在知道,美國的這個舉動讓蘇聯十分困惑。不管怎麼說,蘇聯放棄了共同出兵的主張。以色列人在美國的壓力之下也有所讓步,給埃及軍隊留了一條生路。這場戰爭結束之後,相關各方開始採取一系列外交行動,美國與以色列達成了以軍撤出部分領土的協定。聯合國觀察員也進駐西奈和戈蘭高地。但是,這場戰爭最引人注目的後果卻姍姍來遲。沙達特在1977年訪問以色列,宣布埃及準備與以色列單獨媾和。1978年和1979年,在美國總統卡特的斡旋之下,埃及和以色列領導人在大衛營會談,並且達成了協議。根據大

衛營協定，以色列將西奈半島歸還給埃及，雙方就西岸實現自治進行對話。該協定意味著埃及這個最大的阿拉伯國家脫離了反對以色列的同盟，埃及的民族主義在與泛阿拉伯主義的較量中占了上風。沙達特瓦解了泛阿拉伯同盟，但是他在幾年之後遭到反對其政策的宗教基本教義派暗殺。

此後，以色列的大規模軍事行動都是針對非國家行為者，而不是針對主權國家。第一次這樣的軍事行動發生在黎巴嫩境內。黎巴嫩曾經是一個運作良好的多元主義國家，但是該國潛在的派系緊張關係最終激化，於 1975 年爆發內戰。從此黎巴嫩成為一些主張消滅以色列的團體之庇護場所，這樣的團體包括巴勒斯坦解放組織（PLO）和真主黨（Hezbollah），得到敘利亞和伊朗的支持。以色列在 1982 年發動「加利利和平行動」（Operation Peace Galilee），打算清除這些庇護場所，最後把軍事行動推進到貝魯特。以色列國防軍（IDF）於 1985 年從黎巴嫩大部分領土上撤走，並在 2000 年撤出黎巴嫩南部一個小的緩衝地帶。巴勒斯坦解放組織最終在 1993 年承認以色列的權利並撤出黎巴嫩，這促使以色列承認巴解組織為巴勒斯坦人民的合法代表（後來導致巴勒斯坦權力機構的建立，並統治今天的西岸地區）。但是，真主黨依然留在黎巴嫩，並且繼續騷擾以色列，該組織從黎巴嫩向以色列發射火箭彈，以致在 2007 年爆發另外一場衝突。與此同時，在加薩走廊，哈馬斯（「伊斯蘭抵抗運動」）挑戰巴勒斯坦解放組織的權威，該組織戰士滲透進以色列，對以色列發動進攻，並且像北方的真主黨那樣向以色列發射火箭彈。以色列一再採取軍事反擊行動，其中最出名的軍事行動分別發生在 2008 年（「鑄鋁行動」）；2012 年（「防務支柱行動」）和 2014 年（「保護邊界行動」）。

以色列與其鄰居之間的暴力衝突歷史顯示，基於族群、宗教和民族主義的地區衝突是如何變得越來越激烈和難以解決。雙方的強硬派人士使對方態度更加強硬。阿拉伯國家領導人遲遲不能提出和平的倡議，是因為他們不願意承認以色列的合法性，這樣反倒增強了以色列反對與阿拉伯人媾和的強硬派在國內的地位。極端主義者實際上結成了一個跨國同盟，使試圖達成妥協方案的溫和派人士處境艱難。沙達特在 1973 年和 1977 年冒險採取了行動，但最後把自己的性命給斷送了。十多年之後，以色列總理拉賓（Yitzhak Rabin）也因為冒險採取和平行動而被猶太宗教極端分子暗殺。在這樣一個極端的世界中，雙方很難相互信任和

合作，尤其是在爭奪私有財（比如領土）的衝突之中，因為你應該記得本書第六章提到的，私有財具有排他性與競爭性。

在兩極冷戰時期，中東的戰爭持續時間很短，其部分原因在於超級大國的重要作用。一方面，每個超級大國都支持自己的盟友。另一方面，超級大國在看到自己可能被盟友拖向核戰爭邊緣的時候，又把各自的盟友拉了回來。也就是說，停火的壓力是來自外部的。1956年，美國透過聯合國施加了停火壓力；1967年，美國和蘇聯利用熱線達成了停火的安排；1973年，美國和蘇聯介入衝突；1982年，美國迫使以色列從黎巴嫩撤退。雖然在很多事件中，冷戰加劇了地區衝突，但是冷戰也給地區衝突設置了一道安全網。

以阿衝突呈現出我們在全球層面上所觀察到的衝突模式：隨著時間推移，從國際衝突轉移到國內衝突，從常規軍事衝突轉移到非常規軍事衝突（叛亂與反叛亂）。以色列武裝部隊與鄰國軍隊之間的最後一場重要戰爭，是發生在1973年。然而，此後真正的和平一直沒有到來。單單2014年，就有2,314名巴勒斯坦人和87名以色列人在被占領的巴勒斯坦領土上遭到殺害，其中大多數死於以色列在加薩走廊發動的「保護邊界行動」，這個行動導致50萬巴勒斯坦人和2.8萬以色列人逃離家園。[6] 由於以色列國防軍在組織和火力上有優勢，所以喪生的巴勒斯坦人多於喪生的以色列人，巴勒斯坦承受了幾乎所有的基礎設施、房屋和財產被損毀的苦難，但雙方其實都很脆弱。在**不對稱**（asymmetrical）衝突中，較弱的一方經常採取非常規的傷害對方的手段，巴勒斯坦人的確常常使用例如自殺式攻擊這樣的手段，特別是在第二次起義（the Second Intifada）中。從2000年到2007年，超過500人（大都是以色列平民）死於140起自殺攻擊。2002年是死亡人數最多的年頭，有220人死於55起自殺攻擊，促使以色列開始修建一個物理屏障，以防止攻擊者從巴勒斯坦人控制的地區進入以色列以及被占領領土上的以色列屯墾區。這個屏障通常被以色列人稱為「安全籬笆」，而巴勒斯坦人則經常說它是「隔離牆」，它有效地阻止自殺攻擊，但是也給那些（因為居住或工作）來往於兩邊的巴勒斯坦人造成了極大麻煩。不僅如此，該屏障由於其走向與1949年的停火線或者「綠線」（這被國際社會大多數國家認為是以色列合法的邊界線）不完全一致而飽受爭議：這個屏障把大約12%的西岸區劃到了以色列一邊。

　　以阿衝突之所以如此棘手，很大程度是由於它屬於一個爭奪私有財（即領土）的衝突。正如第二章所指出的，主權是一個絕對的概念，擁有領土則是主權國家的一個核心特徵。儘管一些國家（以及許多非國家行為者，如哈馬斯）不承認以色列的生存權，但世界上絕大多數國家是承認以色列的，以色列也是聯合國成員國之一。然而，巴勒斯坦迄今還不是聯合國成員，儘管聯合國大會於 2012 年 11 月 29 日以 67 票對 19 票通過決議，把巴勒斯坦在聯合國中的地位從「觀察員實體」提升為「非成員觀察員國」，而且當前超過三分之二的聯合國成員正式承認巴勒斯坦為一個國家。隨著時間推移，越來越多的人得出一個結論，即以阿之間的持久和平只能有賴於「兩個國家」的解決方案。

　　以阿衝突能夠得到解決嗎？以色列渴望自己作為一個猶太國家（指事實上的猶太國家，而不是法律上的猶太國家，以色列沒有一部正式的憲法，其基本法實際上並沒有把以色列定義為一個猶太國家），在安全的邊界內生存之權利得到承認。至於以色列可以接受什麼樣的邊界線，這是一個在國內具有極大爭議的問題。以色列還堅持保留耶路撒冷當首都，完全控制被猶太教徒視為聖地的舊城（Old City）地區。巴勒斯坦人的最低要求是，讓那些由於 1948 年和 1967 年戰爭而被迫離開家園、倖存的第一代難民以及後裔回歸故里，他們也堅持耶路撒冷為巴勒斯坦國的首都。巴勒斯坦人同樣堅持自己要完全控制被伊斯蘭教徒視為聖地的舊城地區，儘管舊城中的某些地方屬於猶太教聖地。也許在耶路撒冷以及聖地之類的問題上可以找到創新性的解決方案，比如主權共享或主權重合（實際上是把私有財變成雙方一起管理的共有財），其前提是兩邊的溫和派占上風。

　　為了實現真正持久的和平，以色列必須解決與敘利亞間長期存在的戈蘭高地爭端，以色列自 1967 年以來一直占領著的戈蘭高地；雙方需要就西岸及加薩走廊的以色列人屯墾區問題達成協議；有關各方要談判解決長期存在著的以色列與敘利亞、約旦以及巴勒斯坦共享和管理稀缺的水資源問題，該問題幾十年來導致相互埋怨與不信任。真希望未來會出現奇蹟，讓以阿衝突成為世界上不再棘手的問題之一！

大事記 ｜ 以色列－巴勒斯坦衝突

1897 年	希歐多爾‧赫澤爾的《猶太國家》出版，第一屆世界猶太復國主義大會召開
1917 年	「貝爾福宣言」宣布英國政府贊成在巴勒斯坦建立一個猶太人的民族家園……不得採取任何行動使巴勒斯坦現存的非猶太群體的公民權益和宗教權利受到損害
1922 年	英國從國際聯盟獲得對巴勒斯坦的託管
1937 年	巴勒斯坦的阿拉伯人起義反對英國統治；皮爾委員會報告建議把巴勒斯坦分為三個國家，一個為阿拉伯人國家，一個為猶太人國家，一個為英國管理的領土；世界猶太復國主義大會通過的方案被泛阿拉伯大會拒絕
1939 年	英國白皮書提出巴勒斯坦在十年內獲得獨立地位
1947 年	英國政府把巴勒斯坦爭端提交到聯合國，聯合國大會通過決議，巴勒斯坦一分為二，一個是猶太人國家，一個是阿拉伯人國家，耶路撒冷在聯合國的託管下；聯合國分治計畫為猶太人所接受，但是被阿拉伯人拒絕
1948 年	巴勒斯坦的猶太人與阿拉伯人的戰爭爆發；英國對巴勒斯坦的託管結束；本‧古里安為首的猶太人臨時政府宣布以色列國成立；蘇聯和美國承認以色列
1949 年	以色列加入聯合國；以色列與鄰國簽署停火協定；前英國領土巴勒斯坦分屬以色列、約旦（當時為外約旦）以及設於由埃及控制的加薩走廊的所有巴勒斯坦人政府
1956 年	蘇伊士運河危機；在法國和英國的秘密支持下，建立聯合國緊急部隊以維持該地區的秩序，這是第一支國際維和部隊
1957 年	以色列撤出西奈半島
1959 年	阿拉法特建立法塔赫
1964 年	巴勒斯坦解放組織（PLO）成立
1967 年	六日戰爭；以色列占領西奈半島、加薩走廊、約旦河西岸以及戈蘭高地，以回應埃及的軍事行動；聯合國 242 號決議呼籲以色列撤出被占領的阿拉伯領土，以換取在經過談判確定的永久邊界內的和平；該決議只把巴勒斯坦的訴求稱為「難民」問題

1973 年	贖罪日戰爭;埃及、敘利亞和約旦發動對以色列的突然襲擊,儘管面對敵人的聯合軍隊,以色列仍成功地擊退進攻並取得勝利
1974 年	阿拉伯聯盟承認巴勒斯坦解放組織為巴勒斯坦人的唯一代表
1978 年	以色列和埃及簽署「大衛營協定」;以色列同意撤出西奈半島;埃及放棄對加薩走廊的領土訴求,主張它由巴勒斯坦解放組織控制
1982 年	以色列入侵黎巴嫩
1987 年	在加薩走廊和西岸爆發巴勒斯坦人的第一次起義;在加薩走廊成立哈馬斯組織,它是埃及穆斯林兄弟會的分支
1988 年	約旦國王胡笙宣布對西岸擁有主權;巴勒斯坦解放組織宣布在西岸和加薩走廊成立獨立的巴勒斯坦國
1991—1992 年	以阿在馬德里和華盛頓舉行和談
1993 年	以色列和巴勒斯坦解放組織在奧斯陸會談並且發表「原則宣言」
1994 年	約旦─以色列和平協定在華盛頓簽署;巴勒斯坦解放組織和以色列簽署有關巴勒斯坦解放組織控制加薩走廊與耶律哥的協議
1995 年	以色列工黨政府總理拉賓在台拉維夫遭暗殺
1996 年	以色列城市發生恐怖襲擊,損害了拉賓在工黨的繼承人佩雷斯的支持度,以色列聯合黨領導人納坦亞胡當選以色列總理
2000 年	大衛營峰會失敗;第二次巴勒斯坦人起義爆發;以色列總理巴拉克辭職
2001 年	以色列和巴勒斯坦政權舉行會談,試圖解決衝突,但由於以色列選舉而暫停;夏隆當選以色列總理,拒絕繼續會談
2002 年	以色列重新占領西岸和加薩,並在西岸與以色列之間修建一個安全隔離牆;聯合國安理會要求以色列從巴勒斯坦城鎮撤出
2003 年	美國、歐盟、俄羅斯和聯合國發布三階段「路線圖」,呼籲在2005 年成立一個獨立的巴勒斯坦國並實現全面和平;阿拉法特任命阿巴斯總理;阿巴斯、夏隆和美國總統小布希在約旦舉行和談(6 月);阿巴斯在停火失敗以及和談破裂後辭職
2004 年	阿拉法特去世,阿巴斯出任巴勒斯坦權力機構主席
2005 年	以色列撤出加薩,但依然控制其空域、邊界和港口
2006 年	哈馬斯贏得巴勒斯坦選舉;美國、歐盟、聯合國以及俄羅斯四方要求哈馬斯停止暴力行動並承認以色列的生存權利,哈馬斯拒

絕；國際社會終止對巴勒斯坦權力機構的援助

2007 年	法塔赫與哈馬斯之間的軍事衝突達到高潮，哈馬斯控制整個加薩走廊；法塔赫─哈馬斯聯合政府解體；巴勒斯坦領土（西岸、加薩）事實上開始分裂為兩個實體
2008 年	以色列關閉前往加薩走廊的通道；以色列和哈馬斯同意停火六個月；以色列重啟邊界，宣布只是為了報復伊斯蘭「聖戰士」的攻擊才會關閉邊界；以色列在停火安排終止八天之後對加薩發動大規模空襲
2009 年	以色列對加薩發動地面進攻；以色列和哈馬斯宣布單方面停火並聲稱取得勝利；以色列聯合黨領導人納坦亞胡宣誓就任總理；納坦亞胡訪問美國，歐巴馬總統公開宣稱巴勒斯坦國是必要的，並且要求以色列停止屯墾區建設；納坦亞胡有條件地同意建立兩個國家的方案
2010 年	以色列和巴勒斯坦權力機構之間的談判破裂，以色列拒絕暫停西岸屯墾區建設
2011 年	法塔赫─哈馬斯和解協定簽署，雙方同意組成聯合看守政府，2012 年舉行總統和立法機構選舉；納坦亞胡稱該協議是「給恐怖分子的一個大獎賞」；哈馬斯和法塔赫未能就誰任總理一職達成協議
	巴勒斯坦政權向聯合國提出表決承認巴勒斯的國家地位，巴勒斯坦成為聯合國教科文組織一員。然而在美國威脅行使否決權之下，此表決延遲。
2012 年	聯合國大會通過表決，把巴勒斯坦地位提升為非成員觀察員國；以色列因此宣布在西岸建設新的屯墾區；哈馬斯和以色列之間在加薩的軍事衝突停火
2014 年	法塔赫和哈馬斯再次簽訂一項和解協議；以色列開展保護邊界行動以回應哈馬斯的火箭彈襲擊
2015 年	巴勒斯坦加入國際刑事法庭；納坦亞胡再次當選總理*

---

* 編註：2017 年 12 月 6 日美國總統川普承認耶路撒冷為以色列首都。

伊拉克

我們在前面看到，外部大國有時捲入阿拉伯—以色列衝突中，但大國的介入在大多數情況下是非直接和非正式的。美國和蘇聯在冷戰時期分別支持以色列和阿拉伯國家，但都沒有直接捲入當地衝突，原因有二。第一，兩個超級大國都不願意捲入一場可能導致核武戰爭的衝突之中。第二，鑒於越戰的記憶還沒有消失，美國不想在海外發動一場大規模戰爭。蘇聯同樣也因為 1970 年代末在阿富汗打了一場代價高昂的戰爭，而不想在中東地區介入大的軍事衝突。然而，隨著冷戰結束，以及蘇聯解體，對中東地區的大規模軍事干預成為一個新的模式，其主要舞台就是伊拉克。

1990 年 8 月 2 日，薩達姆·海珊入侵科威特，第一次波斯灣危機從此開始。伊拉克一直聲稱，科威特是殖民主義者人為製造出來的國家，不應該是一個獨立國家。1961 年，伊拉克企圖占領科威特，但在英國的嚇阻之下，伊拉克沒有成功。然而，正如我們在前面了解到的，有關殖民地邊界毫無意義的觀念，給很多後殖民國家造成極大混亂，這可以解釋為什麼很多聯合國成員國都贊同伊拉克的辯解。

每一個個案都有較為深層次的經濟和政治原因。持續八年的兩伊戰爭使得伊拉克在經濟上受到極大衝擊。伊拉克的債務高達 800 億美元，而且還以每年 100 億美元的速度增長。同時，伊拉克的鄰居科威特則是一座金礦，人口稀少而石油豐富。而且，伊拉克對科威特的石油政策也極為不滿。伊拉克聲稱，科威特沒有遵守石油輸出國組織（OPEC）的協議，每一桶石油的價格下降 1 美元，伊拉克每年就要損失 10 億美元。因此，占領科威特似乎不僅可以解決伊拉克的經濟難題，也可以撫平海珊的創傷。

在政治上，薩達姆·海珊也擔憂伊拉克的安全。在他看來，誰都想搞垮他的國家。不管怎麼說，以色列曾經在 1981 年轟炸過伊拉克的核研究反應爐，而且隨著蘇聯的衰落，美國和以色列似乎日益強大。海珊於 1990 年 2 月在約旦首都安曼的演講中指出，蘇聯正在衰落，不再具有圍堵美國和以色列的能力。海珊認為，他不得不自己承擔起這個責任。於是，他採取了一系列行動來試探美國人。諷刺的是，美國對海珊採取綏靖政策，試圖把他拉回到負責任的國家共同體

之中，並把伊拉克當作在中東平衡伊朗勢力的一枚籌碼。美國的矛盾政策誤導海珊，海珊相信自己可以侵略科威特，而不會受到嚴厲懲罰。

　　然而，海珊錯了。聯合國依據集體安全原則，通過了一系列反對伊拉克的決議。為什麼美國以及其他國家做出這樣的反應呢？有的人認為，這一切都是為了石油。對美國和主要西方工業國家的石油出口，使得波斯灣地區變得極重要。然而除了石油外，1990 年的波斯灣危機還有其他因素。比如，英國雖然沒有從波斯灣進口任何石油，但卻深深地捲入了這場戰爭之中。很多國家關心集體安全問題，忘不了 20 世紀 30 年代德國侵略行為未能被及時制止的事實。還有另外一個方面的考慮，即進行預防戰爭。薩達姆‧海珊正在製造大規模殺傷性武器。他秘密地進口相關材料，以實施核武計畫，已經擁有化學武器，而且還在研製生化武器。假如讓伊拉克占有科威特並獲取石油收入的話，那麼世界今後將面對一個國土面積更大、實力更強、更具有破壞力的伊拉克。有些人認為，既然戰爭不可避免，那麼晚打不如早打。

　　也有人認為沒有必要使用戰爭手段，因為經濟制裁就足以迫使伊拉克從科威特撤軍。我們很難證明這個反事實推理的假定是否正確，但是歷史上的制裁措施很少在短期內取得預期效果。隨著美國和多國同盟軍隊開進該地區，人們越來越清楚，伊拉克應該沒有獲勝的可能。為什麼海珊不退讓呢？部分原因似乎在於他的錯誤判斷。正如他在 1990 年 8 月對美國大使說，美國人承受不了很多人員傷亡，不願意介入一場拖得很長的戰爭。如此說來，海珊成了越戰經驗的受害人。還有部分原因可能在於海珊的自負心理，不願意退讓和盡失顏面。

　　1991 年的波灣戰爭是短暫與一面倒的。多國同盟空軍摧毀了伊拉克的軍事設施，多國同盟地面部隊不到一個星期就把伊拉克軍隊逐出科威特。海珊為了避免戰敗，甚至不顧一切地命令部隊向以色列發射飛毛腿飛彈，希望挑起以色列的報復行動，從而促使多國同盟中的阿拉伯國家改變立場或者退出聯盟。但是在華盛頓的強大外交壓力之下，以色列忍受著伊拉克的飛彈攻擊而沒有回擊，儘管秘密地向其死敵沙烏地阿拉伯提供武器裝備。

　　1991 年的波灣戰爭解決了什麼問題呢？這場戰爭雖然使聯合國集體安全原則一度得到復興，但是正如我們所看到的，人們提出了一些有關這場地區衝突是否具有典型性的問題。這場戰爭的停火開創了一個先例，即由聯合國檢查人員視

察伊拉克,並摧毀伊拉克的核武與化學武器設施。但是,薩達姆・海珊政權並沒有被推翻。老布希總統決定不占領巴格達,因為他認為薩達姆・海珊可能會被自己的民眾攆下台,而且也擔心美國民眾和聯合國授權的多國同盟不允許對伊拉克實施代價高昂的占領。許多人相信,鑒於海珊懷有稱霸地區的野心,敢對鄰國發動攻擊,迫切希望獲得大規模毀滅性武器,以及極為敵視以色列,這樣的克制使得問題沒能得以解決。

懷有上述看法的人就包括 2001 年成為美國總統的小布希及其政府成員。他們利用「九一一」恐怖攻擊,讓全世界目光重新聚焦海珊。他們確信,海珊依然對區域安全構成極大威脅,這是一個遲早都要解決的問題,而且海珊還有秘密的、不為聯合國檢查人員所知曉的大規模殺傷性武器計畫,以及海珊有可能向「蓋達」組織提供核武器。小布希政府在 2002 年決定對伊拉克發動戰爭,並開始在中東集結軍隊。

然而問題在於,發動這場戰爭的道德與國際法理由都不充分。海珊並沒有構成那種迫在眉睫的威脅,不能滿足第一章所說的戰爭正當性的一個條件,即「正當目標」。美國及其(少量幾個)聯盟夥伴國,尤其是英國,其首相東尼・布萊爾(Tony Blair)和小布希一樣,急於推翻海珊的統治(布萊爾 2002 年 11 月在唐寧街十號對一群中東問題專家說道:「這個傢伙是個十足的魔鬼,難道不是嗎?」),把針對伊拉克的軍事行動稱為一場「先發制人的戰爭」。但是很多國家認為美國把入侵伊拉克視為「預防性戰爭」,因為來自伊拉克的威脅並非迫在眉睫。聯合國安理會通過決議,要求海珊積極配合國際檢查人員的工作,證明自己遵守安理會十年前通過的要求伊拉克放棄核武與生化武器的決議。所有跡象顯示,海珊是按照這個決議去做的。在海珊的允許下,國際檢查人員在離開伊拉克四年之後第一次回到該國,可以暢行無阻地進入任何一個他們所選擇的場所。這很可能是因為美國及其聯盟夥伴正在該地區集結大批軍隊。

國際檢查人員要求更多的時間完成工作,小布希和布萊爾則認為已經沒有時間了。天氣越來越炎熱,已經部署好的軍隊必須馬上發動進攻,否則就得回家。在聯合國安理會沒有通過授權進攻伊拉克決議的情況下,小布希和布萊爾聲稱安理會過去的決議已經為進攻伊拉克提供了所需要的全部法律依據。2003 年 3 月20 日拂曉,聯軍展開對伊拉克的進攻。在三個半星期內,巴格達被占領,海珊

逃亡。

　　但事實證明，贏得戰爭比贏得和平要容易得多。雖然對伊拉克的占領在開始時受到一些伊拉克什葉派和庫德地區居民的歡迎，但很多原先的遜尼派統治集團和某些什葉派人士發動了抵抗占領軍的叛亂。他們得到一些外國恐怖主義者的支持，比如出生在約旦的「蓋達」組織領導人阿布・穆薩布・札卡維（Abu Musab al-Zarqawi），越界進入伊拉克，繼續其針對美國的、激進的「聖戰」事業。小布希政府沒有派遣足夠的軍隊，應對海珊政權被推翻後出現的搶劫動亂或者隨入侵而來的叛亂。後來發生的暴力事件延緩了伊拉克的重建步伐，而伊拉克的重建有助於爭取民眾的支持和增加軟實力。此外，由於沒能再次獲得聯合國的授權，很多國家認為入侵伊拉克的行動缺少合法性。其結果是，有關國家參與伊拉克重建的程度很有限。

　　由於檢查人員在戰後沒能找到任何一件大規模毀滅性武器，因此這場戰爭使得美國的軟實力受到損害。在發動入侵伊拉克戰爭的三個理由中，有兩個理由：即海珊擁有大規模毀滅性武器以及海珊與「九一一」事件有關聯，事後證明是建立在虛假情報和政治誇張基礎之上的。最後只剩下第三個戰爭理由，即希望推翻海珊的野蠻獨裁政權，好建立起一個民主的伊拉克，從而開啟中東的民主變革。伊拉克在2005年成功舉行了三輪全國性選舉，但在一個存在著族群和宗教分裂、制度不健全、共同體觀念不強、少數族群不願意默許多數族群統治的社會中，選舉本身不足以產生一個自由民主國家。直到今天，伊拉克還充滿派系暴力，其中央政府提供公共產品的能力有限。基本上處於自治狀態的伊拉克東北部庫德人聚居地區，是和平與繁榮的；而該國大片地區，尤其是巴格達以北和以西地區，以及沿伊拉克一敘利亞邊界地區，不是被極端分子控制，就是相互對立、日益受到外來支持的民兵組織爭奪的地方。根據 IraqBodyCount.org 的統計資料，自從伊拉克戰爭爆發以來，已經有多達 20 萬的伊拉克人喪生。

大事記｜伊拉克

1975 年	伊拉克政府與法國通過談判達成協議，購買一個核子反應爐
1979 年	薩達姆・海珊成為伊拉克總統；核反應爐建設在巴格達附近動

工；核反應爐在法國等待運往伊拉克的時候遭到以色列的破壞

1980 年　　　　　美國國防情報機構報告，伊拉克已經在數年前獲得化學武器；以色列特工暗殺負責伊拉克核子專案的科學家馬薩德

1980—1988 年　　伊朗—伊拉克戰爭

1986 年　　　　　海珊下令對伊拉克北部的庫德人使用化學武器

1988 年　　　　　西方媒體報導伊拉克對伊拉克庫德人所在的哈拉布賈使用化學武器

1989 年　　　　　以色列飛機摧毀伊拉克核反應爐

1990 年　　　　　伊拉克入侵科威特，聯合國安理會制裁伊拉克

1991 年　　　　　波灣戰爭伊拉克軍隊被美國為首的多國部隊逐出科威特；聯合國伊拉克特使團組成以檢查伊拉克的武器設施，其調查結果發現該國發展大規模化學與生化武器的證據；受伊拉克在科威特失敗的鼓舞，伊拉克南部的什葉派與北部的庫德人團體發動反抗，但遭到野蠻鎮壓

1995 年　　　　　石油換食品計畫；聯合國安理會 986 號決議允許伊拉克出口部分石油以換取食品和藥品

1998 年　　　　　「沙漠之狐行動」；伊拉克停止與聯合國特使團的合作；在聯合國人員撤出巴格達之後，美國與英國轟炸伊拉克，旨在摧毀伊拉克的核武以及生化武器設施

1999 年　　　　　聯合國安理會設立聯合國監督、檢查和視察委員會以取代聯合國伊拉克特使團；伊拉克反對這個安理會決議

2002 年　　　　　美國總統小布希在聯合國大會發表演講，鼓動世界領導人反對伊拉克「巨大和日益增長的威脅」或不妨礙美國採取行動；聯合國武器檢查人員重返伊拉克

2003 年　　　　　聯合國檢查團領導人漢斯·布利克斯報告說，伊拉克正配合檢查，但還需要更多時間來確認該國是否遵守決議；武器檢查人員撤退；美國要求海珊及其家人在 48 小時內離開伊拉克；伊拉克戰爭爆發（3 月）；海珊被推翻（4 月）；海珊被俘（12 月）

2004 年　　　　　美國將主權移交阿拉維領導的臨時政府；美國對法魯賈的叛軍發動一場大規模的進攻

2005 年　　　　　800 萬伊拉克人參加過渡國會選舉投票；114 人死於汽車炸彈爆炸，這是入侵伊拉克戰爭後最嚴重的攻擊行為；在暴力加劇期間，伊拉克議會選舉庫德領導人塔拉巴尼為總統，什葉派人士賈法里為

總理；憲法草案得到參加協商的什葉派和庫德代表的支持，但遜尼派代表反對；選舉伊拉克戰爭後的第一屆政府（12月）

2006年 塔拉巴尼請馬利基組成新的政府，結束了持續數月的僵局以及什葉派的緊張對立；海珊以反人類罪被絞死

2008年 伊拉克議會通過法案，允許前伊拉克復興社會黨官員重返政壇，結束具有爭議的去復興社會黨政策；簽署安全協定，因此美國軍隊在2011年底撤離阿富汗

2009年 美國軍隊開始從伊拉克城市撤軍並把安全任務移交給伊拉克警察；「伊斯蘭國」（ISIL）宣稱對幾次導致上百人死亡的自殺爆炸事件負責

2010年 議會選舉在新政府獲准成立九個月之後舉行；塔拉巴尼和馬利基再次分別被任命為總統和總理：新政府包括伊拉克所有派系的人

2013年 反政府叛亂活動加劇；發生大規模的派系戰爭

2014年 伊斯蘭激進分子滲透進法魯賈和拉馬迪；政府軍重新占領拉馬迪，但在法魯賈遭到嚴重抵抗；馬利基聯盟獲得議會選舉的勝利，但是沒有獲得組成一個多數黨政府的席位；在「伊斯蘭國」的帶領下，遜尼派叛軍占領摩蘇爾和其他重要城市，導致數千人逃離；美國、庫德人和國際部隊組成的聯盟幫助伊拉克政府逼退了進攻；「伊斯蘭國」宣布自己為一個哈里發國

2015年 伊拉克政府軍從「伊斯蘭國」手中奪回提克里特*

伊朗

我們已經提到過伊朗及其在地區衝突中的歷史角色，尤其是伊朗—伊拉克戰爭。伊朗是那場戰爭的受害者。今天，很多伊朗的鄰國以及不少美國人擔心伊朗

---

* 編註：2016年1月11日首都巴格達及多個城鎮先後發生自殺式攻擊，造成至少54人死亡，極端組織伊斯蘭國已承認巴格達東部商業區傑迪代商場的自殺攻擊責任。7月3日巴格達發生恐怖攻擊，釀成309死246傷。2016年11月24日中部口比省省會希拉市附近發生自殺式汽車炸彈攻擊，最少100死50傷，伊斯蘭國承認責任。遇難者大部分是前往什葉派聖城卡爾巴拉朝聖的信徒，當中包括多名正準備回程的伊朗人。
2017年1月2日巴格達東部薩德爾城遭受三宗自殺式汽車炸彈攻擊，釀成71死百餘傷，伊斯蘭國承認責任。2月16日：伊斯蘭國在巴基斯坦和伊拉克發動針對什葉派信徒的炸彈攻擊，分別釀成最少88死343傷及51死55傷。

是一個潛在的侵略者或者至少是一個想當地區霸主的國家。在伊朗革命和國王被推翻之後，伊朗國力其實很弱，可能無力成為霸主。之所以說伊朗曾經是個「威脅」，是因為伊朗革命顯示，那些看上去很強大、也很安全的世俗領導人在面對由宗教鼓動起來的群眾革命時都脆弱不堪。在很多近東和中東的國家，都有世俗的威權領導人，以及大量貧窮、無權無勢或者飽受壓迫的信徒。正是這個原因，而不是因為伊朗權力的增長及其引起其他國家的恐懼，使得伊朗被視為「不可信任」（讀者可能記得，本書第三章闡述過，19 世紀歐洲保守君主完全是出於同樣的原因而把自由主義和民族主義視為威脅）。今天，伊朗已經不再弱小，現實主義者的權力平衡更能解釋地區的憂慮。

伊朗人口超過 7,700 萬人（在該地區僅次於埃及和土耳其），其國土面積僅次於沙烏地阿拉伯。因此，伊朗自然是一個很重要的國家，它有成為中東地區最強大國家的潛力。首先，伊朗的戰略地位很重要，它位於波斯灣的東面並且控制著出入波斯灣的唯一狹窄通道——荷莫茲海峽。其次，它擁有豐富的石油資源，已知的石油儲量占世界總量的 10%，僅次於沙烏地阿拉伯和加拿大。其次，伊朗有一個雄心勃勃的彈道飛彈專案，大致有能力打擊中東地區的任何一個目標。最後，今天的伊朗擁有重要的核設施，領導人聲稱伊朗核設施是用於和平、民用的發電目的，但是那些擔憂伊朗的國家，尤其是以色列和沙烏地阿拉伯，懷疑其目的是發展獨立核能力。

從某個角度看，對伊朗的恐懼是令人費解的。伊朗與伊拉克不同，從來沒侵略過一個鄰國，也沒有公開表露地區霸權野心，頂多是支持其他國家那些與自己志趣相投的武裝團體，比如黎巴嫩和敘利亞的真主黨。伊朗最近加大了對西方或者親西方對象的網路攻擊。但是，伊朗人認為自己的這些行動都是防禦性，而不是進攻性的，比如是為了回應西方支持伊朗國王以及美國敵視伊朗革命等等。

然而，伊朗不斷在做的一件事，就是表達對以色列不共戴天的仇視（由於以色列人對待巴勒斯坦人以及占領伊斯蘭聖地）。比如據報導，2005 年伊朗當選的總統馬哈茂德·阿赫瑪迪內賈德（Mahmoud Ahmadinejad）說過一句名言，即以色列「必須從地圖上被抹掉」。[7] 伊朗領導人也一直譴責那些他們所說的腐敗透頂、離經叛道或追隨西方的政權,比如沙烏地阿拉伯遜尼派君主。敵視言論，而非敵視行動，大致可以解釋對伊朗的恐懼。

正如權力平衡理論所預言的，最近幾年來，伊朗硬實力的增長放大了此種恐懼。以色列、沙烏地阿拉伯和美國最擔憂的是伊朗的核子計畫，儘管伊朗曾在1968年「核武禁擴條約」（NPT）上簽字，但伊朗的核子計畫是野心勃勃，而且不完全透明。沙烏地阿拉伯曾表示，假如伊朗獲得核武，那麼沙烏地阿拉伯也會被迫取得核武。以色列總理納坦亞胡也說過，以色列不能也不會容忍一個擁有核武的伊朗。即便是那些同近東或中東政治沒有直接關係的國家也擔心伊朗擁有核武，因為這會削弱核武禁擴規制。

我們現在不清楚伊朗離擁有核武還有多遠。相關評估很不一樣，從大約一年到很多年不等，也有人懷疑伊朗試圖擁有核武。[8] 伊朗精神領袖阿里·哈米尼（Ayatollah Ali Khanmenei）曾經宣布，根據伊斯蘭法，核武被禁止使用。這意味著伊朗並未告訴我們真相，即伊朗既不尋求也不想要核武，但是它長期和精心地發展核子能力也預示著，擁有核武是一種可能的選擇。為了防備伊朗成為擁核國家，西方國家一直同時使用硬實力與軟實力加以應對。硬實力形式包括以威脅進行嚇阻、經濟制裁，許諾獎勵好行為。這些胡蘿蔔和大棒成功地使伊朗坐到談判桌前，努力找到一個妥協方案，從而使得伊朗核子計畫受到限制和密切監督，以換取解除對伊朗的制裁。這些談判能否導致一個持久性的解決方案？目前還不確定。

有件事情倒是越來越清楚：反對伊朗核子計畫的國家所擁有的軍事選項很有限。美國和以色列情報部門一再進行軍事選項的戰爭推演，結果總是很清楚，即代價大於收益。或許在西方的箭袋裡面，最強的箭是軟實力箭。普通的伊朗人很年輕、有文化、有教養，嚮往西方已經習以為常的自由與機會。大部分伊朗人今天已經沒有對國王專制統治的歷史記憶，而且越來越對神職人員的高壓統治感到不滿。普通伊朗人越有機會了解西方的繁榮與自由，他們就越有可能自己解決西方所關注的伊朗問題。

大事記 | 伊朗

1953 年	美國和英國策畫推翻伊朗總理摩薩台；國王巴勒維成為專制君主
1957 年	伊朗與美國在美國的和平利用原子能計畫框架內，簽署了民用核

	合作協定；美國向伊朗提供數公斤濃縮鈾
1963 年	伊朗簽署和批准「部分禁止核子試驗條約」
1968 年	伊朗簽署「核武禁擴條約」
1975 年	美國總統福特發布命令，允許伊朗利用美國技術為其反應爐生產燃料；德國 Kraftwerk Union 公司開始在伊朗的布舍爾修建兩座核反應爐
1979 年	伊斯蘭革命高潮；國王被迫流亡國外；布舍爾核反應爐建設被暫停；美國撤銷對伊朗核子計畫的支持並停止向伊朗提供高濃縮鈾；一直到 20 世紀 80 年代末伊朗核子計畫進展極其緩慢
	美國駐德黑蘭大使館遭到伊朗武裝分子攻擊，52 名美國外交官和平民被扣為人質長達 444 天，美國實施經濟制裁。
1980 年	伊朗一伊拉克戰爭開始
1986 年	伊朗門事件；美國總統雷根承認美國曾經不顧武器禁運規定的限制，向伊朗運送軍事裝備以換取伊朗釋放在黎巴嫩的美國人質
1987 年	一位巴基斯坦科學家將自己的研究成果透露給其他一些國家，其中包括伊朗，一個國際供應商開始將核子設備移交給伊朗；美國干涉伊朗一伊拉克戰爭以保護阿拉伯國家的航運和摧毀伊朗海軍
1988 年	在聯合國調停下，達成伊朗一伊拉克戰爭的停火協定
1989 年	阿亞圖拉・何梅尼去世；阿亞圖拉・阿里・哈米尼開始重新啟動核子計畫
1995 年	伊朗和俄羅斯簽署協定，在布舍爾合作建設一座核電站
2002 年	已披露的證據顯示，伊朗在俄羅斯的幫助之下已經建立一個鈾濃縮工廠以及一個重水工廠；伊朗俄羅斯達成協議，加快布舍爾核電站的建設；伊朗邀請國際原子能機構前往檢查，但是很快拆除國際原子能機構監視核設施的鏡頭；法國、德國和英國（歐盟三巨頭）開始與伊朗談判，以防止伊朗發展核武
2004 年	國際原子能機構通過有關伊朗未能停止濃縮鈾計畫的決議；伊朗與歐盟三巨頭達成一項協議，同意停止大部分的濃縮鈾活動
2005 年	伊朗通知國際原子能機構，打算恢復濃縮鈾活動並開啟國際原子能機構在一些工廠所貼的封條；馬哈茂德・阿赫瑪迪內賈德出任總統
2006 年	美國國家情報總監約翰・內格羅蓬特告訴參議院特別情報委員

會，伊朗有能力在十年之內生產出核武；阿赫瑪迪內賈德宣布伊朗在納塔茨成功地提煉出濃縮鈾；美國提議如果伊朗停止所有濃縮鈾活動，它將與歐洲國家一道與伊朗就伊朗核問題進行談判；聯合國安理會通過針對伊朗的、具有法律約束力的決議；伊朗外交部發言人表示德黑蘭願意接受華盛頓的邀請，與美國就地區問題進行談判；國際原子能機構在伊朗設施裡新發現鈾的跡象，並且認為該機構在缺少透明度和伊朗合作態度的情況下，不能保證伊朗會遵守安理會決議

2007 年　　　　　美國和以色列合作制定一個攻擊納塔茨工廠的網路戰計畫；作為聯合國第二輪制裁的組成部分，國際原子能機構幾乎減少一半對伊朗的援助

2008 年　　　　　美國和以色列利用 Stuxnet 電腦蠕蟲病毒發動對納塔茨工廠的網路攻擊，導致一些離心機癱瘓

2010 年　　　　　聯合國安理會對伊朗實施第四輪制裁

2011 年　　　　　國際原子能機構聲稱已掌握伊朗研發核武的證據；伊朗政府將伊朗與英國的外交關係降級，並要求英國撤走其駐伊朗大使；伊朗人攻擊英國駐德黑蘭大使並扣留六名使館工作人員為人質；納茨工廠恢復生產，但是美國估計網路攻擊使得伊朗核子計畫被延遲一到兩年；網路戰計畫繼續進行

2013 年　　　　　哈桑·羅哈尼出任伊朗總統；伊朗與國際原子能機構簽署一個關於合作框架的聯合聲明；伊朗與聯合國安理會常任理事國以及德國（P5＋1）在日內瓦簽署一項臨時協議「共同行動計畫」，同意在短期內削減其核子計畫以換取放寬經濟制裁

2014 年　　　　　聯合行動計畫開始實施；聯合國原子能機構報告說伊朗正在兌現其承諾；伊朗與「P5＋1」之間的六輪談判未能達成一項最終協定，截止期被延長到 2015 年

2015 年　　　　　伊朗與美國、英國、俄羅斯、德國、法國、中國和歐盟之間的談判，促成一項關於伊朗核子活動的框架協定*

---

* 編註：2017 年 5 月 8 日美國總統川普宣布退出伊朗核武協議，伊朗表達強烈不滿。8 月 7 日美國政府正式恢復對伊朗的禁令，第一輪制裁包括禁止伊朗購買美元，阻止伊朗進行黃金、貴金屬貿易以及金屬、煤炭、工業相關軟體交易等；制裁還針對汽車行業，也包括禁止伊朗產波斯地毯和開心果輸入美國。

阿富汗

阿富汗這個曾經被冠以著名稱號「帝國墳墓」的國家，從來就沒有被外來勢力成功地征服過或者統治過。可以說，阿富汗也從來沒有被成功地治理過。這個國家在族群和語言上高度多元化，傳統上由位於其首都喀布爾的、弱小的中央政府所統治。地方部落群體，尤其是偏遠農村地區的部落群體，享有高度自治權。割據一方的軍閥經常為了爭奪邊陲或者喀布爾的影響力而爭鬥。然而，與其他弱小和分裂的國家不同，由於地理和族群的原因，阿富汗歷史上對於外來的干涉具有很強的抵抗力。外國軍隊總會發現，這個國家偏遠的位置、高海拔和多山的地形以及惡劣的氣候是很大的挑戰。那些千辛萬苦進入阿富汗的外國軍隊發現自己面對的是無所畏懼、倔強獨立的民眾。亞歷山大大帝、大英帝國、蘇聯和北約都試圖把自己特有的秩序觀強加給阿富汗，但全部以失敗告終。

阿富汗由於不尋常的原因而成為一個重要的全球熱點。它不可能是大規模的國家之間戰場或者催化劑，而是讓其他國家感受到威脅的意識形態和集團的溫床和藏身地。蘇聯花了十年時間，試圖實現阿富汗的穩定與和平，以防止宗教基本教義擴散到其中亞各加盟共和國。美國和北約在 2001 年出兵干涉阿富汗，搗毀了位於該國東部山區的「蓋達」組織全球總部，奧薩瑪·賓拉登曾經在那裡獲得塔利班基本教義政權及其領袖奧馬爾（Mullah Omar）的保護和支持。蘇聯和美國兩個超級大國，出於保護自己的目的出兵阿富汗，雖然在短期內取得了戰術性勝利，但是遭受了重大的、長期性的戰略失敗。可以說，蘇聯在阿富汗戰爭中的人員和財物損失，加上這場戰爭對蘇聯政權合法性的損害，是促成 1991 年蘇聯解體的重要原因。試圖實現伊拉克和阿富汗穩定與民主化的無效努力，雖然沒讓美國陷入解體的危機，但是用經濟學家琳達·比爾姆思（Linda Bilmes）的話來說，它們是「美國歷史上最燒錢的戰爭」，[9] 總共花費在 4 兆到 6 兆美元之間。費用包括為參戰的美國軍人、老兵及其家屬所提供的長期醫療保障和失能補償，加上軍事追加款以及社會和經濟損失。最大宗的支出還在後面。

美國政府在伊拉克和阿富汗戰爭期間所做出的決策，將影響未來幾十年美國聯邦政府的預算。相較於這些衝突損害了美國的軟實力，削弱美國處理其他地方（比如北韓）所發生的重要對外政策挑戰之能力，以及影響美國人介入海外事務

的意願，金錢方面的損失或許還是次要的。

大事記｜阿富汗

1978 年	具有共產黨性質的阿富汗人民民主黨（PDPA）奪取政權；反對共產黨政權的「聖戰士」組織被動員起來，導致內戰爆發；蘇聯派遣顧問支持阿富汗人民民主黨
1979 年	美國向阿富汗反叛團體提供金錢援助；蘇聯人認為人民民主黨領袖阿明不可靠，將他暗殺，以卡爾邁勒取而代之；蘇聯出兵以穩定該國局勢
1981 年	成立「聖戰士」聯盟反對蘇聯占領
1983 年	美國和巴基斯坦透過一個秘密的武器走私網絡，向阿富汗「聖戰士」組織提供武器，以與蘇聯人作戰
1985 年	戈巴契夫出任蘇共中央總書記
1986 年	戈巴契夫在蘇聯政治局的一個談話中提出分階段從阿富汗撤出蘇聯軍隊
1987 年	蘇聯扶植一個以納吉布拉為首的阿富汗新政府；採用新憲法；決定次年舉行議會選舉
1988 年	「日內瓦協議」擬妥了分階段撤走蘇聯軍隊的道路
1989 年	最後一批蘇聯軍隊離開阿富汗；「聖戰士」組織攻擊賈拉拉巴德的政府軍
1991 年	蘇聯解體；對納吉布拉政府的援助終止
1992 年	「聖戰士」組織領導人拉巴尼成為阿富汗伊斯蘭國總統
1993 年	新政府與族群軍閥（由原「聖戰士」組織戰士所組成）之間達成的一項短命分權協議被推翻；族群軍閥繼續進攻喀布爾
1994 年	基本教義派、普什圖人主導的塔利班興起，並從巴基斯坦獲得資金與支持，族群軍閥為爭奪喀布爾而混戰；當年年底，塔利班控制阿富汗南部大部分地區
1995 年	塔利班開始進攻喀布爾；賓拉登被蘇丹驅逐並到達賈拉拉巴德，加入塔利班陣營
1996 年	賓拉登號召「聖戰」以清除美國在中東的影響，並將自己的家人和盟友遷居阿富汗：喀布爾落入塔利班手中；納吉布拉被殺；宣

	告成立阿富汗伊斯蘭國
2001 年	針對紐約和華盛頓的「九一一」恐怖襲擊；美國及其盟友入侵阿富汗，占領喀布爾並把「蓋達」組織和塔利班趕到山區；卡爾札伊成為阿富汗新政府的首腦
2002 年	北約領導的國際安全援助部隊部署到阿富汗，開始漫長的、針對塔利班的反叛亂行動
2003 年	阿富汗採納新憲法
2004 年	阿富汗歷史上首次直接選舉；卡爾札伊當選總統
2006 年	儘管有選舉舞弊和個人行為不當的報導，卡爾札伊再次當選總統
2009 年	美國總統歐巴馬在阿富汗「增兵」三萬人以應對日益增多的暴力衝突
2012 年	「持久戰略夥伴協定」；美國承諾在國際部隊撤出之後向阿富汗提供經濟和安全援助；北約宣布撤軍戰略以及把安全責任移交阿富汗軍隊的計畫
2014 年	阿富汗總統選舉；加尼在阿富汗歷史上首次民主權力轉移過程中出任總統*

敘利亞

　　敘利亞只在最近才成為一個重要熱點。哈菲茲‧阿薩德（Hafez al-Assad）嚴厲統治下的敘利亞，在過去幾十年裡曾經是一個極為穩定但高度威權的國家，它沒有什麼朋友，而且樹敵眾多，因為鄰國把敘利亞視為麻煩製造者。在黎巴嫩內戰爆發之後，敘利亞抓住機會，將自己的影響力擴大到該國的北部和東部

---

* 編註：2016年4月19日首都喀布爾的國家安全機構遭塔利班發動自殺式炸彈攻擊和槍擊，造成64死347傷。7月23日喀布爾一場少數族裔人士的示威遭受炸彈攻擊，導致83死260傷，為該國自2001年塔利班政權被推翻後最嚴重攻擊事件，極端組織伊斯蘭國承認兩名成員引爆身上炸彈發動攻擊。

2017年4月21日阿富汗北部一座軍營受襲擊，釀成130人喪生，大部分遇害的是政府軍士兵，塔利班組織承認責任。5月31日喀布爾使館區遭受汽車炸彈攻擊，釀成150死413傷，許多人燒傷並截肢，當局認為與塔利班組織有關。8月1日阿富汗西部城市赫拉特一座什葉派清真寺遭一名自殺炸彈客和一名槍手攻擊。至少造成29人喪生、60人受傷。

2018年4月22日上午，一名伊斯蘭國組織攻擊者在首都喀布爾一處選民登記中心外自爆，造成包括大批婦女兒童在內的57人喪生、119人受傷。

（尤其是貝卡谷地），在搞亂黎巴嫩政治的過程中扮演了一個很積極的角色。正如我們前面所提到過的，敘利亞參加了幾次反對以色列的重要戰爭（1948 年、1967 年、1973 年），是反以色列團體（比如哈馬斯和真主黨）的堅定支持者。敘利亞向庫德人武裝獨立組織——庫德工人黨——提供避難所和支持，激怒了其北方鄰國土耳其。此外，阿薩德是同屬世俗的復興社會黨的伊拉克獨裁統治者海珊的主要對手。

　　然而，今天的敘利亞儘管不是衝突和動亂的輸出國，卻是一個衝突和動亂之地。2010 年，一個貧窮的突尼斯水果商販因為抗議腐敗官員的野蠻騷擾和索賄而自焚，引發了憤怒的市民舉行反對阿拉伯國家高壓政權的大規模示威活動，這場所謂的「阿拉伯之春」抗議活動席捲整個近東和中東地區。同時，相對少數的敘利亞人第一次開始勇敢地抗議巴沙爾‧阿薩德（Bashar al-Assad）政權。儘管他們的訴求很溫和，阿薩德還是以鐵拳回擊，使得該國形勢急轉直下陷入內戰。這場戰爭導致國家四分五裂，百萬民眾流離失所，並且給諸如「伊斯蘭國」這樣的極端組織創造了活動空間，這些極端組織割據一方，肆意暴行。敘利亞內戰某種程度上也把鄰國和外部大國拖下水，這些國家有的企圖為了自己的私利渾水摸魚，有的擔心敘利亞也成為極端主義和跨國恐怖主義的溫床。幾年過去了，敘利亞內戰似乎已經變成僵局，沒有出現大屠殺，但人道主義災難猶未緩解。

大事記 | 敘利亞

1970 年	哈菲茲‧阿薩德將軍奪取政權並宣布自己為總統
2000 年	老阿薩德去世；其子巴沙爾‧阿薩德繼任總統
2001 年	活躍的積極分子和人權活動家被捕；批評阿薩德及其政府的聲音增多
2010 年	「阿拉伯之春」；大規模反政府示威爆發於突尼斯並擴散到阿拉伯世界，其中包括敘利亞
2011 年	大馬士革和阿勒坡發生群眾抗議活動，動亂擴散到整個敘利亞；美國和歐盟制裁敘利亞政府，國際社會呼籲阿薩德辭職；伊朗支持阿薩德政府；敘利亞自由軍成立以反對阿薩德政權；阿拉伯聯盟停止敘利亞成員國資格

2012 年	幾個波斯灣國家關閉其駐敘利亞使館;聯合國─阿拉伯聯盟特使、聯合國前秘書長安南的和平計畫失敗;暴力衝突繼續;舉行議會選舉,但遭到反對派的抵制,阿薩德及其盟友獲得多數席位;阿薩德表示如果遭到外部大國進攻將使用生化武器;歐巴馬總統宣布敘利亞使用大規模殺傷性武器將導致美國以軍事回應
2013 年	「伊斯蘭國」興起;許多國家和國際團體發布敘利亞政府使用化學武器的證據;莫斯科說服阿薩德交出敘利亞的化學武器供國際社會銷毀
2014 年	兩輪由國際社會出面促成的和平談判以失敗告終;政府根據一個停火協議重新控制霍姆斯;有關政府軍在叛軍控制地區使用氯氣彈的證據被披露;「伊斯蘭國」宣布自己為哈里發國;禁止化學武器組織宣布已經從敘利亞移除所有化學武器;美國記者詹姆斯‧弗利被「伊斯蘭國」殺害;美國組織反「伊斯蘭國」國際聯盟;對敘利亞境內「伊斯蘭國」目標的空襲開始
2015 年	美國和土耳其同意訓練與「伊斯蘭國」交戰的敘利亞叛軍並提供武器*

---

* 編註:2016 年 2 月 21 日敘利亞首都大馬士革及中部城市霍姆斯發生連環炸彈攻擊,導致 142 死數百傷,伊斯蘭國承認責任。4 月 7 日伊斯蘭國在大馬士革市郊,處決 175 名當地水泥廠的員工。7 月 27 日西北部城市卡米什利遭受連環炸彈攻擊,至少 48 死數十傷,伊斯蘭國事後承認策畫攻擊,指是針對庫爾德保安部隊。9 月 10 日敘利亞在達成停火協議後數小時,北部重鎮阿勒頗與伊德利卜受到猛烈空襲,共造成約 100 死 100 傷。9 月 17 日以美國為首的盟軍,在敘利亞空襲極端組織伊斯蘭國目標時,被指擊中敘利亞政府軍,造成 62 名士兵死亡,逾百人受傷。9 月 23 日敘利亞停火協議於 9 月 19 日屆滿後,政府軍繼續轟炸反政府武裝據點,阿勒頗遭到相信是歷來最猛烈的 40 次空襲,幾十棟房屋損毀,逾 90 人喪生。土耳其軍隊自 2016 年 8 月越境進入敘利亞北部,打擊伊斯蘭國武裝並防止庫德人勢力擴張,及協助反對派取得北部城市巴卜控制權,敘利亞政府譴責土耳其軍事行動公然侵犯敘利亞國家主權。

2017 年 1 月 7 日敘利亞北部的反對派武裝控制城鎮阿扎茲運油車炸彈爆炸,最少 48 人死亡,2 月 24 日伊斯蘭國在敘利亞反對派控制的巴卜一座村莊發動汽車炸彈攻擊,造成 60 死 100 傷,大多數死者為平民。2 月 25 日敘利亞問題日內瓦和談進入第三天,敘利亞中部城市霍姆斯遭受極端組織征服沙姆陣線的連環攻擊,造成平民和軍人 50 死 24 傷。3 月 15 日首都大馬士革發生連環自殺式炸彈攻擊,造成 43 死百餘傷,未有組織承認策畫襲擊。4 月 4 日敘利亞西北部伊德利卜省一個反對派控制的城鎮懷疑遭受化學武器攻擊,總部設在倫敦的敘利亞人權觀察組織宣稱至少 72 人死亡,包括 20 名兒童。亦有報導稱 100 人喪生,約 400 人受傷。美國政府指攻擊用的是沙林毒氣,並為敘利亞爆發內戰 6 年以來最嚴重的一次化武攻擊,幾乎肯定是敘利亞政府所為,但當局否認。4 月 15 日敘利亞一支運送難民的巴士車隊駛至阿勒頗一個反政府武裝控制區時,一名自殺式攻擊者駕駛客貨車在附近爆炸,最少 126 死 55 傷。救援組織白頭盔估計超過 200 人死亡。聯合國指出,敘利亞有多達 1,300 萬人急需人道救援,另有 500 萬難民已逃離該國。

葉門

　　該地區最新的熱點就是葉門。葉門是一個貧窮落後、人口過密、政治動盪的國家，它在冷戰時期分裂為南北兩部分，統治南方的是得到蘇聯集團支持的馬克思主義政黨，統治北方的則是得到西方支持的共和黨人。該國在 1990 年實現統一之後，曾經一度享有真正的和平。最近幾年來，又變成了三場地區戰爭的前線：南北雙方爭奪影響的戰爭；遜尼派和什葉派穆斯林之間的戰爭；「蓋達」組織和西方之間的戰爭。大多數葉門問題專家認為，第一場戰爭最為重要。我們今天所看到的葉門衝突可以被理解為該國統一進程沒有徹底完成的結果。2015 年，第二場戰爭開始具有國際性，沙烏地阿拉伯支持遜尼派主導的葉門政府，伊朗秘密地 （儘管很節制地）支持什葉派胡塞叛軍，胡塞叛軍已經成為一個最有戰鬥力、組織性最好的政治組織，是該國那些腐敗、低效政權的挑戰者。最後，葉門也是世界上少有的「蓋達」組織可以生存的地方之一。「蓋達」組織阿拉伯半島分支，被稱為葉門「蓋達」組織，屬於「蓋達」組織中一個組織最好、經費最足、野心最大的分支，它組織和發動了幾乎所有針對北美之外的西方目標的「蓋達」恐怖活動。無怪乎它引起了歐巴馬政府的格外關注，美國借助強大的無人機作戰計畫追蹤、鎖定和殲滅「蓋達」組織成員。

　　由於葉門地理位置偏僻，該國的內戰不太可能向外擴散。儘管如此，它在很多方面和阿富汗一樣是國際衝突的熱點、代理人戰爭的舞台、極端主義和跨國恐怖主義的溫床天堂。

大事記 | 葉門

2010 年	「阿拉伯之春」；大規模反政府示威爆發於突尼斯並擴散到整個阿拉伯世界
2011 年	「阿拉伯之春」運動擴散到葉門；反對阿里·阿卜杜拉·沙雷總統政權的大規模示威和叛逃行動使得政府失去了對國家的控制；當年年底，沙雷在一次暗殺行動中幸免於難，他簽署一項政治過

	渡協議；據報導美國開始在該地區修建一個空軍基地，以便對葉門實施無人機作戰計畫；葉門媒體報導在兩個月內發生了至少五次無人機攻擊
2012 年	阿卜杜·拉布·曼蘇爾·哈迪在一場沒有競爭對手的選舉中獲勝並宣誓就任葉門總統；新政府努力應對來自「蓋達」組織和胡塞武裝的挑戰，據報導一次針對葉門勞德的美國無人機攻擊行動擊斃了 2000 年美國海軍科爾爾號爆炸案嫌犯法塔尼
2013 年	一次美國無人機攻擊行動誤炸了一個葉門婚禮車隊，情報顯示「蓋達」嫌犯乘坐在這些汽車中，十七位受害中有五位被確認為「蓋達」組織嫌犯
2014 年	胡塞武裝進入葉門首都沙那，迫使哈迪總統同意談判成立團結政府；當年 4 月，美國無人機對 20 多個被懷疑是「蓋達」組織成員的目標發動攻擊，摧毀葉門南部的一個「蓋達」組織訓練營
2015 年	哈迪及其政府辭職，哈迪逃亡亞丁；胡塞武裝控制政府並解散議會；隨著胡塞武裝挺近亞丁，哈迪逃亡國外；當年 3 月，沙烏地阿拉伯為首的聯盟干涉葉門，以空襲行動恢復前政府的統治*

印度與巴基斯坦之間的緊張對峙

7.3 評估在印度—巴基斯坦關係中的核嚇阻穩定性。

　　再往東就是領土爭端白熱化的地方：喀什米爾衝突。這場衝突有三個主要當事者，即印度、巴基斯坦和中國，但衝突中兩個最危險的軸心是印度與巴基斯坦。

　　英國在 1947 年從南亞撤退的時候，把原先自己統治的這個地區劃分為兩個國家。印度教徒占絕大多數的區域被劃入印度，而穆斯林占絕大多數的地區被劃入巴基斯坦（其中東巴基斯坦位於恆河三角洲，而西巴基斯坦則位於西鄰阿富汗

---

* 編註：2016 年 10 月 8 日首都薩那一場喪禮遭到空襲，造成 140 餘死 500 餘傷，當中包括多名胡塞武裝組織高層。胡塞武裝指責是沙烏地阿拉伯為首的盟軍所為，不過盟軍否認指控。8 月 29 日葉門南部亞丁一間訓練新兵的學校遭伊斯蘭國的炸彈攻擊，造成 71 死 98 傷。
2017 年 1 月 29 日美軍在葉門採取軍事行動，導致 57 人喪生，包括 41 名蓋達恐怖分子及誤殺 16 名平民。
2018 年 4 月 22 日葉門一場結婚典禮遭到空襲，造成至少 20 人死 40 人傷。

和伊朗、東靠印度的印度河流域）。然而印巴分治的標準並不是十分清楚，某些領土就成為爭端對象。其中最主要的爭議地區就是喀什米爾，它屬於南亞次大陸遙遠的西北部山區的一個「土邦」（a princely state）。喀什米爾原先享有半自治地位，不願意併入印度或者巴基斯坦。第一次印巴戰爭（1947-1948）源於對喀什米爾控制權的爭奪，但它卻導致印度與巴基斯坦各自占領喀什米爾的一部分。中國也控制了高海拔、遙遠、幾乎無人居住的阿克賽欽地區，中國和印度曾在 1962 年為爭奪這個地區打過一場短暫的戰爭，這場戰爭以印度失敗而告終。

第二次印巴戰爭發生在 1965 年，也是源於對喀什米爾的爭奪。在這個事件中，由於印度方面對巴基斯坦在印度古吉拉特邦的一個有爭議地區從事滲透活動沒有果斷的軍事反應，巴基斯坦軍方堅信自己有能力控制喀什米爾的印度占領區。然而，巴基斯坦高估了自己的能力，印度方面展開了強大的軍事還擊，甚至還把軍事行動擴大到巴基斯坦的旁遮普省。在聯合國安理會呼籲雙方停火之後，戰事得以停止，兩國同意談判解決衝突，但是最終沒能實現這一目標。

第三次印巴戰爭（1971 年）是傷亡最慘重的一場戰事。大約 9,000 名巴基斯坦軍人喪生，印度方面死亡人數為 2,500 人。但與前兩次戰爭不同，這次不是因為爭奪喀什米爾。它始於巴基斯坦的國內爭端，最終發展成為東巴基斯坦從巴基斯坦脫離，成為獨立的孟加拉。

由於印度和巴基斯坦都已經成為核武國家，因此今天的印巴衝突十分危險。印度率先研製核武，在 1974 年成功進行一次「和平的核子爆炸」，其主要目的在於嚇阻與印度有領土爭端的中國。然而，印度總理英迪拉・甘地（Indira Gandi）在當時並沒有讓印度的核能力「武器化」。巴基斯坦的核子計畫始於 1972 年，即該國在第三次印巴戰爭失敗之後，但它一直到了 20 世紀 80 年代末才獲得製造核武的能力。印度在 1998 年進行一系列的核試驗，緊接著巴基斯坦也進行了核試驗，但是印度的動機目前尚不清楚。印度總理瓦傑帕伊（Atal Bihari Vajpayee）可能是想向中國（當時中國正在進行核子現代化計畫）和巴基斯坦（當時該國的核野心已經很明顯，而且成功試射一枚長程飛彈）發出一個嚇阻訊號；他也可能想為本國的長程飛彈開發出一些有用的核彈頭；或者他純粹就是為了追求印度的大國地位。把這些動機加總考慮也完全說得通。巴基斯坦的反應很顯然具有嚇阻性質，其核試驗過於倉卒，效果也不夠好。

還有其他一些因素使得印巴對抗特別令人擔憂。第一，兩國長期以來存在著導致衝突的錯誤認知與錯誤判斷。比如，1999 年的卡吉爾對抗，便是兩國在核試驗之後陷入的一場衝突。換句話說，在這個事件中，印度和巴基斯坦的核武被證明沒有多大的嚇阻價值。第二，印度的核武似乎處於文官相對有效的控制之中，而巴基斯坦的核武基地則由軍方直接控制，巴基斯坦軍隊具有高度政治化以及愛冒險的特點。第三，巴基斯坦缺少能夠負責任地管控核武的文化或歷史。巴基斯坦首席核子科學家 A.Q. 汗是一個龐大的國際擴散網絡中的核心人物，該網絡把巴基斯坦與利比亞、伊朗和北韓聯繫在一起，世界上可能沒有人能比 A.Q. 汗對全球防擴散事業造成更大損害的了。第四，印度是一個相對穩定的民主國家，巴基斯坦卻不是，巴基斯坦國內的很多人同情伊斯蘭激進分子。大多數分析家認為，像「蓋達」組織那樣的恐怖主義團體最有可能染指核武的途徑，就是從巴基斯坦核武基地得到流失的核武。

國際上對印度與巴基斯坦成為核國家的反應是強有力的，儘管也有些矛盾。兩個國家都因為違反核武禁擴散規範（儘管並不是因為違反 1968 年的「核武禁擴條約」，印巴都沒有簽署該條約）遭到嚴厲譴責和制裁。然而，兩國最後都因為自己的越軌行為而得到豐厚的獎賞。小布希總統與印度總理曼莫漢‧辛格（Manmohan Singh）在 2006 年 3 月達成協定，免除印度被美國法律對核武禁擴散條約非簽字國的約束，可以從美國引進核子技術。作為交換條件，印度同意開放民用核子設施，接受國際檢查。美國也慷慨地向巴基斯坦提供軍事與經濟援助，目的在於挽救該國的世俗民主制度，幫助巴基斯坦打擊叛亂者。很顯然地，美國（可能還有其他國家）努力向印度與巴基斯坦軍方提供技術支持，防止核武被意外或者無意間使用。然而，只要喀什米爾問題沒有徹底解決，印巴核戰爭的可能性是根本不會消失的。

大事記｜印度和巴基斯坦

| 1947 年 | 英國允許印度獨立，劃分成印度與巴基斯坦兩個國家；查謨和喀什米爾仍屬於有爭議地區：印度與巴基斯坦之間爆發戰爭；喀什米爾土邦主張併入印度，以獲得印度的軍事支持來應對巴基斯坦 |

的滲透

1949 年	印度與巴基斯坦的交戰於該年 1 月停止；實際控制線確立
1962 年	印中邊界戰爭
1965 年	巴基斯坦對印度喀什米爾發動秘密軍事進攻；第二次印巴戰爭；經過三個星期的交火，在聯合國調停下簽署停火協議
1971 年	東巴基斯坦要求獨立；巴基斯坦爆發內戰；印度入侵東巴基斯坦以阻止難民湧入印度；東巴基斯坦宣布成為獨立的孟加拉國
1974 年	巴基斯坦正式承認孟加拉為獨立國家；印度試爆「和平」核子裝置
1989 年	在喀什米爾河谷發生反對印度統治的武裝抵抗運動；一些團體要求查謨和喀什米爾獨立，另外一些團體則主張查謨和喀什米爾併入巴基斯坦
1992 年	巴基斯坦宣布它已經掌握製造核武的科學能力（實際上是在 20 世紀 80 年代末獲得此種能力）
1998 年	印度在靠近巴基斯坦邊界的地區進行地下核子試爆，作為報復手段，巴基斯坦也進行核子試爆；美國對兩國實施制裁
1999 年	巴基斯坦支持的武裝人員穿過實際控制線進入印度的卡吉爾地區；印度發動報復性的空襲；穆沙拉夫將軍發動軍事政變推翻巴基斯坦政府
2001 年	武裝分子攻擊斯利那加的喀什米爾議會，導致 38 人喪生；不明身分的人攻擊新德里的印度議會，導致 14 人喪生；印度發動帕拉克拉姆行動，在喀什米爾集結軍隊；雙方在喀什米爾的軍事部署升級
2002 年	經過數個月斷斷續續的暴力衝突之後，印度和巴基斯坦撤軍
2003 年	印度和巴基斯坦簽署停火協定並恢復外交關係；德里和拉合爾之間的巴士交通得到恢復，這有助於緩解緊張關係
2006 年	小布希簽署法案，允許美國同印度進行民用核子技術合作，以換取印度民用核設施接受國際檢查
2008 年	拉什卡─塔伊巴組織的巴基斯坦成員在孟買發動恐怖攻擊，導致超過 150 人喪生以及印巴邊界軍事衝突升級
2010 年	喀什米爾河谷發生反對所謂的印度侵犯人權的暴力抗議活動
2011 年	印度和巴基斯坦軍隊在控制線一帶交火，打死五名印度人、三名

巴基斯坦士兵

2012 年	印度總統慕克吉就職不到兩個月訪問查謨和喀什米爾
2013 年	印度總理和巴基斯坦總理會見並同意減少發生在有爭議的邊界一帶的暴力事件
2014 年	印度取消與巴基斯坦的對話，指責巴方干涉印度內部事務；查謨和喀什米爾邦選舉；儘管分裂主義領導人抵制選舉，投票率依然很高；印度總理莫迪指責巴基斯坦在喀什米爾進行反對印度的代理人戰爭*

中國的崛起

7.4 釐清東亞和東南亞對中國「和平崛起」所構成的主要威脅。

　　正如圖 7.2 所顯示的，冷戰後時代最為重要的地緣政治發展就是中國崛起，中國這個曾經貧窮、落後以及農村人口占多數的國家，以極快的速度實現了現代化。它現在是世界上第二大經濟體，城市人口占多數，有一個數量龐大的、日益富裕的中產階層。特別是在新的國家主席習近平的領導下，中國也開始追求屬於大國的權利與特權。至於中國所期望的權利與特權到底是什麼，還是一個有爭議的問題。中國的立場是，中國所要的只不過是被有尊嚴地對待的權利。考慮到中國曾經在超過一百五十年裡受到其他國家的屈辱對待，中國的這種願望是可以理解的。英國、美國、法國、德國、日本、俄國以及諸如義大利、奧匈帝國、比利時、葡萄牙這些更小一點的國家，都在那個歷史時期從中國獲得不平等條約的

＊ 編註：2016 年 3 月 27 日巴基斯坦東部城市拉合爾的市中心公園，發生針對基督徒的自殺式炸彈攻擊，造成 72 死 303 傷。巴基斯坦塔利班的分支承認策動襲擊，並想顯示攻擊其他宗教為目標才是伊斯蘭「正統」，與其他恐怖組織（如伊斯蘭國）有別。8 月 8 日巴基斯坦西南部奎達一間醫院遭受自殺式炸彈攻擊，爆炸造成至少 70 死 112 傷，伊斯蘭國及塔利班武裝宣稱發動攻擊。10 月 24 日巴基斯坦西南部奎達多名槍手襲擊警察訓練學校，61 死 165 傷。11 月 12 日巴基斯坦西南部俾路支省首府胡茲達爾有穆斯林寺廟被一名少年發動自殺式炸彈攻擊，最少 52 死百餘傷，伊斯蘭國承認發動攻擊。11 月 13 日中國「一帶一路」計畫再下一城在巴基斯坦投資 460 億美元的瓜達爾港，首艘中國商船開航。

2017 年 2 月 16 日伊斯蘭國在巴基斯坦南部信德省塞赫萬和伊拉克首都巴格達發動針對什葉派信徒的炸彈攻擊，分別釀成最少 88 死 343 傷及 51 死 55 傷。

2018 年 7 月 25 日巴基斯坦舉行國會大選。由前板球明星伊姆蘭汗當選巴基斯坦總理。

權利。不少這類的條約有治外法權條款，換句話說，中國在當時不被視為一個具有完整主權的國家。中國在某些時候曾經被肢解、主導和占領。比如，日本和俄國在 20 世紀初爭奪對中國東北的控制，日本在第二次世界大戰期間的占領讓中國深受其害。直到不久前的 1999 年，澳門還是葡萄牙的殖民統治地區。英國在 1997 年才歸還香港。無怪乎中國對冒犯主權、領土完整以及尊嚴的事情是如此敏感。

然而，其他國家懷疑中國所要的不只是尊嚴。有些國家，尤其是日本和越南，懷疑中國企圖重新獲得古代「中央王國」那樣的首要地位，讓鄰國淪為附庸國或朝貢國。很多美國人把習近平有關「新型大國關係」的主張，以及一再堅持的亞洲安全應該由亞洲人提供、反對外來干涉的立場，解釋為中國希望或有意最終將美國趕出西太平洋。中國在南海、東海以及其他地方所表現出來日益強勢的行為，敲響了警鐘，並引發其他國家採取降低風險和權力平衡的行動，中國反過來把這些行動看作遏制中國的敵對企圖。事實上，美國沒有興趣、也沒有意願去「圍堵」中國。與冷戰時期遏制蘇聯的政策意味著美蘇基本上沒有經濟和社會交往不同，美國和中國有著很多的貿易和學生交流。正如美國官員一再表示的，美國歡迎中國和平崛起，因為一個強大、富裕的中國可以為解決一些地區（以及世界）的巨大挑戰做出重要貢獻。但是，和平崛起也就清楚地意味著，中國接受華盛頓所理解的、基本的秩序規則。這包括承認美國在亞太安全中具有重大利益並扮演領導角色。在過去幾十年裡，美國透過一個與日本、韓國、菲律賓、泰國以及澳大利亞締結的雙邊同盟體系，外加對台灣的安全保障，扮演了此種角色。歐巴馬總統的亞洲「再平衡」戰略——也被稱為「支點」（先進國家用籃球的比喻）戰略——意在表明美國將繼續兌現自己的承諾，並且承認亞洲對美國日益重要的戰略現實。

當然，從北京的視角來看，美國的「再平衡」看上去很像是圍堵。儘管這基本上屬於一種誤解——從正常人類心理的角度很容易被理解（我們傾向於關注自己所最擔心的事情）——某些真正的利益衝突的確存在於美中關係之中。第一，是中國日益強勢的海洋與領土主張，導致中國與其鄰國之間的關係趨於緊張，美國有條約義務保護其中某些國家。第二，更深層次的利益衝突涉及世界秩序的基本規則問題。中國越來越牴觸或者反對「西方」或「歐洲」的有關國際法和解決

衝突的方式。

在某些分析家看來，這一點都不令人感到驚訝。從現實主義視角來看，崛起的大國變得很強勢以及衰落的大國焦慮地應對，這是十分自然的事情。某些人甚至認為美國與中國之間的衝突不可避免。比如，政治學家約翰・米爾斯海默就公然聲稱「中國不可能和平崛起」。[10] 正如我們在第一章所看到的，如果斯巴達害怕正在崛起的雅典，並不惜以戰爭來保護自己的利益，美國是否也會因為害怕正在崛起的中國而在某一天採取類似的冒險行動呢？假如人們相信衝突是不可避免的，並且採取相應行動使得預言自我實現，那麼權力轉移是很危險的。

當然，中國的崛起也可能會有狀況。北京的領導人在人口、環境和經濟領域面臨著一系列長期的挑戰。隨著中國中產階層人數的增長、財富的增加以及受教育程度的提高，他們對於政治改革的訴求也相應增多。[11] 但是，即便中國繼續崛起，我們也難以想像理性考量會導致一個現代版本的雅典與斯巴達之間的戰爭。美國和中國經濟高度相互依賴，「核水晶球效應」意味著華盛頓和北京的領導人十分清楚戰爭的可怕後果。當然，理性考量並非導致衝突的唯一路徑。領導人有可能會被公眾輿論推向戰爭，他們也會被盟友拖入戰爭，還會由於錯誤認知、錯誤判斷或者粗心大意而跟蹌地走向戰爭。修昔底德在書中曾非常深刻地提到了這些陷阱。[12]

南海

南海是一個推拉、衝撞的潛在候選地。南海北鄰中國、東靠菲律賓、西接越南、南抵馬來西亞和汶萊，是一個具有重要戰略與經濟意義的地區。三分之一的世界商船通過該海域。南海的捕魚量占世界產量的將近 8%。該地區的石油和天然氣儲量或許可以滿足全世界一年的消費。

由於以下三個原因，南海的國際衝突是很嚴重的。第一，這個海域分布著很多所有權存在爭議的島嶼、暗礁和環礁。這些領土爭端導致五個與南海相鄰的國家，對該地區的海洋空間所宣稱的主權相互重疊。中國和台灣對幾乎整個南海宣稱主權。第二，捲入爭端的國家表現出有意願使用武力來支持自己的主張。第三，存在著產生嚴重的錯誤認知或者錯誤判斷的很大可能性，這會導致非預期的衝突。特別令人關注的一個問題，就是美國在可能發生的任何嚴重地區衝突中所

扮演的角色之不確定性。美國政府一方面表明它在領土爭端問題上不站在任何一邊，另一方面又主張根據海洋法公約南海屬於國際水域，要求保證重要的國際海上通道的航行自由。與此同時，美國對菲律賓負有條約義務，也與越南保持友好關係，這可能會讓菲、越兩國或者其中一國做出錯誤判斷，認為它們在和中國發生衝突的時候能夠得到美國的支持，因而做得太過分。中國方面也可能低估華盛頓抵制中國意圖成為該地區主導國家的意願，而一些中國人民解放軍的戰略家已經清楚表達了這樣的主導意圖。

　　由於意識到南海是一座火藥庫，中國和東協在 2002 年談判發表了「南海各方行為宣言」，該宣言雖然並非解決領土或海洋爭端問題，但是呼籲有關各方透過談判和平解決爭端，不採取可能使爭端複雜化或升級的舉動。然而，隨著中國

圖 7.8　南海主權宣稱的重疊地區

在該地區變得更加強硬和強勢，在這個世界上的重要地區未來到底是衝突還是合作占上風，依然是個不確定的問題。

大事記｜南海

1976 年	中國從越南手中奪回西沙群島
1988 年	中國和越南在南沙的赤瓜礁發生小規模衝突，70 名越南海軍喪生
1992 年	越南譴責中國占領康樂礁
1995 年	中國占領菲律賓有爭議的美濟礁
1996 年	三艘中國船隻與一艘菲律賓巡邏艇發生長達 90 分鐘的槍戰
1998 年	菲律賓海軍在黃岩島附近抓中國漁民；越南士兵在無乜礁槍擊菲律賓漁船
2002 年	中國與東協發表「南海各方行為宣言」，為雙方的經濟合作創造條件
2003 年	越南挑戰中國發布的南海休漁令，主張對西沙群島與南沙群島的主權
2005 年	中國、越南和菲律賓的石油公司簽署一項保護南海石油與天然氣資源的協定
2007 年	在中國設立「三沙市」行政區、加強對南海的行政權之後，在河內發生反華示威活動
2009 年	五艘中國船隻在南海與美國調查船對峙，這再次讓美國擔心自由航行問題；越南和馬來西亞聯合提出大陸棚延伸提案，招致中國與菲律賓抗議
2010 年	美國國務卿希拉蕊・柯林頓在河內舉行的東協地區論壇會議上宣稱，和平解決南海主權爭端屬於美國的「國家利益」，這促使中國外長楊潔篪批評她的言論是「對中國的攻擊」
2011 年	美國警告說，假如多邊機制未能得到加強，那麼將會發生暴力衝突，並且重申保護菲律賓的承諾；美國參議院一致通過一項決議，譴責中國在南海使用武力；中國反駁美國的主張，要求美國不要介入本地區爭端之中；美國與越南發表聯合聲明，主張航行自由以及反對以武力解決爭端；美國、日本、澳大利亞和越南的海軍在南海舉行聯合演習。

2012 年	在南海問題上的分歧導致東協峰會「脫軌」；中國和菲律賓反覆在黃岩島發生衝突；越南國會通過一項法律，將南沙和西沙群島納入越南領土範圍
2013 年	菲律賓向常設仲裁法庭起訴中國，希望就中國主張的「九段線」以及南海的島礁是否支持「聯合國海洋法公約」所規定的海洋管轄權主張做出裁決；中國拒絕參加
2014 年	在中國往西沙附近的爭議海域部署一個石油鑽井平台並進行石油鑽探之後，越南和中國的船隻發生衝突；東協表示對緊張對峙的「嚴重關切」，中國沒有在截止期前提交有關菲律賓仲裁案的應訴材料，而是發表一個立場文件，顯示仲裁法庭沒有管轄權
2015 年	衛星圖像顯示，中國在珊瑚礁上修建人工島嶼，並且在南海修建了一條飛機跑道；在東協峰會上，菲律賓外長羅薩里奧說中國「打算加強對南海的實際控制」；該峰會發表的聲明批判中國填海造地行為；中國拒絕東協的批判*

台灣海峽

　　還有一個重要的熱點就是台灣海峽，這個海峽把中國與台灣分隔開。正如本書第二章所提到的，中國認為台灣是自己的一個省，並且強烈堅持「一個中國」原則。由於中國共產黨和蔣介石領導的中國國民黨，在國共內戰結束後的大部分時間裡，都聲稱自己是全中國的合法執政黨，因此一個中國原則一直沒引起嚴重的爭議，只存在誰代表中國的問題。中國在聯合國的席位一開始是由台灣擁有。但是，聯合國大會在 1971 年 10 月 25 日通過 2758 號決議，不再承認台灣當局為中國的唯一合法政府，於是中華人民共和國此後在聯合國有了合法地位。

　　儘管台灣當局始終沒有單方面宣布「獨立」，但台灣實際上一直在尋求國際承認，而且自 1991 年以來，一再申請加入聯合國，但都沒能成功。

　　第二次世界大戰結束以後，在台灣海峽發生過三次嚴重的危機。在 1954 年

---

* 編註：2016 年 7 月 12 日荷蘭海牙常設仲裁法庭在「南海仲裁案」判決中裁定太平島不是島嶼。12 月 25 日中國解放軍航空母艦遼寧艦經由宮古海峽，經過巴士海峽進入東沙島東南海域，續向西南航行，執行跨海區訓練任務。

到 1955 年間，共產黨軍隊試圖把國民黨軍隊趕出靠近大陸的一系列島嶼。他們成功地占領了幾個島，並把主要矛頭對準金門與馬祖，金門與馬祖遭受猛烈炮擊，但是並沒有失守。中國大陸在 1958 年再次炮擊金門與馬祖，也同樣未獲得成功。在第三次台海危機（1995-1996）中，中國大陸向台灣附近海域發射了幾枚飛彈。北京堅信，國民黨台灣總統候選人李登輝如果再次當選，一定會拋棄一個中國原則，並且單方面宣布台灣獨立。這樣的擔憂被證實並無根據，結果李登輝獲得了大多數支持連任。

美國在上述三次危機中，都堅定地支持台灣。在前兩次危機的時候，美國已經是一個核武國家，而中國大陸則不是，前者占上風。而在第三次危機中，美國和中國大陸都擁有核武，但美國的實力比中國大陸要更強大，能夠在一場大戰中擁有制海權。中國大陸的選擇餘地是很有限的。

今天台灣海峽還是很危險，因為台灣的地位問題尚未得到解決。一個中國原則在大陸依然很強勢，台灣獨立被認為是不可接受的事情。為了阻止台灣獨立，北京很可能使用武力，而這將導致與美國的衝突。因此，諷刺的是，華盛頓和北京在防止台灣單方面宣布獨立這個問題上，擁有很大的共同利益。美國一直呼籲北京不要使用武力，也要求台北不要宣布獨立，並主張在此框架之內進行談判。

近年來，兩岸關係得到極大改善。在 2008 年的就職演說中，總統馬英九承諾執行「不統、不獨、不武」政策。馬英九在台灣的批評者經常表示擔心，馬英九重視不獨、不武，北京的官員也確實願意增加貿易、投資和旅行來吸引台灣人。但有令人擔憂的跡象發生。中國在 2014 年堅持審查香港特首候選人，這將讓北京對 1997 年英國退出香港的「一國兩制」原則的承諾顯得荒謬，台灣選民嚇壞了，國民黨在地方選舉一敗塗地，大幅提高民進黨勢力，而民進黨拒絕一個中國原則。如果中國繼續崛起以及台灣領袖開始感覺到北京急於統一，那麼台灣領袖可能會採取類似於引發第一次世界大戰的那種考量，即「儘管條件不太好，現在動手總比以後動手要好些」，從而採取具體步驟使台灣成為一個完全正式的主權國家，那麼戰事幾乎一定會到來。

大事記 | 台灣海峽

1945 年	日本在第二次世界大戰後把台灣歸還中國
1949 年	毛澤東領導的中國共產黨宣布戰勝美國支持的中國國民黨；蔣介石及其國民黨追隨者逃到台灣；美國承認蔣介石為中國合法的領導人
1950 年	美國總統杜魯門宣稱，即便中華人民共和國進攻台灣，美國也將不介入國共衝突之中；韓戰爆發；杜魯門宣布台灣海峽為中立水域，派遣第七艦隊進入該區域，有效地把台灣置於美國的保護之下
1953 年	德懷特·艾森豪宣誓就任美國總統，並撤銷美國海軍對台灣海峽的封鎖
1954 年	國民黨派遣軍隊到金門和馬祖；中國大陸炮擊金門和馬祖；艾森豪否決參謀長聯席會議主席提出的動用美國軍隊或核武的建議；美國和台灣簽署共同防禦條約，它被理解為美國承諾在中國大陸發動進攻的時候援助台灣
1955 年	中華人民共和國奪取一江山島；在中國大陸沿岸以及馬祖、金門的戰鬥繼續進行；美國國會通過「台灣決議案」，授權使用美國軍隊保護台灣，抵禦軍事進攻；美國國務卿約翰·福斯特·杜勒斯公開承認，美國正在考慮對中國大陸實施核打擊；中華人民共和國表示願意進行談判；雙方同意停火
1958 年	中國大陸炮擊金門與馬祖；艾森豪派遣美國海軍分遣隊到台灣海峽；面對軍事僵局，中國大陸和台灣同意停火；中國國防部長彭德懷發表「告台灣同胞書」（實際上是毛澤東起草的），呼籲以和平方式解決台灣問題，並且共同反對「美國分裂中國的陰謀」；杜勒斯和蔣介石發表聯合聲明，重申相互支持以及不使用軍事手段反攻大陸
1971 年	在日本參加世界乒乓球錦標賽的美國乒乓球代表團意外獲得訪問中國的邀請，這標誌著美國與中華人民共和國關係的解凍；台灣當局被迫離開聯合國，由中華人民共和國取而代之
1972 年	尼克森訪問中國，美國與中華人民共和國建立起非正式關係；「上海公報」發表，聲明「世界上只有一個中國……台灣是中國的一部分」

1979 年	美國與中華人民共和國建立正式外交關係；1954 年簽署的「台美共同防禦條約」被廢除；吉米‧卡特總統簽署「與台灣關係法」，宣布美國承諾保護台灣的安全，以此安撫台灣當局
1982 年	美國與中國發表第三個聯合公報；美國宣布將減少對台軍售
1987 年	台灣廢除實行了三十八年的戒嚴法；台灣與中國大陸之間的商務與人員往來增多
1988 年	台灣人李登輝出任台灣總統並加快民主改革步伐
1989 年	中國大陸的六四天安門事件使得中美關係緊張
1992 年	中國與台灣就「一個中國」原則達成「九二共識」，雙方確認在「一個中國」基礎上，雙方同意「各自表述」中國一詞的內涵
1995 年	李登輝訪問美國並在其母校康乃爾大學發表演講；美國改變政策並簽發簽證給李登輝；中國召回駐美大使以示抗議；中國大陸向台灣控制的彭佳嶼附近海域試射飛彈，並且在福建集結軍隊；中國大陸進行第二輪飛彈試射、實彈軍事演習以及海上演習；美國派遣尼米茲號航空母艦駛過台灣海峽，這是自 1976 年以後美國首次派兵到台灣海峽
1996 年	柯林頓總統派遣美國獨立號航空母艦戰鬥群到台灣附近海域；中國大陸宣布考慮在澎湖列島附近完成實彈演習；美國派遣尼米茲號航母戰鬥群到台灣附近海域；中國大陸在 3 月 23 日台灣總統選舉之前完成第三輪飛彈試射，並且宣布在 3 月 18 日至 25 日舉行兩棲登陸進攻演習；李登輝獲得 54% 多數選票再次當選；美國增加對台灣的軍售
2000 年	美國國會眾議院通過「增強台灣安全法案」，引起中國強烈抗議
2001 年	小布希總統批准十年中最大一筆對台軍售
2002 年	台灣「國防報告」呼籲海峽兩岸增強信任措施
2005 年	在華盛頓舉行的安全磋商委員會會議上，美國和日本宣稱「透過對話和平解決涉及台灣海峽的問題」以及中國增強軍事透明度，屬於兩國共同的戰略目標，這引起中國外交部強烈抗議，聲稱北京「堅決反對美國和日本發表任何涉及中國台灣的雙邊文件、干涉中國內政以及損害中國主權」；中國通過反分裂法，要求阻止台灣宣布獨立
2008 年	馬英九當選台灣總統；中國大陸與台灣之間的接觸恢復，胡錦濤

	與馬英九同意在「九二共識」的基礎上協商；此後的協商導致大陸與台灣之間空中直航
2009 年	台灣金融監督管理委員會在 1949 年以後第一次宣布，允許中國大陸企業到台灣金融市場投資
2012 年	美國宣布 64 億美元對台軍售，導致中國減少與美國的軍事交流
2013 年	中國宣布 31 項措施以改善台灣與大陸之間經濟交流
2014 年	台灣陸委會主委王郁琦與中國大陸國台辦主任張志軍在南京會晤，這是兩岸之間自 1949 年以後第一次官方會晤；國民黨在地方選舉中慘敗*

東海

　　第二次世界大戰的結束給亞洲留下了一些海上領土問題，其中之一就是東海上日本稱為尖閣群島而台灣稱為釣魚台列嶼，中國稱為釣魚島的問題。釣魚台靠近琉球群島海鏈的最南端，日本在 1895 年納入領土，但從 1945 年到 1972 年間，釣魚台是在美國軍隊的實際控制之下，美國 1972 年歸還沖繩的時候，把釣魚台作為沖繩的一部分轉交給日本。中國宣稱對釣魚台擁有主權，美國官方雖然在該主權爭端中不抱持立場，但是表示釣魚台在「美日安保條約」所保護的範疇之內。

　　釣魚台在過去幾十年裡曾經很平靜。這些島嶼沒有真正的戰略價值，除了對沖繩漁民以及台灣漁民之外，也沒有什麼相對重要的經濟價值。當東京和北京於 1972 年正式恢復外交關係時，雙方同意擱置爭議。但是，在 20 世紀 70 年代末，由於東海被認為可能擁有豐富的石油與天然氣資源，中日圍繞釣魚台的緊張關係開始出現。1996 年中國和日本批准了「聯合國海洋法公約」，該公約首次劃定了 200 海里專屬經濟區，使得各國擁有得以劃定專屬經濟區的領土主權就顯得

---

* 編註：2016 年 1 月 16 日中華民國第 14 屆總統選舉及第 9 屆立法委員選舉，民主進步黨主席蔡英文以
689 萬票的 56% 比率當選台灣史上首位女總統，同時民進黨亦首次取得立法院控制權，實現第三次
政黨輪替暨民進黨第一次完全執政。
2019 年 3 月 31 日，中國人民解放軍空軍的 2 架殲-11 戰鬥機越過台灣海峽中線上空，並進入台灣西
南面空域飛行，中華民國空軍緊急調派戰鬥機攔截示警，殲-11 飛行大約 10 至 15 分鐘後離去。

十分重要，從此中日之間圍繞釣魚台的爭端走向激化。

　　事實上，東海的海洋管轄權爭端基本上處於有效的管控中。中國和日本對於海洋劃界以及開採天然氣權利存在著分歧，但是它們很好地管控著這些分歧。[13]然而，釣魚台屬於另外一個問題。與海洋邊界不同，這些島嶼是看得見的、具體的，雙方比較容易從零和角度看問題。因此，這些島嶼吸引住大眾與官方的注意力。當前雙方的情緒是如此高漲，以至於分析家幾乎異口同聲地認為，如果日本或中國試圖解決爭端或者在島上修建永久性建築，那麼雙方的軍事衝突就會被引爆。對於這代人來說，最好的解決辦法就是繼續同意擱置爭議。因為美國有保護日本控制這些島嶼的條約義務，即便是一個小小的錯誤舉動就可能引發兩個核子大國之間的對抗。

大事記 │ 東海

1972 年	美國把釣魚台的行政控制權交給日本 ；日本和中國建立外交關係；鄧小平提出讓「未來世代」解決領土爭端
2005 年	日本首相小泉純一郎參拜供奉戰歿日本人靈位的靖國神社；中國爆發激烈的反日遊行示威活動
2008 年	中國和日本簽署共同開發東海油氣田的協議；日本後來指責中國單方面開發行為
2010 年	一艘中國拖網漁船與日本海上保安廳巡邏船隻在釣魚台附近海域發生碰撞；日本逮捕中國船長；在日本拒絕釋放中國船長之後，中國取消中日高層對話；中國停止向日本出口稀土；日本釋放中國漁船及其船長
2012 年	具有右翼和民族主義傾向的東京都知事石原慎太郎宣布，計畫從私人所有者手中購買釣魚台，日本政府搶先購買釣魚台，希望避免激怒中國；中國視釣魚台國有化為有意的挑釁行動，警告日本中方將採取「一些必要的步驟」來捍衛對釣魚台的主權；香港保釣人士登上釣魚台並遭日本海上保安廳逮捕；中國增加在日本控制的空域和海域的巡邏；中國凍結與日本的高層官方對話
2013 年	中國宣布設立東海防空識別區（ADIZ），中國的防空識別區範圍包括爭議島嶼，並且與日本和韓國的防空識別區重疊；美國、

日本和韓國拒絕遵守中國東海防空識別區規定

2014 年　　　日本和中國軍機在東海爭議空域差點發生擦撞；日本首相安倍晉三和中國國家主席習近平在亞太經濟合作會議峰會期間終於會面，並短暫討論以改善雙邊關係

2015 年　　　衛星圖像顯示中國在釣魚台周邊增加軍事部署，包括新機場；中日副外長在東京會晤，參加 2011 年以來首次雙邊安全對話

北韓

7.5 解釋為什麼北韓威脅地區穩定。

我們要討論的最後一個熱點就是朝鮮半島。正如本書第五章所提到的，朝鮮半島在第二次世界大戰結束以後分裂為兩個國家，北面是共產黨——朝鮮民主主義人民共和國（DPRK），南面是資本主義國家大韓民國（ROK）。1950 年韓戰爆發，促使聯合國採取第一次集體安全行動，這是由於蘇聯代表缺席安理會，抗議聯合國未能讓北京占據中國在聯合國的席位（蘇聯後來再也沒有犯過類似的錯誤）。美國領導的聯合國軍把北韓軍隊幾乎趕到了中朝邊界鴨綠江，導致中國出兵干涉，使美國處於不利地位。戰爭最終在戰前的邊界北緯 38 度線附近處於膠著狀態。雖然交戰方一直沒有正式簽署和平協定，今天的北韓與韓國的邊界線正是 1953 年的停火線，被稱為非軍事區（DMZ），它是一條狹窄的地帶，也是北韓和韓國軍隊之間的緩衝區。雖然這條邊界線的名字是非軍事區，但是由於在其兩邊駐紮著重兵，實際上是世界上軍事化程度最高的一條邊界線。

北韓在經濟上困頓艱難，地位孤立，發展落後，基礎建設破敗不堪，民眾營養不良，是世界僅存少數的極權國家。北韓政權把大量的國家資源用於軍隊與國家安全，對真正的經濟發展投入不足。與此同時，韓國則一片繁榮景象。韓國現在已經是一個富裕的自由民主國家，享受著完全融入世界經濟所帶來的好處。

為什麼一個貧窮、落後的北韓會成為如此嚴重的地區安全威脅呢？這有兩個原因。其一，北韓的政策一直是反覆無常、不可預測以及具有侵略性。在 1950 年北韓挑起了最終失敗的韓戰，而北韓特務多年來一直在從事一系列令人不解、詭異的行動，包括爆炸、劫持、進行與預謀暗殺，最匪夷所思的是從日本人住家

附近的海邊進行綁架案。1968 年，北韓在國際水域扣留美國「普韋布洛」號間諜船，讓美國船員受虐待和挨餓，直至美國政府對間諜行為表示道歉之後，才將其釋放（今天這艘船是平壤的一座浮動博物館）。2009 年，北韓逮捕、審判兩名美國記者，用沿著中國邊境從事間諜活動為罪名，判處他們勞改。儘管美國前總統比爾・柯林頓率領的外交使團最後讓這兩名記者獲釋，但這事件提醒人們北韓依然是個不可預測的國家。

第二，北韓擁有核武和飛彈計畫。北韓分別在 2006 年和 2009 年進行核子試爆，從軍事上說意義並不大。在兩次核子試爆之後，西方情報單位對於北韓是否真的成功試爆核武就存在爭議。北韓的飛彈試射通常是失敗多於成功。然而，北韓願意採取挑釁性的試驗活動本身就是令人擔心的事情。如果我們不清楚北韓想要什麼及其行為動因，那麼就無法知道到底什麼是與北韓打交道的最好方法。

北韓的政策基本上一直很神秘。唯一清晰的行為模式似乎就是，北韓在感到被忽視或者遇到嚴重經濟困難時，就會採取某些挑釁行為，以及會為了從國際共同體獲得有價值的資源，暫時提出和遵守承諾。然而，2009 年的核子試爆用事實說明了那些試圖應對北韓「威脅」的領導人所處的尷尬境地。這次核子試爆反映了北韓以下特點：侵略性與自信心，虛弱與絕望，渴望樹立起自力更生形象（與在國內占主導地位的主體思想一致），需要外部世界的關注，希望被別國重視，任性暴躁，或者是幕後暗藏著領導繼承權的鬥爭。當一個國家是反覆無常、不按牌理出牌以及神秘莫測的時候，我們很難知曉如何對該國行為所引起的危機加以管理。

在 2003 至 2009 年間先後舉行的六輪「六方會談」中，美國、中國、俄羅斯、韓國和日本試圖解決北韓的安全問題，以換取北韓同意可驗證的去核化。在此過程中，北韓努力從對話者那裡獲取各種食品援助、能源援助以及技術援助，同時並不信守諾言。

今天的北韓客觀上被國際社會所拋棄。可以說，不管北韓抨擊鄰國的軍事，還是經濟崩潰，它都是區域安全的一個威脅來源。它無疑是當今世界所面對最具挑戰性的國際衝突管理問題之一。

大事記 | 北韓

1945 年	第二次世界大戰結束，日本無條件投降，朝鮮半島擺脫日本的統治；波茨坦會議與朝鮮半島的國際託管；美國國務院發表總命令第 1 號，以北緯 38 度線把朝鮮半島劃分為兩個受降區
1948 年	在北緯 38 度線以北成立由金日成領導的朝鮮民主主義人民共和國
1950 年	韓戰爆發
1953 年	韓戰以停戰協定的簽署而結束，該協定至今依然有效；北韓接受蘇聯和中國的援助
1956 年	北韓、中國與蘇聯開始聯合核子研究計畫
1967 年	在距離平壤 54 英里的寧邊建立一座核反應爐，該反應爐開始運行
1977 年	北韓與國際原子能機構簽署協定（Type 66 agreement），允許寧邊核反應爐接受國際檢查
1984 年	北韓試射飛毛腿 -B 型飛彈
1985 年	北韓簽署「核武禁擴條約」；美國聲稱北韓正在寧邊修建第二座核反應爐，它可以為製造核武提供完整的燃料循環
1989 年	北韓試射飛毛腿 -C 型長程飛彈
1991 年	美國從韓國撤走核武；北韓和韓國簽署「朝鮮半島無核化共同宣言」，表明禁止核武並邀請國際檢查
1992 年	北韓簽署國際原子能機構的「全面保障協議」，允許國際原子能機構稽查員查核所有核設施
1993 年	北韓試射射程為 500 英里的大浦洞 -I 型飛彈；平壤威脅要退出「核武禁擴條約」以及驅逐國際檢查人員；國際原子能機構主席漢斯・布利克斯宣稱，國際原子能機構不能確定北韓是否擁有核武
1994 年	美國和北韓簽署「框架協議」，美國同意提供輕水反應堆和替代能源，以換取北韓關閉寧邊鈽反應爐
1998 年	北韓發射大浦洞 -I 型飛彈，其射程達到 1200 英里
2002 年	老布希總統在國情咨文中把北韓稱為「邪惡軸心」
2003 年	北韓宣布要退出「核武禁擴條約」；北韓表示願意與美國進行雙邊談判並參加多邊會談；第一輪六方會談開始
2005 年	北韓以反對美國威脅為由無限期退出六方會談；北韓和美國發表聯合聲明：美國承諾不進攻北韓，換取北韓不退出「核武禁擴條

	約」以及停止核活動，北韓發表聲明，聲稱除非得到民用核反應 爐，否則不會放棄核子計畫
2006 年	北韓試爆核設施；聯合國安理會通過 1718 號文件，根據「聯合 國憲章」第七章，對北韓實施商業與經濟制裁；北韓鈽的擁有量 估計足夠生產 4 至 13 枚核彈
2007 年	第五輪六方會談達成協議，北韓關閉寧邊反應爐並允許國際原子 能機構進行檢查，換取國際援助以及與美國關係正常化
2008 年	北韓為國際檢查提交長達 60 頁的核能力評估報告；美國把北韓 從支持恐怖主義國家名單中除名
2009 年	北韓不顧國際壓力，使用大浦洞 -2 型飛彈發射「衛星」，但是 發射失敗；聯合國安理會表示要加強制裁；北韓趕走國際檢查人 員，退出六方會談；北韓進行第二次核子試爆
2010 年	韓國「天安號」輕武裝快艦爆炸並沉沒，導致 46 名海軍喪生， 可能是因為遭到北韓魚雷的襲擊：北韓炮擊延坪島，造成兩名士 兵死亡，數十人受傷；金正日之子金正恩被授予大將軍銜並獲得 重要的政治職位，標誌著第三代權力轉移的開始
2011 年	金正日去世，金正恩繼位
2012 年	北韓發射光明星 3 號「衛星」，這被普遍認為屬於一次飛彈發射
2013 年	聯合國安理會譴責「衛星」發射並加大對北韓制裁；北韓進行一 次地下核子試爆；為了回應國際譴責，北韓宣布退出停戰協定和 處於「戰爭狀態」；有關恢復高層會談的討論導致形勢有所緩和， 但會談沒能舉行
2014 年	北韓進行中程飛彈試射，這是五年內的第一次；北韓和韓國沿西 面海上邊界交火；商業衛星圖像顯示寧邊核設施生產武器級鈽製 品 *

思考題

1. 每一方都認為對方應該對 20 世紀 90 年代以來俄羅斯與西方關係的後退負責。是否
   有可能判定誰對誰錯呢？這樣判定是否有意義？

2. 我們在第六章討論了正當干涉的條件。俄羅斯干涉克里米亞是否符合這些條件？對
   烏克蘭東部的干涉呢？

3. 巴勒斯坦人和以色列人對於以色列現在所控制的領土之訴求分別是什麼？在你看來，哪一方的主張更合理，或者同等合理？

4. 聯合國巴勒斯坦分治方案是什麼？為什麼阿拉伯人反對這個方案？

5. 分別發生在 1956 年、1967 年、1973 年和 1982 年的中東戰爭的根源是什麼？這些戰爭是不可避免的嗎？如果是不可避免，那麼什麼時候爆發以及為什麼？另一次以阿戰爭是不可避免的嗎？

6. 1991 年的波灣戰爭與 2003 年的伊拉克戰爭有什麼不同？兩次戰爭的教訓分別是什麼？先發制人戰爭與預防性戰爭有什麼不同？

7. 為什麼美國干涉伊拉克和阿富汗，而不干涉敘利亞？

8. 現實主義、自由主義和建構主義對於你理解本章所討論的熱點有什麼幫助？

9. 我們在本章中所觀察的熱點涉及哪一種財貨（公共財、私有財、俱樂部財以及共有財）的爭奪？在每一個個案中不同類型的財貨如何使得危機管理複雜化？

10. 當今世界哪一個國家間的熱點問題是最危險的？為什麼？

---

* 編註：2016 年 1 月 6 日北韓政府宣稱成功試爆氫彈，自 2006 年以來第四度核試。南韓全軍進入緊急戒備狀態。8 月 24 日北韓新浦級潛艇從東岸新浦海域，往東面日本海發射一枚北極星一號潛射彈道導彈（SLBM），導彈飛行 500 公里後落入海中，是北韓的潛射導彈首度進入日本防空識別區。9 月 9 日進行第五次核試，並宣稱已達成核彈頭的標準化與微型化，未來將持續進行核武計畫。
2017 年 2 月 12 日朝鮮潛射型北極星一號改良版——陸基型彈道飛彈北極星二號試射成功。5 月 14 日朝鮮火星-12 號液體火箭試射成功；5 月 21 日朝鮮北極星二號固體火箭再度試射成功。8 月 8 日朝鮮半島局勢升溫，朝中社引述軍方聲明，稱「正慎重考慮使用『火星-12』型中遠程彈道導彈攻擊太平洋關島的美軍戰略基地」。9 月 3 日進行第六次核試。9 月 15 日成功試射一枚中長程導彈，成功飛越日本北海道上空，是朝鮮有試射經驗以來最遠的一次。12 月 1 日美國夏威夷州恢復警報系統和進行演習，是冷戰後首次，也是美國第一個州恢復冷戰時期的警報系統，以應對朝鮮日趨頻繁的核試和導彈威脅。
2018 年 1 月 9 日南北韓代表團在板門店休戰村舉行兩年多來首次正式會談。北韓派遣高級別代表團、選手團、啦啦隊等參加大韓民國平昌冬奧，南韓則建議兩國代表團在冬奧開幕典禮一起進場。1 月 21 日北韓派出由玄松月率領的 7 人先遣隊參觀平昌冬奧舉辦城市之一的江陵及首爾演出場地，亦與南韓討論冬奧演出日程及內容等。南韓總統府表示兩國敲定組成聯隊參奧方式，為實現「和平奧運」鋪設了重要橋梁。3 月 28 日朝鮮勞動黨委員長金正恩會見中共中央總書記習近平，自 2011 年上任以來首次離開該國。4 月 27 日——金正恩與大韓民國總統文在寅在板門店舉行南北領袖會談，也就是「文金會」。5 月 24 日北韓爆破拆除豐溪里核試驗場。6 月 12 日美國總統川普和金正恩在新加坡聖淘沙島會面。9 月 18 日至 20 日文在寅與金正恩在朝鮮首都平壤舉行領袖會談，這是韓國總統事隔 11 年後再次造訪平壤，南北韓兩國元首簽訂《平壤共同宣言》，結束長達半個世紀的軍事敵對關係。

第八章

全球化和相互依存

│本章你可以學到這些│

8.1 釐清各種類型全球化的異同之處。

8.2 理解一般性概念的相互依存以及分析典範的相互依存。

8.3 解釋全球化與相互依存概念如何說明石油的國際政治學。

　　一些觀察家指出，隨著 1989 年冷戰的結束，經濟問題在世界政治中的地位將變得越來越重要。隨著通訊和交通成本的下降以及距離影響的減少，全球性經濟相互依存的關係網絡正在發展。新的資訊和交通技術的發展以及人們改變對政府和國家作用的認識，也促使市場的作用不斷增大。今天，世界上將近一半的工業產值是由跨國企業創造的，這些企業決定在什麼地方從事生產活動，會對一國的國內經濟和政治形勢產生巨大影響。正如經濟學家丹尼・羅德里克（Dani Rodrik）所指出的，全球化「導致了世界上的群體發生兩極分化，一邊是那些擁有技能和適應全球市場發展的群體」，另一邊則是缺少這種能力的群體，比如「工人、養老金領取者以及環境保護論者」，政府則被夾在這兩者中間。[1] 一些理論將「地緣經濟學」（geoeconomics）取代「地緣政治學」（geopolitics），以此來分析國家之間新的競爭形式，經濟制裁和禁運正成為重要的國際政治工具。

　　我們在看問題的時候確實需要考慮這些變化。現實主義者提醒我們，在和平時代，安全可能被認為是理所當然的。但是，所有的市場都是在一個政治框架中運行的，全球市場依賴於國際權力結構。安全就如同氧氣，人們在失去之前，很容易把它認為是理所當然的，在失去之後才會珍惜。同樣地，經濟制裁是一種

被普遍使用的工具，因為這樣做可以避免使用武力，然而其效果則是很複雜的。[2] 研究顯示，只有不到一半的經濟制裁的事例得到了預期目標。多邊制裁措施是 20 世紀 90 年代促使南非種族隔離制度終結及給予塞爾維亞和利比亞政府承受極大壓力的一個因素，但是並沒能迫使伊拉克從科威特撤軍，也沒有讓一個民選總統在海地這樣一個窮國恢復權力，或者沒能逼迫俄羅斯改變併吞克里米亞和支持東烏克蘭分裂主義者的政策。不僅如此，早在 19 世紀的時候，全球化和經濟相互依存就已經發展得十分迅速，那時的國家奉行了比較自由的貿易、投資和移民政策。但是，這並沒有阻止 20 世紀上半葉兩次世界大戰和經濟蕭條的爆發，而使得這些長期的發展趨勢受到了阻礙。

全球化的各個面向
8.1 釐清各種類型全球化的異同之處。

　　全球化（globalization）被定義為世界範圍的相互依存的關係網絡，而不是指普世性（universality）或公平（equity）。今天，世界上有不到一半的人口在使用網際網路，將近三分之一的非洲人沒有電話，世界上的貧富差距持續擴大。即便是在富裕國家，也存在著全球化程度較低的國家。一個真正全球化的世界市場，意味著商品、人員和資本的自由流動，以及相似的利率。即使在北美地區，雖然多倫多和溫哥華之間以及多倫多和西雅圖之間的距離相等，而且關稅極低，但是多倫多和溫哥華之間的貿易額，是多倫多和西雅圖之間貿易額的十倍。全球化使得國家邊界更容易被滲透，但沒有令它失去作用。

　　全球化也不意味著建立起一個世界共同體。從社會角度來看，具有不同宗教信仰和根深柢固價值觀念的人之間接觸增多，經常會導致衝突；中世紀的十字軍東征（11 世紀到 13 世紀）和當代中東某些伊斯蘭激進主義者把美國稱為「大撒旦」，就是明證。很顯然，從社會和經濟角度來看，全球化不一定導致同質化。

　　儘管經濟學家常常認為，全球化和世界經濟是一回事，但全球化實際上有很多方面。其他形式的全球化對我們的日常生活也產生了重大影響。全球化最古老的形式就是環境全球化。例如，最早有記錄的天花傳染病例，出現在西元前 1350 年的埃及。它於西元 49 年傳到中國，西元 700 年後傳到歐洲，1520 年傳

到美洲，1789年傳到澳洲。鼠疫（或黑死病）發源於亞洲，但是它的傳播導致14世紀歐洲四分之一到三分之一的人喪生。歐洲人在15世紀和16世紀把疾病帶到了美洲，並且導致95%的土著居民死去。1918年，由一種禽類病毒引發的流感導致全世界4,000萬人死亡，這比第一次世界大戰的死亡人數還要多。一些科學家預測，禽流感傳染還會再次爆發。自從1940年以來，科學家已經發現超過80種新的傳染病，其中包括重症急性呼吸綜合症（SARS）、西尼羅河病毒、伊波拉病毒和愛滋病。自從愛滋病在1981年被發現後，只經過二十年，在全世界就有3,900萬人死亡，光是2013年一年就有150萬人因此喪命。植物群和動物群的外來物種傳播到新的地方，導致了當地物種的消失，而且可能每年造成數千億美元的損失。

在另一方面，環境全球化的影響並非全是負面。比如，歐洲和亞洲就受益於引進馬鈴薯、玉米和番茄等新的農作物，而且過去幾十年所出現的農業「綠色革命」技術，也幫助了世界各地貧苦的農民。

全球氣候變化會影響各個地方民眾的生活。在今天的科學界中有一個基本共識，20世紀中葉以來氣候暖化的主要原因在於人類活動，到21世紀末，全球平均氣溫預計會提高2.5到10華氏度，其最終結果取決於世界將以多快的速度從依賴化石燃料轉到主要使用氣候友好型能源。幾乎可以肯定，我們會遭遇持續幾十年或幾個世紀的更加劇烈的極端天氣、降雨模式的劇烈變化、週期性的水旱災害以及海平面的上升。隨著冰川和冰山融化以及世界大洋海水溫度的提高，上升的海平面，將導致那些小的島國以及地勢低的沿岸地區被淹沒。不管大氣層中的二氧化碳是來自中國，還是美國，它都會導致全球氣候暖化。

軍事全球化包括使用武力或武力威脅的相互依存的關係。20世紀的兩次世界大戰就是重要的表現形式。在冷戰時期，美國和蘇聯之間的全球戰略相互依存是極為明顯的現象，並且廣為人知。它不僅導致了世界性的兩極對峙同盟體系，而且使得任何一方都不敢使用能夠在30分鐘內摧毀對手的洲際飛彈。這之所以不尋常，並不是因為它屬於完全新的現象，而是因為此種軍事相互依存可能產生的衝突規模巨大，而且速度極快。今天，「蓋達」組織和其他跨國行為者形成了全球行動網絡，正在以所謂的非對稱戰爭挑戰傳統的國防。

社會全球化是指人員、文化、形象和思想的流動與傳播。移民就是一個具體

的例子。在 19 世紀，大約有 8,000 萬人跨越大洋到了新家，這比 18 世紀多出許多。在 21 世紀初，有 3,200 萬的美國居民（占人口總數的 11.5%）是在外國出生的。此外，每年大約有 3,000 萬來訪者（學生、商務人員以及遊客）進入美國。思想的傳播也是社會全球化中重要的組成部分。在過去兩千年裡，世界四大宗教，即佛教、猶太教、基督教以及伊斯蘭教，傳播的範圍極其廣泛。在過去幾個世紀裡，科學方法與啟蒙世界觀的傳播也是如此。政治全球化（社會全球化的組成部分）表現為立憲制度的傳播、民主國家的增多以及國際規則與制度的發展。那些認為國際共同體不值一提的人，忽視了政治思想在全球傳播的重要性。正如建構主義者所指出的，19 世紀的廢除奴隸制運動、第二次世界大戰後的反對殖民主義運動以及今天的環境保護與女權主義運動，對世界政治產生了意義深遠的影響。當然，世界離建立一個全球共同體以取代氏族、部落和國家等民眾效忠對象的目標還很遠。即便如此，這樣的跨國政治思想無疑會影響國家如何建構自己的國家目標，和運用自己的軟實力。

21 世紀全球化有什麼新內容？

　　儘管全球化過程已歷經了很多世紀，當今的全球化形式「程度更深、速度更快」。今天的全球化不同於 19 世紀的全球化。在 19 世紀的時候，歐洲帝國主義提供了全球化的主要政治結構，而且高昂的交通與通訊費用意味著很少有人直接介入不同文化之間的思想交流過程之中。但是，最重要的區別同資訊革命密不可分。正如專欄作家湯馬斯·弗里曼（Thomas Friedman）所指出的，當今的全球化走得「更遠、更快、更廉價，也更深刻」。[3]

　　經濟學家用**網絡效應**（network effects）這個詞來描述這種情勢，即越多的人使用同一種產品，這個產品的價值就越高。一具電話本身是沒有任何意義的，而當電話網絡形成後，它的價值就很大了。這就是為什麼網際網路導致如此快的變革。像臉書（Facebook）、推特（Twitter）、領英（LinkedIn）這樣的社交網站發展速度極快。獲得諾貝爾獎的經濟學家約瑟夫·斯蒂格利茨（Joseph Stiglitz）認為，知識經濟產生了「強大的外溢效應，它們經常像火一樣迅速傳播，帶來更多的創新成果，引起新發明的連鎖反應……然而，產品不同於知識，並非總能像火那樣傳播」。[4] 不僅如此，隨著相互依存更深、更快，不

同網絡之間的關係也變得更為重要，網絡之間的聯繫增多了。其結果是，「體系效應」（system effects），即一個地方出現動亂，會傳播到整個體系，變得更為重要。

政府官員在制定對外政策的時候，面對著全球主義不斷深化（即相互依存網絡的密度增加）的現象，這意味著一個地區發生的事件，不管是經濟方面，還是環境方面，會對其他地區產生深遠的影響，而這種影響可能是軍事層面，或是社會層面。這些國際性關係網絡越來越複雜，影響越來越不可預測。此外，在人類體系中，人們經常努力超過別人，以完全不可預測的方式，獲得經濟、社會或軍事優勢地位。因此，全球化伴隨著不確定。今後將持續存在著兩個方面的競爭，一方面是不斷加深的複雜性與不確定性，另一方面是政府、公司和其他行為者努力認識日益複雜的相互關聯體系，並為自己所用。經常發生的金融危機或者大規模的失業現象，會導致大眾運動的產生，從而限制相互依存。

速度加快也給制定對應政策增加了不確定性和難度。如前所述，現代全球化比過去的全球化形式之步伐要快得多。經過了三千年天花傳遍世界各大洲，最後於 1789 年傳到澳洲。愛滋病只花了不到三十年時間，就已經從非洲傳播到全世界。在 2000 年，由菲律賓駭客發明的「蠕蟲」電腦病毒，只用了三天時間就傳播到全世界。從三千年到三十年，再到三天，這就是全球化步伐加快的表現。

在富裕國家中，大眾直接參與國際事務的程度也增加了。普通百姓購買外國投資公司的股票，在境外網站上賭博，享受過去屬於富人專利的境外旅遊和品嘗異國風味菜餚。弗里曼把這樣的變化稱為技術、金融和資訊**民主化**，因為成本下降使得社會中更多的人可以享受以往的奢侈品。然而，**民主化**（democratization）並不是一個準確的詞，因為在市場和金錢選舉中，人們所具有的實力基礎是不平等的。比如在資本市場中，儘管新的金融工具允許更多的人參加，但平等是不存在的。對於避險基金投資人來說，至少需要 100 萬或者 100 萬美元以上的資金。**多元化**（pluralization）這個詞或許更準確一些，它意味著數量和種類更多的人加入全球網絡。英國經濟學家約翰‧梅納德‧凱因斯指出，在 1914 年的時候，「倫敦的居民可以一邊喝茶，一邊用電話訂購世界上的各種產品，並且可以要求在很短的時間內把東西送到家門口。」[5] 但是，凱因斯時代的英國人必須很富裕，才能夠成為全球性的消費者。而在今天，超市和網路

零售商可以讓後工業化國家中的大多數人擁有這種能力。

這種跨越世界各大洲的跨國聯繫管道的大幅度擴展，意味著更多的問題能夠很快地在國際上為人們所注意，其中包括規則和習慣，從實驗藥品、統計和產品標準，到銀行法規，這些都已經不再完全由各國政府獨立處理了。

資訊革命對當今全球化產生的影響，在於相互聯繫網絡的速度和深度，它使得全球化更為複雜。但是「深度全球主義」（thick globalism）現象並不是千篇一律的：在不同的地區和不同的問題領域，存在著不同的表現形式。

對全球化的政治反應

國內政治影響一國應對變革的方式。某些國家模仿成功樣板，比如韓國和東歐那些正處在民主化過程中的資本主義社會。有的國家採取了具有獨特性和創新性的方式適應變革。例如，像荷蘭、丹麥、挪威以及瑞典那樣的歐洲小國，保持著相對龐大的政府，並且重視對社會弱勢群體的補償，而英美這樣的工業化國家，則一般重視市場、競爭的作用以及反對控制（deregulation）。資本主義國家並非鐵板一塊，歐洲、日本和美國之間存在著很大區別。也就是說，因應面對國際市場和管理資本主義經濟的途徑不止一種。即便是在一個國家，不同的時期也會採取不同的做法。美國過去一直是世界上金融制度最為自由的國家，但是在2008年次貸危機很嚴重，像貝爾斯登公司、雷曼兄弟公司這些原先似乎是美國金融產業不可撼動的支柱破產，引發世界性衰退（正是由於全球化）之後，包括美國在內的一些國家政府被迫進行干預。華府採取的反應措施是，花費數十億美元來刺激經濟，臨時購買諸如通用汽車這樣大公司的股權以防止破產，甚至在某些個案中限制企業高階主管的薪酬。也就是說，美國政府採取了比較武斷的干預措施，從而把美國資本主義帶回到20世紀30年代的「新政」時代。

在伊朗、阿富汗和蘇丹這樣的社會裡，保守集團十分強烈地抵制全球化，甚至採取暴力方式。對全球化的反應助長了基本教義派。國內制度和國內分裂，不管是經濟方面，還是族群方面，會導致社會內部衝突，從而深刻地，經常是以出人意料的方式，改變族群與政治認同。正如我們在上一章所看到的，波士尼亞的菁英們求助於農村地區民眾保守的認同，來壓倒和摧毀都市民眾已經開始形成的認同，並且造成了災難性的後果。在伊朗也一直存在著伊斯蘭激進主義者與思想

比較自由的對手之間的鬥爭，那裡的自由派也屬於穆斯林，但是他們的思想比較傾向西方。

如前所述，日益加大的不平等是政治反應的一個重要原因，它曾經阻礙了20世紀初的經濟全球化浪潮。在全球化進程中的最近一個階段，與第一次世界大戰爆發之前的半個世紀一樣，存在著某些國家間和國家內部日益擴大的不平等現象。占世界人口20%的最富裕國家的收入與占世界人口20%的最貧窮國家的收入之比，從1960年的30：1擴大為1997年的74：1。與此相較，則是從1870年的7：1擴大到1913年的11：1。在任何情況下，不平等狀況即使沒有惡化，也會產生政治影響。經濟學家羅伯特・韋德（Robert Wade）指出：「其結果是存在著很多充滿仇恨的民眾，對他們來說，新的資訊技術威脅了他們所賴以生存的社會之穩定，甚至是威脅了富裕國家的社會穩定。」[6] 隨著資訊流量的增加，人們對不平等狀況的了解也在增多，於是某些人選擇採取抗議行動，這一點都不令人感到奇怪，正如我們在2011年所看到的世界範圍的「占領華爾街」運動。

上述不平等現象加劇的狀況所產生的政治後果是很複雜的，但經濟史學家卡爾・波蘭尼（Karl Polanyi）在其經典著作《巨變》（*The Great Transformation*）中，很有說服力地論述道，工業革命所釋放出來的市場力量以及19世紀的全球化，不僅產生了巨大的經濟成果，也導致了嚴重的社會動亂和政治反應。[7] 不平等與政治反應之間並不存在著**必然的**關係，但是前者會導致後者。特別是當不平等與不穩定相結合的時候，比如發生導致大量失業的金融危機和經濟蕭條，這樣的反應可能最終限制世界經濟全球化的步伐。

抵制全球化的抗議活動，在一定程度上說，是對**經濟相互依存**（economic interdependence）所帶來的變化之反應。從經濟學家的角度來看，不完善的市場是沒有效率的，而在政治學家看來，國際市場中存在的某些不完善的地方可以被看作是「有用的低效率」，因為它們充當了政治變革的煞車和緩衝器。全球化在消除低效率的同時，也在經濟上成功，卻在政治上成為眾矢之的。此外，隨著全球網絡變得更加複雜以及各種問題之間的關聯性增多，摩擦也就會產生。

自由主義者有時認為，相互依存意味著和平與合作，但不幸的是，實際情況並沒有那麼簡單。即便在一個全球化的世界中，對權力的爭奪仍在繼續。由於聯

盟變得更為複雜，以及各種形式的權力被加以利用，因而衝突常常就好像同時在幾個棋盤中下棋。21 世紀的衝突不僅需要大炮，也需要潤滑劑。

相互依存的概念

8.2 理解一般性概念的相互依存以及分析典範的相互依存。

　　相互依存（interdependence）同其他諸如**民族主義、帝國主義**或者**全球化**（的確，正如我們所看到的，全球化屬於相互依存範疇，即全球層面上的相互依存）之類的政治詞彙一樣，是個含義不清的詞，人們對它的理解往往是五花八門、相互矛盾。領導人和分析家使用政治詞彙的動機不一樣。領導人希望自己的追隨者越多越好，所以他們傾向於使用模糊語言，並且極力造成一種體現大家共同利益的印象：「我們都在一條船上，大家必須相互合作，都要聽我的。」在另一方面，分析家則關注相互間的區別，以便更能理解世界。他們強調，**好**與**壞**的問題有**程度大小**之分。分析家可能指出，我們所乘坐的那艘船只是朝著一個人的目的地行駛，或者說一個人划船，另一個人掌舵或搭便車。

　　作為一個分析性詞彙，**相互依存**指的是一個體系中的行為者或者事件相互影響的情勢。簡單地說，它指的就是互相依賴。這樣一個情勢本身無所謂好或者壞，只有程度大小之分。在人與人的關係中，婚姻誓約就表述了相互依存的思想，也就是說，夫妻雙方互相依賴，「同甘苦、共患難」。國家之間的相互依存意味著國家「同甘苦、共患難」。在 18 世紀的時候，盧梭（Jean-Jacques Rousseau）就指出，相互依存也帶來了摩擦和衝突。他提出的「解決辦法」就是孤立和分離。然而，這在全球化的世界中是不可能做到的。那些試圖與外界隔絕的國家，比如北韓和緬甸，付出了巨大的經濟代價。今天，一個國家很難與外界相隔絕。

相互依存的根源

　　我們可以分別從以下四個方面來分析相互依存的情勢：根源、收益、相對成本以及對稱性。相互依存既可以產生於物質現象（比如在自然界中），也可以產生於社會現象（經濟、政治或者認知）。物質上和社會上的相互依存經常是同時

存在的。這樣的區分有助於我們理解在互相依賴情勢中選擇程度的大小。

軍事相互依存就是產生於軍事競爭中的互相依賴狀況。這裡有武器物質層面上的相互依存，這種相互依存隨著核武的發展和由此而來的保證相互摧毀的可能性而變得明顯。然而，相互依存還包含認知上的重要內容，認知或者政策上的變化可以減輕軍事相互依存的程度。正如我們在第五章所了解到的，美國人一點都不擔心英國或者法國的核武打到美國領土，因為他們不認為英法的核武會被用來攻擊美國領土。同樣地，在20世紀80年代末戈巴契夫提出蘇聯對外政策的「新思維」之後，西方人開始睡得更安穩一些。這並不是蘇聯武器數量減少，而是由於西方人對蘇聯的敵意或者動機的認知發生變化。儘管在20世紀尾聲，前蘇聯數千枚核子彈頭的安全措施比以前差，它們有可能落入恐怖主義者或者像是伊朗和北韓這樣的「流氓國家」手中，但美國公眾對蘇聯核武基地的擔憂隨著蘇聯的最後解體已經蕩然無存了。

生態相互依存

相互依存的力量迫使我們認識到，今天的挑戰不只是我們自己（本國）所面臨的困境，而是所有人都面臨的困境。環境是我們共同關注的具體問題，除非氣候對所有人來說是穩定的，否則就無所謂一個國家或一個大洲的穩定氣候。氣候安全是全球公共財。

——英國氣候變化特別代表約翰·阿什頓（John Ashton）
在2006年9月27日的講話[8]

一般來說，經濟上的相互依存類似於軍事上的相互依存，同樣屬於傳統國際政治的內容，而且具有重要的社會層面（尤其是認知上的）因素。經濟相互依存涉及有關價值和成本的政策選擇問題。比如人們在20世紀70年代初，十分擔心全球糧食供應滿足不了世界人口的需要。因此，許多國家開始搶購美國的糧食，導致美國超市的糧食價格上漲。由於印度洋雨季不能如期到來，以及蘇聯糧食歉收，美國消費者買一塊麵包就要比原來花更多的錢。1973年，美國為了阻止國內糧食價格上漲，決定停止向日本出口大豆。結果是，日本投資於巴西的大豆生產。幾年之後當供需比較平衡的時候，美國的農場主人對禁運的做法十分後

悔，因為日本人從巴西進口價格更為低廉的大豆。與此相似，在 2008 年，由於富裕國家把更多的農作物用地用於生產乙醇，全球糧食價格暴漲。從長遠的角度來看，社會選擇和物質短缺會影響經濟相互依存。因此，我們在做出短期抉擇的時候，一定要有長遠眼光。

相互依存的收益

相互依存的收益有時被表述為**零和**（zero-sum）與**非零和**（non-zero-sum）兩種情勢。在零和的情勢中，你的所失就是我的所得，反之亦然。在**正和**（positive-sum）的情勢中，大家都獲益；在**負和**（negative-sum）的情勢中，大家都受損。分餅屬於零和情勢，做一塊更大的餅屬於正和情勢，而把餅扔到地上則屬於負和情勢。既有零和的相互依存，也有非零和的相互依存。

一些自由派經濟學家只從雙贏或者正和的角度認識相互依存，即每個人都獲益、比過去過得好。這樣的分析家沒有注意到利益的不均等以及相對收益分配所導致的衝突，因而忽視了相互依存的政治層面。雙方的確都能從貿易中獲利，但是以日本和韓國之間的電腦和智慧型手機貿易為例，該貿易的收益是如何分配的呢？即使日本和韓國雙方都獲益了，還有一個問題，即誰獲益更多一些呢，到底是日本，還是韓國？利益分配「每一方從雙贏局面中獲益多少」是一種零和的情勢，一方所得為另一方所失。其結果是，在經濟相互依存情勢中總是存在著政治衝突。即便有一塊更大的餅，人們也會為爭得其中最大的一塊而戰鬥。

有些自由主義分析家錯誤地認為，隨著世界相互依存程度的加深，合作將取代競爭。他們的理由是，相互依存導致共同獲益，共同獲益又鼓勵相互合作。這樣的說法有道理，但是經濟相互依存也可能被當作武器來使用，比如利用貿易制裁來對付塞爾維亞、伊拉克和利比亞。在某些情況下，經濟相互依存的確比武力更好用，因為它的分級更精妙，由此產生的成本也比較低。而且在某些情況下，國家較少關心從相互依存中獲得絕對收益，比較關心對手是否獲得更多的收益並對自己構成危害。

一些分析家相信，傳統的世界政治總是屬於零和的範疇。但是這種對過去的解釋會使人誤入歧途。傳統的國際政治可以是正和的，這取決於行為的動機。例如，俾斯麥或希特勒在德國掌權的結果與他們不掌權的結果是不一樣的。如果一

方極力擴張勢力，正如希特勒的所作所為，那麼肯定會出現零和的政治局面，即一方所得即為另一方所失。但是，如果所有各方都希望穩定，那麼就可能在權力平衡中呈現共同獲益的局面。反過來說，新的經濟相互依存政治既包含競爭性的零和內容，也包含合作性的正和內容。

在相互依存政治中，國內事務和對外事務之間的界限不甚清楚。比如，前面提到的大豆問題既涉及控制通貨膨脹的國內問題，又涉及美國與日本、巴西的關係問題。另一方面，20 世紀 90 年代末的亞洲金融危機導致世界商品價格下跌，這有助於美國經濟的持續成長，美國不需要採取抑制通貨膨脹的措施。2005 年，美國財政部長約翰・斯諾（John Snow）訪問中國，他請中國人增加消費者信用貸款，因為美國認為這「有助於解決我們最關心的全球收支不平衡問題」。[9] 中國領導人回答說，美國人「需要透過減少財政赤字解決自己的問題」。[10] 你說斯諾和中國人是在談論國內事務還是對外事務呢？

再看另外一個例子。1979 年伊朗發生革命之後，石油產量縮減，美國政府要求美國人開車限速每小時 55 英里，並且關閉空調，以此降低能源消耗。這到底屬於國內問題，還是對外政策問題呢？一些社會科學家把這類問題稱為「國際國內問題」（intermestic），也就是說，既是國際問題，也是國內問題。

相互依存也以一種特別的方式影響國內政治。在 1890 年的時候，法國政治家關心相對收益，採取了阻礙德國發展的政策。今天，採取促使德國經濟成長放慢的政策，對法國沒有任何好處。法國和德國之間的經濟相互依存意味著，未來法國經濟狀況是否良好，取決於未來德國經濟是否健康發展。如今這兩個國家共同擁有一種相同的貨幣，德國經濟狀況良好符合法國政治家自身的利益；反過來說，法國經濟狀況良好也符合德國政治家自身的利益。古典權力平衡理論預言，一個國家為了阻止另一個國家取得主導地位，一定會採取行動挫敗對手。這種觀點是站不住腳的。在經濟相互依存的情勢中，國家不僅關心絕對收益，也關心相對收益。

相互依存的成本

相互依存的成本包括短期的敏感性和長期的脆弱性。**敏感性**（sensitivity）指的是依賴效應的強度與速度，也就是說，體系中一個部分的變化在多長時間裡

引起另一部分發生變化。比如，在 1987 年，由於外國人對美國的利率以及債券和股票價格的走向產生疑慮，美國股市突然間崩盤了。這一切發生得很快，市場對外國資金的撤出極其敏感。1997 年亞洲新興市場的金融風暴，在隔年蔓延到了距離遙遠的俄羅斯和巴西，並對這兩個國家的新興市場造成了損害。在 2008 年，美國的次級房貸金融問題影響了其他國家的房價，最終引發了 2009 年全球大衰退。

然而，高度敏感並不等於高度脆弱。**脆弱性**（vulnerability）指的是改變一個相互依存體系結構的相對成本。它指的是逃離體系或者改變遊戲規則的成本。兩個國家中不那麼脆弱的一方未必不太敏感，但是該國政策調整的代價一定是相對較低的。在 1973 年的石油危機中，美國依賴進口的能源大約只占其所需能源總量的 16%，而日本大約 95% 的能源需求依賴進口。美國對於 1973 年阿拉伯世界石油禁運所導致的油價上漲十分敏感，但是它不像日本那麼脆弱。1998 年，美國對東亞經濟形勢十分敏感，但是沒有因此受到很大損害。金融危機使得美國的經濟成長率下降了 0.5 個百分點，但是當時美國經濟形勢很好，美國承受得了這場危機的負面影響。然而，印尼面對全球貿易和投資格局的變化，不僅敏感，而且脆弱。印尼經濟形勢極度惡化，並且導致國內政治衝突以及政府的變革。

脆弱性屬於一個程度大小的問題。1979 年伊朗國王政權被推翻時，伊朗的石油生產一度中斷，當時正值石油需求大、市場供應緊張之時。伊朗中斷石油生產，使得世界市場的石油供應量減少了 5%。市場對此極其敏感，供給短缺很快引起石油價格上漲。但是，美國人只需要關閉汽車空調和限速每小時 55 英里（而不是 60 英里），就可以節省 5% 的能源消耗量。美國可以透過使用這樣簡單的政策調整來避免受到損害，這就顯示，雖然美國很敏感，但是它並不脆弱。

然而，脆弱性並不僅僅取決於綜合措施，也取決於一個社會是否能夠迅速地應對變革。例如，美國就不如日本那樣善於應對石油市場的變化。而且，市場中的個人、大公司以及投機者，可能透過觀察市場形勢，決定囤積居奇，因為他們認為供給短缺的情況將越來越嚴重。他們的行為會使商品供應更短缺，市場需求更大，從而導致價格進一步上漲。所以，脆弱性的程度並不是那麼簡單。

脆弱性也取決於原料是否有替代品以及其供應管道是否多樣化。世界觀察研究所的萊斯特・布朗（Lester Brown）在 1970 年警告說，美國對進口原料的

依賴越來越大，因而美國的脆弱性將日益嚴重。在 13 種基本的工業原料中，美國將近 90% 的鋁、鉻、錳和鎳依賴進口。他預言，到 1985 年的時候，美國有十種基本的工業原料需要依賴進口。[11] 他認為，這樣一來，美國的脆弱程度和工業化程度較低的原料生產國家的影響力都會大大增加。

相互依存的敏感性

我們已經忘記了金融危機的傳染性和傳播速度之危險。當前的事態發展，始於金融市場中的一個較小領域，即次級房貸（2007 年在美國）的影響，迅速在全世界蔓延。

印度儲備銀行副總裁拉克什‧莫漢（Rakesh Mohan）。

2007 年 9 月 20 日的講話[12]

但是，到了 20 世紀 80 年代的時候，世界原料價格下跌，而不是上漲。布朗的預言存在什麼問題呢？布朗判斷脆弱程度的時候，沒有考慮到原料的替代來源和供應產地的多樣化，可以防止原料生產商人為哄抬價格。不僅如此，技術也在進步。昨天的垃圾可能變成新的資源。如今，有的公司在利用廢棄的礦渣，因為新技術的出現，使得從幾年前廢棄的礦渣中提煉出銅成為可能。今天銅用量的減少，是由於使用了以矽製成的纖維光纜，而矽主要來源於沙子。另外，在2010 年生產一台最新型的電腦所需要的銅比 1980 年要少得多，這是因為電腦變得越來越小、越來越輕。所以，有關美國將因為原料短缺而變得脆弱的看法是錯誤的，因為它沒有充分考慮技術的發展和替代產品。

一些分析家聲稱，當今已開發的經濟體是以資訊為基礎，因為電腦、通訊和網際網路是經濟發展的主導性因素。這樣的經濟體有時被稱為「羽量級」的經濟體，因為產品中所包含的資訊價值遠遠大於原料價值。這種變革會進一步降低原料在世界政治中的作用。僅有的幾個例外之一是石油，它依然在絕大多數已開發經濟體中，尤其是在交通運輸領域，有著重要的作用。這使得波斯灣極具戰略意義，世界上很大一部分已知的石油就儲藏在這個地區。

相互依存的對稱性

對稱性（symmetry）是指對應於不平衡依賴的相對平衡之依賴情勢。依賴性小可以是一種權力資源。如果兩個當事方相互依存，其中一方對另一方的依賴較小，只要雙方都看重這種相互依存的關係，那麼依賴性較小的一方就擁有某種權力資源。在國際政治中，誰能夠左右相互依存的對稱性，誰就擁有了權力。一些分析家認為，相互依存只產生於對等依賴的情勢之中。這種看法無助於我們理解這個最有意思的國際政治行為。完美的對稱現象是極其罕見的，而那種只有一方依賴另外一方的絕對不平衡的情況也同樣是十分少見。不對稱性是相互依存政治的核心（見圖 8.1）。

不對稱性經常在各種問題上有不同的表現。20 世紀 80 年代，在雷根總統實施減稅和增加開支的政策之後，美國依賴引進日本的資金，以平衡聯邦政府預算。有些人認為，這使得日本對美國擁有很大的影響力。但在另一方面，如果日本停止向美國提供貸款，美國以及日本自身都會受到損害。此外，如果日本停止向美國提供貸款，從而損害美國經濟，那麼那些在美國擁有極大利益的日本投資家也會因此遭受損失。不僅如此，日本的經濟規模只及美國經濟規模的一半多一點，也就是說，雖然兩國都需要對方以及都能從相互依存中獲益，但是日本比美國更需要向對方出口。今天美國與中國之間已形成的關係與此類似。美國進口中國的產品，中國持有美元和美國債券，實際上是借錢給美國。雖然中國可以透過拋售美元來威脅美國和損害美國經濟，但是美國經濟受損意味著中國出口市場縮小，而且美國政府也可能對中國產品徵收關稅。任何一方都不急於破壞相互間那種脆弱性相互依存的對稱性。2010 年，某些中國將領建議用大量拋售美元，來懲罰美國對台軍售，但是高層領導人拒絕這麼做。中國領導人知道，假如中國試圖以拋售美元使美國受傷，那麼這也會使得中國自己受傷。

不僅如此，安全問題通常與美日關係中的其他事項聯繫在一起。第二次世界大戰後，日本奉行貿易國的政策，不發展大規模的軍事力量，也不擁有核武。它依賴美國的安全保障，以便在東亞地區平衡蘇聯和中國的力量。因此，當 20 世紀 90 年代美日之間出現貿易爭端的時候，日本人開始做出讓步，以避免兩國的安全關係受損。

圖8.1　相互依存的不對稱性

如果不同問題領域的相互依存狀況是不對稱的，那麼一個國家就可能極力把這些問題聯繫起來，或者把它們分開。我們假設一個問題就是一個單獨的撲克牌遊戲，所有的遊戲同時進行，一個國家可能在一個牌桌上擁有最多的籌碼，另一個國家可能在另一個牌桌上也擁有最多的籌碼。一個國家可能根據自己的利益和地位，或者要求各個牌桌的遊戲單獨進行，或者在所有的牌桌之間建立聯繫。因此，很多國際衝突都是圍繞著建立聯繫或者反對聯繫而進行的。國家希望在自己占優勢的領域左右相互依存情勢，而避免在自己處於相對劣勢的領域為他人所操縱。經濟制裁經常就是這種聯繫的例子。比如在 1996 年，美國威脅要對在伊朗投資的外國公司實施制裁措施，但在歐洲國家提出要把它和其他問題連結之後，美國就退讓了。

國際體制透過設定議程和確定問題領域，經常制定相互依存關係中的交易規則。國家極力利用國際體制來制定規則，影響牌桌之間籌碼的轉讓。諷刺的是，國際制度可以透過把較窮國家占據相對有利地位的一些衝突與強國所主導的軍事問題分開，使較為弱小的遊戲者獲益。但是，存在著某些十分強大的遊戲者推翻一張或者更多牌桌的危險。有關貨幣、航行、污染和貿易的制度都是獨立的，如果軍事強大的遊戲者遭受太大打擊，那麼就存在他們可能會翻桌的危險。然而，儘管美國和西歐在 1973 年的石油牌桌上受到打擊，但它們並沒有使用自己占優勢的軍事力量來推翻石油牌桌，這是因為一個複雜的聯繫網絡阻止它們這麼做。我們將在後面敘述這種情況。

最大的國家未必總能在爭奪經濟相互依存操控權的鬥爭中占上風。如果一

個較小或較弱的國家更關注一個問題，那麼這個國家可能會占得先機。例如，與美國的貿易大約占加拿大對外貿易的四分之三，而與加拿大的貿易大約只占美國對外貿易的四分之一，加拿大對美國的依賴大於美國對加拿大的依賴。然而加拿大在與美國的一系列貿易爭端中卻占得上風，這是因為加拿大威脅採取關稅和限制性報復措施，這對美國產生了嚇阻作用。如果加拿大的行動導致美加之間發生一場全面的爭端，那麼加拿大將比美國受到更大的損害。但是加拿大人認為，偶爾冒險實施報復性措施，比接受會使自己**總是**處於下風的規則要好些。在制定規則的時候，加拿大知道自己的損失會更大一些，於是具有更強烈的動機使自己的談判更有效果，因而常常在談判桌上獲得較為有利的結果。[13] 透過操控經濟相互依存來嚇阻對手，有點類似核嚇阻，因為兩者都依靠能對對方造成有效損害並使對方相信自己意圖的真實性的能力。小國往往能夠利用較強烈的態度和較高的信用，克服自己在不對稱的相互依存情勢中的相對脆弱性地位。

相互依存發展的自然結果就是貿易條約的增多。在這些條約中，有關歐盟的協定是最為複雜的，它要求成員國不僅放棄某些經濟主權，而且放棄某些政治主權。1994 年，美國、墨西哥和加拿大批准了「北美自由貿易協定」（NAFTA）。該協定對墨西哥和加拿大是很有吸引力的，因為它把兩國的經濟與規模更大的美國經濟緊密地聯繫起來，從而使得它們的產品更容易進入美國市場，並且增強它們向美國出口產品的能力。對美國來說，北美自由貿易協定擴大了美國的出口領域，而且使得美國公司更容易在加拿大和墨西哥從事經營活動。

像「北美自由貿易協定」這樣的條約，可能會增強關係中的相互依存程度和減輕不對稱性。美國藉由把自己的經濟與墨西哥的經濟連成一體，為墨西哥承擔了某些經濟義務，也使得美國更容易進入墨西哥的市場。1994 年，墨西哥披索匯率大幅下跌，柯林頓政府在 1995 年初向墨西哥緊急提供數十億美元的援助，以支持日益貶值的墨西哥貨幣。當時，美國國會正陷入有關增加國內服務支出（如醫療保險）問題的僵局之中，美國行政當局認為沒有什麼選擇餘地，必須出面挽救披索。隨著相互依存程度的增強，即便強大的國家也會發現自己對境外經濟事態的發展十分敏感。1997 年東南亞發生金融危機之後，美國不像在墨西哥危機中那麼脆弱，它主要是透過多邊制度加以應對。儘管如此，由於擔心一些發展中經濟體的崩潰所產生的經濟骨牌效應，可能會損害其他國家的信心，美國和

其他已開發經濟體不能繼續觀望。

世界經濟中的領導者與制度

　　大致說來，國際經濟的規則體現了大國的政策（見表 8.1）。在 19 世紀，英國是世界上最強大的經濟體。在貨幣流通領域，英格蘭銀行遵循金本位制度，給世界貨幣流通確定了一個穩定的框架。直到 1932 年，英國也一直確保海上航行自由和商業自由，並且為世界貿易提供一個巨大的、開放的市場。第一次世界大戰後，英國的實力由於與德國的戰爭而受到了嚴重的削弱。美國成為世界上最大的經濟體，但是它在 20 世紀 30 年代遠離國際事務。美國這個世界上最大的經濟行為者，似乎還想搭便車，不願意承擔相應的領導責任。一些經濟學家認為，20 世紀 30 年代大蕭條的出現，便是由於不良的貨幣政策以及美國不願意充當領導者而引起的。英國力量太弱，無力維持一個開放的世界經濟，而美國又不願意承擔新的責任。

　　第二次世界大戰結束後，美國的政治家們吸取了 20 世紀 30 年代的教訓，1944 年在美國新罕布夏州**布列頓森林**舉行的國際會議，建立旨在維持一個開放的國際經濟的體制。**國際貨幣基金**（IMF）負責貸款，貸款對象通常是開發中國家和新興市場國家，其目的在於幫助它們實現國際收支平衡或者償還債務利息。國際貨幣基金提供貸款的時候，一般要求接受貸款的國家調整經濟政策，比如減少預算赤字和價格補貼。儘管國際貨幣基金的政策有時會引起爭議，不總是很有成效，但該組織在 20 世紀 90 年代初幫助俄羅斯克服經濟困難，以及在 90 年代末幫助亞洲國家度過金融危機，都扮演了重要角色。**世界銀行**為較窮的國家和新興市場國家的開發專案提供貸款（還有亞洲、拉丁美洲、非洲和東歐的地區開發銀行）。

　　關稅暨貿易總協定（GATT）以及後來的**世界貿易組織**（WTO）負責制定自由貿易規則，也是一系列關於降低貿易壁壘的多邊談判的場所。經濟合作與發展組織（OECD）是 34 個高度開發國家協調經濟政策的論壇。自從 20 世紀 70 年代中期以來，七個最大經濟體（共占世界產值的三分之二）的領導人每年舉行一次 G7 集團首腦會晤（1998 至 2014 年間俄羅斯加入擴展為 G8 集團），討論世界經濟形勢。1999 年，一個更大的、涵蓋地理範圍更廣的國家集團（即

表8.1　主要國際經濟體制

國際貨幣基金（International Monetary Fund, IMF）
所　在　地：華盛頓特區
創建時間：1945年，是1944年新罕布夏州布列頓森林國際貨幣與金融會議的成果
成　　　員：187個國家
員　　　工：大約有來自160個國家的2,500人
資　　　產：3,760億美元
組織結構：
- 理事會，由每個會員國委派一名理事組成，每年開一次年會
- 國際貨幣與財政委員會，有24名成員，每年兩次會議
- 執行董事會，有24名成員，負責IMF的日常事務
投票制度：多數決──投票權權重取決於成員國的額度（支付金額）
主要目標：
- 促進貨幣領域的國際合作
- 促進國際貿易的擴大與均衡發展
- 促進匯率穩定
- 協助建立一個多邊支付體系
- 為國際收支面臨困難的成員國提供可動用的資源

世界銀行（World Bank）
所　在　地：華盛頓特區
創建時間：1945年，是1994年新罕布夏州布列頓森林國際貨幣與金融會議的成果
成　　　員：187個國家
員　　　工：來自160個國家，超過10,000人
預　　　算：承諾資金442億美元，總支出289億美元
組織結構：
- 理事會，每個會員國委派一名理事組成，每年一次年會
- 總裁，來自持有股份最多的國家（美國），任期五年，可以連任，負責監督董事會
- 董事會，由24名成員組成，每週開兩次會議　ˋ
- 執行董事，負責日常業務和決策
投票制度：多數決──投票權的權重取決於成員國的經濟規模
下屬機構：
- 國際復興開發銀行
- 國際開發協會
- 國際金融公司
- 多邊投資擔保機構
- 國際投資爭端解決中心
主要目標
- 透過促進經濟成長與就業來減少貧困
- 減免開發中國家和未開發國家的債務
- 改善管理機構的管理品質與能力
- 減少疾病（包括愛滋病與瘧疾）的傳播
- 增加兒童接受基礎教育的機會
- 減少環境惡化

表8.1　主要國際經濟體制（續表）

世界貿易組織（World Trade Organization, WTO）

所 在 地：瑞士日內瓦

創建時間：1995年，是烏拉圭回合多邊貿易談判的成果〔前身為成立於1948年
的 關 稅 暨 貿 易 總 協 定（Generalized Agreement on Tariffs and Trade,
GATT）〕

成　　員：153個國家，31個觀察員國

員　　工：629人（秘書處工作人員）

預　　算：1.96億瑞士法郎（大約2.64億美元）

組織結構：

- 總理事會，由每個成員派一名代表組成，每年召開多次會議，履行其解決貿易爭
端和審議各成員貿易政策的職責
- 上訴機構，由七名成員組成，他們負責裁決提交給爭端解決機構（比如總理事會）
的爭端
- 秘書處，由總幹事領導，它不具有正式決策權，主要負責總理事會和各個下屬委
員會的日常事務

投票制度；共識決──一個成員一票制

主要目標：

- 管理世界貿易組織的貿易協定
- 作為多邊貿易談判的講壇
- 尋求解決貿易爭端
- 監督各成員貿易政策
- 為開發中國家提供技術援助與培訓
- 與其他國家開發組織進行合作

**經濟合作與發展組織（Organization for Economic Cooperation and Development，
OECD）**

所 在 地：法國巴黎

創建時間：1960年，屬於經濟上的北大西洋公約組織，其前身是二戰結束後成立
的，旨在協調馬歇爾計畫的歐洲經濟合作組織

成　　員：34個國家（大都是已開發國家）

員　　工：2,500人（秘書處工作人員）

預　　算：3.42億歐元（大約4.86億美元）

組織結構：

- 理事會，由每個成員國派一名代表組成，對經濟合作與發展組織的行動提供指導
和決定該組織的年度預算
- 秘書長，監督理事會和秘書處，負責該組織的日常工作

投票制度：共識決

主要目標：

- 推動良好的治理方式
- 從事經濟評估和提出經濟政策建議
- 促進經濟發展
- 作為討論經濟、發展、社會和治理挑戰的多邊論壇

G20集團）建立起來，它在2008至2009年全球金融危機中開始扮演重要角色。這些制度有助於增強各國的政策，促進了跨國民間交往的迅速發展。在1945年以後的大部分時間裡，世界貿易的年增率保持在3%到9%之間，高於世界生產的年增率。國際貿易在美國國內生產總值中所占的比重，1960年為5.6%，1995年提高到11.2%，2009年更達到了27.97%。國際投資年均成長率接近10%，那些具有全球戰略地位的大型跨國公司變得越來越重要。

　　批評家指出，國際經濟體系帶有歧視性，主要對富國有利，而對窮國不利。例如，國際貨幣基金和**世界銀行**採取加權表決制度（weighted voting），這使得美國、歐洲和日本享有主導性的影響力。國際貨幣基金總是由歐洲人來領導，而世界銀行總裁一般是美國人（儘管未來可能會有變化）。美國可以採取財政與貿易赤字政策，而且幾乎不受指責，但窮國在面臨類似債務問題的時候，國際貨幣基金的官員就會要求它們回到市場原則上來，並以此作為貸款的條件。其中一個原因是，窮國經常需要國際貨幣基金的幫助以獲得借款，而美國不需要國際貨幣基金的幫助也照樣可以得到借款。換句話說，國際經濟體制反映了金融市場中不平衡的相互依存關係所包含的權力現實。撤銷國際貨幣基金，並不能改變金融市場中的權力現實。如果沒有了國際貨幣基金，而讓私人銀行家和基金管理者來處理問題，那麼窮國將更難借到錢。

　　世界貿易組織（WTO）並不採取加權表決制度。它提供了一個論壇，使得161個成員可以在非歧視性原則基礎上進行有關貿易協定的談判，而且也提供了幫助成員仲裁貿易爭端的委員會（panels）和規則。批評家指出，成員在該組織框架（比如2001年起的杜哈回合多邊貿易談判）內所商議的協定，讓富裕國家保護農業與紡織業等領域，使之應付來自開發中國家的競爭，因而對窮國來說並不公平。這樣的批評是對的，保護主義政策的確損害窮國。但是，保護主義的根源在於富裕國家的國內政治，如果世界貿易組織不發揮作用，保護主義政策的影響就更大。這再次說明，國際制度能夠減輕、但不能消除權力現實。不管怎麼說，美國、歐洲和中國會遵守世界貿易組織委員會所做出的對它們很不利的裁決，這個事實就顯示，制度的作用即便很小，還是有效的。

　　即便是在富裕與強大的國家之間，也同樣存在著如何在一個獨立國家組成的世界中管理跨國經濟的問題。在20世紀80年代以及2001年以後，美國成

了一個淨債務國,因為拒絕提高國內稅收以實現收支平衡,而是向國外貸款。一些分析家認為,這會導致 20 世紀 30 年代危機的重演,美國將步英國的後塵而走向衰落。然而,實際情況並非如此,美國並沒有衰落和變得內向,其他國家依然願意借錢給美國,因為它們對美國經濟充滿信心,美國經濟繁榮符合它們的利益。比如,中國就擁有很大金額的美元作為外匯存底,以此擴大對美國的出口。2009 年,雖然有中國官員提出要減少美元的持有量,但是該國的實際做法並沒有什麼變化。

然而,金融動盪依舊是一個潛在問題。全球金融市場最近幾年來成長速度驚人,但是其動盪不安的局面對世界的穩定構成了威脅。這在很大程度上取決於這些國家的政府是否願意採取維持國際經濟體系穩定的政策。不管怎麼說,今天的全球政治和經濟體系要比過去複雜得多。將會有更多的部門、國家、問題和私人行為者被納入相互依存關係之中。那種把世界政治僅僅描述為幾個大國如同堅硬的撞球在權力平衡體系中相互碰撞的看法,越來越脫離現實了。

現實主義與複合式相互依存

如果現實主義的一些基本假設是錯誤的,那麼這個世界會是什麼樣呢?現實主義者堅持認為,國家是唯一重要的行為者,軍事力量是支配性的手段,權力(或安全)是壓倒一切的目標。假如國家不是唯一重要的行為者,**跨國行為者**(transnational actors)也是重要角色,那麼這個世界會是什麼樣的?假如軍事力量不是唯一重要的手段,經濟控制和利用國際經濟體系也是支配性的手段,那麼這個世界會是什麼樣?假如安全不是最重要的目標,福利(welfare)則是最重要的目標,那麼這個世界又會是什麼樣?我們可以把這樣一個反現實主義的世界稱為**複合式相互依存**(complex interdependence)。有的社會科學家認為複合式相互依存是一個「理想模式」,是一個人們想像出來的概念,在現實世界中是不存在的。但是,正如我們在前面所看到的,現實主義觀點也不能與現實世界完全吻合。把世界設想為一種複合式相互依存狀態,可以讓我們想像出一個不同類型的全球政治,自由主義典範在其中大概會有比較好的表現。

事實上,現實主義和複合式相互依存都是理想的模式,真實的世界介於兩者之間。我們可以看看兩個國家間的關係在現實主義和複合式相互依存之間的光譜

中所處的位置（參見圖 8.2）。中東國家間的關係靠近現實主義這一端。當今美國和加拿大的關係或者法國和德國的關係靠近複合式相互依存那一端。國家間關係在光譜中所處的位置，決定著政治關係的特點和權力鬥爭的形式。實際上，國家可以改變自己在光譜中的位置。冷戰時期的美蘇關係基本上是在現實主義這一端，但是冷戰結束以後，美俄關係移到了現實主義和相互依存之間的中心位置。

在現實世界中，現實主義和複合式相互依存交互作用的一個明顯案例，就是美國與中國的關係。和美日關係一樣，美國從中國的進口金額遠遠超過對中國的出口。其結果是，美國有巨額貿易赤字。雖然美中雙邊貿易是不對稱的、對中國有利的，但是中國潛在的貿易禁運行為不會使美國處於非常脆弱的地位，因為美國可以透過從其他地方採購產品獲得補償，而且中國國內也有向美國出口商品的強烈動機。不僅如此，正如我們在前面已經看到的，中國威脅透過拋售從出口中獲得的大量美元以傷害美國的做法，將會損害其對美國出口。同時，由於中國是美國商品的潛在大市場，美國國內市場對中國商品的需求量很大，這使得美國政府採取對中國不利行為的能力受跨國行為者（包括美國的跨國公司）的抵制，這迫使美國政府不能對中國採取制裁措施，以應對中國的不公平貿易做法。正如我們在第七章所看到的，中國經濟和軍事實力的迅速成長及其在海洋和領土爭端中的強勢行為，嚴重影響了美國對東亞權力平衡的認知，促使美國強化它與日本、菲律賓和澳洲的同盟關係。

在 2003 年伊拉克戰爭爆發之前，專欄作家羅伯特・卡根（Robert Kagan）指出，許多歐洲國家不怎麼願意與薩達姆・海珊這樣危險的獨裁者對抗，因為它們已經習慣處於歐洲占主導地位的複合式相互依存所創造的和平環境，而且傾向於把它推廣到歐洲以外的霍布斯式世界。用他自己的話來說就是：「美國人來自火星，歐洲人來自金星。」[14] 這個機智的說法過於簡單了（英國在伊拉克戰爭中所扮演的角色就是明證），但是它的確抓住了大西洋兩岸認知中的不同。它也說明了一個更大的道理。在它們的相互關係中，所有已開發的民主國家構成了霍布斯現實主義海洋中的自由和平群島。在與加拿大、歐洲和日本的關係中，甚至美國也是來自金星。如果我們認為整個世界的特徵就是霍布斯式的現實主義，那麼這就如同我們認為整個世界的特徵就是複合式相互依存一樣，兩者都是錯誤的。

圖8.2　從現實主義到複合式相互依存的變化光譜

現實主義 ←──────────────────────────────→ 複合式相互依存

以色列／敘利亞　　美國／中國　　美國／加拿大

印度／巴基斯坦　　　　　　　　法國／德國

石油政治

8.3 解釋全球化與相互依存概念如何說明石油的國際政治學。

　　不管是從經濟還是政治意義上說，百年來，石油都是當今世界上最為重要的原料，它很可能在本世紀內依舊保持著關鍵能源資源的地位。美國的石油消費量占世界的五分之一（雖然中國目前占將近 11%，但是其石油消費成長速度很快）。即便中國消費量大增，世界上的石油也不會很快就被用完。自從 21 世紀開始以來，水平鑽井和水力壓裂的技術發展，使得過去一度無法利用的頁岩層中的石油和天然氣被大量地開採出來。目前已經探知的正常石油儲量超過 1.6 兆桶，而且今後還可能有更多的石油資源被發現。但是，有二分之一已經發現的石油儲量在波斯灣地區，而該地區易受政治動盪的侵害，因而可能對世界經濟產生災難性影響。雖然石油並非兩次波灣戰爭的主要原因（從奪取和擁有石油這個意義上說），但是中東石油供應穩定與全球經濟穩定之間的重要關聯性，的確是政策制定人討論對伊拉克政策的時候所考慮的重要因素。正如一個笑話所言，假如波灣地區出產的是花椰菜而非石油，那麼戰爭可能就不會發生了。因此，石油不僅本身很重要，而且還是一個可以同時用來闡釋現實主義和複合式相互依存方面的問題。

　　某個特定領域中的相互依存，往往產生於一個由規則（rule）、規範（norm）和制度（institution）組成的框架之中，我們把這個框架稱為**建制**（regime，又翻譯為**機制、典則**）。國際石油建制在過去的數十年裡發生了很大的變化。在 1960 年的時候，石油建制表現為與主要石油消費國政府密切相關的私人壟斷。那個時候的石油價格大約為每桶 2 美元，有時被稱為「七姊妹」的七家跨國石油公司決定石油產量。石油價格取決於這些大公司的石油產量以及富裕的、進口絕大部分石油的國家的需求量。跨國公司依據富國的情況確定石油產量和價格。傳統軍事意義上的那些國際體系中最強大的國家，時常採取干涉行為，以確保該體

系順利運行。例如 1953 年，伊朗民族主義者採取行動，試圖推翻國王的統治，英國和美國秘密出面干涉，恢復了國王的統治。石油建制在當時基本上沒有發生變化。

如前所述，國際石油建制在 1973 年以後發生了重大變化。石油生產國決定石油產量，從而嚴重影響了石油價格，石油價格不再單獨由富裕國家市場決定。權力和財富發生了從富裕國家到較窮國家的大轉移。2004 年曝光的秘密文件顯示，正如現實主義者預測的那樣，美國曾經考慮過使用武力奪取波斯灣油田。但是，美國並未動手，石油建制發生了有利於較弱小國家的變化。如何解釋這一重大變革呢？

人們通常認為，這是因為產油國聯合起來，並且成立了**石油輸出國組織**（OPEC）。這樣的解釋有一個問題，即石油輸出國組織成立於 1960 年，而巨大變革則是發生在 1973 年以後。儘管有石油輸出國組織，石油價格依然下跌。也就是說，我們需要從其他方面尋找原因。我們可以從三方面來解釋國際石油建制的變革：整體的權力平衡，石油問題上的權力平衡，以及國際體制。

現實主義者主要從軍事力量的角度來分析權力平衡的變化，在分析世界主要石油出口地波斯灣地區局勢的時候尤其如此。兩種變革影響了該地區的權力平衡；民族主義的興起和非殖民化。在 1960 年的時候，一半的石油輸出國組織成員國屬於歐洲的殖民地，到了 1973 年的時候全都是獨立的國家了。伴隨民族主義興起而來的是軍事干涉成本的提高。對已經實現民族覺醒和非殖民化目標的國家使用武力，要付出較高的代價。美國和英國在 1953 年干涉伊朗的代價並不高，但如果美國在 1979 年試圖維護伊朗國王政權，那麼它將付出難以承受的代價。

美國和英國權力的相對變化，也影響了波斯灣的權力平衡。在石油輸出國組織成立的時候，以及在此之前，英國在很大程度上是波斯灣的守衛者。在 1961 年，英國阻止了伊拉克侵略科威特的企圖。但是到了 1971 年，英國的經濟力量受到了很大的削弱，而且英國政府也在努力減少在國際上的防衛義務。1971 年，英國放棄其在「蘇伊士運河以東地區」所扮演的角色。這可能讓人想到 1947 年的情景，當時英國無力維持其在東地中海地區的大國地位。那時美國接替英國，向希臘和土耳其提供援助，並且提出了「杜魯門主義」。但在 1971 年的時候，美國卻無力像在 1947 年那樣取代英國在該地區的作用。美國當時深陷越戰之中，

不願意再在波斯灣地區承擔重要的軍事義務。其結果是，尼克森總統和當時的國家安全顧問季辛吉制定了一個大力依靠地區強國的戰略。他們所選擇的目標就是伊朗。他們想透過扶持伊朗成為地區霸權國家，以較小的代價取代英國在該地區的警察作用。因此，現實主義者會用整個權力結構的上述變化，特別是波斯灣地區權力平衡的變化，來解釋石油建制的變革。

　　第二種解釋石油建制發生變革的方式是現實主義的一個變種，它關注各個國家在特定問題領域內所具有的經濟權力的相對對稱性。在 1950 年到 1973 年間，全球石油消費發生了重大變化，改變了美國對海外石油的依存度。具體來說，美國在 1971 年以前是世界上最大的石油生產國。但是，美國的石油產量在 1971 年達到最高點。此後，美國的石油進口開始成長，美國不再擁有多餘的石油。在 1956 年和 1967 年兩次中東戰爭中，阿拉伯國家嘗試過石油禁運，但是它們的努力一下子就挫敗了，因為美國可以生產足夠的石油來供應歐洲，以防止阿拉伯國家切斷石油供應。隨著 1971 年美國的石油產量達到最高點和美國開始進口石油，左右石油市場的權力轉到沙烏地阿拉伯、伊朗這些國家手中。美國不再擁有在最後關頭向他國供應石油以抵銷石油禁運的能力。

　　第三個解釋 1973 年以後石油建制變革的方式，主要不是根據現實主義的觀點，而是根據自由主義者和建構主義者所強調的國際體制（尤其是跨國公司和石油輸出國組織）作用的變化來分析問題。「七姊妹」在這個時期逐漸喪失了權力。其中一個原因是，它們與產油國**討價還價的能力**逐漸消失。當一個跨國公司去一個資源豐富的國家進行新的投資的時候，可以透過討價還價，與所在國達成協議，使得公司從雙贏的項目中獲得較大的權益。從窮國的角度來看，讓跨國公司開發資源，可以使本國獲益。即使窮國獲得 20% 的收益、跨國公司獲得 80% 的收益，窮國也比過去所得到的要多一些。所以在較早的時期，跨國公司由於壟斷資本、技術和左右國際市場，可以與窮國達成協議，使得自己獲得較大的收益。然而，經過一段時間後，跨國公司在正常的商業運作過程中（而不是出於慈善目的），無意識地把資源轉移到了窮國。它們訓練了當地人。於是，沙烏地阿拉伯人、科威特人以及其他國家的人學會了怎樣經營油田、管理輸送系統以及修建船塢。當地人也獲得了市場行銷等方面的技能。

　　最終結果是，窮國要求分得更多的權益。跨國公司不能再以從當地國撤出投

資作為威脅手段，因為現在窮國也可以用自己獨立經營的主張來威脅跨國公司。所以，隨著時間流逝，跨國公司與窮國討價還價的能力，特別是在原物料產業，就慢慢地消失了。這就是「逐漸喪失的議價能力」。從 20 世紀 60 年代到 1973 年，跨國公司無意識地把技術和技能交給了窮國，幫助它們獲得了自主經營石油生產的能力。

另外，還有其他方面的事態發展。新的跨國公司進入石油市場，成為「七姊妹」的「小弟妹」。這些新的跨國公司雖然比不上「七姊妹」，但依然是很龐大的，它們開始和產油國做交易。這樣一來，產油國為了擺脫「七姊妹」的控制，可能與較小的、獨立的跨國公司達成協議。這也削弱了那些最大的跨國公司的議價能力。

從制度上看，石油輸出國組織作為一個壟斷性的卡特爾，其作用有了一些提高。在石油行業中，卡特爾的典型作用就是限制石油供應量，但在過去這些一直都屬於「七姊妹」之間的私下安排。卡特爾通常有一個問題，即當市場疲軟和價格下跌的時候，其成員往往不遵守市場配額的規定。卡特爾在石油短缺的時候最能發揮作用，但在石油供大於求的時候，大家都想出售自己的石油，並且傾向於降低價格，以爭得較大的市場額度。經過一段時間，市場的力量就逐漸迫使卡特爾失去作用。石油輸出國組織是產油國家政府間的卡特爾，而不是民營企業之間的卡特爾。石油輸出國組織在創建初期難以發揮作用，因為那時石油過剩。只要存在著石油過剩的局面，石油輸出國組織成員國就有採取欺騙行為以獲取較大的市場額度的動機。從 1960 年到 20 世紀 70 年代初，石油輸出國組織無法讓成員國遵守有關價格的規定。但是在出現石油供不應求的局面之後，石油輸出國組織影響生產國議價能力的作用就浮出來了。

1973 年的中東戰爭給石油輸出國組織打了一劑強心針，覺得自己可以發揮作用了。在 1973 年的戰爭中，阿拉伯國家出於政治原因削減了石油供應，但是這也造成了一種情勢，使得石油輸出國組織可以發揮有效的作用。伊朗不是阿拉伯國家，被認為是美國維護波斯灣地區穩定局勢的工具。但是，伊朗國王宣布把本國的石油價格提高四倍，其他石油輸出國組織成員也跟著這麼做。從長遠角度來看，由於市場的力量，石油輸出國組織無法讓石油價格長期保持在一個較高的水準之上，但油價持續居高不下，則與石油輸出國組織的影響不無關係。

　　另一個更加重要的制度性因素是，石油公司在危機中所起的「減輕傷痛」的作用。時任國務卿的亨利・季辛吉在危機期間曾經說過，美國如果面臨「窒息」的危險，就可能使用武力。阿拉伯石油禁運使得世界石油貿易量減少15%，美國的石油進口減少了25%。然而，石油公司確保每個國家承受相同的損失。它們對世界石油貿易做了新的分配。由於阿拉伯國家對美國的石油出口減少了25%，所以石油公司向美國供應了更多的來自委內瑞拉或印尼的石油。它們減輕了傷害，使得所有富裕國家都減少7%到9%的石油進口量，這個比重遠遠低於「窒息」點。它們的行為有助於防止經濟衝突演變成軍事衝突。

　　石油公司為什麼這樣做呢？這絕對不是出於慈善目的。從長遠的角度來看，跨國公司總是追求利益最大化。也就是說，跨國公司要長期地、最大限度地獲取利潤。它們為此希望局勢穩定，獲得市場准入。跨國公司擔心出現不利的情勢，即如果它們拒絕向所在國出售石油，那麼它們就可能被該國收歸國有。比如，英國首相愛德華・希思（Edward Heath）要求英國石油公司的老闆只出售石油給英國，不得向其他國家提供石油。但是英國石油公司的老闆回答說，如果他服從這個命令，那麼他的公司將會被其他國家宣布國有化，從而斷送英國石油公司的性命。英國首相最後還是做了讓步。

　　簡言之，石油展現了介於現實主義和複合式相互依存這兩種理想模式之間的問題。總體的軍事力量平衡、某個問題領域內經濟權力結構的對稱性以及石油問題領域內的制度這三個方面的變化，有助於我們解釋從1960年的石油建制到1973年以後的石油建制的變革。

作為權力資源的石油

　　石油武器在1973年這個轉折關頭到底有多重要呢？阿拉伯國家透過減少產量和對以色列的友好國家禁運石油，使得美國關注它們的問題。它們也導致日本、歐洲和美國的同盟關係一度陷入混亂，各個國家的反應不同。阿拉伯國家使用石油武器，促使美國在1973年贖罪日戰爭之後，在解決以阿爭端問題上扮演調停者的角色。在另一方面，石油武器並沒有促使美國根本改變其在中東問題上的基本政策。美國人沒有突然拋棄其盟友以色列、轉而支持阿拉伯人的事業。石油是一個能產生影響的權力資源，但是沒有強大到迫使美國改變政策的程度。

　　為什麼石油武器不能發揮更大的作用呢？部分原因在於相互依存的互惠性。沙烏地阿拉伯是個重要的產油國，在美國的投資額很大。如果沙烏地阿拉伯對美國經濟造成太大損害，那麼自己的經濟利益也會受傷。此外，沙烏地阿拉伯在安全領域依賴美國。從長遠的角度來看，美國是唯一有能力確保波斯灣地區的權力平衡穩定的國家，沙烏地阿拉伯人對這一點十分清楚。因此，他們採取了謹慎的態度，在使用石油武器時不敢走得過頭。不僅如此，在經歷過石油危機之後，主要的石油消費國採取措施，減少自身未來的敏感性與脆弱性。比如，美國建立戰略石油儲備，實際上就是儲存石油，同時與其他經濟合作與發展組織國家建立了國際能源署，目的在推動世界能源市場的透明度，以及採取合理的能源政策。

　　那麼武力作為一種權力資源，在 1973 年石油危機中有什麼作用呢？武力沒有公開使用。由於沒有出現「窒息」的局面，所以沒有發生軍事干涉行動。不僅如此，美國所提供的長期的安全保障使得沙烏地阿拉伯獲益。因此，武力在幕後起了作用。安全相互依存和石油相互依存之間存在著一種間接的聯繫。公開使用武力的代價太高，但是武力作為一種權力資源，在幕後發揮了作用。

　　這些複雜的因素依然存在。石油依然在原料中保有十分特殊的地位，這在一定程度上導致了波灣戰爭和伊拉克戰爭，並且促使美國繼續在波斯灣保持一支強大的海上力量。但是，石油的價格，對全球市場的力量、跨國公司在其他地方石油開採與供應的增加等因素很敏感。

　　人們在 20 世紀 70 年代所預言的石油噩夢並沒有成為現實。比如，美國能源部曾經預測，到 2000 年的時候，石油價格將上升到每桶 100 美元。[15] 雖然石油名義現貨價格在 2008 年 7 月曾經一度達到每桶 145 美元，但是實際上經過通貨膨脹調整之後的全年平均石油價格最高的年份是 1980 年（每桶 107 美元），而且石油價格 2015 年跌到每桶 50 美元以下。[16] 有些因素導致早先的預言未能成真。從需求方來看，政策措施和價格上升導致相關國家更注意能源的利用效率。比如，美國通過了「公司平均能源效率法」，強制要求汽車生產商所生產的汽車的耗油量必須達到一個最低標準。這是國內政策有意識地影響對外政策的一個明顯例子（此外，駕車的人面對著高油價的壓力，有意識地減少油耗，這也是導致上述結果的一個重要原因）。從供應方來看，冷戰後一些非石油輸出國組織成員的石油產地的興起，使得石油輸出國組織在世界市場上面臨著更多競爭。很

多新的石油產地的興起是由於新技術的發展。比如，從 1999 年開始，得益於油砂處理新技術的發展，加拿大一直是美國最大的石油供應國。前面提到過的頁岩水力壓裂技術的發展，也大大推動了美國國內的石油產業。這些變革削弱了石油輸出國組織影響全球市場的能力。石油輸出國組織的原油產量占世界原油總產量的比重，在 1973 年超過 70%，而在今天只有大約 40%。

在 20 世紀 80 年代和 90 年代，人們擔心的是世界石油資源即將枯竭，今天人們主要擔心的則是我們燃燒的石油太多了。隨著氣候科學的發展，減少對化石燃料的依賴（不僅是石油，還包括煤炭和天然氣依賴的必要性）越來越明顯了。正如我們將在第九章討論的，這種形勢既是挑戰，也是機遇。然而，就石油政治而言，從化石燃料轉到氣候友好型能源，將導致石油生產地區重要性和地位的下降，繼而產生巨大的地緣政治效應。

思考題

1. 全球化的主要類型有哪些？全球化是一個不可逆轉的過程嗎？當今的全球化與過去的全球化有什麼區別？

2. 文化領域中的全球化有什麼影響？全球化必然導致全球文化同質化嗎？更具體來說，全球化最終會導致世界的「西化」嗎？

3. 全球化引發了哪些種類的政治反應？反全球化情緒和國際經濟不平等有什麼關係？

4. 什麼是「複合式相互依存」？與簡單的「相互依存」有什麼區別？哪一種典範最有助於我們理解複合式相互依存？當今世界哪個地區最接近複合式相互依存？

5. 什麼因素使得經濟相互依存成為權力資源？敏感性和脆弱性的區別何在？

6. 1973 年石油危機的深層和中層原因是什麼？為什麼不在早些時候發生，比如 1967 年？它是一個特殊事件，還是國際政治中的一場革命的開端？為什麼沒有使用武力？武力可能在今天被加以使用嗎？

7. 自由主義理論樂觀地認為，國際商業的發展會使得軍事力量作為一種國際政治工具的吸引力嚴重下降。國際石油建制是支持還是否定這種理論呢？

8. 按照古典現實主義的假設，國家間的合作不可能在無政府狀態中出現。你如何解釋國家在國際經濟關係中所取得的合作程度？制度會有作用嗎？

第九章

資訊革命與跨國行為者

▌本章你可以學到這些▐

9.1 描述現代資訊革命的特徵及其對國家間政治的影響。

9.2 解釋跨國行為者是如何影響國家間政治的。

9.3 釐清資訊革命未來可能產生的四種影響。

▌權力和資訊革命：從書寫的起源到「阿拉伯之春」

▌9.1 描述現代資訊革命的特徵及其對國家間政治的影響。

　　一場資訊革命正在改變世界政治。早在四百年前，英國政治家和哲學家法蘭西斯·培根（Francis Bacon）就寫道，知識就是力量。在 21 世紀初，已經有更多的人擁有了這種力量。政府總是擔心資訊的流動與控制問題，我們當今所處的時代並不是第一個受到資訊技術變革極大影響的時期。古騰堡（Johann Gutenberg, 1398-1468）發明活動鉛字，使得很多歐洲人可以讀到印刷體的聖經，因而對宗教改革的開啟發揮了重要作用。小冊子與函授委員會是美國革命的開路先鋒。正如建構主義者所指出的，資訊快速流動會導致認同與利益的重大變化。

　　當今資訊革命的基礎是電腦、通訊以及軟體技術的迅猛發展，技術進步反過來又大大降低了處理與傳輸資訊的成本。自 1958 年發明積體電路以來，電腦運算能力每隔兩年就增加一倍，到了 21 世紀初，電腦的價格只有 20 世紀 70 年代的千分之一。假如汽車價格像半導體那樣快速下跌的話，那麼今天一輛小汽車的

價格應該只有不到 5 美元。

在 1993 年，世界上只有 50 個網站；2014 年 9 月，世界上網站數量超過了十億個。在 2000 至 2014 年間，全球網際網路用戶增加 700%，中東和非洲使用者增加的速度最快。通訊頻寬擴展迅速，通訊費用繼續下降，而且下降速度甚至比電腦運算能力的上升速度還要快。遲至 1980 年，人們用銅製導線傳送電話訊號，每秒鐘可以傳輸一頁紙的訊息；今天，一根細細的光導纖維每秒鐘就可以傳輸九萬**冊**書籍的資訊。按目前美元市值來計算，一次簡短的跨越大西洋通話的費用，已經從 1930 年的 250 美元，下降到 21 世紀初的不足 1 美元。現在的網路電話（VoIP）基本上是免費的。網路鏡頭可以讓人們在家裡的辦公室中舒舒服服地參與視訊會議。在 1980 年的時候，十億位元組（a gigabyte）的記憶體要占據一個房間的空間，而到了 21 世紀初，如今一台可以裝進襯衫口袋中的「蘋果」掌上型電腦（iPod Touch），儲存量就達到 640 億位元組。

資訊革命的主要特徵並不是富裕與強大國家之間的通訊**速度**：自 19 世紀晚期以來，至少歐洲與北美之間一直可以借助電話實現瞬間通話。最關鍵的變化在於兩點，即傳輸資訊的**成本**大幅下降，以及傳輸**能力**難以置信地得到提高。實際上，傳送和接收資訊的費用已經可以忽略不計。同時，儲存與頻寬能力成長迅速。西門子公司（Siemens）估計，到 2020 年，將有大約 260 億個各種設備被連接到網際網路上，其中包括汽車、與智慧型電話相關的電器、手錶、平板電腦以及電腦等等，這會導致資訊傳播總量達到 40 個皆位元組（zettabyte，即 400 兆億位元組）。[1] 這些大變革，被稱為「第三次工業革命」，它正在改變著治理的性質，影響了國家的主權，以及導致了權力的分散。

過去的教訓

技術總是對人類的互動以及管理他們的世界具有重大影響。五千年前在美索不達米亞（特別是在古代的蘇美）發明的書寫，使得第一個早期的官僚國家得以建立。在歐洲發明的活字版印刷，使得中世紀的封地演變成現代國家。[2] 通信、交通以及軍事技術領域的革命，使得治理的範圍越來越大。在最早產生現代主權國家的西歐，國家都很小，這並非偶然。[3] 歐洲最大的國家法國在世界只能排到第 42 位。澳洲相當於 12 個法國，美國或加拿大相當於 15 個法國。正在進行中

的科技發展對於未來的世界政治有什麼意義呢？

我們透過回顧過去，可以得到有關我們正在走向何方的某些想法。在 18 世紀末、19 世紀初開始的第一次工業革命中，蒸汽機在工廠和交通工具中的使用，對經濟、社會和政府產生了巨大影響。生產、工作、生活、社會階級以及政府的模式因此都發生了變革。公共教育興起了，因為日益複雜以及更具潛在危險的工廠需要有文化知識和受過培訓的工人。像倫敦「警察」（London's bobbies）那樣的警察力量被建立起來了，以便應對城市化問題。運河和鐵路等必要的基礎設施建設，得到了財政補貼的支持。

19 世紀末 20 世紀初開始的「第二次工業革命」，以電、合成材料與內燃發動機的使用為標誌，也帶來了類似的經濟與社會變革。美國從一個農業為主的國家變成一個主要的工業和城市化國家。在 19 世紀 90 年代的時候，大多數美國人還是農民或者僕人。幾十年之後，大多數美國人住在城市和在工廠裡上班。隨著城市勞動者和工會變得越來越重要，社會階級和政治分野形勢發生了變化。儘管有些遲滯，但政府的角色也有所改革。兩黨進步運動催生了反托拉斯法案，食品藥品管理局的前身制定了早期的保護消費者條例，聯邦準備理事會（Federal Reserve Board）致力於維護經濟穩定。美國成為世界政治中一個大國。有人預測，第三次工業革命將會在經濟、社會、政府和世界政治等方面，導致類似的變革。

這樣的歷史類比，有助於我們理解某些影響 21 世紀世界政治的力量。經濟和資訊網路的變化速度比政府的變革更快。主權和權威的政治重要程度並沒有以相同的速度增大。正如社會學家丹尼爾·貝爾（Daniel Bell）所指出的：「如果說在後工業社會存在著一個壓倒一切的社會問題的話——尤其是在變革的管理方面——那麼它就是規模的管理問題（the management of scale）。」[4] 簡單地說，新技術已經改變了世界政治的基本構成因素。如果我們只關注民族國家的硬實力，那麼就會無視新的現實。

我們還處於資訊革命的初級階段，而且當今資訊革命對經濟與政治的影響是不均衡的。正如隨著 18 世紀末蒸汽技術的使用與 19 世紀末電的發明，生產效率的成長出現了延遲現象，因為社會不得不花時間去學會如何充分利用新技術。社會制度的變革速度比技術更慢。比如，電動機發明於 1881 年，然而，大約在

四十年之後，亨利・福特（Henry Ford）才率先充分利用電力所帶來的好處，對工廠組裝線加以重組。在資訊技術和電腦領域，也同樣存在著延遲現象。美國經濟生產率的提高只在 20 世紀 90 年代中期才開始顯現。

一個世紀之前因為嶄新廉價電力而出現的大眾通訊與廣播，可以幫助我們今天去理解藉此可能產生的社會與政治影響。它帶來了大眾通俗文化的時代。大眾通訊和廣播（而不是電話），會產生政治集中化的後果。隨著資訊傳播範圍的擴大，甚至在民主國家中，資訊對政治集中化的影響力也大於只有地方新聞機構的時代。20 世紀 30 年代，羅斯福總統利用廣播電台，深刻地改變了美國政治。在集權國家中，這樣的影響更為明顯，因為政府可以壓制其他資訊來源。難怪一些學者相信，如果沒有隨著第二次工業革命而來的大眾通訊方式的話，專制主義是不可能產生的。

在 20 世紀中葉，人們擔心資訊革命時代的電腦和通訊方式，會導致喬治・歐威爾（George Orwell）在小說《一九八四》中所描寫的中央集權控制的現象。大型電腦系統似乎加強了中央計畫，並且增強了那些高層人士的監管權力。正如愛德華・史諾登（Edward Snowden）所披露的國家安全機關內幕所顯示的，現代技術的確使得政府擁有收集訊息、確定個人身分和實施監管的巨大能力。但與此同時，民營公司可以收集到的資訊比政府還要多，加密技術（encryption technology）的發展，以及能夠讓使用者匿名進行數位資訊交易的程式被開發出來，使得政府的能力受到限制。在很多方面，政府在第二次資訊革命中控制資訊要比我們今天所處的第三次資訊革命容易得多。

隨著計算成本的減少、電腦的小型化和便利，電腦所帶來的分權化影響要大於集權化影響。網際網路建立起一個使得控制資訊的權力更加分散化的體系。與編輯和播音員所控制的電台、電視台以及報紙相比，網際網路使得個體與個體之間（透過電子郵件）、個體與群體之間（透過個人主頁、播客或者推特），可能最為重要的是群體與群體之間（透過線上聊天室或者留言板），可以無限制的交流。政治學家皮帕・諾里斯（Pippa Norris）在比較電子通訊與過去其他通訊方法的時候寫道：「網際網路資訊具有流動更遠、更快的能力，而且不太需要透過中介方法。」[5] 集中監管是可能的，但試圖控制網際網路資訊流通的政府將面對很高的代價。這意味著，世界政治將越來越不再是政府的專屬領地。包括公司、

非政府組織以及恐怖主義者在內的個人與民間組織，將擁有在世界政治中直接發揮作用的權力。資訊的傳播意味著，未來的權力將更加分散，非正式網路將挑戰傳統官僚機構的壟斷地位。網際網路的速度意味著，各國政府控制議事日程的能力將下降。政治領導人在必須對事件做出反應之前，將有較小的自由度，他們必須與更多的行為者共用同一個舞台。建構主義者警告說，我們不能為**權力平衡**和**霸權**這樣的詞彙所迷惑，也不能僅僅透過衡量中央政府所具有的硬實力，來比較國家所擁有的權力大小。他們指出，現實主義者把主權國家之間的關係比作撞球之間相互平衡與撞擊的論點，會使得我們無視新的複雜現實。

新的世界政治？

　　資訊革命的影響還處於初期階段。它正在改變世界政治嗎？現實主義者的回答是否定的。他們認為國家依然是最重要的行為者，資訊革命將對最強大的國家有利。這或許是對的，但自由主義和建構主義者正確地指出，資訊革命正透過增加非國家行為者的權力，削弱中央政府的控制能力，使得世界政治變得更為複雜。同樣需要注意的是，資訊革命所產生的影響並非在所有地方都千篇一律。比如，在 2014 年，有 77% 生活在經濟合作與發展組織國家的人使用網際網路，而只有 24% 非洲聯盟國家的人使用網際網路。在富裕的百慕達，有高達 98% 的人使用網際網路，百慕達屬於世界上網際網路普及率最高的地方，而在厄立垂亞，只有不到 1% 的人使用網際網路，該國屬於世界上網際網路普及率最低的地方。今天的世界仍然由各種不同的經濟體所構成，有的以農業為主，有的以工業為主，有的以服務業為主。受資訊革命極大影響的後工業化社會及其政府，與那些至今較少受資訊革命影響的國家共存與互動。正如依賴理論者所指出的，在貧窮的「邊緣」國家，只有相對少數的人，而非大多數的人，才能與「中心」國家透過網際網路連接在一起。不平等不僅僅是一個錢的問題，它也是一個國家之間以及國家內部資訊運用的問題。

　　這種數位落差（digital divide）的狀況會持續多久呢？成本的下降可能讓窮國實現跳躍式發展，即跨越某些發展階段。例如，在很多非洲國家，廉價手機的功能除了通訊之外，還有金融和貨幣服務。無線通訊已經開始取代費用昂貴的有線通訊，語音辨識技術可以讓不識字的人使用電腦通訊設備。技術在不斷傳

播，而且許多國家熱中於建立自己的矽谷。然而，識別高科技王國的虛擬金鑰，比開啟實際的大門要更容易一些。隨著時間的發展，窮國將（但不會很快）擁有發達的通訊基礎設施、受保護的財產權、明智的政府政策、鼓勵創建新產業的環境、成熟的資本市場以及一支熟練的勞動力大軍（其中很多人懂英語，因為英語是中國之外網際網路的主導語言），但是它們不會很快做到這一點。即便是在印度，雖然它已經符合上述一些標準，其軟體公司雇用了數十萬人，但是印度 12 億人口中依然有超過四分之一是文盲。

資訊革命具有一種分權和均等的效應，但它會使國家之間的權力對比均等嗎？原則上說，隨著資訊革命降低費用和減少進入市場的壁壘，將會削弱大國的權力和增強小國與非國家行為者的權力。然而在實踐中，國際關係要比這種技術決定論所描述的前景複雜得多。資訊革命在某些方面的確幫助了小國，但是也在其他方面幫助已經很強大的國家。現實主義者提到了以下幾個原因。

第一，規模因素依然很重要。經濟學家所說的進入市場壁壘和規模經濟，依然存在於與資訊有關的權力的某些方面。比如，軟實力就受到廣播或者影視節目中的文化內容極大的影響。那些大的、有地位的娛樂產業，在生產和銷售過程中，就經常受益於規模經濟。美國電影和電視節目在世界市場上占有支配地位，就是一個明證。那些後來者很難和好萊塢競爭（儘管印度寶萊塢的影響在增大）。不僅如此，在資訊經濟中，存在著「網絡效應」，規模越大，回報越多。眾所周知，一部電話是沒有任何意義的。第二部電話使得電話具有價值，隨著電話網絡的形成和發展，電話的價值更高。

第二，雖然目前傳播既有資訊的費用很低，但是新資訊的收集和產生通常需要大量的投資。在許多競爭激烈的情勢中，掌握**新**資訊至關重要。在某些情況下，資訊是一種公共財；一個人使用了資訊，不會減少其他人使用資訊的數量。湯瑪斯·哲斐遜（Thomas Jefferson）用蠟燭來類比照亮別人的同時，也照亮了自己。然而，在一個競爭性的情勢中，假如我先擁有發光體和比你先看到某些東西，那麼這會有很重要的意義。情報收集就是一個很好的例子。美國、俄羅斯、英國、法國以及中國收集和製造情報的能力都強過其他國家。公開發表的數字顯示，美國每年花費在與國防無關的情報方面的錢大約為 500 億美元。在某些商業場合中，快速的跟隨者往往比創業者要做得更好，而從國家權力關係的角度來

看，創業者則通常比跟隨者處於更有利的地位。一個具諷刺性但不讓人覺得偶然的現象是，雖然人們在談論網際網路減少了距離的制約力，但是大量公司依然聚集在矽谷——一個位於舊金山南部、人口稠密的小地方，這是由於所謂的「雞尾酒聚會效應」。取得成功的一個條件是，在新資訊公布之前就透過非正式管道獲得該資訊。道格拉斯・麥格雷（Douglas McGray）指出：「在一個新技術總是會不斷過時的產業中，企業必須了解需求、獲得資金和把產品迅速地推向市場，否則就會被對手所擊敗。」[6] 在資訊經濟中，市場規模及競爭對手、供應商和消費者距離市場的遠近，依然很重要。

創業者通常是資訊系統標準和架構的制定者。正如羅伯特・佛洛斯特（Robert Frost）著名的詩句所說的，前進的道路在森林中分岔了，你如果選擇走其中一條路，那麼就不可能走到另外一條路。雖然有的時候，廉價的技術會提供捷徑，使得你有可能超越創業者，但是在很多情況下，資訊系統的路徑依賴式的發展過程總是反映了創業者的有利地位。英語成為在網際網路上被加以使用的語言，以及網際網路上那些頂級功能變數名稱的分布格局，可以說明這一點。一方面由於 20 世紀 80 年代美國經濟轉型，另一方面由於冷戰軍備競賽帶動大規模投資，美國在各種資訊技術應用方面通常總是創業者，現在還處於領先地位。然後，美國作為一個創業者使得它更依賴於網際網路，也導致美國比北韓那樣的孤立國家更為脆弱。

第三，正如我們所看到的，軍事實力在國際關係關鍵領域中依然很重要。資訊技術對武力的使用，產生了一些有利於小國的影響，也產生了一些對原本就很強大的國家有利的影響。現在用很少的費用就可以從商業管道獲得過去那些十分昂貴的軍事技術，這有利於小國和非政府行為者， 並且增加了大國的脆弱性。例如，今天任何一個人都可以從商業公司訂貨，或者乾脆從谷歌地球獲得有關其他國家的衛星圖像，花費很少或者完全免費。商業公司和個人可以在網際網路上獲得衛星照片，而僅僅在幾年以前，這些照片還屬於高度機密的資料，花費了有關國家政府數十億美元的金錢。幾年前，一個非政府團體認為美國對北韓的政策太危言聳聽，於是公布了有關北韓飛彈發射場的一些私人衛星照片。顯然，其他國家可以購買到有關美國軍事基地那樣的照片。

全球定位系統（GPS）設備可以提供精確定位，它們在過去只為軍方使用，

如今所有人都可以使用，很多新車都裝有 GPS 導航系統。另外，資訊系統為恐怖主義團體（包括國家支持的恐怖主義團體）增加了有利的打擊目標，從而使得富國很脆弱。我們可以設想，未來一個高水準的敵手 （比如擁有網路戰資源的小國）可以訛詐美國。同時，也存在著隨意發動的網路攻擊的可能，而且由於一個國家無法得知發起攻擊的地方，實施嚇阻戰略變得更加困難。

然而，其他的發展趨勢也增強了那些業已十分強大的國家的實力。資訊技術帶來了一場軍事革命。部署在太空上的感應器、電視直播、高速電腦以及複雜的軟體等，使人們具有了收集、分類、處理、傳輸和傳播有關各地方發生的複雜事件資訊的能力。這種重要的戰爭空間觀念與精確打擊目標武器相結合，會使得一方有很大的優勢地位。正如波灣戰爭和伊拉克戰爭所表現的，除非國家擁有把資訊與武器相結合的能力，否則那種估計武器裝備（如坦克和飛機）力量對比的方法就毫無意義。那就是薩達姆‧海珊所犯的錯誤（也是那些在 1990 年預測美國將傷亡慘重的國會議員所犯的錯誤）。很多相關的技術在商業市場上販賣，較弱小的國家會購買到很多這樣的技術。然而，問題的關鍵不在於擁有最新的硬體或者先進的系統，而在於具有「使不同系統結合成一個系統」的能力，或者占據現代軍事資訊基礎設施的關鍵點。例如，雖然任何人都可以買到 GPS 接收機，但是美國軍方在緊急狀態下有能力更改 GPS 接收器賴以工作的訊號，這是因為提供訊號的衛星屬於美國所有。正是由於意識到美國可以迅速地讓所有使用 GPS 導航系統的東西陷入混亂境地，俄羅斯、中國、印度、歐洲和日本開始發展自己的全球或地區導航系統。從現實主義視角來看，它們的舉動是很合理的。

自由主義者贊同國家仍將是世界政治基本單位的觀點，但是他們認為資訊革命將使民主國家的作用得到加強，從而最終實現康德的民主和平。就國家而言，大多數資訊塑造者是民主國家。這並非偶然。民主國家社會熟悉資訊的自由交流，而且民主國家的政治制度不會因資訊的自由交流而受到威脅。它們之所以能夠塑造資訊，是因為也能夠獲得資訊。極權國家屬於對資訊反應遲鈍的行為者之一，它們面臨著更多麻煩。有些國家的政府可以透過控制網際網路服務商和網路內容提供方，以及監控網際網路用戶，來限制本國公民對網際網路的使用。這樣的控制是可能的，但是代價很高，而且出於政治目的的網路控制並不完全有效。新加坡是一個努力把政治控制與經濟自由主義相結合的國家，一直希望在政治控

制的同時提高網際網路的作用。但是，新加坡這樣的社會已經發展到此一階段，知識工作者（knowledge workers）普遍反對控制網際網路，新加坡面臨著那些富有創新精神的知識工作者流失的危險，這些人是確保新加坡在資訊經濟中保持競爭力最為稀有的資源。因此，新加坡就面隨著一個困境。一方面，它要改革教育體制，鼓勵個人的創新精神，這是資訊經濟所要求的。另一方面，它又需要放鬆對資訊流動的控制。埃及在2011年的示威中曾經短暫地切斷網際網路服務，並從中發現，封閉的體系總要付出更高的代價。

封閉的體系要付出較高代價的另外一個原因是，對於外國投資者來說，把資金注入一個極權國家要冒一定的風險，因為極權國家的重大決策過程不透明。自由主義者指出，透明度正成為那些爭取外來投資的國家的重要資產。防止資訊外流的能力似乎對極權國家有利，但是它損害了國家的信譽與透明度，而信譽和透明度是在全球競爭中吸引外來投資的必要條件。1997年亞洲金融危機就充分說明了這一點。缺乏透明度的政府信譽較低，因為它們所提供的資訊被認為是有偏見性和選擇性的。而且，隨著經濟的進一步發展和中產階級社會的形成，壓制性措施不僅在國內要付出更高的代價，而且會損害國家的國際聲譽。台灣和韓國在20世紀80年代末的時候都認識到，壓制民主和言論自由的做法，會損害自己的信譽和軟實力。它們透過啟動民主化的進程，增強了自己應對經濟危機的能力。中國面臨的一個大問題是，隨著國家越來越富裕，今後應該如何應對日益增強的有關政治參與的要求。

不管互動和虛擬共同體今後會產生什麼樣的效應，我們已經可以清楚地看到，免費資訊透過眾多管道增加其流通量，已經造成了這樣一個政治後果，即國家喪失了很多控制本國資訊的權力。尋求發展的國家需要外國的資本、技術及其相關的組織。地緣意義上的共同體依然是最為重要的，但是希望本國快速發展的政府，將不得不取消那些保護官員免受外界監督、阻礙資訊流動的壁壘。那些希望提高本國發展水準的政府，再也不能將自己的金融和政治形勢，隱蔽於別人的視線以及外國的影響之外。在過去幾十年裡，緬甸曾經努力這麼做過，但是它最後放棄了。北韓還在努力，但是它面臨的困難越來越大。

對於資訊革命是否改變世界政治這個問題，建構主義者提出了一個更加激進的觀點。一些建構主義者聲稱西發利亞體系已經開始走向消亡。第三次資訊革命

對中央政府的影響還處於初期階段。海蒂・托夫勒（Heidi Toffler）、阿爾文・托夫勒（Alvin Toffler）和彼得・杜拉克（Peter Drucker）認為，資訊革命正在葬送產生於工業革命時代的那種階層式的官僚組織。[7] 在公民社會中，隨著分權化的組織與虛擬共同體在網際網路上產生，它們跨越了領土管轄界線，並且形成了自己的治理模式。

如果這些預言家是正確的話，那麼結果將會是一種新的網路封建主義（cyberfeudalism），即公民具有多重認同和效忠對象，以及聲稱對公民具有管轄權的共同體相互重疊。簡單地說，這些變革意味著，在過去三百五十年中主導世界政治的現代集權化國家將會退出歷史舞台。我們將要面對的不再是「國際」政治，而是範圍更廣的「世界政治」。一位生活在中世紀的歐洲人，可能會同樣效忠地方領主、公爵、國王和教皇。一個未來的歐洲人，可能同時效忠布列塔尼、巴黎、布魯塞爾以及一些與宗教、工作和各種興趣相關的網路共同體。

雖然今天的國際體系依然屬於主權國家體系，但是建構主義者指出，我們可以開始思考一種共同體和治理方式重疊與交叉的模式，它有點類似 1648 年西發利亞和會正式確立國家體系之前的情勢。在封建時代，跨越政治邊界的跨國接觸是一種很普遍的現象，但是它逐漸為後來興起的中央集權化國家所壓制。當今世界正在發生變化。在 20 世紀 80 年代，遠距離的跨國接觸現象就已經出現了，但是它只限於數量相對較少的跨國公司、科學團體以及學術組織的菁英人士之間的聯繫。如今，網際網路正在為無數人提供低廉的、參與跨國交流的手段。

主權與控制

主權問題是當今世界政治中一個引起激烈爭論的問題。許多政治家抵制任何可能限制國家自主地位的做法。他們對聯合國在限制武力的使用方面所扮演的政治角色、世界貿易組織做出經濟決定以及創立關於環境的制度與條約的努力感到擔憂。許多國家試圖對網際網路施加更多控制。在他們看來，有關國際或跨國共同體的想法純屬幻覺。

但是，有關主權國家命運的辯論一直是有誤解的。正如建構主義政治學家約翰・魯傑（John Ruggie）所說的：「現在有一種極其蒼白無力的思想傾向，即從思考可能取代國家的體制實體之角度，來想像國家體系所面臨的長期挑戰。」[8]

有個更好的歷史類比事例，是在封建早期階段形成的市場與城鎮生活。中世紀的貿易集市並沒有取代封建權威制度。它們沒有拆毀城堡的城牆，也沒有廢黜當地領主，但是確實帶來了新的財富、新的聯盟以及由「城鎮空氣帶來自由」這句格言所概括的新態度。

中世紀商人創造了商人法（Lex Mercatoria），即用來管理他們之間相互關係的一套商務活動的私人行為規則。同樣地，在今天，從駭客到大公司，每個行為者都在制定網際網路規則與規範，在一定程度上處於正式的政治制度的控制範圍之外。跨國公司所使用的設有防火牆的內部網路（intranet）以及編成密碼技術的出現，「意味著公共空間為私人所挪用」。[9] 像公司內部網路或者涉及專門問題（如環境）的新聞這樣的私人系統，並沒有正面挑戰主權國家的政府；它們只是增加了一種主權國家無法有效控制的相互關係。人們在參加跨國網路共同體的同時，可以繼續充當效忠國家的公民，但是他們的視野一定會與網際網路時代到來之前那些典型的、效忠國家的公民不同。

即便是在網際網路時代，政治制度的角色也可能漸進發生變化。在領土國家興起之後，其他取代中世紀統治方式的行為者，比如義大利的城邦國家和北歐的漢薩同盟，依然作為有活力的替代方式而得以繼續存在，能夠進行長達近兩個世紀的徵稅與爭鬥。今天，我們所面對的真正問題，並不是主權國家繼續存在，而是主權國家的中心地位和功能正被改變。正如史蒂芬‧克拉斯納（Stephen Krasner）所指出的，「國家的影響力在某些領域增強，在某些領域則削弱。當權者們已經認識到，遠離一些自己無法解決的問題，可以增強自己的有效控制力」。[10] 所有的國家，包括最大的國家，都面臨著日益增多的難以在主權國家邊界內解決的問題，比如資金流動、毒品交易、氣候變化、愛滋病、難民、恐怖主義以及文化入侵等等。國家治理的複雜化並不能等同於主權受到侵害。政府會適應變革。然而，在適應的過程中，它們也改變了對主權管轄、控制以及私人行為者的角色的認識。

我們以美國邊界的控制問題為例。機場、港口以及陸上邊境口岸都面臨著各自特有的挑戰。在 2014 年，單單是從陸上邊界關卡進入美國的，就有 2.36 億人、1.02 億輛小汽車、1,100 萬輛卡車、31.8 萬輛巴士、3.9 萬列火車。據估計，大約有 50 萬名非法移民透過步行或者乘車，從墨西哥和加拿大邊境地區進

入美國。「九一一」事件表明，恐怖主義者可以很容易地溜進美國，而且運入幾磅致命的生物或化學製劑，比每年非法販運數噸的海洛因和可卡因要更容易。國土安全部對付這類人和物品流入美國的唯一辦法就是，透過在其他國家管轄範圍內的情報人員與合作行動把手伸到境外，以及依靠民營企業開發商品流通的跟蹤系統，讓執法人員可以對運入美國的貨物在入境之前進行「虛擬」檢查。今天，海關人員在拉丁美洲的各個地方協助企業採取安全措施，以減少被販毒分子利用的風險，而且監控商品流通的國際合作機制也在創建之中。主權國家的確在適應變革，但這樣一來，它也改變了政府管轄權的含義與排他性。法律邊界並沒有變化，但是它在實踐中顯得很模糊。

國家安全（即不存在對基本價值的威脅）是另外一個例子。氣候變化或者病毒傳入所造成的經濟損失或者生命威脅，會比一些戰爭所造成的後果更嚴重。即便我們從更為狹義的角度來界定國家安全的含義，即把國家安全定義為有組織的暴力，軍事安全的性質也正在發生變化。美國本土已有兩百多年沒有受到外國軍隊的入侵，美國軍隊的任務是在遠離本國領土的地方投放力量和從事戰爭。然而，美國軍隊並不能有效保護美國自己，無法避免恐怖主義者利用民航機作為武器對美國本土發動攻擊。單從數字上說，美國在 2001 年 9 月 11 日的跨國恐怖襲擊中所遭受的人員損失，要大於日本人在 1941 年襲擊珍珠港所造成的損失（然而，從死亡人數占總人口比例來看，後者幾乎是前者的兩倍）。今天，攻擊者可能是政府、團體、個人或者某種聯合體。2001 年 9 月 11 月襲擊美國的「蓋達」組織，其成員包括來自許多國家的個人與團體，據說在 50 個國家（包 括美國）都有其基層組織。然而，有的入侵者可能具有秘密身分，甚至離目標國家很遠。如本書後面將論述的，網路攻擊可能對安全構成真正的跨國性威脅。於是，核嚇阻、邊境巡邏以及駐軍海外以塑造地區權力平衡等等，在資訊時代依然很重要，但是它們不足以確保國家安全。

即便是在法學領域，也產生了對主權的不同解釋。自從 1945 年以來，聯合國憲章中同時存在著有關人權的條款和保護國家主權的條款。正如在第六章所看到的，憲章第二章第 7 條規定，本憲章不得授權聯合國干涉在本質上屬於任何國家國內管轄之事件。然而，正如我們前面討論保護的責任（R2P，見第六章）時所了解到的，在世界上存在著一個很明顯的但並非單一聲音的發展趨勢，即認為

不干涉屬於國家必須透過好的行為來獲得的一種特權,不是它們絕對享有的一種權利。全球反種族主義規範的形成,以及人們對南非種族隔離制度的譴責,使得大多數聯合國成員違背了不干涉原則。2011 年,聯合國安理會基於保護的責任這一原則,授權對利比亞內戰實施軍事干涉,儘管安理會並未能在 1999 年授權北約干涉科索沃,但利比亞和科索沃的情勢事實上很類似(甚至也沒有試圖授權干涉正在進行中的敘利亞內戰)。從一開始,聯合國憲章就把人權與維護國家主權都視為重要原則,然而重視前者會損害後者。一些新的行為者介入了這些爭論之中。1998 年,皮諾切特(Augusto Pinochet)將軍在英國被拘留,這是因為西班牙根據皮諾切特在總統任期內侵犯人權和犯下罪行的事實而要求引渡他。英國最終拒絕了西班牙的請求,但只是根據法律上的理由,而不是根據英國或者智利的主權權利。

資訊技術,特別是網際網路,使得協調工作比較容易,並且增強了人權活動者的力量。但是,政治領導人(特別是原先屬於殖民地的國家的政治領導人)堅持維護合法主權和抵制外來干涉。國家主權原則與正在興起的人權規範之間的緊張關係,今後還將長期存在下去。

在許多人看來,民族國家提供了一個政治認同的重要源泉。正如我們所看到的,人們可以有多重和交叉的認同——家庭、村莊、族群、宗教、國民和世界主義認同,而且其中哪一種認同居於主導地位取決於具體的不同場合。在許多前工業化國家,在部族或部落層次上的次國家認同處於主導地位。而在某些後工業化國家,包括美國和歐洲國家,世界主義認同(比如「全球公民」或者「地球的守護者」)正在形成之中。現在要全面理解網際網路的影響還為時過早,但是認同的塑造過程可以同時朝著相反的方面發展;也就是說,由於環境的左右,人們既可能把自己看作是歐洲人,也可能把自己看作是布列塔尼人,或者只把自己看作是巴黎人。

我們在散居共同體(diaspora communities)的政治中,可以發現那種熱中於利用網際網路來使用軟實力的現象。用資訊專家大衛・博里爾(David Bollier)的話來說,「網際網路對這樣的人群來說是一個天賜之物,因為它使得那些數量很多和享有共同的歷史、但在地理上相互隔絕的人們,可以組成大的虛擬共同體(virtual community)。」[11] 網際網路讓他們向故土上的同胞傳播

具吸引力的觀念。外國公民和當地民眾之間的網際網路溝通,引發了 1998 年北京的示威活動,其矛頭指向在印尼發生的排華運動。有關印尼華人悲慘遭遇的消息,以極快的速度傳到北京。同樣地,2008 年在辛巴威,2009 年在伊朗,網際網路在傳播有關政府在有爭議的選舉中的作為,也扮演了重要角色。與此同時,雖然手機和網際網路讓世界關注鎮壓和侵犯人權事件,但是它們本身並沒有導致政府變更。

網際網路也讓一些鬆散的組織,而不是等級制的組織,可以迅速地發起示威活動。在越戰時期,籌畫一次示威活動需要花數個星期或者數個月的時間,以便散發小冊子、張貼標語以及電話聯繫,經過了四年,到了 1969 年才有了 50 萬人的示威活動。與此形成鮮明對比的是,在 2003 年 2 月的一個週末,就有 80 萬美國人和 150 萬歐洲人上街抗議即將發生的對伊拉克的戰爭。[12] 抗議者們並非代表「國際共同體」,但是他們可以影響那些主要國家的社論作者、議員以及其他知名人物的態度,因為這些人的觀點可以用「國際共同體」這個含義模糊的詞概括。[13] 對合法性持續追求,顯示了軟實力的重要性。

其結果可能是更大的不確定性,而不是始終如一地朝一個方向發展。正如皮帕‧諾里斯所言:「網際網路所具有的群體與群體之間以及個體與群體之間交流的特點……似乎很符合網路文化那種不拘小節的平等主義和意志自由的性質。」[14] 一種效應是「快閃行動」,即突然爆發的抗議活動,它們是特定問題或事件所引發的,比如反全球化示威活動,還有 2000 年秋天在歐洲政治中突然出現的反燃料稅同盟,或者在 2003 年伊拉克戰爭期間發生於世界各地的抗議行動。[15] 政治變得更具有舞台效果,而且是面向全球觀眾。20 世紀 90 年代中旬,墨西哥恰帕斯州的叛亂者主要依靠的手段並不是槍彈,而是跨國性宣傳,這種宣傳工作主要是透過網際網路來串聯,以此迫使墨西哥政府採取改革措施。在 2004 年,一些抗議行動家利用手機在前蘇聯國家喬治亞和烏克蘭組織和平革命。

網際網路具有動員民眾、促進政治變革的力量中最為令人關注的範例,或許就是最近發生的「阿拉伯之春」起義。在 2011 年,一波潮汐般的抗議浪潮席捲北非和中東,它不是事先策畫好的,也沒有被任何人所預見到。其導火線是在 2010 年 12 月 17 日,一個名為穆罕默德‧布瓦吉吉(Mohamed Bouazizi)的突尼斯年輕街頭小販採取了絕望的行為。在被腐敗官員一再騷擾、沒收貨品與侮

辱之後，布瓦吉吉忍無可忍並自焚以示抗議。幾個星期內，民眾對他不幸遭遇的憤怒情緒持續高漲，聲討政府的瀆職與腐敗行為，最終導致掌權二十三年的本‧阿里（Zine El Abidine Ben Ali）總統下台，並且促使埃及、葉門、敘利亞、巴林以及利比亞也發生類似的群眾揭竿而起事件。長期執政的埃及強人胡斯尼‧穆巴拉克（Hosni Mubarak）很快也隨之在 2011 年 2 月 11 日被轟下台。其他受困的獨裁者們，或者透過一些小的讓步，或者透過採取暴力鎮壓手段（有的時候兩種手段都用上），竭力維持自己的統治地位。在大多數地方，變革的希望被澆滅；「阿拉伯之春」這個過去被貼上的標籤現在似乎已經基本上不合時宜了。儘管相關國家的政府並非都垮台，各國的政治發展也有所不同。

「阿拉伯之春」在何種意義上體現了網際網路推動政治變革的力量呢？ 網際網路與像半島電視台（Al Jazeera）這樣的衛星電視台一起，讓北非與中東的青少年與青壯年了解到，其他地方（比如歐洲與北美）與自己年齡相仿、教育程度類似的人過著比自己好得多的生活。滲透阿拉伯世界的網際網路讓這些年輕人互動，並且看到本族群散居共同體的海外移民所享有的較好物質生活條件，從而使得獨裁統治政權無法隱瞞自己的罪過以及領導人的無能。此外，一旦抗議活動爆發，社會媒體就易於發揮動員與協調抗議活動的作用。

我們同樣可以用深層原因、中層原因與突發原因這三個概念，像本書第三章解釋第一次世界大戰爆發那樣，來解釋「阿拉伯之春」。深層原因包括人口因素（年輕人在北非和中東國家的人口中占很大的比重）、經濟因素（大規模失業人數、日益擴大的不平等以及有關權利被剝奪的認知）以及政治因素（民眾無能為力的感覺以及不認同國家領導人，從而導致政府合法性層級的下降）。突尼斯街頭小販提供了一個突發原因，而資訊革命則提供了關鍵的中層原因。通訊技術以及社會媒體使得經濟和政治不滿情緒得以爆發，這在 20 世紀 80 或 90 年代是不可能發生的。

現在回過頭去看，所有這些似乎都十分清楚。但有一個很有意思、也很重要的現象，即當時並沒有人預見到它的發生。其中最可能的原因在於，我們在理解北非、中東政治局勢的時候，並沒有把新近出現的資訊革命影響考慮進去。如果發現自己看不清楚遠處的景物，那麼通常的做法是換一副眼鏡。

儘管「阿拉伯之春」顯示資訊革命大大地改變了地區政治的動力，但我們基

本上尚未發現資訊革命影響政治認同的證據。在任何一個經歷動盪的國家中，動盪期間以及動盪之後的基本政治分野，與之前的基本政治分野並沒有什麼兩樣：比如，埃及的世俗與宗教力量之間的對立，利比亞部落之間的不和，以及巴林遜尼派與什葉派之間的較量。然而，隨著人們更容易地認同國內或國外各種團體的成員，互聯互通可能有助於緩和這些分歧。政治學家詹姆斯‧羅西瑙（James Rosenau）發明了一個新詞**散合**（fragmegration），用來歸納這樣的發展趨勢，該詞表達了這麼一個思想，即形成較大共同體的整合過程與形成較小共同體的分散過程會同時出現。[16] 然而，人們沒有必要去改變英語這種語言，以便認識會同時發生的和顯然矛盾的運動過程。它們並沒有宣告主權國家的消亡，但是的確使得主權國家政治局勢變得比較動盪不安，而且更難以把這種動盪不安的局勢圍堵在國家邊界之內。

資訊革命和複合式相互依存

資訊革命並沒有使得國家間的權力分布均等。假如它所導致的結果正好相反，那麼現實主義者可能覺得自己的觀點得到證實。但是，如何解釋政府的作用和所有國家的權力因此下降這種現象呢？這方面的變化比較符合自由主義者和建構主義者的預測。今天，複合式相互依存的程度的確要比過去大得多，因為社會之間的交流管道多種多樣。

資訊爆炸已經帶來了「豐富的悖論」（paradox of plenty）[17]。豐富的訊息導致了注意力的分散。人們面對過多的資訊時，很難集中注意力。於是，注意力，而不是資訊，成為一種稀有的資源，那些能夠把有價值的訊號同背景雜音加以區分的人便擁有了權力。編輯、資訊篩選員和話題引導者變得更加搶手，而且這也是一種權力的資源。品牌的名字以及獲得國際認可的能力也將變得越來越重要。

此外，公眾對於宣傳的態度也變得更加謹慎和敏感。宣傳作為免費資訊的一種形式，並不是什麼新東西。希特勒在20世紀30年代就已經有效地運用了宣傳鼓動手段。在20世紀90年代，米洛塞維奇控制了電視台，為維護自己在塞爾維亞的權力地位發揮了重要作用。可信度是一種至關重要的資源，是軟實力的一個來源。信譽現在甚至比過去要重要得多，政治鬥爭是圍繞著確立自己的信譽和破壞別人的信譽來進行的。在有關可信度的競爭中，不僅政府之間互為對手，

而且政府也同包括新聞媒體、公司、非政府組織、政府間組織和科學共同體網路等等在內的眾多行為者進行較量。

政治已經變成了一場爭奪可信度的競爭。說故事變得更加重要。傳統的權力政治典型地表現為哪一方的軍事或經濟實力占上風。然而在資訊時代，誰的故事吸引人變得越來越重要。政府之間，以及政府和其他組織之間相互競爭，旨在增強自己的可信度並削弱對手的可信度。

我們所看到的塞爾維亞和北約相互的較量，實際上是競相提出一個有關 1999 年在科索沃發生的事件以及次年在塞爾維亞發生事件的解釋。在 2000 年 10 月發生導致米洛塞維奇下台的遊行示威活動前，45% 的塞爾維亞成年人收聽「自由歐洲」電台和「美國之音」的節目。與此形成對比的是，只有 31% 的人收聽由政府控制的貝爾格勒電台。[18] 不僅如此，另外一家國內電台 B92 播送了來自西方的新聞報導，而且在政府極力關閉它的情況下，繼續在網路上提供這樣的消息。另外一個例子，則是在 2006 年以色列與非政府行為者真主黨之間的戰爭以及 2014 年以色列和非政府行為者哈馬斯的戰爭中，雖然以色列軍隊在空中占上風，但是以色列空襲導致人員傷亡和財產損失的媒體報導，卻讓以色列在宣傳戰中落敗。

看上去純屬宣傳的資訊不僅可能為人所不屑，而且也可能具有很大的破壞性，因為它會損害一個國家的信譽。在 2003 年，有關薩達姆·海珊擁有大規模毀滅性武器並與「蓋達」組織有聯繫的誇大說法，雖然可能幫助動員美國民眾支持對伊拉克的戰爭，但是民意調查顯示，在這種誇大其詞的說法被推翻之後，英國和美國的信譽受到了很大的損害。在新的條件下，軟推銷（soft sell）可能比硬推銷（hard sell）更為有效。

伊拉克的例子顯示，隱瞞資訊的人未必就能獲得權力。在某些情況下，私有資訊可能會破壞該資訊擁有者的信譽。正如諾貝爾獎得主喬治·阿克爾洛夫（George Ackerloff）所指出的，二手車賣方比潛在的買方更了解該車的缺陷。而且，壞車的車主比好車的車主更想把自己的車賣掉。[19] 這些因素使得想買二手車的人總是把車價壓低，以補償自己因沒有發現的缺陷而遭受的損失。這樣一來，二手車的賣方雖然擁有較多訊息，但是並沒有把車賣個好價錢，而且不能以合理的價格出售好的二手車。在不對稱的貿易相互依存關係中，權力屬於那些敢

於堅持立場或者斷絕貿易關係的一方；資訊權力則不同，它屬於那些可以編輯資訊、辨別資訊的真偽，從而獲得正確和重要資訊的一方。

由於存在著大量的免費資訊資源，加上可信度的重要作用，軟實力很可能與過去不一樣，我們不能把它簡單地視為物質資源的作用。在資訊製造和傳播能力屬於稀有資源的時候，控制出版社、電台和報紙就是至關重要的。硬實力——比如使用武力占領電台——可以產生軟實力。從全世界的電視業來看，財富也可以產生軟實力。例如，有線新聞網（CNN）總部設在亞特蘭大，而不是在安曼或者開羅，這是因為美國在該產業和技術領域中處於領先地位。在 1990 年伊拉克入侵科威特之後，CNN 從根本上說是美國的公司，把這個事件描述為侵略行為（類似於希特勒在 20 世紀 30 年代的行為），而不是旨在洗刷殖民統治屈辱的正義行為（類似於印度的果阿在 20 世紀 60 年代擺脫葡萄牙的殖民統治而獲得「解放」），從而影響了世界範圍的民眾對此問題的認識。但是，到了 2003 年，在中東地區已經出現了有線電視網，比如半島電視台和阿拉伯語新聞頻道（Al Arabiya），它們打破了美國人的壟斷地位，提供了當地人對有關伊拉克戰爭問題的看法。在資訊時代，占領伊拉克及其相關報導，大大地損害了美國的軟實力。

硬實力和軟實力的這種密切關係，可能在資訊時代複合式相互依存的條件下受到一定程度的削弱。廣播電視的實力依然存在，但是網路將日益補充廣播電視的作用。網際網路有眾多的通信管道，並且受到眾多行為者的控制，這些行為者不能使用武力來控制對方。影響衝突的因素不僅包括那些擁有電視網路、電台或者網站的行為者，也包括那些關注資訊和錯誤資訊來源的人。

廣播電視是一種資訊傳播的形式，它長期以來影響著公眾輿論。廣播電視台透過關注某些衝突事件和人權問題，促使政治家對一些國外的衝突事件做出反應，而對另一些國外衝突事件則漠不關心——例如，在 20 世紀 90 年代發生了索馬利亞和南蘇丹衝突，但美國只對前者做出反應。無怪乎政府一直極力影響、操縱或者控制電視台和廣播電台，並且取得了很大成效，因為數量相對較少的廣播電視台可以被用來向數量眾多的人傳播相同的資訊。然而，從廣播（broadcasting）變成「窄播」（narrowcasting），會導致嚴重的政治後果。有線電視和網際網路使得資訊發布者們瓜分受眾群體，分別對一部分受眾。網路

的交互作用對政治的影響更大，它不僅讓人們注意力集中，而且有助於協調跨國行為。YouTube 影片會影響政治問題被認知和解讀的方式。低成本的交互作用，促成了新型的虛擬共同體的出現，雖然一群人相互間的物理距離很遠，但他們都把自己想像成一個獨立團體中的一員。跨國通訊已經使得邊界更容易滲透。

「人咬狗」

國防部長羅伯特・蓋茲（Robert M. Gates）星期一呼籲美國政府投入更多的金錢和努力來增強「軟實力」工具，包括外交、經濟援助以及溝通，因為單靠軍事無法維護美國在全世界的利益……蓋茲先生戲稱，自己作為國防部長，卻在國內周遊，並努力為增加其他部門的預算而四處遊說，這可能屬於反常的「人咬狗」的新聞範疇。

——2007 年 11 月 27 日《紐約時報》[20]

跨國行為者
9.2 解釋跨國行為者是如何影響國家間政治的。

正如我們已經了解到的，全球資訊時代的一個特徵就是**跨國行為者**（transnational actors）的作用得到加強，而跨國行為者指的是那些行為跨越國界的非國家行為者。傳統的國際政治學是從國家的角度來討論問題。我們經常使用諸如「德國想得到亞爾薩斯」或者「法國害怕英國」這種簡單化的表達方式。這種簡單化的表達方式很有用，這在國際政治的古典時期尤其如此。在 18 世紀，君主就代表國家。如果腓特烈大帝想為普魯士獲取什麼，那麼腓特烈就等同於普魯士。在 19 世紀，一個較為龐大的菁英階層控制了對外政策的決策，但即便在第一次世界大戰前夕，歐洲外交基本上還是由少數人掌握的內閣外交。除此之外，在國際政治古典時期，被列在議事日程上的問題領域是比較狹窄的。軍事安全問題在議事日程中占據了主導地位，而且主要是由外交部門處理。

從質性的角度來看，跨國行為者幾個世紀來一直都發揮作用，但是 20 世紀下半葉所發生的量變標記著國際體系的一個重大變革。在全球相互依存的世界

中，國際政治議題更加廣泛，而且每個人似乎都想介入。比如在美國，幾乎所有的國內政府機構都扮演某些國際角色。農業部關注國際糧食問題，環境保護署關注酸雨和全球氣候暖化問題，海岸巡防隊關注海上傾倒垃圾問題，商業部關注貿易問題，財政部關注匯率問題。國務院不能掌管所有這些問題，美國政府的每個部門都有自己的小外交部。事實上，我們只要看看美國的駐外使團就會發現，來自國務院的人員在大部分美國駐外使館中只占少數。

在複合式相互依存情勢中，各種社會之間的互動點很多。這就相當於十字路口上車輛太多，或者說一個十字路口只有一位交警是不夠的。這些跨越國界的、對外政策機關管轄範圍之外的相互關係就是**跨國關係**（transnational relations）。它們包括（但不只限於）人口的遷徙，資本每天在世界股票和資金市場上從一個國家迅速轉移到另一個國家，武器和毒品非法交易以及某些形式的恐怖主義。政府可以努力對這些行為加以控制，而且它們必須控制恐怖主義或者走私問題，但往往要因此付出很大的代價。例如，蘇聯對跨國關係嚴加控制，結果蘇聯經濟深受其害。在經濟相互依存程度高和存在著大量跨國行為者的環境中，那種在古典時期很有用的簡單化表達方式，可能把我們引入歧途。我們經常說「日本同意增加進口」或者「美國反對就大陸棚提出廣泛要求」，但只要我們仔細觀察就會發現，日本跨國公司增加出口，或者一些美國公民正在國際上遊說，希望對大陸棚的定義更為寬泛一些，這和美國海軍的立場相左。

這種利益上錯綜複雜的情況一直都存在，但它在經濟和社會問題上的表現要比在傳統的軍事安全問題上更加明顯。在安全問題上，大家的意見通常比較一致，全體國民的生存顯然是集體產物。在社會和經濟問題上，大家的意見就不那麼一致了，存在著較多利益分歧。因此，隨著經濟相互依存的發展和經濟問題在國際政治議事日程中地位的上升，我們發現傳統的、簡單化的表達方式，已經不能準確地描述政治過程了。

讓我們再用本書第八章所分析的石油例子來說明。在 1973 年時，消費國希望石油價格較低，生產國希望石油價格較高。但是，政治要比這複雜得多。消費國裡頭的生產商希望石油價格較高。那些較小的德州石油生產商很高興看到石油輸出國組織提高油價，因為他們與阿拉伯人有著相同利益，而與新英格蘭地區寒冬裡的消費者則沒有共同利益。核能的生產商看到石油漲價感到很高興，因為這

可能促使核能成為一種更有競爭力的能源。歐洲日益衰落的煤炭行業的經營者以及失業的煤礦工人看見油價上漲也很高興。生態保護者認為石油價格上升並不是一件壞事，因為這有助於減少消費和污染。因此，在消費國內部，人們對於油價有不同的利益考慮，在相互依存的形勢下，我們如果揭開國家利益和國家安全的面紗，那麼就會發現，政治是另外一種樣子。石油消費國家在石油危機中沒有採取比較極端的手段，比如動用武力，其中一個原因就在於，消費國內部一些重要的政治行為者歡迎這種導致能源價格高漲的敏感性相互依存。那些歡迎石油漲價的人事實上結成了一個跨國聯盟。

當然，國家內部存在著相互矛盾的利益，這並不是什麼新鮮的事情。在 19 世紀，美國政治的一個特徵是，南方農場主和北方實業家在關稅問題上進行鬥爭。2002 年，小布希總統提高了鋼鐵進口關稅，這讓鋼鐵生產行業的公司與工會組織感到高興，但也讓汽車生產商那樣的鋼鐵消費者不快。正如我們在本書第二章所看到的，國內政治一直對對外政策產生重要影響，但隨著國內政治參與權的擴大，這種影響變得更大了。不僅如此，隨著一些國內利益集團與其他國家利益集團的溝通與交流增多，一種不同於過去的世界政治模式得以產生。

圖 9.1 描述了兩種形式的世界政治。傳統國際政治形式就是圖 9.1 左邊的那個圖形。傳統國際政治通常選擇明確的路線。如果社會 1 的人想對政府 2 施加壓力，那麼他們就得請求政府 1（透過正常的國內政治，如垂直線所示）和政府 2（透過正常的政府間政治，如水平線所示）進行對話。但是在跨國關係中，社會 1 的人可以直接對政府 2 施加壓力，或者社會 1 的人可以直接對社會 2 的人施加壓力。在右邊圖形中，兩條對角線顯示跨國關係，而下方的水平線則代表著跨越國界的個人或非國家行為者的直接交往〔未在圖中顯示的還有不同國家政府下屬部門之間日益多樣的、重要的直接聯繫，我們把它們稱為**跨政府關係**（transgovernmental relations）。有的時候，中央政府下屬的部門與外國對等部門的關係，比跟本國政治領導人的關係要好些。比如，在古巴飛彈危機時，美國和加拿大的軍方之間密切合作，但白宮與五角大廈、加拿大政府與加拿大武裝部隊之間的關係卻很緊張〕。[21]

當我們談論相互依存政治的時候，我們不可假設所有的事情都可以納入傳統的政府間關係的模式之中。複合式相互依存的一個特徵就是，除了國家之外，其

圖9.1　傳統世界政治與跨國世界政治

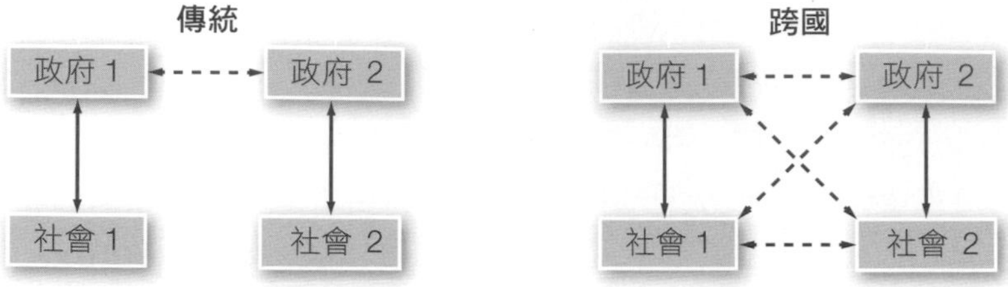

他行為者也很重要。傳統的、簡單化的表達方式並沒有錯，它依然比較接近相互依存政治的現實。國家通常是主要行為者。然而，「全球公民社會」行為者變得越來越重要了。正如建構主義者的提醒，當我們說國家是主要行為者的時候，並沒有提到所有對於理解相互依存的政治和衝突都很重要的行為者。

非政府組織（NGOs）

民間組織也日益跨越國家邊界（見表 9.1）。跨國宗教組織反對奴隸制的行為可以追溯到 1775 年，社會黨國際、國際紅十字會、和平運動、爭取婦女選舉權組織以及國際法學會等等非政府組織，都產生於 19 世紀。在第一次世界大戰以前，世界上有 176 個**國際非政府組織**（international nongovernmental organizations，有時候稱為 INGOs，這裡主要關注的是那些行為跨越國界的 NGO）。在 1956 年，有將近 1,000 個 NGO，而到了 1970 年，已經有大約 2,000 個。今天有超過 3.8 萬個 NGO。現在甚至有了超大型 NGO，或者說是 NGO 的 NGO，比如國際協會聯盟以及世界非政府組織協會。

數字本身並不能說明全部問題，它們只是統計了那些正式創建的組織的數量。許多非政府組織聲稱自己是根據「全球意識」行動，代表著廣大民眾的利益，而不在國家管轄範圍之中，或者國家可以被視而不見。儘管這些非政府組織不是透過民主選舉而產生的，但它們有時可以透過直接對政府和企業領導人施加改變政策的壓力，以及間接地改變大眾有關政府和企業應該怎麼做的認識，從而幫助制定出新的規範。從權力資源的角度來看，這些新型的團體一般都不具有很多的硬實力，但資訊革命大大增強了它們的軟實力。

表9.1　非政府組織簡介

人權觀察組織（Human Rights Watch）
網　　址：http://www.hrw.org
創建時間：1978年
總　　部：紐約
預　　算：8,760萬美元（資助與收入，2014年）
- 總部設在美國的、最大的人權組織
- 透過記錄80多個國家侵犯人權事件、引起媒體關注此類事件，以及遊說政府和組織對侵犯人權的國家施加外交壓力，對侵犯人權的行為者施壓
- 為1997年因為禁止地雷運動獲得諾貝爾和平獎的個人與團體成員之一

國際危機組織（International Crisis Group）
網　　址：http://www.crisisgroup.org
創建時間：1995年
總　　部：布魯塞爾
預　　算：2,190萬美元（總支出，2013年）
- 分析「處於暴力衝突爆發，升級或者反覆爆發危險中的」國家，向政策制定者提出緩解緊張局勢和解決衝突的政策建議
- 危機組織董事會成員來自政界、外交界、商界及媒體，負責確定組織的行動計畫和遊說採用本組織的政策建議

國際特赦組織（Amnesty International）
網　　址：http://www.amnesty.org
創建時間：1961年
總　　部：倫敦
預　　算：5,340萬英鎊（大約8,150萬美元，2013年）
- 動員150多個國家300多萬名成員的力量，防止和制止「嚴重侵害人的肉體和精神、思想言論自由和不受歧視的權利之行為」，以促進人權

無國界醫生（Doctors Without Borders）
網　　址：http://www.msf.org
創建時間：1971年
總　　部：日內瓦
預　　算：2.827億美元（總支出，2014年）
- 援助對象超過70個國家的國際人道主義援助組織
- 援助「遭受自然或人為災難、武裝衝突之苦的人民，沒有種族、宗教、信仰或政治歸屬上的歧視」

比爾・蓋茲和梅琳達・蓋茲基金會（Bill and Melinda Gates Foundation）
網　　址：http://www.gatesfoundation.org
創建時間：2000年
總　　部：西雅圖
預　　算：36億美元（直接捐助總額，2013年）
- 由微軟創始人比爾・蓋茲及其夫人梅琳達創立

表9.1　非政府組織簡介（續表）

- 旨在「促進以下四個領域中的公平：全球健康、教育、公共圖書館以及援助處於危機中的家庭」

國際牛津饑荒救濟委員會（Oxfam International）
網　　址：http://www.oxfam.org
創建時間：1942年
總　　部：英國牛津
預　　算：6.31億歐元（大約7億美元，項目支出，2014年）
- 「一個由13個組織所組成的聯盟，旨在共同努力尋找解決貧困和不公正的持久解決方案」

紅十字會國際委員會（International Committee of the Red Cross, ICRC）
網　　址：http://www.icrc.org
創建時間：1863年
總　　部：日內瓦
預　　算：16億瑞士法郎（大約17億美元，2015年）
- 執行日內瓦公約所規定的責任，即「在武裝衝突中訪問俘虜、組織救助行動、幫助離散家庭團聚以及其他類似的人道主義行動」
- 為一個「僅僅致力於人道主義使命的公正、中立與獨立組織，旨在保護戰爭與國內暴力受害者的生命與尊嚴，並向他們提供援助」

綠色和平組織（Greerpeace International）
網　　址：http://www.greenpeace.org
創建時間：1971年
總　　部：阿姆斯特丹
預　　算：大約7,560萬歐元（大約8,400萬美元）
- 動員超過40個國家290萬支持者的力量支持抵制氣候變化、海洋污染，捕鯨和基因工程的努力
- 支持保護古老森林、清除有毒化學物品、鼓勵可持續的貿易

　　今天的政府必須和這些非國家行為者共用一個舞台，因為後者可以利用資訊技術來增強自己的軟實力和直接對政府施壓，或者透過動員民眾來間接地對政府施壓。鑒於資訊時代那些令人信服的編輯與話題引導者有能力過濾數量極大的資訊，要評估跨國組織日益增加的重要性，大體上可以透過了解這些組織被主流媒體提及的次數來加以衡量。根據這種衡量標準，那些最大的非政府組織已經在爭奪有影響力編輯的注意力的較量中，成為被認可、有地位的角色。例如，在人權觀察組織發布〈2003年度世界人權報告〉，強烈批評美國政府在反恐戰爭中的

行為，僅僅十天之後，就有 288 家報紙和雜誌發表了提及該組織的文章。[22]

新聞報導反映了這類組織在發展壯大的事實。**非政府組織**或者 NGO 這個詞在英語報紙中出現的次數，1991 年 7 月為 70 次，2001 年 7 月為 576 次，2011 年 7 月為 4,371 次，在二十年中增加了 62 倍。除了人權觀察組織之外，其他的非政府組織，比如國際特赦組織、國際紅十字會、綠色和平組織、無國界醫生組織以及國際透明組織（Transparency International）等等，從被主流媒體提及的次數這個意義上說，也都迅速壯大。隨著資訊革命減少全球通訊成本，世界政治的進入門檻也降低了。

不僅跨國與政府間的接觸數量大大增加，而且這種接觸的類型也有所變化。早期的跨國關係，受到像跨國公司或者天主教教會這樣大型的官僚組織的嚴格控制，使得它們可以從規模經濟中獲利。這樣的組織今天依然重要，但是網路時代較為低廉的通訊費用，使得那些結構鬆散、沒有多少總部工作人員的網路組織，甚至是個人，也有了發揮作用的空間。這些非政府組織和網絡在穿透國家邊界方面所做的努力，顯得特別有成效。因為它們經常網羅一些國家國內政治中的重要人物，從而可以讓媒體和政府關注那些自己所關心的問題。前面提到過的禁止地雷條約就是一些網際網路組織和加拿大這樣的中等國家政府、政治家以及像已故的戴安娜王妃這樣的名人合作的結果。在全球貧困問題上，搖滾明星、非政府組織和政治領導人一起努力，促使一些背負巨額債務的窮國獲得了債務減免。

環境問題是另外一個例子。在從 1997 年京都會議開始的每一個重要的氣候變化會議上，非政府組織或者作為各國代表團之間的一個交流管道，或者作為議題設定者，或者作為公眾壓力的動員者，都扮演了重要角色。例如，2007 年美國前副總統高爾（Al Gore）組織的 Live Earth 音樂會，在全球八個主要城市 24 小時不間斷地演出，讓全球觀眾敦促各國政府採取抵制氣候變化的行動。

在未來相當長的一段時間裡，地緣共同體和主權國家將繼續在世界政治中扮演主要角色，但是它們會更難擺脫外來的影響，其邊界更容易被滲透。它們不得不和那些非國家行為者共用一個舞台，這些行為者可以利用資訊來增強自己的軟實力，以及透過動員大眾直接或間接地對政府施壓。政府如果想看到國家快速發展，那麼就必須消除一些過去使官員免於外界監督但阻礙資訊流通的壁壘。正如我們在前面提到的，今後政府將無法像緬甸和北韓當局那樣，把本國的財政與

政治形勢放在一個黑箱子裡面，否則的話，就別想看到自己國家的發展達到很高水準。那樣主權國家要付出太高的代價。即便是那些擁有很多種權力的大國，比如美國，也會發現自己與新的行為者共用一個舞台，而且面臨著更多涉及控制本國邊界的麻煩問題。網路空間不會取代地理空間，也不能埋葬國家主權，但是它會如同封建時代的城鎮集市一樣，與主權國家或者強大的國家共存並使之更複雜化。

新的全球行為者

世界似乎已經進入了新中世紀主義（neomedievalism）發展階段，制度和權威的源泉都是多種多樣的。正如中世紀的聖殿騎士團或者聖方濟會的領袖所享有的地位僅次於那些最有權勢的君王那樣，今天的國際特赦組織的秘書長和荷蘭皇家殼牌公司的執行長在國際舞台上的影響，遠遠大於摩爾多瓦、納米比亞或諾魯的領導人。國家可能不會很快就消亡，但今天的國家已經不同於過去的國家了。

——彼得・斯皮羅（Peter J. Spiro）[23]

跨國恐怖主義與「反恐戰爭」

並非所有的跨國行為者都是善意的。毒品卡特爾、販賣人口集團以及有組織的犯罪組合，顯然都不屬於善意的跨國行為者。對於這些團體來說，資訊革命提供它們在比過去更遠的地方採取行動的新機會。但是，恐怖主義集團成為一個引起大眾關注的、特別危險的跨國行為者。「九一一」事件發生之後，小布希總統在對國會參眾兩院聯席會議（2001 年 9 月 20 日）發表的演說中宣布進行「反恐戰爭」，並表明美國對外政策發生了根本性變化，它將對整個世界產生意義深遠的影響。[24]

2001 年 9 月 11 日的恐怖襲擊，導致來自 90 多個國家的 2,974 位無辜民眾喪失生命，其中不包括 19 名喪生的劫持者。記錄第二架飛機撞擊世界貿易中心那一段令人感到恐怖的影片，幾乎是瞬間傳遍了全世界，使世界各個地方的人都產生震驚、憤怒、悲痛以及同情美國的心情。這些恐怖襲擊行為之所以令人感到恐怖，其中一個原因在於攻擊手段的科技含量很低這一事實。那些劫持飛機的恐

怖主義者僅僅攜帶在任何一個五金店就可以買到的美工刀，成功地通過安檢，並且把民航客機變成了大規模毀滅性武器。攻擊行動如此輕而易舉，這使得類似事件很可能在未來重演。

　　肯尼士・華茲所說的第一個意象，即個人分析層次，有助於我們理解為什麼「九一一」事件對美國人的心理以及美國的政策產生如此深刻的影響。[25] 正如哈佛大學心理學家丹尼爾・吉伯特（Daniel Gilbert）所解釋的，人類對於來自他人的威脅極其敏感，這會導致道德義憤，而且這樣的威脅看上去是確切無疑、實實在在的，同時也猝不及防。恐怖主義行動就像舞台劇，恐怖主義者利用其行為的戲劇性效果來擴大影響。於是，像「伊斯蘭國」（ISIL）這樣的恐怖主義集團，就在網路上發布斬首人質的影片。吉伯特指出，全球氣候暖化很可能將對美國的財產造成更大的損害，但是這種損害是神不知鬼不覺的，並非蓄意預謀、逐步產生的。[26] 於是，我們有「反恐戰爭」，卻沒有「反氣候變化戰爭」。

　　那麼跨國恐怖主義對世界秩序的影響到底有多嚴重呢？這個問題的答案取決於我們選擇的視角，以及事件所發生的時間段。假如我們把跨國恐怖主義主要看作是非正常死亡的一個原因，那麼它在目前並不屬於嚴重的全球問題。從全球角度來看，跨國恐怖主義攻擊的高峰期出現在 20 世紀 90 年代。[27] 如果不算「九一一」事件以及在阿富汗和伊拉克發生的針對外國人的暴亂（正是反恐戰爭讓外國人處於易受攻擊的處境），那麼在進入 21 世紀以後，全世界每年因為恐怖主義而喪生的人數不足 5,000 人。恐怖主義攻擊頻率是平均每天不到一起。作為非正常死亡的原因之一，恐怖主義在排行榜上的位置很後面，排在不安全飲用水、傳染病、交通事故、吸菸、過敏反應以及肥胖症之後。

　　在全世界發生的所有跨國恐怖主義事件中，其中只有一部分與「蓋達」組織「伊斯蘭國」有關。中南美洲的毒品卡特爾以及準軍事組織所發動的恐怖主義襲擊的數量要比這多得多。「蓋達」組織發動恐怖襲擊的頻率，如果不包括在阿富汗和伊拉克的行動，迄今為止大約是每年兩次。除了「九一一」事件之外，「蓋達」組織每次攻擊所導致的死亡人數大致平均為 50 人。雖然我們很難得到有關恐怖主義襲擊的可靠資訊，因為政府不願意公布可能影響未來行動的資訊，但是很多「蓋達」組織的攻擊行為事先得到制止。也有一些恐怖襲擊行動由於能力不足以及不夠專業的原因而失敗了。「蓋達」組織攻擊美國科爾號驅逐艦（USS

Cole）事件，實際上是該組織第二次試圖攻擊葉門亞丁港口內的美國戰艦：在第一次預謀的攻擊行動中，恐怖主義者在船上裝載了太多炸藥，導致船隻沉沒和攻擊行動失敗。美國當局抓到了「千禧年炸彈客」艾哈邁德‧雷沙姆（Ahmed Ressam），此人原計畫引爆洛杉磯國際機場，在美國華盛頓州入境處受到盤問後，情緒失控並企圖逃跑。「蓋達」組織早在 1993 年就對世界貿易中心發動第一次攻擊，即一輛卡車在該中心地下停車場內爆炸。這次攻擊只能說是部分成功，導致六人死亡，1,400 人受傷。然而，這次攻擊也可以說是失敗的，因為並沒有達到讓世貿雙子星倒塌的目的，而且參加攻擊的恐怖主義者也被捕，這些人竟然愚蠢地返回位於紐澤西州的租賃公司，在沒有把卡車開回去的情況下還想要回租車押金。　「伊斯蘭國」的恐怖行動比「蓋達」組織更有效率、危害更大，前者擁有兩個優勢：幾乎只是在自己控制的地盤活動，很多成員是曾經在政府軍（比如伊拉克軍隊）服役的、受過訓練的軍人。借助內部的通訊管道實施軍事化行動，一定比在遙遠的地方發動恐怖襲擊或者缺少基礎設施支撐的孤狼行動要容易得多。索馬利亞青年黨、奈及利亞「博科聖地」以及北非伊斯蘭馬格里布「蓋達」組織，當它們在發動準國家叛亂（proto-state insurgencies）的時候，其所造成的後果是最嚴重、最恐怖的，而它們發起的跨國恐怖攻擊活動所造成的效果要小很多。

　　儘管跨國恐怖主義者在當下只是導致程度相對較低的人員傷亡與財產損失，假如能夠獲取、運輸以及引爆大規模毀滅性武器（WMDs）的話，那麼將會使人員傷亡與財產損失達到災難性程度。正是由於這個原因，西方政府十分重視反恐問題。然而，即便是「蓋達」組織或者其他某個跨國恐怖主義團體得以染指核武、化學武器或者生化武器，也並不能對現代已開發國家構成實實在在的威脅。在冷戰的後半期，蘇聯擁有在半個小時內摧毀美國社會的能力。而「蓋達」組織最多能夠讓美國一座城市陷入混亂，產生一個或許寬達幾英里的輻射區。我們之所以這麼說，是出於多種考慮。首先，發起一次成功的跨國恐怖主義攻擊所需要的組織性能，與造成一個實實在在的威脅所需要的組織性能，有很大的區別。恐怖主義團體必須在雷達探測之下作業，這就需要擁有必要的資金與通訊手段，組建一些由聯繫鬆散的技工所構成的操作小組。要獲取、運輸以及引爆一件大規模毀滅性武器，需要擁有一大批具備豐富知識的人才、一個精密的安全團隊以及

規避或挫敗現代主權國家的偵測、封鎖的能力。做這些事情要花費很大，也需要大量的專業技術人員。「蓋達」組織每年的行動預算大概不會超過3,000萬美元，或者它只相當於1%的美國國防預算中的不到5%。除了面對面的會見之外，恐怖主義者也利用通訊設施（手機、電台以及網際網路）進行活動，但是這樣做比較容易為國家情報機構監視，難以擺脫失敗被捕的危險。

　　然而，「蓋達」組織能夠做到破壞美國的民主特性，束縛其硬實力資產，侵蝕其軟實力吸引力。恐怖主義就像柔術運動，小個子進攻者借助大個子防守者的力量來擊敗對手。可以說，「蓋達」組織透過促使美國對「九一一」事件採取過激反應行動，已經很大程度上達到目的。持久自由行動即使用空軍以及特種部隊推翻塔利班政權以及破壞在阿富汗的「蓋達」組織，獲得了聯合國的授權以及國際社會的廣泛支持。但是，伊拉克自由行動（Operation Iraqi Freedom），即在2003年入侵占領伊拉克，並沒有獲得聯合國的授權以及國際社會的廣泛支持。「2002年國家安全戰略」宣稱美國有權利、也有意願發動預防性戰爭，以便應對未來可能來自遠方的威脅（該文件本身不恰當地使用了「先發制人戰爭」這個詞），這種單邊主義與挑釁性的危險思想讓國際社會震驚。「愛國者法案」中的一些條款以及在古巴關塔那摩設立囚禁恐怖主義者的監獄，在世界引起了強烈的反彈，被認為對民主原則、個人自由以及法制這些美國最具吸引力的軟實力資產造成了損害。換句話說，在一些人看來，「九一一」之所以是一場「成功的」恐攻，主要不是因為它導致的死亡與破壞，而是因為引起了美國的反應。

　　所有國家都要保護自己的公民以及領土免遭恐攻，也有義務這麼做。美國也不例外。然而，反擊跨國恐怖主義的最有效方式，是透過與朋友及盟友的合作，開展堅定的、艱苦的安全與情報工作，同時採取措施不讓恐怖主義團體招募到新人，切斷恐怖主義團體賴以發動致命攻擊的物質與金融資源。雖然美國在伊拉克和阿富汗的軍事行動吸引了世界的主要目光，但是幕後進行的反恐戰爭實際上更為成功。巴拉克‧歐巴馬總統在2009年8月決定不再使用「反恐戰爭」這個詞，這並不意味著他宣布美國獲得這場戰爭的勝利，而是顯示他意識到，強調反對恐怖主義政策的強制性、軍事性以及吸引目光的方面，會導致不良後果。正如很多批評家長期以來所指出的，我們不能打一場針對一個名詞的戰爭：我們只能追捕和挫敗恐怖主義者。

我們面臨的一個很大的威脅是，「蓋達」組織或者其附隨團體今後獲得一枚「失去控制的核彈」（loose nuke），並在某個地方把它引爆。因此，美國已經花費了數百萬美元，確保前蘇聯的核武置於恰當的管理與控制之中。同樣特別令人擔憂的是巴基斯坦，它是一個核武國家，但是其軍隊和情報單位庇護伊斯蘭激進分子。令人訝異的是，巴基斯坦一直是美國金融與技術援助的最大接受者之一。然而，巴基斯坦頂多是一個三心二意的盟友，美國在該地區試圖挫敗伊斯蘭激進主義者的努力，不止一次地傷害了這一重要的戰略關係。例如，美國利用遠端控制的獵捕者無人機，試圖殺死已知藏身巴基斯坦或者被懷疑藏身該國的塔利班或「蓋達」組織領導人，這有時會導致平民喪生，並成為兩國多年以來的主要爭端。在 2011 年 1 月，兩名巴基斯坦人在拉合爾被具有外交官身分的美國中央情報局人員雷蒙德·大衛（Raymond David）殺死，引發了巴基斯坦人群情激憤。但迄今為止，美國─巴基斯坦戰略關係遭受的最大打擊，來自 2011 年 5 月 2 日的海王星之矛行動（Operation Neptune Spear），美國特種部隊在這次行動中殺死了奧薩瑪·賓拉登。賓拉登在阿伯塔巴德的住宅離巴基斯坦軍事學院只有幾個街區之遠，他在那裡已經居住了好幾年。由於華盛頓事先沒和巴基斯坦政府協商，而且這次行動也侵犯了巴基斯坦的領空與主權，再加上巴基斯坦軍方因未能發現這次行動而顯得尷尬，因此巴基斯坦政府很憤怒，譴責美國蠻橫無理，並終止與美國的反恐合作行動。美國官員也同樣對巴基斯坦深感惱怒並牢騷滿腹，認為賓拉登之所以在巴基斯坦藏匿多年，是因為巴國的共謀。對於雙方來說，這種微妙的關係既重要，又令人沮喪。它清楚地顯示，有時非常規戰爭的最主要內容，不是接觸和擊敗敵人，而是接觸與管理自己的盟友。

結論
9.3 釐清資訊革命未來可能產生的四種影響。

儘管我們還處在資訊革命的初期階段，但我們可以從本章中得出四個可供討論的結論，可能有助於理解最近的事態發展將如何影響未來的全球衝突與合作。第一，現實主義者正確地挑戰了有關資訊和通訊革命，將使得國家間的權力分布趨於均等的觀點。這一方面是由於在商業和戰略資訊領域，規模經濟和市場進入

障礙依然存在；另一方面是因為在免費資訊領域，較大的國家往往在有關信譽的競爭中處於有利地位。第二，廉價的資訊流動使得跨國交流管道發生了重大變化，這可能隨著時間推移產生自由化效果。跨國性非政府組織獲得更多主張和宣傳自己觀點的機會。主權國家越來越容易被滲透，越來越不像一個黑盒子。政治領導人將會發現，保持對外政策連貫性的難度加大了。第三，資訊革命正在改變政治過程，使得在爭奪至關重要的、有關信譽的權力資源中，開放的民主社會和跨國行為者的競爭力要大於極權國家。最後，隨著信譽成為政府和非政府組織的重要權力資源，軟實力相對於硬實力來說變得比過去更重要了。儘管更加多元和開放的國家可能更難保持其政策的連貫性，但這些國家在信譽和軟實力方面，卻很可能處於較為有利的地位。總之，現實主義者所強調的以地域為基礎的國家，將在資訊時代繼續左右政治結構。但建構主義者正確地指出，以該結構為基礎的世界政治，正處於深刻的變革之中。國家依然是世界政治舞台上最為重要的行為者，但是在資訊時代，這個舞台已經變得更擁擠了。

思考題

1. 什麼是第三次工業革命？它和過去的工業革命有什麼不同？

2. 資訊革命和網際網路是怎樣影響世界政治？

3. 在資訊技術進步所導致的集權化和分權化兩種影響中，哪一種影響更大？

4. 資訊革命對主權國家產生了哪些影響？國際體系和全球治理中的哪些變化是由它所導致的？

5. 資訊革命使得國家間的權力地位和財富大小均等嗎？

6. 什麼是「數位落差」？它對開發中國家帶來了哪些特別的影響？

7. 現實主義者、自由主義者以及建構主義者，如何認識資訊革命的主要影響？

8. 什麼是跨國行為者？它們的重要性有可能增強嗎？有關資訊時代跨國行為者權力展現的例子有哪些？

9. 大國在管理國際經濟中扮演什麼樣的角色？國際經濟制度的作用是什麼？

10. 資訊革命和民主有什麼關係？全球化和資訊革命強化了非民主國家內的公民社會嗎？它們對政治參與有什麼影響？

11. 資訊革命如何說明恐怖主義？資訊革命如何增強反恐？在「反恐戰爭」中占得先機的是國家，還是跨國恐怖主義團體？

第十章

未來的世界是什麼樣的？

┃本章你可以學到這些┃

10.1 連結新挑戰與有關未來世界的各種構想。

10.2 解釋權力性質的變化如何影響未來的世界秩序。

10.3 闡述理論與歷史如何幫助我們解釋、理解和評估世界政治。

┃有關未來世界的各種構想

┃10.1 連結新挑戰與有關未來世界的各種構想。

　　國際政治依然屬於自助的領域，國家面臨著安全困境，武力扮演著重要角色。世界上存在著一些有助於緩和國際政治局勢的制度，比如權力平衡、國際規範、國際法以及國際組織，但是它們不能防止所有戰爭的爆發。修昔底德所描述的國際衝突「安全困境」邏輯依然適用於當今世界的一些地區。

　　隨著冷戰的結束，出現了很多有關「新的世界秩序」的言論。正如我們將看到的，新的世界秩序的含義並不十分清楚，更多地屬於一種樂觀主義的願望。由於第二次世界大戰後建立起來的兩極體系已經瓦解，所以從這個意義上我們可以說，冷戰後出現了一個新的世界秩序。然而，它仍然屬於無政府國家體系內的秩序，而且不一定公正。也有人認為，新的世界秩序意味著我們已經擺脫了無政府國家體系的難題。問題是，真有可能出現這麼一個世界嗎？英國歷史學家阿諾・湯恩比（Arnold Toynbee）在冷戰剛開始的時候就寫道，民族國家和原子彈不可能在同一個星球上共處。他認為，在主權國家組成的世界中，戰爭是防衛的終

極形式，核彈頭是終極武器，其中的某個東西必然消失，最好是國家消失。正如我們在第八章和第九章所看到的，全球化和資訊革命對國家主權構成了新的挑戰，不管這樣的挑戰是好的，還是不好的。

領土國家在歷史上並不是一直都有的，因此在將來也未必會繼續存在下去。從修昔底德生活的時期至今，世界上一直存在著分散的單位和國家體系，但作為國際政治主要基礎的廣大領土國家，則是在 14 至 15 世紀文藝復興以後才開始出現。三十年戰爭（1618-1648）仍然具有封建戰爭的某些特徵，因此它既是最後一場封建主義的戰爭，也是第一場領土國家的戰爭。我們今天所了解的廣大領土國家成為現代世界政治中的主導性組織（dominant institution），也只有三百五十年的時間。

未來世界的五種形式

一些未來學家預言，領土國家將會消亡。他們所主張的新的世界秩序，包含著可以克服無政府困境的結構。自從第二次世界大戰結束以來，人們提出過五種超越民族國家的備選方案，以此作為世界政治的模式。

世界聯邦主義（World Federalism）

聯邦主義是歐洲最古老的思想傳統之一，它主張透過建立一個國際聯邦，來解決無政府狀態的問題：國家同意放棄自己的軍隊，接受某種程度的中央政府。聯邦主義者經常用北美 13 個殖民地在 18 世紀組成聯邦的事實來論證這個觀點。有些人認為，歷史上不乏一些較小單位組成一個較大單位的事例。然而，聯邦主義並沒有被證明是一種成功的構想。和平不是人們所崇尚的唯一事物。人們也追求正義、福利和自主權，而且他們不相信世界政府能夠保護自己。此外，沒有多少人相信，聯邦主義能成為消除戰爭現象的藥方。即使無政府國家體系是戰爭的部分根源，消滅獨立的國家也未必會使戰爭消失。實際上，最近幾年來所發生的大多數戰爭都是**內戰**。

功能主義（Functionalism）

由於聯邦主義存在著缺陷，所以有人提出了國際功能主義的思想。功能主義盛行於 20 世紀 40 年代，認為如果特定問題領域的國際制度得以建立並且真正具有處理全球問題的決策權，那麼國家將沒什麼理由去相互爭吵，戰爭因而可以

得到消除。主權的意義將變得不那麼重要。即便國家的外在形式仍將繼續存在下去，但是國家間相互敵視的內容已經消失。在第二次世界大戰結束以後，功能主義思想促使聯合國設立了一些專門機構，比如糧食和農業組織、世界衛生組織。從某種程度上說，功能主義的影響今天依然存在，即使是在真正的國際制度較弱或者不發達的地區，各種類型的跨國行為者，比如非政府組織以及跨國公司，經常出面推動和協調某個特定問題的衝突。因此，功能主義精神依然很有活力和用處，是當今世界很多國際合作行為的推動力。然而，從宏觀的角度看，功能主義也沒有被證明是一種充分可行的**世界**秩序構想，因為大多數國家不樂意看到相互依賴程度太高，以避免自己容易受到別國的傷害。

區域主義（Regionalism）

區域一體化思想盛行於20世紀50年代和60年代。法國計畫委員會主席尚‧莫內（Jean Monnet）認為，區域層次上的功能路徑（functional approach）可能把德國和法國拴在一起，從而防止再次爆發第一次世界大戰和第二次世界大戰那樣的國際衝突。1950年，歐洲根據舒曼計畫（Schumann Plan），開始一體化的進程，實現煤鋼產業一體化。1957年以後，**羅馬條約**建立起了歐洲共同市場，逐步減少成員國間的貿易壁壘，並且逐步實施共同的農業和經濟政策，最後在1992年建立了歐洲聯盟。正如我們在第八章所看到的，其他地區也在努力借鑑歐洲區域主義的經驗，其中，北美自由貿易區是西半球最明顯的例子。

然而，法國總統戴高樂（Charles de Gaulle）將軍和英國首相柴契爾（Margaret Thatcher），分別在1965年和20世紀80年代，對區域一體化的進程加以限制。但是，到了20世紀90年代中期的時候，歐洲國家在應該把多少主權讓渡給區域性政府這個問題上，普遍存在著矛盾心理。歐洲共同貨幣，也就是歐元，2002年開始在某些國家（而不是所有國家）流通。但是，自從2009年以來，隨著地中海地區歐元區高負債率國家遭遇嚴重的主權債務危機，歐元面臨著極大壓力。2005年，法國和荷蘭的選民在全民公投中否決新的歐洲憲法草案，使歐盟制定一部新憲法的努力受挫。2015年，英國保守黨首相卡麥隆（David Cameron）在競選中提出就英國作為歐盟成員國的條件重新談判，並組成一個多數黨政府。雖然歐盟在前進的道路上跌跌撞撞，但是今天的歐洲與我們所分析過的早期歐洲相比已經好多了。歐盟代表著國際關係中一種正在進行

和充滿活力的實驗。隨著歐盟成員國繼續努力透過談判來建設一個處理從農業到共同防務力量諸多問題的多邊制度網絡，一個獨具特色的歐洲認同已經形成。雖然成員國之間在政策層面上的分歧依然存在，但是民意調查顯示，許多歐洲人把自己看成既是**歐洲人**，也是法國人、德國人，或者西班牙人。這與建構主義理論相吻合，該理論強調觀念和文化在建構政治認同和信念中的作用。歐盟成員國之所以選擇增強彼此間的複合性相互依存關係，就是因為它們相信，權衡成本和收益，合作是一種比保持國家完全獨立更好的選擇。在今日歐洲，可能大家並不都在一條船上，但是所有的船隻都以各種方式被拴在一起，這種情形與過去大不相同。比如，在很多領域歐盟法律已經代替了成員國法律。歐盟代表著一種新型國際政治，但它只是一個地區性的新型國際政治。

生態主義（Ecologism）

在 20 世紀 70 年代，生態主義代表著一種希望建立不同類型的世界秩序之新思路。理查‧福爾克在其著作《面臨威脅的星球》（*This Endangered Plant*）中指出，有兩種東西將構成新的世界秩序的基礎，一是跨國的、非領土的行為者的重要性不斷提高；二是在資源稀有的條件下相互依存程度的日益加深。[1] 福爾克聲稱，結果會逐漸形成超越民族國家的大眾和民粹主義的價值觀念。反對殖民主義、反對種族主義、要求更多的平等權利以及生態平衡的觀念，不僅會增強聯合國多數成員國的力量，而且會導致建立解決世界資源日益減少問題的新規制。其最終結果是建立起有關和平、正義和生態平衡的國際規範，創造一個新型的世界秩序。

技術變革和經濟增長加深了生態問題的嚴重性。全球資源供給問題變得更加嚴峻，且隨著生物多樣性的減少，屬於人類共有物品的海洋、大氣層受到進一步的危害。俄勒岡大學國際環境協定資料庫專案提供的資訊顯示，已經有大約 1,200 個多邊條約、超過 1,500 個雙邊條約，涉及諸如漁業、酸雨、臭氧層破壞、瀕危物種保護、南極和海洋污染等共同關切的問題。其中大部分條約是在 1972 年斯德哥爾摩第一屆聯合國環境會議以後簽署的。聯合國召開的有關環境和全球氣候暖化的重要會議，分別於 1992 年、1997 年、2007 年、2009 年、2010 年、2011 年、2014 年和 2015 在巴西、日本、印尼、丹麥、墨西哥、南非、秘魯和巴黎召開。環境問題也催生了很多從事跨國遊說的非政府組織。在已開發

國家，公民以及政治家日益強烈地意識到並且關注環境惡化與保護問題。然而，福爾克誇大了資源稀有問題的嚴重性，而低估了新技術彌補資源缺乏的能力，而且在很多國家，對環境的關注，與快速發展經濟的願望相比，只居次要地位。此外，溫室氣體排放屬於傳統的國際集體行為難題。找到環境可持續發展的道路，可能是今天世界面臨的最大的合作問題。

網路封建主義（Cyberfeudalism）

正如第九章所提到的，一些資訊時代的組織理論家，如彼得‧杜拉克、阿爾文‧托夫勒以及海蒂‧托夫勒[2]等人宣稱，資訊革命正在消除等級現象，並且用網路組織取而代之。他們預言，20世紀那種權力集中化的官僚政府在21世紀將成為權力分散化的組織，更多的政府職能將由市場和非營利組織來行使。網際網路專家埃斯特‧戴森（Esther Dyson）還指出，在網際網路上產生的權力分散化的組織和虛擬共同體，將超越領土管轄權，形成自己的治理模式。[3]雖然民族國家仍將繼續存在，但是它們在人們的生活中將失去重要性和中心地位。人們將根據多種的、自願的協議而生活，透過點擊滑鼠，加入或脫離某個共同體。這種相互交叉的共同體和新的治理模式，類似於西發利亞國家體系確立主導地位以前的封建世界。

雖然我們可以感覺到這種發展趨勢的存在，但是有關超越民族國家的構想並沒有告訴我們，虛擬共同體和地緣共同體如何相互作用，以及怎樣處理暴力和安全問題。另外，正如我們在第九章所看到的，新的資訊技術既可以被用於邪惡的目的，也可以被用於善良的目的。今天的恐怖主義者利用電腦和網際網路，招募新成員、獲取武器製造技術、轉移資金和擴大自己的網絡。遠方的駭客可以不用跨越國界，就對其他國家造成損害。在這樣的形勢下，民眾可能需要更強大的、而不是更弱小的國家政府來保護自己。正如湯瑪斯‧霍布斯在幾個世紀以前說過的，國家之間關係的無政府狀態是有危險的；但是與此相比，另外一種無政府狀態，即政府無法保護民眾免受非國家行為者的威脅，則具有更大的危害性。

現實情況與上述五種模式的預測相反，主權國家還沒有過時。那些認為民族國家已經過時的人，往往使用簡單的類比。他們說，今天的民族國家會被迅速飛過邊界的火箭所穿透，以及為傳播快捷的電子資訊所滲透。如同火藥和步兵穿透和摧毀了中世紀的城堡一樣，核飛彈和網際網路已經使得主權國家過時了。然而

人們還是希望借助自己的政治制度得到以下三種東西：生命安全、經濟福利、共同體認同。國際進程的變革正在慢慢地改變這些價值所處的地位，但主權國家至今依然是最能夠幫助人們獲得這三樣東西的組織。跨國公司、非政府組織以及國際組織缺少保障人們安全的軍隊，也不具備作為共同體認同焦點的合法性。不僅如此，在人類歷史發展的目前階段，民主只有在主權國家之內才得以茁壯成長。虛擬共同體仍然比地緣共同體弱小得多。因此，儘管人們一直努力提出新的構想，但領土國家依然在世界政治中處於核心地位。

國家仍將繼續存在下去，但世界政治環境正在發生變化。技術上的革命性變化，使得世界看上去變得越來越小，聯繫越來越緊密。但同時，許多人卻對快速的變革，堅定地採取了族群的、宗教的和民族主義的不同反應態度。正如第八章所論述的，全球化會同時導致經濟一體化和政治分裂化。

通訊手段正在改變世界。外交行動以實況直播的方式進行著。在波灣戰爭中，海珊和老布希都收看 CNN，以獲取最新消息。在阿富汗發生激戰的時候，賓拉登和小布希都在看 CNN 和阿拉伯半島電視台的節目。在伊拉克戰爭中，電視記者與軍隊同行，為全世界觀眾直播戰事。人們在自己家的客廳裡，就可以透過電視了解到地球上遙遠地方的人權問題和民眾的苦難。那些生活在貧窮國家、每天生活費只有 1 美元的人，也越來越了解那些一年就掙上百萬美元的人的生活方式。

但是，經濟一體化並不意味著政治一體化。大多數透過半島電視台觀看阿富汗和伊拉克戰況的人，和那些看 CNN 的人有著不同觀點。同樣地，儘管網際網路使得更多人獲得更多資訊，人們獲取的資訊類型以及資訊的來源往往是不一樣的。網際網路、有線電視以及衛星電視，讓資訊向特別的人群進行「窄播」，而不是像電視網絡那樣向民眾「廣播」。加拿大傳媒理論家麥克魯漢（Marshall McLuhan）曾經指出，現代的通訊手段正在導致一個「地球村」的出現。[4] 但是，有關地球村的比喻可能讓人產生誤解，因為全球政治認同的程度仍然是很低的。在世界上大多數地方，民族、宗教和族群認同的力量似乎越來越強大，而不是越來越弱小。世界上並沒有一個地球村，而是在地球上存在著許許多多個相互之間更加了解的村落。在這些村落中，存在著地方觀念，又存在著共同體觀念。這種一體化和解體化同時發生的過程，已經導致在冷戰結束後產生兩種既流行又過於

簡單化的有關未來世界政治的觀點。

歷史的終結或是文明的衝突？

1989 年，法蘭西斯・福山（Francis Fukuyama）發表了一篇題為〈歷史的終結〉（The End of History）的文章。他並不是論述歷史真的終結了，而是聲稱隨著共產主義的解體，我們已經看到了意識形態演變（ideological evolution）的終點，以及「西方自由民主成為人類政府（human government）的終極形式」。[5] 在整個 20 世紀，意識形態上的重大分歧導致了國際衝突，大規模的意識形態運動，比如法西斯主義是對現代化破壞傳統生活方式的反應。工業化迫使人們走出了自己的村落或小社區，並為大規模的意識形態運動所動員。然而，隨著時間推移，自由資本主義在提高人們生活水平和公民參與意識方面，被證明是比較成功的。冷戰的結束顯示，自由資本主義占了上風。從某種意義上說，福山是對的。自由資本主義作為一種主導的意識形態，已經沒有競爭對手了。不僅如此，富裕民主國家之間的關係也發生深刻變化。法國和德國或者美國和日本，不再認為今後彼此間會發生戰爭，也不去準備這樣的戰爭。它們之間的複合式相互依存關係，在當今世界建構起了一個大的民主和平群島，這與康德的自由主義預言是相吻合的。

然而，從另外一個意義上說，冷戰後的世界並沒有出現「歷史終結」的現象，而是出現了可以稱為歷史的**回歸**的現象。歷史的回歸意味著，現在的國際環境比較正常，僅僅是因為意識形態分歧本身並不足以在國際政治中導致較大規模的衝突。自由資本主義有很多競爭對手，儘管它們很分散。中國和俄羅斯利用了資本主義和全球市場，但它們既不是自由主義國家，也不是純粹的資本主義國家。在世界其他地方，宗教基本教義派正在挑戰自由資本主義的規範和慣例。我們有時對各種宗教基本教義派思想不加以區別，但實際上有各種各樣的宗教基本教義派思想，它們之間有著很大的不同。而共同之處，即都反對和抵制自由資本主義。自由資本主義在冷戰以後主要面對著族群、宗教和民族地方自治主義的挑戰。

1993 年，杭廷頓（Samuel Huntington）發表了題為〈文明的衝突〉（The Clash of Civilization）的文章（後來出版成書），提出了一種與福山不同的、為人所熟知的觀點。[6] 杭廷頓認為，在新世界中，衝突的主要根源不再是意識形

態或者經濟因素，文化之間的大分野將主導著未來的衝突。杭廷頓借用了英國歷史學家阿諾‧湯恩比的思想，把世界分為八大「文明」（西方和拉丁美洲文明，非洲文明，伊斯蘭文明，中華文明，印度文明，東正教文明，佛教文明以及日本文明）。他預言這些文明之間將會發生衝突。一些現實主義者利用權力平衡理論預言德國與鄰國會再次發生衝突，一些自由主義者認為民主和平將傳遍全世界。杭廷頓和他們不同，他強調文化是衝突的一個根源。

　　杭廷頓透過借用湯恩比那種很隨意地把文明分類的思想，使得自己的觀點流於簡單化。正如建構主義者所指出的，文化不是同質的或靜止的，而是重疊的和變化的。[7] 更多的衝突發生在杭廷頓所描述的那些大的「文明」內部（比如非洲內部或者伊斯蘭世界內部），而不是發生在這些文明之間。一些觀察家指出，賓拉登發動恐怖主義襲擊和號召對西方發動伊斯蘭聖戰的事實顯示，杭廷頓的觀點是正確的；但是我們也看到，在2001年的「九一一」事件之後，在伊斯蘭世界發生了激進主義者和主流穆斯林之間的內戰。許多虔誠的穆斯林教徒與基督教和猶太教溫和派人士之間的共同點，要多於和賓拉登之間的共同點。

　　福山和杭廷頓兩人試圖把冷戰後的世界歸納為一種單一、簡單的模式，因而使得他們的觀點有缺陷。一種型號的鞋不可能適合所有人的腳，世界上不僅存在著多種文明，而且還有經濟現代化水準不同的各類國家。福山有關自由資本主義取得勝利和民主和平的觀點，與後工業化世界的情形相吻合。杭廷頓對於文化衝突的強調，比較符合尚未進入工業化階段的地區及其與世界其他地區的關係。

　　當認同受到伴隨現代化和全球化而來的重大社會變革的挑戰時，族群和文化衝突就會產生。族群特徵無疑是一種很強大的連結，但國家認同也是。在中東，埃及和敘利亞領導人的行為基礎主要是傳統的國家利益，不是泛阿拉伯主義或者穆斯林的認同。埃及和敘利亞領導人的確正在與伊斯蘭激進主義纏鬥。

　　即便是在國家占上風的時候，民族主義力量也有強弱的不同。比較東歐和西歐的情況對我們具有啟發意義。在共產黨統治下的東歐，民族主義和族群衝突被壓制了半個世紀。冷戰的結束和蘇聯的解體，使得許多這類的衝突開始激化。例如，隨著冷戰的結束和共產黨政權的垮台，塞爾維亞人、克羅埃西亞人、穆斯林以及科索沃阿爾巴尼亞人之間的爭鬥開始爆發，並且在南斯拉夫導致了可怕的後果。在整個前蘇聯地區，存在著很多跨越國界的族群群體，今後它可能導致更多

的族群衝突和民族主義的復興。冷戰後西歐的情況剛好相反，國家內部的衝突是微不足道的，原先相互激烈爭鬥的國家組成了一個規模更大的歐洲聯盟。怎麼解釋這種現象呢？

最主要的原因可以用自由主義理論來解釋。人們生活變好以後，相互的敵視可能會緩解。其中部分答案或許和民主有關，因為當人們有機會公開追求自己的目標，情緒會得到較好的管控。一些西方敵對思想就是透過民主的進程而消除，例如，第二次世界大戰後西德國內的辯論，導致修改教科書和重新認識德國的歷史。還有一部分原因是地區制度的作用，這些制度把西歐人納入一個更大的、摒棄極端民族主義思想的框架之中。幸運的是，許多東歐國家希望加入歐盟的意願，對於緩和本國領導人和民眾民族主義情緒，發揮了重要作用。歐盟的軟實力的確有助於促進東歐經濟和政治的重大變革，這種快速的變革在過去不可能實現。

然而，即使在西歐，民族主義並未消亡。許多歐洲人不希望自己的國家認同被完全埋沒在歐洲認同之中。法國人和德國人還是彼此心存某些疑慮。法國支持歐洲一體化的一個原因就是為了牽制德國。不僅如此，許多西歐人擔心外來移民損害自己的民族文化，正如我們在敘利亞難民危機中所看到的那樣。他們害怕北非人和東歐人移居西歐。有專家指出，「九一一」恐怖襲擊以及隨後發生在馬德里、倫敦、哥本哈根、巴黎的恐怖攻擊證明，歐洲國家公民和領導人未能妥善解決大量穆斯林移民所面臨的政治與經濟困難。發生在法國的動亂也顯示，許多從北非來的移民未能成功融入法國的經濟與社會中。同時，西歐的右翼政黨煽動仇外情緒，提醒我們西歐的民族主義和族群間緊張關係的問題還未徹底解決。正如2011 年 7 月發生在挪威的悲慘事件，憎惡外國人的人，也會成為他們自己所痛恨的團體中最極端的成員，同樣採取恐怖主義行動。

隨著出生率下降以及邊界控制趨鬆，歐洲不可能阻止來自地中海一帶貧窮鄰國的移民。如何解決維護歐洲的認同與讓移民更融入社會之間的關係，這是歐洲正面臨的挑戰。世界上其他低出生率的富裕國家，也越來越得面對同樣的挑戰。

技術和權力分散

還有第三種有關未來世界的構想，不像福山和杭廷頓的觀點那樣武斷，但更

表 10.1　21 世紀治理的分散化

	私人	公共	第三部門
超國家	跨國公司（如IBM，荷蘭皇家殼牌）	國際組織（如聯合國，世界貿易組織）	非政府組織（如國際紅十字會，綠色和平組織）
國家	國內公司（如西南航空公司）	21 世紀中央政府	非營利組織（如美國紅十字會）
次國家	地方企業	州／地方政府	地方團體

接近現實。這一觀點的基本內容是，技術，特別是資訊技術，正在導致一種中央政府的權威相對弱化的權力分散（diffusion of power）現象。20 世紀是權力集中在首都的時代，這種權力集中化的過程，在蘇聯和納粹德國專制統治時期發展到了頂峰。但是，經濟和資訊網路正促使政府的某些治理功能，轉移到比國家的層次更高或者更低的行為者手中，其中一些治理功能從政府轉移到民營公司和非營利部門，正如表 10.1 所顯示的。

本書第九章提到，資訊影響權力，並且在 21 世紀，所有類型的政府都會發現，隨著資訊技術的逐步傳播以及相關費用的持續降低，自己的控制能力正在受到侵蝕。人們在 20 世紀中葉曾經擔心，電腦將導致歐威爾在小說《一九八四》中所描述的那種權力集中的世界。然而，事實證明，分權效應更為強大。

至於資訊革命對權力分散化的推動作用到底有多大有多深，每個國家的情況不一，而且可能會產生一股力量，抵制權力分散化。但整體來看，本書第九章所討論的有關政府逐漸喪失對外政策的壟斷權力，以及不得不在世界政治中與非國家行為者共用一個舞台的情形，是極有可能出現的。

權力的分散既可能導致積極的後果，也可能導致消極的後果。一種好的前景是，技術促進經濟發展並使得專制政權難以維持，其結果是加快民主和平群島的擴大；一種壞的前景是產生新的封建主義，那些極具破壞性的個人、恐怖主義者以及弱小的國家獲得了大規模毀滅性武器，從而造成了真正的無政府狀態，它不同於國家間體系的無政府狀態。在這樣一個不安全的世界中，歷史發展可能會倒退，經濟全球化的步伐會受阻，公民會犧牲民主自由權利，以便建立起霍布斯所構想的，可以為個人安全提供基本保障的專制政府。

那種好的前景告訴我們，由於跨國通訊手段的作用，人們現在對世界上其他地方發生的事情比過去了解得更多，也比較容易組織起全球性的團體。正如我們在前面所看到的，非政府組織有能力發起保護環境和人權的跨國運動。網際網路透過向民眾提供資訊，削弱了集權政府的控制力。

跨國公司顯然是最引人注目的跨國行為者。跨國公司透過在世界範圍內進行投資和在全球市場的不同領域追求利潤，形成一種獨特的世界經濟。各國政府競相吸引國際投資。國際貿易中的很大一部分屬於跨國公司內部的貿易。本田公司在美國生產的汽車超過其在日本本土的汽車產量，而且它還把在美國生產的汽車運回日本銷售。美國政府甚至向歐盟施壓，要求後者進口在美國生產的本田汽車。也就是說，美國把向歐洲出口美國生產的日本汽車，視為自己國家利益的組成部分。與此類似的是，IBM 曾經是日本最大的電腦主機生產商。IBM 的日本公司在日本從事研究和雇用日本職員（2004 年，IBM 個人電腦部門為中國電腦廠商聯想集團所收購，增強了電腦產業的全球化性質）。當一位美國人在美國撥打一個免費服務電話時，接電話的人很可能是一名在邦加羅爾的印度人。

這促使美國勞工部長羅伯特·賴克（Robert Reich）提出「我們到底是誰」這個問題。[8] 分析人員應該重視公司總部的認同呢？還是重視公司在哪裡從事研究和生產？他認為，從是否有利於美國境內的居民這個角度看問題，在美國境內從事經營活動的一家外國公司，可能比在日本境內從事經營活動的一家美國公司更重要。一些批評者反駁說，賴克看得太遠，其觀點在目前是不合適的。絕大多數跨國公司都有一個居主導地位的國家認同，四分之三的美國產值是由總部設在美國的公司所創造的。儘管如此，它依然是展望未來很有意思的想法。跨國投資使得人們不容易釐清認同問題，難以回答「我們到底是誰」這個疑惑。跨國性投資和生態相互依存可能會影響人們對全球問題的長遠認識。

如果美國阻止外國公司進入美國市場，那麼它只會使得美國的公司無力參與國際競爭。保護主義措施所帶來的麻煩是，採取保護主義措施的國家可能和對方一樣受到同等的傷害。因此，在 20 世紀 90 年代，美國和日本就阻礙貿易的國內壁壘問題進行談判。美國迫使日本在其國內管轄權限內採取措施。日本曾經有限制超市規模和其他阻礙外國公司進入日本流通領域做法的法律。一些日本政治家和消費者對美國的施壓抱持歡迎的態度，因為它對日本消費者有利。從某種意

義上說，美國生產商和日本消費者結成跨國聯盟。日本政府也迫使美國減少預算赤字，它正確地指出，美國的貿易赤字與政府預算赤字有關。換句話說，美國和日本的官員在相互打交道的時候都不把對方逼到牆角，而是讓對方採取各國主權管轄權限內的措施。

大規模毀滅性武器的擴散

有關技術導致權力分散的悲觀看法，強調了技術跨國傳播的特殊情況。正如我們在第八章有關石油的例子中所看到的，公司傳播了技術和技能。技術也可以透過貿易、移民、教育和思想交流傳播。這會對安全產生什麼影響呢？目前世界上已經有 40 個國家擁有製造核武、化學武器和生化武器等大規模毀滅性武器的能力。化學武器技術已經有一百年的歷史，核武和彈道飛彈技術也已有半個世紀的歷史。從某種程度上說，禁止擴散政策延緩了核武的傳播。但在蘇聯解體之後，核武的擴散問題變得嚴重，因為蘇聯的繼承國已經沒有那麼大的能力控制核技術外流了。

在蘇聯解體之前，世界上有八個核武國家。其中五個是 1968 年「核武禁擴條約」（NPT）所正式確認的核武國家，它們是：美國、蘇聯、英國、法國和中國。三個迄今沒有加入該條約的國家但被認為已經秘密地研製了核武，它們是：以色列、印度和巴基斯坦。印度和巴基斯坦在 1998 年公開試爆核武。另外三個國家，即伊拉克、伊朗和北韓，曾經簽署了「核武禁擴條約」，但是它們被認為試圖發展核武。北韓最終退出該條約並引爆了兩個小型核裝置。還有五個國家，即南非、韓國、阿根廷、巴西和利比亞，也曾經走上這條路，但後來改變主意了。有趣的是，有 30 多個國家具備研製核武的能力，但是並沒有這麼做，也就是說，有能力獲得核武的國家數量是現有核國家數量的三到四倍。甘迺迪總統在 1963 年簽署「部分禁止核子試驗條約」的時候擔心，到 20 世紀 70 年代的時候，可能會出現 25 個核國家，實際情況並非如此。

為什麼核武擴散的情況沒有變得更嚴重呢？不管怎麼說，在主權國家組成的無政府世界中，核武畢竟是自助的終極形式。大致有以下幾種解釋。現實主義者提到了冷戰當中所形成的同盟體系，即每個超級大國都向自己的盟友提供安全保障。例如，德國和日本沒有研製核武，因為已得到美國的安全保障。美國答應要

防止任何國家對其盟友進行核子敲詐，這使得德國和日本認為，它們不必發展核武。同盟體系也制約了較小國家和地區的行為。比如，在 20 世紀 70 年代越戰之後，韓國和台灣認為美國可能從亞洲撤退，因此開始研製核武，但是在美國表達反對立場和承諾繼續向它們提供安全保障之後，放棄了研製計畫。與此相似的是，蘇聯也限制其東歐盟友和第三世界盟國發展核武。

自由主義者強調了超級大國之間的合作，以及由規範和制度所構成的禁擴規制。在核武時代的早期，超級大國對核武的態度是高度競爭性的。超級大國極力利用核武，讓自己在意識形態鬥爭中得分。艾森豪總統在 1953 年大力鼓吹「原子用於和平」計畫，強調原子善良的一面，並表示要幫助其他國家發展用於和平目的的核技術，以使美國在外交上得分。類似的是，蘇聯向中國提供核援助。但美國和蘇聯在 1968 年採取了相互合作的態度，促成了「核武禁擴條約」的簽訂。1977 年，美國、蘇聯以及另外 13 個國家成立了核供應國集團（Nuclear Suppliers Group），規定了可以出口的核技術的種類。

自由主義者聲稱，條約和制度的存在制約了核擴散。189 個國家已經批准或簽署「核武禁擴條約」，承諾不發展或者不轉讓核武的義務。無核國家同意設在維也納的國際原子能機構（2005 年獲得諾貝爾和平獎）派遣檢查員視察他們的和平核設施，確保這些設施的正當使用。如前所述，迄今只有以色列、印度、巴基斯坦等少數幾個國家還未簽署該條約。也有某些簽署國採取了欺騙行為。在 1991 年波灣戰爭結束之後，聯盟軍隊和聯合國檢查員摧毀了伊拉克的核設施。建構主義者可能會補充說，1945 年以後產生的反對使用核武的規範，有助於增強這些條約與制度的作用。最後，許多極權國家試圖獲得核武的歷史清楚地顯示，對大多數國家來說，管控核武要比甘迺迪想像的困難。美國南加州大學政治學家雅克‧海曼斯（Jacques Hymans）認為，管理不善的國家，一般會有核武計畫管理不善的現象。[9] 這些核武計畫是最為危險的。美國和蘇聯的核武配備了精密的技術裝置，即「許可行動連接裝置」（permissive action links），只有高層領導人輸入一個指令密碼，才能啟用核武。但是，很多新近研製了核武的國家並沒有，或者很可能沒有這些精密的技術裝置。隨著冷戰的結束和核技術的跨國傳播，準備加入核競賽的某些國家可能會使用核武，今後核武被使用的可能性，比 20 世紀 50 年代至今的時代要大。

人們擔心的兩個有關核武擴散的不確定問題，一個是同盟、制度和安全保障的前景，另一個是核技術是否會從俄羅斯、巴基斯坦和北韓這樣的國家流出到未來的核擴散國家和恐怖主義者手中。華茲等新現實主義者聲稱，核武的擴散可能具有穩定局勢的作用，因為嚇阻會起作用。既然核武有助於防止冷戰變成熱戰，為什麼核武的水晶球效應不能在中東和南亞這樣的地區導致謹慎的行為和秩序呢？這種觀點的毛病在於，它幾乎是完全建立在單一行為者（unitary actors）之間理性嚇阻模式的基礎之上。如果冷戰後的核武可能失控，那麼建立在理性模式基礎上的、自信的預言就可能基本上毫無意義了。很多將來可能研製出核武的國家，都有過政變和政治動盪的歷史。

安全所面臨的跨國挑戰

未來有一點似乎是確切無疑的：國家所面對的許多安全挑戰將帶有跨國性質。在西發利亞時代的大部分時間裡，主權國家只需要擔心來自其他國家的安全挑戰。今天，有一系列的行為者和問題對國家構成安全挑戰。全球化和資訊革命可能會帶來很多新機會，但同時也可能會導致很多新問題，這些新問題不僅對國家，而且對其他安全客體（包括個人，屬於「人的安全」範疇）構成威脅。

跨國恐怖主義

我們在本書第九章討論了資訊革命背景下的恐怖主義問題並得出結論，雖然今天恐怖主義作為安全威脅的嚴重性被誇大了，但是的確有必要嚴肅對待，這是因為存在著恐怖主義者獲得和使用大規模毀滅性武器的危險——儘管這種危險性看上去可能很小。我們有必要進行詳盡的討論。

何謂恐怖主義？根據美國法律，恐怖主義指非國家團體發動的、針對非戰鬥人員的、有預謀和有政治動機的暴力行為。聯合國通過了打擊恐怖爆炸、暗殺、劫持人質以及資助恐怖主義行為的決議。聯合國安理會 2001 年 9 月通過的一項決議，要求所有成員國不給恐怖主義者提供庇護所，這給美國在阿富汗的軍事行為提供了合法依據。然而，聯合國大會難以就恐怖主義定義通過一項決議。以埃及和敘利亞為首的阿拉伯國家政府反對任何一個不把巴勒斯坦人排除在恐怖主義者範疇之外的文本，它們支持巴勒斯坦人追求自己的政治目標，反對把他們定義為恐怖主義者。正如懷疑主義者有時說的：「一個人眼中的恐怖主義者正是另外

一個人眼中的自由戰士。」

　　小布希總統 2001 年 9 月在聯合國大會的演講中提出，全世界應該團結起來「反對所有恐怖主義者，而不是反對其中某些恐怖主義者。民族願望、歷史過錯都不能成為無端殺害無辜民眾的正當理由」。他的這個發言與本書第一章所論述的正義戰爭理論是相吻合的，也符合國際法。非國家行為者的某些政治抵抗行為可能不應該被視為恐怖主義，比如南非反對種族隔離政策的鬥士沒有殺戮平民。然而，即便一個政治團體認為缺乏變革的民主程序使得在「民族解放戰爭」中使用武力是必要的，根據正義戰爭理論，剝奪無辜生命在道德和法律上依然不被接受。同樣，假如國家以無端殺害非戰鬥人員來恐嚇國民，那麼這就是戰爭罪行。如果把恐怖主義定義為非國家行為者出於政治目的而使用暴力的行為，那麼國家就會被排除在恐怖主義者範疇之外（根據定義）。然而，採取類似不道德、非法行為的國家不應該免除責任。雖然國際社會難以就恐怖主義定義達成共識，但是無故殺害無辜民眾的行為受到了廣泛的譴責，因為這與世界上所有主要宗教的道德信條以及國際法都相違背。2004 年，聯合國秘書長任命的一個特別小組一致認定，恐怖主義是任何一種出於恐嚇目的有意導致平民或者非戰鬥人員死亡或者肉體嚴重傷害的行為。

　　21 世紀的跨國恐怖主義猶如以前的海盜行為。一些政府曾經庇護海盜以便從中獲利或者騷擾敵手。今天，某些國家藏匿恐怖主義者以便打擊自己的敵人，或者由於他們太弱而無力控制境內的恐怖主義團體。同時，爆裂物小型化技術、現代社會系統的脆弱性（比如航空旅行）以及網際網路通訊的日益便捷，提供非國家行為者對其他國家造成傷害的機會，儘管這種行為並沒有得到所在國的支持。諷刺的是，對於共同威脅的感受，可能使得許多人贊成增強國家的作用，以及支持國家之間進行安全合作。一般來說，比起非國家行為者人人相互為戰的無政府狀態，國家體系的無政府狀態更能被容忍。

　　由於跨國恐怖主義者如果不掌握大規模毀滅性武器的話，他們就不會造成巨大的物質傷害，因此我們必須十分警覺他們獲得大規模毀滅性武器的危險。我們知道，奧薩瑪‧賓拉登和「蓋達」組織正在努力獲得這類武器，並且曾經與參加巴基斯坦核計畫的科學家接觸。我們也知道，「蓋達」組織的人員曾經接觸過一些軍火商，後者聲稱自己可以得到從前蘇聯國家偷運出來的材料。正如我們在第

九章所看到的，核分裂材料的生產難度很大，成本也很高，跨國恐怖主義團體缺少必要的組織特性和資源去獲得這些材料。我們合理懷疑，恐怖主義團體有能力從其他人那裡獲得核武，並且加以運輸和引爆。而他們的確嘗試過這麼做。不僅如此，核武並非唯一的威脅。生物藥劑已經被一些國家研製出來了，儘管它們還缺乏在戰場上使用的可靠性（試想風對炭疽孢子煙霧劑的影響）！然而，製造生化武器要比製造核武容易（在網路上就可以找到配方），而且可以被用於恐嚇無防備能力的平民。1993 年，跨國恐怖主義者在紐約世界貿易中心的地下停車場引爆了一枚汽車炸彈，假如他們在使用高強度爆炸物的同時，還使用炭疽或者化學藥劑沙林毒氣，那麼結果可能導致成千上萬的人受害。2001 年，恐怖主義者劫持民航客機，並把它們當作巨大的巡母飛彈來使用，以達到自己的目的。如果他們擁有核武的話，那麼將會有無數人喪命。更可怕的是，即便「蓋達」組織網絡被摧毀，尋求大規模毀滅性武器的跨國行為者問題仍然不會消失。在 1995 年，日本的邪教奧姆真理教在東京地鐵使用沙林毒氣，導致十多人喪生，在日本社會產生了巨大的恐怖衝擊震撼。有意思的是，在該事件發生八年以後，一名精神病患者在韓國大邱地鐵車廂內點燃一個裝滿易燃液體的牛奶罐，它所導致的死亡人數是東京毒氣事件的十倍多，但是並沒有在韓國社會引發類似的恐懼或恐慌衝擊。這兩個攻擊事件的對比顯示，不是攻擊所造成的後果，而是攻擊的性質以及攻擊者的身分導致恐怖形勢。

　　恐怖主義團體也可能對控制醫院、空中交通管制雷達或者銀行用電供應的資訊系統發動攻擊，引起混亂。實施這種攻擊的方式可能是在重要的電腦伺服器放置烈性炸藥，也可能是電腦駭客在上萬英里以外的其他國家的電腦上進行操作。

　　嚇阻手段對抵制跨國恐怖主義威脅的作用不大，因為除非可以證明一個境外國家（例如阿富汗塔利班政權）支持恐怖主義者，否則的話，很難發現恐怖主義者的行蹤。不僅如此，2001 年以前在美國發生的最嚴重恐怖攻擊，即 1995 年奧克拉荷馬城聯邦大樓爆炸事件，完全是美國土生土長的恐怖主義者所為。在另外一些個案中，犯罪集團可能控制一國的政府，並且佯稱自己的行為符合國際法，根據主權的原則享有免受外來干涉的權利。在這樣的情況下，其他國家可能認為干涉是正當的。拉丁美洲和加勒比海地區發生的一些事件就很接近這種情況，比如美國在 1989 年入侵巴拿馬，逮捕總統曼紐爾‧諾瑞加，並在美國以毒

品走私的指控審判他。2002 年，小布希總統發表了新的國家安全戰略報告，主張採取預防性戰爭來打擊支持恐怖主義的國家，但情報部門估計，入侵伊拉克的結果導致跨國恐怖主義者數量增多而不是減少了。

　　恐怖主義並不是世界政治中的新生事物。它是一種暴力形式，其根源可以追溯到更久之前。恐怖意味著極大的恐懼，像法蘭西第一共和國（1792-1804）和史達林時期的蘇聯政府都使用這種手段來控制本國人民。正如本書第三章所論述的，19 世紀的無政府主義者以及其他跨國革命者也都使用過恐怖主義手段。他們殺死多名國家元首，而且第一次世界大戰正有部分由一次恐怖主義暗殺行動所挑起。當今恐怖主義的不同之處在於，技術發展使得原先主要為政府所擁有的毀滅性權力，落入那些離經叛道的個人和團體手中。在 20 世紀，像希特勒那樣的政府首腦可以殺死大量的人。恐怖主義者如果能夠獲得大規模毀滅性武器，就將擁有類似的能力。這正是為什麼有的觀察家把恐怖主義稱為戰爭的私有化。不僅如此，技術已經使得現代社會的複雜系統更容易遭受大規模攻擊。正如沃爾特‧拉夸爾（Walter Laquer）所說：「這種脆弱性不斷增加的趨勢，早在網路時代開啟之前就出現了，只不過網路加快了發展的速度。」[10]

　　對恐怖主義者來說，最難辦的事情之一，就是在其他國家建立起不會被當地情報部門和警察所摧毀的、值得信賴的秘密組織。恐怖主義者改變了 20 世紀 90 年代那種建立實體宗教庇護所的策略，轉而在網際網路上建立虛擬的宗教庇護所，從而減少了風險。他們也不再在清真寺和監獄這樣的地方發展成員。相反，那些異端分子在一個與世隔絕的空間裡，就可以透過一種新型的虛擬共同體，與世界各地的同路人接觸與交流。據報導，伊斯蘭聖戰者網站的數量從 20 世紀 90 年代末的十幾個增加到今天的數千個。這些網站不僅招募成員，也訓練成員。網站提供的內容包括有關如何製造炸彈、如何安裝和引爆殺死軍人和平民的裝置，巨細靡遺。恐怖專家利用聊天室和論壇回答受訓人員的問題，計畫和指令透過加密的電子郵件發出。當然，政府可以對這些網站實施監控。一些網站被關閉，其他則被監控。但是，警察機關與恐怖主義者玩的是難分勝負的貓捉老鼠的遊戲。

網路戰

　　另外一個與資訊革命相關聯的威脅，同時來自政府與非國家行為者。網路威脅和潛在的網路戰顯示，現代社會日益增加的脆弱性和失控性。正如有個十分著

名的科學家團體在寫給時任美國總統小布希的信中所說的，「美國的重要基礎設施，包括電力、金融、通訊、醫療、交通、水源、國防以及網際網路等等，都極容易遭受攻擊。需要採取快速和堅定的避險措施，防止國家災難的發生」。[11] 在漆黑一片的網路世界中，駭客難以被發現。

在今天這個相互連接在一起的世界中，針對非政府基礎設施的網路攻擊可能造成極大危害。例如，一些專家認為，輸電網絡可能就是非常容易遭受攻擊的目標。電力公司所使用的控制系統被認為特別容易受到攻擊，攻擊的結果將使整個城市或地區斷電數天或數週。不僅如此，網路攻擊也可能影響金融市場，透過關閉商業網站而導致巨大的經濟損失。

一些可能發生的場景，包括發生一次「電子珍珠港」事件，感覺駭人聽聞，但是的確反映了權力從中央政府分散到個人的現實。1941 年，強大的日本海軍使用很多資源，讓數千英里以外的目標造成損害。今天，一位電腦駭客利用病毒程式就可以讓遠方的目標造成重大損失與混亂，而自己幾乎不用付出什麼代價。所謂的「蠕蟲病毒」是由一位菲律賓駭客在 2000 年傳播的，據估計它造成資訊系統數十億美元的損失。蓄意破壞並不是什麼新現象，但資訊革命使得個人以前所未有的速度和規模做壞事。正如我們所看到的，恐怖主義者可以利用網路空間的脆弱性，與政府進行不對稱戰爭。

2007 年，中國政府被指責贊助數以千計的駭客事件，攻擊的目標是德國聯邦政府的電腦以及美國五角大廈和民營企業的電腦系統。但是，證明攻擊出於何處是一件很困難的事情，五角大廈被迫關閉電腦系統的某些部分。谷歌曾指責中國政府剽竊智慧財產權，但是中國否認指控。同樣在 2007 年，在愛沙尼亞政府下令推倒一座紀念第二次世界大戰蘇聯陣亡將士雕像之後，電腦駭客以切斷愛沙尼亞網際網路服務進行報復。人們無法證明這次跨國攻擊是否得到俄羅斯政府的支持，或者僅僅為一次自發的民族主義反應，或者兩者都可能。2008 年，在俄羅斯和喬治亞的戰爭中，俄羅斯也被指責對喬治亞採取類似的網路攻擊。2009 年，一些加拿大學者破解了幽靈網（GhostNet）這一網路間諜系統，儘管該系統有非常清楚的攻擊目標，但是他們無法證實該系統背後的黑手。2010 年，伊朗的核離心機被一種神秘的被稱為 Stuxnet 的電腦蠕蟲病毒破壞，有人認為這是以色列或者美國所為。最近發生的例子包括：2013 年，美國政府指責中國軍方

發動網路攻擊以及捲入工業間諜案；2014 年，美國網路安全專家聲稱追蹤到北韓攻擊了索尼公司的伺服器，這是因為該公司 2014 年推出的電影《刺殺金正恩》（*The Interview*）激怒了北韓。這些例子清楚地顯示國家和非國家行為者所具有的、出於政治和經濟目的，參與進攻性和防禦性網路行動之能力與局限性。在日益相互依賴、相互聯繫的世界中已經出現一種新型的衝突舞台。

傳染病

正如我們在第三章所了解到的，第一次世界大戰給歐洲帶來了災難，據估計這場戰爭導致全世界超過 1,500 萬人喪生。一個人們忘記的數字是 1918 年爆發的跨國性禽流感所導致的死亡人數，遠遠超過了第一次世界大戰的死亡人數。感冒每年都發生，但有時一種新型病毒會透過貿易、旅人或者候鳥進行國際間傳播，並導致災難性後果。由於跨國性傳染病會比一次世界大戰導致更多人死亡，各國政府必須有更廣義的國家安全觀念，並採取一系列新政策來對付這種威脅。

微生物產生的速度永遠快於科學發展的速度。不僅人們所熟知的病菌產生了抗藥性，而且每年都產生一種新的疾病。正如在第八章所看到的，自 1940 年以來科學家已經發現了超過 80 種新的傳染性疾病。最近的一種傳染病即 1976 年發現的伊波拉病毒，自從這種病毒所導致的可怕疫情於 2014 年 3 月爆發以來，在西部非洲已經有超過 1.1 萬人死亡，感染者死亡率高達 50%，其嚴重程度遠超出疫情流行的國家，以及諸如世界衛生組織這樣的重要國際行為者之及時應對能力。為了應對這些跨國挑戰，政府必須以新思維來制定對外政策，向其他國家的公共衛生系統提供援助，可能是最有效的防禦方式；必須採取措施充實這些國家的資料庫以及監控工作；必須建立起疫苗和抗生素儲備和發放系統。如同自然和人為災難往往相互重疊一樣，各國公共衛生系統與全球公共衛生系統也必須緊密相連。

微生物是不會在乎邊界的。西尼羅病毒自從 20 世紀 90 年代在紐約被發現之後，只經過幾年的時間就幾乎傳播到密西西比河以東的每一州。這種病毒可以透過飛機上的一隻蚊子或者一名曾經被當地蚊子咬過的乘客而進入美國。到了 2009 年夏天，世界各大洲都已經有人感染了 H1N1 新型流感病毒，而這種病毒不到一年前才首次在墨西哥被發現。每年大約有 1.4 億人搭機進入美國。至少有一半的美國結核病的病例是從境外輸入，其中某些病毒由於外國不完善的醫療系

統，面對抗生素產生了抗藥性。毫無疑問，恐怖主義者可以從沒有有效保護的外國實驗室，或者賄賂參與處理俄羅斯生物戰系統遺留物的低收入科學家，或者從自然資源中，獲取微生物或病毒。

有效對付這些傳染性疾病，有賴於全球公共衛生系統的監控、調查、通報和應對措施。世界衛生組織（WHO）為194個成員制定了國際公共衛生規章與報告制度。來自一些非政府組織（比如無國界醫生組織）的報告，補強了世界衛生組織的全球預警網絡。世界衛生組織建立起了一個國家實驗室網絡，進行初期的調查工作，每年的預算僅不到25億美元。各國國家公共衛生系統與全球公共衛生系統之間也有間接的聯繫。許多落後國家需要外來援助，以便建立起用於監控、調查、通報和應對傳染性疾病的實驗室與制度。除了人道主義考慮之外，提高這些國家的能力也符合已開發國家的利益，因為這樣做既有利於早期預警，又可以確保不會因為不完善的醫療系統而導致抗藥性病變。即便是具有比較發達的公共衛生系統的國家，只要對外援助符合更為廣義的健康利益以及減輕對傳染病的憂慮，也可能採取合作態度。有越來越多的證據顯示，完善的公共衛生體系有助於落後國家的經濟發展與社會穩定，捐助國所採取的長遠政策對本國以及他國都有利。面對跨國威脅，增強安全的政策不能始於或止於國家邊界。

僅僅在幾年以前，缺少資金是制約全球公共衛生狀況改善的主要因素。由於來自私人和政府的捐助（比如蓋茲基金會的捐贈），今天可供使用的經費更多了。然而這些錢往往被花在應對那些大眾關注度高的疾病和傳染病上面，而不是被花在改善一般公共衛生條件和基礎設施上面；如果不改變缺乏系統的、混亂的工作方式，那麼投入再多的錢也不可能達到改善全球公共衛生的目標。[12]

氣候變化

我們在本書第八章論述了作為環境全球化組成部分的氣候變化問題。氣候變化在公共辯論中主要被視為會有經濟後果的環境問題，然而隨著預測未來氣候變化的科學模型變得更可信和更精確，全球暖化問題越來越被看作一種跨國性威脅以及潛在的安全問題。當諾貝爾委員會把2007年度諾貝爾和平獎授予美國前副總統高爾和聯合國氣候變化政府小組的時候，指出氣候變化是「國內以及國家之間日益增長的暴力衝突和戰爭威脅」的一種根源。[13]

根據該領域領先科學家的研究，今天的全球暖化問題在很大程度上是人類

行為所導致。二氧化碳這種溫室氣體聚集在大氣層中，是導致氣溫上升的主要原因，而二氧化碳的排放來自一連串日常經濟活動。碳排放屬於經濟學所說的負外部性（negative externality）。這意味著排放者由於不用承擔自己引起的破壞所帶來的全部後果，因而會生產出過多的二氧化碳。抽菸是一個可用來類比的國內例子。吸菸者不需要面對自己的行為所帶來的全部後果，因為社會必須承擔一部分因此產生的醫療費用。其結果是，政府努力透過稅收和規章來讓人們減少抽菸。但在全球暖化的問題上，要做到這點困難得多，因為一個可以迅速約束排放過量二氧化碳行為的全球政府不存在，各國會試圖搭便車和讓別人採取代價高昂的解決措施。不僅如此，某些國家像俄羅斯，由於希望氣候暖化給西伯利亞帶來經濟好處，因而和孟加拉的考慮不同，後者作為一個落後國家，可能因為伴隨氣候暖化而來的海平面升高，得面對洪災的威脅。美國在 2001 年決定不簽署限定溫室氣體排放的國際協定──「京都議定書」，就是因為它可能對美國經濟造成太大損害，而且該協定也沒有對像中國這樣的新興國家訂下排放限制。

那麼氣候變化的後果是什麼呢？一些科學家預測將發生嚴重的災害，比如與天氣相關的自然災害、乾旱、饑荒等等，可能導致大量人口死亡。在未來三十年裡，全球氣溫升高華氏 2.5 到 10 度，會導致海平面上升 1.5 英尺。這只是保守估計，假如北極冰層反射性減少以及永凍土解凍導致二氧化碳和甲烷排放，海平面上升的程度會導致一些島國（比如馬爾地夫和吐瓦魯）被淹沒，從而威脅整個國家的生存。與此同時，在非洲和中亞這樣的地方，水源會變得更為缺乏，乾旱會導致食物供應減少。氣候變化導致對其他國家的衝擊，將直接影響到發達經濟體，但已開發國家還可能因為已開發國家與發展中國家之間鴻溝擴大而間接受影響，比如大量移民流向富裕的、受影響較少的、適應力更強的地區。此外，氣候變化也將使得窮國的貧弱政府面臨更大的壓力，從而可能導致失敗國家的數目增多。

所有這些都使得氣候變化成為一個可能導致潛在經濟、環境和生命巨大代價的跨國性問題。但是，從國際安全的角度來看，這是否也屬於一種跨國性威脅呢？假如我們把安全理解為保護至關重要的利益，那麼氣候變化對安全會產生直接與間接的影響。如果馬爾地夫群島作為一個國家不復存在，那麼氣候變化的毀滅性影響就如同核彈一樣，而且甚至對美國來說，氣候變化給佛羅里達州、乞沙比克灣區（Chesapeake Bay）及舊金山灣區所造成的損害，可能與遭受核子攻

擊差不多。這種人類行為所導致的直接後果，儘管不像恐怖主義和網路戰那樣源於邪惡動機，但也促使我們需要擴大安全概念的內涵和採取新的政策。氣候變化還可能成為國際衝突的一個間接原因。前聯合國秘書長潘基文在 2007 年指出，蘇丹達佛問題「開始的時候屬於一場生態危機，部分源於氣候變化」。一些學者聲稱，氣候變化將導致國際與國內戰爭、恐怖主義以及犯罪，日益缺乏的糧食和水源將導致暴力衝突以及從落後國家到先進國家的大規模移民。其他一些學者認為氣候變化的後果沒有這麼嚴重，只把氣候變化看作是引起衝突的眾多因素之一。一些現實主義者因此聲稱，氣候變化是一個科學技術上的挑戰，不應該與國家間以及有組織的暴力衝突混為一談。然而，其他一些重視傳統安全問題的學者和從事實際工作的人士，比如美國退休將軍，更重視氣候變化的間接後果，他們把氣候變化稱為一種「加劇世界上最動盪地區之不穩定局面的威脅」。[14] 小布希政府的「2002 年國家安全戰略」中指出，美國在跨國恐怖主義時代可能面臨著更多來自失敗國家而非來自大國的威脅，氣候變化在一定程度上加速了國家的失敗，氣候變化的直接與間接後果必須被納入安全政策的表述之中。

有四種減少碳排放和減緩氣候暖化的基本方式，即科技創新、替代政策、經濟手段以及自然保護。有關技術創新的一個例子就是碳截存（carbon sequestration），是一項捕獲碳以及把碳儲存在地下與深海的技術，這樣就可以讓大氣層中的碳含量減少。替代政策的一個例子，就是從利用煤炭、石油或者天然氣的燃燒來發電，轉而利用核能、風力、地熱、潮汐能、太陽能以及其他可用於燃燒的資源來發電。從經濟和環境的角度看，以上這些替代方式有利有弊。核能發電無疑是最可靠的，也可以說是環境成本最低的。然而，在 2011 年 3 月日本地震和海嘯之後，福島核電廠部分機組熔化，導致核能發電突然不那麼受歡迎了。經濟手段包括經濟激勵與經濟抑制。所謂排放交易制度（cap and trade）分配可交易的排放額度，旨在控制碳的排放。這種方法也被成功地應用於其他環境污染個案中。另外一個方法就是碳稅（carbon tax），也就是一種能源使用稅，假如稅率準確，它將體現負外部性的代價。這將促使個人減少石化燃料的使用，從而減少碳的排放。最後，還有自然保護。如果人們學會減少能源消耗，那麼溫室氣體排放就可以減少。日本公眾對三一一大地震和海嘯之後核電廠迅速被關閉的反應清楚顯示，人們有能力靠消耗比想像少的能源過日子。

把跨國性氣候變化視為安全問題，就相對地要求調整安全政策。例如，中國在 2007 年超過美國成為世界上最大的二氧化碳排放國。然而，中國指出，按人均排放量標準計算，每個中國人的排放量只有每位美國人的五分之一。煤在中國所使用的商業能源中占 68%，在美國所使用的能源中大約只占三分之一，煤是產生二氧化碳排放量非常大的一種能源。中國每週建成不少於一座新的燃煤火力發電站。在中國，煤的儲量豐富而且價格低廉，它對於一個爭奪能源以確保其許多能源密集型產業快速發展的國家來說，無疑是很重要的。美國如何對付這種安全威脅呢？傳統安全政策中的炸彈、子彈和封鎖是沒有用的。國際能源組織（該組織創建於 1973 年石油危機之後，旨在為工業化國家提供政策建議）在 2007 年發表的一份報告中，要求採取合作的方式幫助中國和印度提高能源使用效率。換句話說，美國為了增強自身安全，可能不得不與中國建立起夥伴關係，尋找防止危險的氣候變化的創新思維、技術以及政策。

現實主義者會認為，國際體系無政府狀態讓氣候變化問題難以全面解決。假如一些國家決定限制自己的經濟發展，以便減緩全球暖化的步伐，那麼其他國家則將免費享受因此帶來的好處。這屬於一個典型的搭便車問題，我們在很多國際政治情勢中觀察到這樣的行為。從個體國家的角度來看，搭便車通常屬於理性行為。不僅如此，對於國家領導人來說，對本國人民負責，而不是受氣候變化影響最大的其他國家的人民負責，是第一位和最重要的問題。於是，一個國家領導人可能選擇免費搭車的政策，即本國不採取減少排放的措施，而享受其他國家減排政策所帶來的好處。

但整體來看，氣候變化問題正越來越被視為一種國際性挑戰，會導致環境、經濟以及安全方面的重大後果。隨著很多國家採取行動，一場陣容浩大的全球環保運動顯示了應對全球氣候變化的重要性。在未來，這樣的環境問題及其他跨國性挑戰將變得更加重要，並且會帶來從超越軍事層級看待國際衝突的新思維。不管怎麼說，跨國性挑戰將增強當今國際政治的複雜性。

隨著跨國性挑戰與威脅的增大，國家不僅開始質疑把國內政治國際政治截然分開的那些西發利亞體系規範，而且開始使用得到擴展的安全和防務觀念。很多新的威脅不能靠擁有高殺傷力武器的軍隊來加以解決。情報、海關和警察部門的密切合作將發揮重要作用，民營部門所採取的保護和防範措施也具有重要意義。

假如民主國家做不到這些，讓恐怖主義者利用大規模毀滅性武器造成個人之間而不是國家之間的無政府狀態，那麼福山有關未來的構想就沒什麼意義了。然而，即便政府起來應對挑戰和圍堵跨國性威脅，國際秩序中那些更為傳統的問題也將會繼續存在。

新的世界秩序？
10.2 解釋權力性質的變化如何影響未來的世界秩序。

　　既然各種錯綜複雜的力量都發揮作用，那麼 21 世紀的世界秩序會發生什麼樣的變化呢？冷戰的結束確實改變了國際體系，但有關「新的世界秩序」漸露端倪的言論則是值得質疑的，因為人們對於**秩序**（order）這個詞的各種解釋是大相逕庭的。現實主義者聲稱，戰爭的爆發是因為國家在無政府世界中追求權力和安全，在無政府世界中沒有最後的秩序仲裁者，國家只能靠自力救濟和使用武力。按照這種觀點，秩序主要是指國家間權力分布或者國際結構。自由主義者和建構主義者則認為，衝突以及預防衝突，不僅取決於權力平衡，也取決於國家的國內結構以及國家的價值觀念、認同和文化，還有跨國挑戰、解決衝突的國際制度等。自由主義者的看法與現實主義者相反，他們宣稱，諸如聯合國這樣的國際制度，透過穩定期望（stabilizing expectations），使國家產生連續性的觀念和相信今日的合作行為會在明日獲得回報，從而有助於防止衝突和建立秩序。因此在自由主義者看來，秩序與民主和人權的觀念以及制度是密不可分的。建構主義者重視規範、利益以及行為的認同，並且提醒我們，「秩序」會透過行為者與社會結構之間的互動而發生演變。因此，有關秩序的理解總是存在著爭議，秩序從來就不是一個價值中立的詞，秩序也是不可預測的。比如，美國所偏好的世界秩序可能與中國所偏好的世界秩序很不一樣，而且一定大大有別於「伊斯蘭國」所偏好的世界秩序。

　　還有人認為，秩序更多地包含著陰謀。在以美國的派特・羅伯遜（Pat Robertson）和法國的尚馬里・勒朋（Jean-Marie Le Pen）為首的本土主義（nativist）或者民族主義團體看來，「新的世界秩序」就是金融和政治菁英為了主導世界所策畫的陰謀。依此觀點，跨國公司和華爾街、倫敦和東京的金融市

場沆瀣一氣、損人利己。在某些伊斯蘭基本教義派者的眼中，秩序純粹是西方主導非西方世界的觀念。

這些五花八門的秩序定義顯示，新的世界秩序的含義很難界定。上述每個思想流派都不足以幫助我們理解當前世界衝突的根源。現實主義強調權力平衡是必要的，但還不夠充分，因為正如建構主義者可能會指出的，長期的社會變遷正在侵蝕國家主權規範。有關世界上主要的民主國家之間沒有發生戰爭的觀點也是正確的，但在許多國家，包括某些正在崛起的大國，還不是自由民主國家的情況下，這種觀點就不是萬靈丹了。過去的冷戰兩極秩序是穩定的。冷戰使得一些第三世界衝突變得更為嚴重，但是美國、歐洲和日本之間的經濟衝突，則為這些國家所共同面對的蘇聯軍事威脅所抑制，而且蘇聯對東歐的控制也壓制了當地嚴重的族群矛盾。兩極秩序已經消失了，但衝突並未終止。然而，衝突的根源卻有所不同。

未來的權力格局

正如修昔底德以來的史學家和政治觀察家一再提到的，迅速發生的權力轉移，是大國衝突和霸權戰爭的主要根源之一。這樣的權力轉移就是最近歷史上發生的大國衝突一個深層的結構性原因，包括德國在兩次世界大戰前的崛起、第二次世界大戰後美國和蘇聯權力的相對上升以及隨之而來的兩強角力。人們有一個強烈的共識，即冷戰後的時期就是一個權力迅速發生轉移的時期，美國和中國實力上升，而俄羅斯走向衰落。然而，人們對於權力轉移的描述和重要性的認識，存在著很大的分歧，而且這些分歧正顯示，未來是不可預測的，不可預測性使得權力轉移成為衝突的一個潛在根源。

有關未來權力結構的一種預測是**多極體系**（multipolarity）。比如，法國前總統席哈克（Jacques Chirac）就主張回到多極世界中去。如果**多極**這個詞只是指 19 世紀的那種情況，那麼很可能會讓人產生誤解。19 世紀秩序的基礎是五個實力大致均等的大國之間保持著權力平衡狀態，而冷戰後大國的實力是極不均等的。俄羅斯自 1991 年以來已經迅速衰落了，其衰落的速度之快、程度之深，幾乎沒人想到過，儘管它還擁有巨大的核武基地，並且憑藉豐富的自然資源依然是一個能源大國。中國的崛起速度之快出乎大多數人的意料，長期保持著兩位數的年經濟成長率，但現在還是一個發展中國家，面臨著一系列的國內挑戰，其中

包括經濟增長速度放緩。日本和德國並沒有如某些人在 1990 年所預測的那樣，成為羽翼豐滿的超級大國。印度雖然取得了巨大的經濟進步，但是若要想發揮自己的潛力、成為一個主要的世界大國，就必須克服一些障礙。美國是唯一的軍事超級大國，但歐盟在經濟規模上與美國旗鼓相當。

一些現實主義者警告說，中國的迅速崛起將在 21 世紀對美國的霸權構成挑戰，這類似於威廉二世的德國在第一次世界大戰前夕對英國的挑戰。然而，這樣的歷史類比是有問題的。德國的工業實力在 1900 年以前已經超過英國，而 2015 年中國的經濟規模只有美國的 60%（根據官方匯率計算）。假如中國經濟繼續以 10% 的年成長率高速發展，而美國的經濟成長率為 3%，那麼中國將會在 2025 年趕上美國。但是，中國正面臨經濟成長的瓶頸，其中包括環境與人口方面的變化，經濟成長率正在下降。不管怎麼說，中美兩國經濟的相互依賴程度是如此之深，以至於雙方都有避免衝突的強烈動機。如果兩國政府處理不好雙邊關係，那麼衝突是有可能發生。然而，一場霸權戰爭並非不可避免。

有些分析家預測，世界將分為歐洲、亞洲和北美**三大經濟集團**（three economic blocs）。即便如此，全球技術變革以及跨國公司和族群團體等非集團成員、非國家行為者數量的增多，將抵制這三大集團對它們的限制作用。我們在前面已經分析了從文明的角度描述世界秩序的觀點之弊端。

在 2003 年的伊拉克戰爭之後，也有一些分析家把國際秩序描述為美國的世界帝國。帝國的比喻在很多方面的確很吸引人。美國可以把自己的軍事力量放諸世界各個地區，在世界許多地方擁有自己的軍事基地，當地的美軍司令官有時就像總督般行事。今天的英語像羅馬帝國鼎盛時期的拉丁語，成為了國際通用語言。美國的經濟規模在世界上首屈一指，美國文化具有很大的吸引力。然而，把首要地位（primacy）與帝國混淆的做法是錯誤的。如果把今天的美國 19 世紀和 20 世紀的歐洲海外帝國比較，那麼美國確實不是一個帝國，因為帝國主義的根本特徵是政治控制。雖然美國與其他實力較弱的國家之間的確存在著不平等的關係，而且這種關係使得其他國家容易為美國所利用，但是美國並沒有對它們實施正式的政治控制，**帝國**一詞不僅不準確，也會誤導。

美國比帝國巔峰時期的英國擁有更多的權力資源。但是，從控制其他國家的行為這個意義上說，美國所擁有的權力比英國小，當時的英國統治著地球四分之

一的地方。例如，肯亞的學校、稅收、法律以及選舉，更不用說對外關係，都是受英國官員控制的。今天的美國卻沒有多少這樣的控制權。在 2003 年，美國甚至無法讓墨西哥和智利在安理會表決中，贊成通過有關授權入侵伊拉克的第二個決議案。那些把美國稱為帝國的分析家回答說：**帝國**（empire）這個詞僅僅是一個比喻。然而，這樣的比喻有個問題，即它所表述的華府所具有的控制力，與當今權力分布的複雜形勢是不一致的。正如我們在第七章所了解到的，美國發現自己在伊拉克贏得戰爭要比占領該國容易。

在全球資訊時代，國家間權力分布格局很像一個複雜的、三次元的棋局，你可以縱向地走棋，也可以橫向地走棋。在政治軍事問題這個最高的棋局中，軍事實力的分布呈現為單極，美國是唯一的超級大國。但是在經濟問題這個中間的棋局中，美國不是一個霸權國家或者帝國，必須與一個聯合起來的歐洲平等地討價還價。例如，在反壟斷或者貿易問題上，美國必須與歐洲國家協商和達成協議。在跨越邊界不受政府控制的跨國關係這個最下方的棋局中，權力分布是極其混亂和分散的，行為者五花八門，包括銀行家和恐怖主義者。除了恐怖主義之外，有關跨國關係的例子還包括：全球資本市場的個人行為者，他們可以制約美國透過利率政策來調控經濟；毒品貿易、愛滋病和全球氣候暖化等問題的產生，有不止一個國家內部深層的社會根源，而且它們是跨越國界的，不受美國政府的控制。使用**單極**、**霸權**或者**美利堅帝國**等傳統詞彙去描述這樣一些跨國問題，是毫無意義的。

那些依據傳統的軍事實力來描述一個帝國的人，所依賴的是單個次元的分析。然而，在三次元棋局中，假如你只重視一個棋局，無視其他棋局，以及沒有看到這些不同棋局的垂直關係，那麼必輸無疑。在反恐戰爭中，美國在最高的棋局上，採取了推翻伊拉克獨裁者的軍事行動，但同時，這又增強了「蓋達」組織利用網路在最下方的跨國棋局上招兵買馬的能力。這些問題代表著全球化的陰暗面，它們具有多邊性質，其解決有賴於合作。把這樣一個世界描繪為美利堅帝國，沒能抓住美國所面對的世界之真實性質。

不僅如此，這樣的分析還有一問題，即美國公眾可能不會容忍自己的國家扮演傳統帝國的角色。美國在 1898 年興起為一個世界大國之後，曾經一度想成為一個名副其實的帝國主義國家，但這只是一個短暫的插曲。美國人與英國人不

同，對帝國主義的經歷反感。民意測驗顯示，美國人不希望自己的國家成為帝國。相反，公眾繼續支持多邊主義和主張利用聯合國。邁克爾‧伊格納蒂夫（一位主張採用帝國比喻的加拿大人）把美國在世界舞台上所扮演的角色稱為「簡約版帝國」（Empire Lite），[15] 或許就是出於這個原因。

當前的權力分布屬於**多層次的相互依存**（multilevel interdependence）。世界政治就如同三次元的國際象棋，單從一個次元是解釋不清的。如果軍事權力像貨幣一樣具有互換性，並且可以左右各個領域的結局，那麼這種複雜關係就沒什麼意義。然而，軍事上的強大並不能決定當今世界政治中經濟和跨國關係層面棋局的結果。美國與其他任何一個國家相比，都處於一個比較有利的地位，因為它擁有較多方面的權力資源，但從「帝國」這個詞的傳統含義上說，當今的世界秩序並不是美利堅帝國的時代。世界上唯一的超級大國並不能為所欲為。全球化所帶來的國際議程上的問題，絕不是一個實力最強大的國家所能獨自解決的，這樣的問題包括國際金融穩定、全球氣候變化、傳染病的傳播以及跨國毒品、犯罪和恐怖主義網絡。21 世紀美國權力的悖論在於，這個自羅馬帝國以來世界上擁有最強大軍事實力的國家，無力獨自保障本國國民的安全。

舊觀念的桎梏

冷戰後的世界是很獨特的。建構主義理論家正確地指出，我們不該束縛自己的思想，不應當強求大家都用傳統的機械的有關「極」的比喻來認識國際政治。權力變得更為多次元，結構變得更加複雜，國家變得更容易被滲透。世界變得越來越複雜，這就意味著世界秩序不可能只建立在傳統的軍事權力平衡基礎之上。

現實主義有關世界秩序的觀點是必要的，但也是不充分的，因為它沒有考慮到正在慢慢推動世界走出西發利亞體系的、長期的社會變遷。歐洲國家經過三十年的宗教戰爭，於 1648 年在西發利亞和約中規定，統治者可以不顧公眾的偏好，決定宗教在國家中的地位。秩序的基礎是統治者的主權，而不是人民的主權。在其後幾個世紀中，國家間那種機械式的制衡（正如同撞球一樣）正慢慢地受到民族主義的興起和人民參政意識提高的影響而弱化，但國家主權原則延續下來。今天，跨國間溝通、移民和經濟相互依存的迅速發展，加速了對傳統的秩序和國家控制觀念的侵蝕，並且擴大了舊規範與現實之間的鴻溝。

這種演變使得自由主義的世界政治觀念變得比較有意義：人民和所有國家都是世界政治的行為者，秩序的基礎既包括價值觀、制度，也包括軍事權力。過去被視為不切實際的烏托邦思想的自由主義觀點，比如康德關於建立民主國家聯盟的主張，現在看來並非牽強附會，因為政治學家們指出，我們實際上找不出自由民主國家相互交戰的例子。例如，在討論德國重新統一的影響時，現實主義者和自由主義者之間存在著分歧。現實主義者認為，歐洲正「退回到未來」（back to the furture），而自由主義者則認為這種看法忽視了一個事實，即新德國是一個民主國家，而且它透過歐盟的制度已經與西方鄰國緊緊相繫。然而，政治學家愛德華‧曼斯費爾德（Edward Mansfield）和傑克‧史奈德（Jack Snyder）指出，年輕的民主國家會更傾向於介入戰爭，[16] 因此動盪地區（比如中東）民主化進程的加快，不一定能很快帶來安全紅利。

自由主義秩序觀念的確不是全新的東西，它們並非對所有國家都適用。冷戰秩序也有規範和制度，但它們的作用很有限。羅斯福、史達林和邱吉爾在第二次世界大戰中達成了有關聯合國的協定，該組織的基礎是多極權力分布。聯合國安理會負責實施集體安全和不侵略弱小國家的原則，五大常任理事國則使用否決權來保護自己。

然而，由於人們事先沒有料到會出現兩極體系，因此這個以制度維持秩序的威爾遜思想難以被付諸實施。兩個超級大國相互否決對方的倡議，聯合國的作用被限制在派駐維和部隊監督停火方面，而不能以武力趕走侵略者。蘇聯權力的衰落導致克里姆林宮在 1990 至 1991 年對伊拉克實施聯合國集體安全原則的過程中，採取了與美國合作的新政策。這並不意味著一個新的世界秩序到來，而是顯示有關國家原本在戰時預計於 1945 年實現的自由制度秩序構想的某個條件再次出現了。

但正如波灣戰爭使得自由主義世界秩序的構想出現了生機，這場戰爭也揭露了自由主義觀念的一個嚴重弱點。聯合國憲章所表述的集體安全原則是以國家為中心，只適用於越過邊界的行為，而不適用於國家內部的民眾相互使用武力的情勢。自由主義者試圖以宣揚民主和自決的原則來規避問題：讓國內的民眾表決是否反對外來干涉。然而，正如本書之前提到的，自決並沒有那樣簡單。到底誰來決定由哪個「自己」決定呢？當今世界上只有不到 10% 的國家是單一族群，只

有一半國家擁有一個在本國總人口中占 75% 以上的族群。絕大多數前蘇聯加盟
共和國都有很多少數族群，很多國家還有邊界爭端。非洲大概可以被視為一塊大
陸，大約有 1,000 個族群生活在 50 多個國家內，並且跨界而居。在像加拿大、
西班牙和英國語言多元或者族群多元的國家中，少數族群在自己的省或者地區
（魁北克、巴斯克和加泰隆尼亞、蘇格蘭）占多數，他們要求擁有特殊地位，爭
取獨立。這種族群多元或語言多元的國家一旦出現問題，衝突的過程是很難結束
的。在這樣的世界中，地方自治和國際社會對少數族群權利的關注理應尊重，然
而，無條件支持民族自決的政策，可能會導致世界陷入極大的混亂。

一種混合型的世界秩序的演變

那麼如何做到在保持傳統的、建立在主權國家權力平衡基礎上的某種秩序的
同時，又建立起以「人民間的正義」（justice among peoples）為基礎的制度呢？
國際制度正朝著一個後西發利亞時代（post-Westphalia）的方向演變。人權與
更為廣義的人類安全概念越來越重要。國際人道主義法規及其有關國家負有保護
其公民的人權、國際社會具有「保護的責任」（R2P）以解救受本國政府迫害的
民眾等觀念，獲得越來越大的影響力。早在 1945 年，聯合國憲章第 55 條和第
56 條就要求成員國承擔尊重人權和基本自由的集體責任。甚至在 1991 年安理
會通過授權干涉伊拉克的決議之前，聯合國有關制裁南非種族隔離制度的建議，
就已經開了一個可以不受憲章有關主權規定嚴格限制的先例。在歐洲，1975 年
的赫爾辛基協議包含了少數人權利的條款，違背該條款的行為可以提交給歐洲安
全與合作會議以及歐洲理事會處理。國際法也因此在逐漸發生演變，1965 年，
美國法學會（American Law Institute）把國際法定義為 「規則和原則……用
以處理國家和國際組織的行為」。二十年之後，該學會的法學家在該定義後面添
加了「以及它們與個人關係的某些方面」這些文字。[17] 人權越來越被認為不只是
國家所關心的問題。2005 年，聯合國大會表示，雖然國家承擔保護本國國民人
權的主要責任，但是國際共同體在國家無力或者不願意履行這一義務的時候應該
負起責任。2011 年，國際共同體首次依據保護的責任，採取行動保護利比亞內
戰中的平民。

在世界上的很多地區，甚或是絕大多數地區，人權依然遭到蔑視，而且侵

犯人權的行為沒有受到懲罰。以多邊軍事干涉行動來糾正錯誤，也會導致極大混亂。然而，正如本書第六章所提到的，干涉屬於一個程度的問題，干涉行為根據程度的不同有多種形式，最輕的當屬發表聲明和採取有限的經濟措施，最重的則是全面發動侵略。有限干涉行為和多邊制度侵害主權的情況，可能會逐漸增多，但不會突然破壞國家間的權力平衡。

從一個更廣的角度來看，如果安理會確定國內暴力或者發展大規模毀滅性武器，可能對一個地區的和平構成較大威脅，那麼安理會可能根據聯合國憲章的第七章採取行動。這樣的定義具有一定的彈性，其適用範圍可能隨著時間的推移逐漸擴大。另外，國家集團可能在某個地區採取行動，正如奈及利亞和其他國家在 20 世紀 90 年代，在西非國家經濟共同體的框架下，出兵賴比瑞亞和獅子山；或者如北約 1999 年在科索沃的所作所為，以及尼日和查德 2015 年在鄰國奈及利亞打擊「博科聖地」武裝分子。

這些原則和制度並不完美，會給發生國內暴力和人與人之間的不公平行為留下很大的空間。然而，比起決策者動用武力糾正所有的錯誤，或讓西發利亞體系原封不動地繼續存在的做法，在道德上所帶來的不良後果無疑較少。自由主義者必須認識到，出現一個超越西發利亞體系的新世界秩序，需要數十年、甚至幾個世紀的時間；現實主義者必須懂得，傳統的權力思想和純粹軍事意義上的結構觀念，忽視了一個包含著全球溝通和日益發展的跨國關係的世界正在發生的變革。

有一點是很清楚的，即建立世界政府的時代並不會馬上來臨。這個世界在社會和政治層面上存在著太多的多樣性，而且缺少一個足夠強大的、能夠支撐世界政府的共同體觀念。聯合國改革與新制度形成，給國家之間以及國家行為者之間加強合作提供了新途徑。在某些情況下， 政府官員的跨國網絡將促成這樣的合作；而在另外一些情況下，政府與非國家行為者之間的聯合也可以促成。但是，這對民主來說意味著什麼呢？

「民主」就是那些為大多數人民負責並且可以被大多數人民所撤換的官員實施統治，與此同時，個人與少數民眾的權利也受到保護。那麼在全球層面政治認同觀念很弱的一個世界中，「人民」（We the people）指的是誰呢？「一國一票制」不是民主。正如我們在第六章了解的，根據這種投票制度，一位馬爾地夫群島的公民比一位巴西的公民享有 600 倍的選舉權；在另外一方面，把世界

視為一個全球選區就意味著存在一個政治共同體，世界上絕大多數國家的公民都願意在投票中始終被 10 多億中國人和 10 多億印度人所壓倒。當少數人感覺自己已經參加到一個更大的共同體時，就會默認多數人的地位。由於在國際社會中缺少這樣一種共同體，因此把國內層次的投票程序移植到全球層次中去，就沒有什麼實際和規範的意義。隨著歐盟的發展，一個更為強大的歐洲議會或許會減輕「民主赤字」（democratic deficit）觀念，但是人們很難相信在全球層面上也會產生類似的條件。在迄今為止的世界歷史中，民主一直是只有在主權國家中才能蓬勃發展。

即便在成熟的民主國家，選舉本身不足以確保可課責性（accountability）。比如在美國，最高法院和聯邦準備理事會只是間接地透過一個很長的代表鏈 （a long chain of delegation）受到選舉的影響。雖然專門規範和標準會有助於讓法官和央行總裁採取負責任的行為，但是透明度對於確保他們扮演這種角色則是至關重要的。除了選舉之外，民眾還透過從言論和民調到抗議等多種手段，表達自己對相關問題的看法和發洩情緒。利益集團和自由的新聞機構對於增強地方、國家和全球層面上的透明度，也可以扮演重要角色。

民營部門也能為可課責性做出貢獻。民營組織及其規章，比如國際化工產業在 1984 年印度博帕爾一個工廠爆炸之後所創建的組織與規章，就可以制定共同標準。非政府組織點名羞辱那些剝削童工的公司，有助於消費者敦促生產玩具和服裝的跨國公司採取負責任的行為。儘管人們在市場中擁有的選舉權利並不均等，但是在 1997 年和 2009 年金融危機之後，對市場負責的要求可能使得腐敗政府提高了透明度，而任何一個正式的協議卻沒有這麼大的約束力。特別是在議會很弱勢的國家中，開放的市場有助於減少地方不民主的壟斷權力，並且削弱那些保守和不作為的政府官僚機構的權力。此外，投資者要求提高透明度和法律可預測性的努力，也會對政治制度產生有益的外溢效應。包含政府、政府間和非政府代表的混合網絡，可能在未來發揮更重要的作用。

這些全球治理問題沒有單一答案。我們需要更深刻地思考全球化治理的規範與程序。迴避問題、與國內情勢錯誤的類比以及發表有關民主赤字的陳腔濫調，都毫無用處。我們需要進程方面的變革，利用現代民主國家中多種形式的課責制度。國際制度雖然不是國際政府，但對於全球資訊時代的國際治理至關重要。

對未來的思考

10.3 闡述理論與歷史如何幫助我們解釋、理解和評估世界政治。

你想生活在什麼樣的世界呢？你幾乎肯定將生活在本書開頭所提到的那種處於無政府狀態的世界之中：在這個世界裡，不存在一個單一的、支配一切的政治權威。幸運的是，這個世界並不會是霍布斯式無政府狀態——所有人反對所有人的戰爭狀態。秩序的基礎既是現實主義者所說的權力平衡，也是自由主義者所說的正在形成中的國際制度，也可能是建構主義者所說的演進中的新規範與新觀念。這樣的秩序並不總是公正的。正義和秩序經常發生矛盾，甚至在自決問題上也是這樣。到底是保證邊界不受侵犯重要呢，還是損害領土完整以追求人道主義目標以及保護人權更重要？這樣的選擇如何影響秩序的原則？合法性和軟實力的作用是否更重要呢？這些爭論是不易解決的。

然而，世界正在發生變革。羅伯特·吉爾平聲稱，在過去的兩千年中，國際政治一直沒有發生變化，修昔底德理解當今的世界不會有很大的困難。假如修昔底德突然來到中東或東亞，他可能很快就會明白當地的局勢。但假如他去了歐洲，他或許就無法理解法國和德國的關係。放眼世界，我們看到了一系列重大的變革：發展核武所代表的技術革命，降低地理和領土因素作用的資訊革命；迅速發展的經濟相互依存；正在形成中的全球社會，人們意識到存在著某些跨越國家邊界的價值觀和人權觀。有意思的是，18世紀自由主義者伊曼紐爾·康德在論述國際政治的時候，就已經預見到了類似的變革。康德預言說，從長遠來看，人類將由於以下三個原因而超越戰爭：戰爭毀滅性的增大，經濟互相依存的發展，以及他所說的共和政府或者我們所說的自由民主國家的出現。

為了理解當今的世界，我們必須了解現實主義者和自由主義者的世界觀，並且重視建構主義者所說的社會和文化上的變革。我們需要同時思考不同的理想模式。現實主義和複合式相互依存在現實中都不存在，都是抽象的世界模式。現實主義者看到的是一個由很多以武力追求安全的國家所組成的世界。複合式相互依存的提倡者否定了這種觀點，認為世界上還有非國家行為者、經濟模式、福利目標，它們比安全更加重要。現實主義和自由主義是思想光譜中兩個極端的觀點，此外我們還可以在該光譜中找到形形色色認識真實世界的觀點。所有三種

方式——現實主義、自由主義和建構主義對於我們理解變化中的國際政治，都很有幫助，也很有必要。本書試圖為您提供一個如何思考複雜和變化的世界政治範例。我們已經盡力告訴您如何把理論工具與歷史結合起來解釋（explain，即揭示原因）、詮釋（interpret，賦予意義）以及評價（evaluate，政治和道德上的）所生活的世界。其他的工作就等您來完成。

思考題

1. 福山所說的「歷史的終結」指的是什麼？這個觀點的優點和缺點何在？

2. 到底是大的文明之間還是文明內部的衝突更可能發生？杭廷頓觀點的優點和缺點何在？

3. 是否有一個不同於第二次世界大戰後出現的世界秩序的新的世界秩序？它是多極的，兩極的，還是單極的？這有意義嗎？

4. 民族主義在世界政治中的重要性是減弱了，還是增強了？請舉例說明。在民族主義時代可能出現帝國嗎？

5. 核子戰爭威脅是否已經成為歷史呢？恐怖主義者獲得大規模毀滅性武器會有什麼後果？

6. 贊成和反對中央政府權力分流的觀點有哪些？為什麼權力分散很重要？它對民主會產生什麼影響？

7. 什麼樣的權力現在很重要，而且在今後幾十年中也很重要？這將如何影響美國在世界上的地位？1991 年的波灣戰爭、1999 年的科索沃戰爭、2003 年的伊拉克戰爭或者阿富汗戰爭，有助於我們解答這些問題嗎？

8. 現實主義理論如何預測歐洲或者亞洲的未來？還有哪些影響事態發展的因素？自由主義和建構主義路徑能夠補充什麼？

9. 全球政府與全球治理之間的區別是什麼？制度起到什麼樣的作用？它們會給民主帶來什麼樣的影響？

10. 贊成和反對把當今世界秩序描述為美利堅帝國的論點有哪些？

11. 如果網際網路增強了跨國團體的力量，那麼這對世界政治會產生什麼影響呢？

12. 21 世紀的安全與 20 世紀的安全有什麼不同？像氣候變化與傳染病這樣的跨國性挑戰，會改變世界政治的性質嗎？

13. 人權在世界政治中越來越重要嗎？人道主義法規能否與西發利亞法律中的主權規範共存？

專有名詞解釋

人民（people） 因共同文化、傳統或者親屬關係（不一定是血緣、種族或者政治關係）而聯合在一起的群體，通常使用一種語言並擁有共同的信仰體系。擁有領土家園以及共同政治認同觀念的人民就是民族。

十四點計畫（Fourteen Points） 伍德羅・威爾遜在第一次世界大戰結束後提出的處理世界事務的藍圖。其最重要的內容之一是呼籲建立一個能夠保障集體安全的國際組織，即國際聯盟。

三十年戰爭（Thirty Years' War） 1618 至 1648 年間在歐洲發生的一系列源於國際、宗教和王朝衝突的戰爭，以西發利亞和約而結束。

大國（great power） 一個具有超強影響力、只能被其他大國（而不是小國）制約的國家。

干涉（intervention） 影響一個主權國家內部事務的外部行為。該詞經常被用來描述一個或多個國家對另外一個國家的事務進行粗暴干預的行為。

不對稱（asymmetry） 兩個對立的國家或者行為者之間實力對比不均等的情勢。美國對蓋達組織所發動的戰爭被普遍認為是一種不對稱的衝突。

反事實推理（counterfactuals） 透過精心假設與事實相反的條件來想像出某種情勢的思維試驗。它們經常以「假如……那麼會怎麼樣」的問話形式表述，被運用來分析國際關係中的各種可能性，以便探詢因果關係。

世界主義（cosmopolitanism） 認為個人，而非主權國家，是世界事務中的道德單位，主張像人權這樣的道德原則具有普世性，而不具有文化特殊性。查理斯・貝茨是一位著名的世界主義理論家。

世界貿易組織（World Trade Organization, WTO） 建於 1994 年的一個國際組織，旨在規範成員國之間的貿易與關稅。見「關稅暨貿易總協定」。

世界銀行（World Bank） 第二次世界大戰結束後在布列頓森林建立起來的 一個機構，旨在提供發展中國家貸款、技術援助以及政策建議。見「布列頓森林」。

北大西洋公約組織（The North Atlantic Treaty Organization, NATO） 一個建立於 1948 年、以集體安全原則為基礎的軍事同盟，目前北約有來自歐洲和北美（美國和加拿大）的 28 個成員國。

北美自由貿易協定（North American Free Trade Agreement, NAFTA） 美國、加拿大和墨西哥在 1994 年簽署的關於建立北美自由貿易區的協定。

古巴飛彈危機（Cuban Missile Crisis） 1962 年 10 月發生在美蘇之間的有關蘇聯在古巴部署飛彈的對峙。這場危機以蘇聯撤走飛彈以換取美國私下同意從土耳其撤走飛彈而結束。

囚徒困境（Prisoner's Dilemma） 屬於一種賽局理論所分析的、經典的策略互動，在其中，兩個獨立的決策者都想追求自己的理性的自我利益，將選擇與對方不合作的行為（即背叛），如果兩人都這麼做的話，那麼結果將是很壞的，囚徒困境的最可能結果就是在別人合作的時候

自己背叛，非合作的結果正是源於不能相互信任。見「賽局理論」。

布列頓森林（Bretton Woods）　位於新罕布夏州的一個勝地，1944 年在此地召開過有關建立國際貨幣基金與世界銀行的會議。第二次世界大戰以後的國際金融體系通常被稱為布列頓森林體系。

民族（nation）　指的是一群人，他們有共同的語言、文化、宗教、歷史、神話、認同或者命運觀，而且同某個特定的領土有著密切關係，希望獲得政治自主權。所有的民族都屬於人民（people）。有必要區分民族和國家（state），但不幸的是，它們經常被混用。

民族主義（nationalism）　民族認同的表達或者宣示，通常表達這麼一種政治理念，即主張自決或自治的權利。見民族「自決」以及「自治」。

民族國家（nation-state）　指的是一個單一族群國家，即該國的所有（或者幾乎是所有）國民都屬於一個民族。該詞既是一個描述性詞彙（比如，它指的是韓國、北韓、日本以及其他單一族群國家），也是一個界定性詞彙（比如，它指的是所有民族都應該擁有自己的國家這麼一個在實際中不可能實現的哲學理念）。

正義戰爭理論（Just war doctrine）　源自古羅馬和早期基督教教會的知識傳統，為戰爭和使用武力提供道德準則。聖奧古斯丁和聖托馬斯‧阿奎那是此傳統中的要角；沃爾澤是著名的現代戰爭理論家。有時候被稱為「Just war theory」。見「正義戰爭理論」和「進行戰爭手段的正當性」。

主權（sovereignty）　絕對的統治權。在傳統君主制中，國王／女王至高無上；在民主制度下則是人民。國家皆是主權國家，因為沒有其他國家對其擁有正式權力，這使國際體系成為無政府狀態。在國家內部統治的權利則是由君主擁有，或是由人民共有。（像加拿大或英國這樣的君主立憲制實際上是民主的；女王只是國家主權的象徵，並沒有實權。）

石油輸出國組織（Organization of Petroleum Exporting Countries, OPEC）　世界上最大的石油生產國組織，它試圖協調成員國的石油生產與定價。

全球公共財（global public goods）　經濟學中的公共財概念的延伸，指非競爭性和非排他性的物品。其中的例子包括知識與穩定的氣候。

全球化（globalization）　從最廣義上說，該詞被用來描述世界範圍的相互依存網絡。它具有多個次元的內容，包括經濟、文化、軍事和政治全球化。它不是一個新現象──至少可以追溯到絲綢之路，但由於資訊革命，當今形式的全球化比過去的全球化「程度更深、速度更快」。

走向戰爭的正當性（Jus ad bellum）　正義戰爭理論的一部分，規定國家以道德訴求啟動戰爭的條件。傳統上包括正當理由、正確動機、合法權威、最後手段以及合理的獲勝機會，是「justice to war」之拉丁文。

危機穩定（crisis stability）　領導人在國際危機中所感受到的危機升級到戰爭的壓力之測量。在領導人相信軍事技術或學說有利於進攻方的時候，危機的穩定性是很低的。而當他們相信防禦方占上風的時候，危機的穩定性則很高。在危機的穩定性高的時候，較容易解決國際危機，

因為領導人相信他們有足夠的時間找到解決方案。

自決（self-determination） 人民決定自己的政治命運的權利（不一定涉及自治；可能是選擇成為更大的政治社群的一部分）。

自治（self-government） 人民自治的權利（一種特定的自決形式）。

自由主義（Liberalism） 國際關係的分析方法，認為國家是全球社會的一部分，在全球社會的脈絡下相互交流，強調國內政策是外交政策的依據。古典自由主義以康德、邊沁和穆勒的著作為理論來源。理查·羅斯克蘭斯是當代傑出的自由主義者。

行為者（actor） 其決定和行動對國際政治產生影響的任何人或團體。包括國家、非政府組織、跨國公司，甚至個人偶爾都有資格成為國際行為者。

同盟（alliance） 主權國家之間正式或非正式的安排，通常是為了相互保障自身的安全。

地緣政治學（geopolitics） 一種國際政治理論，它認為一國的位置、與他國的距離以及實力是決定其行為的關鍵因素。

多極（multipolarity） 一種由三個或者三個以上國家或國家同盟主導世界政治的國際關係體系結構。很多學者認為 19 世紀的歐洲是一種多極體系。

西發利亞（Westphalia） 見「西發利亞和約」。

西發利亞和約（Peace of Westphalia） 1648 年簽署並標誌三十年戰爭結束的一系列和平條約，它確立主權國家為國際體系的基本組織原則。

西發利亞條約（Treaty of Westphalia） 見「西發利亞和約」。

伯羅奔尼撒戰爭（Peloponnesian War） 更準確地說，是修昔底德所記述的第二次伯羅奔尼撒戰爭，它是發生在西元前 431 年到西元前 404 年之間的雅典人與斯巴達人之間的衝突，導致雅典人的失敗以及雅典民主黃金時代的終結。見「修昔底德」。

冷戰（Cold War） 美國與蘇聯之間的對抗，它大約從第二次世界大戰結束後開始，並持續到 1989 年柏林圍牆倒塌。雖然雙方在全球範圍進行了代理人的戰爭，但是美蘇的軍隊沒有直接交戰，從而造就了「冷戰」，而沒有導致「熱戰」。

兩極（bipolarity） 由兩個國家或國家同盟主導世界政治的國際體系結構。冷戰時期的國際體系通常被看作兩極體系，因為美國和蘇聯（兩個超級大國）是兩個最強大的國家，各領導一個同盟體系（美國領導的北約和蘇聯領導的華沙公約組織）。

阿拉伯之春（Arab Awakening） 有時稱「阿拉伯覺醒」或「阿拉伯復興」。反對北非和中東極權政府的抗議浪潮與革命，始於 2010 年 12 月的突尼西亞。

依賴理論（Dependency theory） 受到馬克思主義啟發的發展理論，在 20 世紀 60 及 70 年代流行，假設富裕國家處於國際體系的「中心」，將阻礙「邊緣」發展中國家的發展。

政府間組織（intergovernmental organization, IGO） 以主權國家為成員的組織。例如聯合國、國際貨幣基金和世界銀行。通常被稱為國際機構。

政府間關係（transgovernmental relations） 國家政府的次級單位之間的關係。

非政府組織（nongovernmental organization, NGO） 從廣義上說，它指的是任何一個代表了國家以及跨國公司以外的行為者利益的組織。通常包括跨國或國際團體（有時也稱國際非政府組織）。著名的非政府組織包括天主教教會、綠色和平組織以及國際紅十字會。

前南斯拉夫問題國際刑事法庭（International Criminal Tribunal for the Former Yugoslavia） 聯合國安理會設立的臨時法庭，負責審判南斯拉夫衝突解體（1991-1995）期間違反種族滅絕罪、反人類罪行或者戰爭罪行的人。

建設和平（peacebuilding） 聯合國秘書長蓋里在 1992 年創立的一個詞，指的是外國軍事與非軍事人員為了穩定受戰亂困擾的社會，建設持久的治理結構，以及為長期的和平、安全與發展創造條件，而採取的一系列行動。

建構主義（constructivism） 一種分析國際關係的方法，強調觀念、規範、文化和社會結構在塑造行為者認同、利益以及行為上的重要作用。約翰·魯傑、亞歷山大·溫特以及彼得·卡贊斯坦等人為著名的建構主義者。

核嚇阻（nuclear deterrence） 美國和蘇聯在冷戰時期所使用的一種戰略，旨在以毀滅性打擊威脅來阻止對方採取挑釁性行動（透過懲罰進行嚇阻）。

烏特勒支條約（Treaty of Utrecht） 在 1713 年簽署的一項條約，它代表著西班牙王位繼承戰爭的結束，並且確立了英國和法國在北美所占土地的合法性。

脆弱性（vulnerability） 改變相互依存體系結構所帶來的相對代價。它也可以被看作是違背或改變遊戲規則所帶來的代價。

馬克思主義（Marxism） 一種分析國際關係的方式，它從卡爾·馬克思以及弗里德里希·恩格斯著述中獲得靈感，把經濟階級視為主要行為者，從階級互動的角度來解釋世界事務中的模式與事件。伊曼紐爾·沃勒斯坦是一位著名的馬克思主義國際關係理論家。

修昔底德（Thucydides） 雅典指揮官，他撰寫的《伯羅奔尼撒戰爭史》是雅典與斯巴達之戰的編年史，是史上最早的歷史和國際關係著作之一。普遍認為修昔底德是現實主義之父。

現實主義（Realism） 認為國際政治本質上是權力和安全的鬥爭，至少可能是霍布斯所謂的「所有人相互為敵」的狀態。19 世紀著名的現實主義者包括奧地利外交部長梅特涅（Klemens von Metternich）和英國外交大臣卡斯爾雷子爵（Lord Castlereagh）。著名的 20 世紀和 21 世紀現實主義者包括摩根索、季辛吉和華茲。

新現實主義（Neorealism） 受客觀、嚴謹的自然科學所啟發的國際關係分析方法，認為國家的行為主要受到國際體系中權力分配的制約。著名的新現實主義者包括華茲和米爾斯海默。

新自由主義（Neoliberalism） 國際關係的分析方法，國家行為受到經濟相互依賴和國際機構的制約。柯恩是著名的新自由主義者。

虛擬歷史（virtual history） 反事實推理分析的一種特定型態，可以推論與原先確實發生所不同的事（即反事實）。

國家（State） 一個擁有主權、領土的政治單位。

國家利益（national interest） 國家對於自己在國際體系中的目標之認知。現實主義者、自由主義者以及建構主義者對於國家是怎樣界定自己的國家利益的，有著不同的認識。

國家道德主義（state moralism） 認為國際道德取決於主權國家遵守特定的遊戲規則，儘管這些規則並非總被遵守；國家邊界內的道德義務比國家之間的道德義務要重要得多。

國際刑事法庭（International Criminal Court） 一個審判違反種族滅絕、反人類罪行或者戰爭罪的個人之國際審判機構。根據羅馬規約而設立，2002 年 7 月 1 日開始運作。

國際制度（international institutions） 見「政府間組織」。

國際法（international law） 規範國家行為的條約和習慣之總稱。國際法也可以適用於在國際舞台上行動的個人。

國際法庭（International Court of Justice） 解決國家間爭端以及就聯合國大會以及其他權威機構提交的問題提出法律諮詢意見。國際法庭規約是聯合國憲章的組成部分（第十四章）。國際法庭設在海牙，其前身是國際聯盟常設國際法庭。

國際社會（international society） 一種使國際體系概念化的方式，它強調國際法、規範以及規則（包括協定與禮節規則）以及國家的權利與義務。建構主義者和國際關係理論「英國學派」中的英國學者（其中某些人屬於古典現實主義者）一般傾向於談論國際社會，而不是國際體系。新現實主義者正好與此相反。

國際非政府組織（international nongovernmental organizations, INGO） 一種關注國際事務的非政府組織。

國際貨幣基金（International Monetary Fund, IMF） 第二次世界大戰後建立起來的一個有關借貸的國際制度，主要任務是向發展中國家提供貸款，以便幫助穩定貨幣或糾正國際收支不平衡。

國際聯盟（League of Nations） 第一次世界大戰後創建的，致力於集體安全的國際組織。伍德羅・威爾遜是國際聯盟的主要宣導者，他在第一次世界大戰結束後所闡明的十四點計畫中，提出了建立國際聯盟的主張。國際聯盟由於無法有效地應對義大利在非洲、日本在中國東北以及德國在歐洲的侵略行為而失敗。國際聯盟是聯合國的先驅，後者致力避免前者的弊端。

國際體系（international system） 見「體系」。

強制和平（peace enforcement） 部署外國軍隊以迫使交戰的一方或者多方遵守聯合國有關停止衝突的決議。

敏感性（sensitivity） 相互依賴效應的大小與快慢。用來描述體系中某個部分的變化會在多短的時間內導致其他部分也發生變化。

硬實力（hard power） 通過強迫或收買來獲得預期結果的能力。

軟實力（soft power） 透過吸引或說服，而不是懲罰或收買，從而達到所要目的之能力。

單極（unipolarity） 一個國家擁有主導權力的國際體系結構。一些分析家把當今的國際體系視為單極體系，因為美國享有軍事優勢。但是，當今國際體系在經濟上是多極的。

圍堵（containment） 一種用來阻止某個潛在侵略者擴展其影響的地理範圍的對外政策。圍堵是冷戰時期美國對抗蘇聯共產主義的政策基石。

無政府狀態（anarchy） 即非統治制度。主權國家組成的西發利亞體系屬於無政府體系，因為國家之上沒有權威。在國際政治研究中，無政府狀態通常不是混亂狀態的同義詞，因為無政府體系也可以是很有秩序的。

結構（structure） 體系中單位的分布。結構決定單位之間的關係。現實主義者把權力分布視為國際體系結構的最重要特徵；建構主義者強調國際體系的社會層面（如規範、規則以及認同關係）。

超級大國（Superpower） 軍事影響力遍及全球、實力超群的大國。歷史上只有兩個真正的超級大國，即美國（1945 年至今）和蘇聯（1945 至 1991 年）。

進行戰爭手段的正當性（jus in bello） 正義戰爭理論的一部分，強調符合道德的戰爭方式。傳統上，這些方式包括：遵守戰爭法規；使用的武力與追求的目的相稱；遵守不傷害非戰鬥人員的原則。來自拉丁語中的「justice in war」。

集體安全（collective security） 兩個或兩個以上國家達成的一項共同應對侵略的協定（例如，把對一個國家的攻擊視為對所有國家的攻擊）。聯合國是建立在集體安全原則基礎之上的。韓戰（1950 至 1953 年）和波灣戰爭（1991 年）就是在聯合國監督下的兩個集體安全行動的例子。

綏靖（appeasement） 一般來說，是指試圖透過滿足一個咄咄逼人的大國之要求以防止衝突的行為。通常它特指兩次世界大戰之間英國推行的滿足德國合法申訴的政策，這是因為第一次世界大戰結束後所締結的凡爾賽和約含有嚴厲懲罰德國的條款。

經濟相互依存（economic interdependence） 在國家之間或者不同國家中的行為體之間存在的經濟上相互影響之情勢。

跨政府間關係（transgovernmental relations） 國家政府次級單位之間的關係。

跨國行為者（transnational actor） 任何一個其行為跨越邊界的非國家行為體。

對稱（symmetry） 指權力對比相對均等的國家或者行為者處於對立狀態的情勢。冷戰後半期的美國和蘇聯之間的核權力平衡，被普遍認為是一種對稱的衝突。

維也納會議（Congress of Vienna） 1815 年歐洲政治家的會議，代表著拿破崙戰爭的結束和被稱為歐洲協調的 19 世紀歐洲國際體系總框架的建立。

維持和平（peacekeeping） 部署中立的、攜帶輕型武器的外國軍隊或者警察，以便阻止在一個國家內或者國家之間發生的衝突。很多維和行動是在聯合國主持下進行的，但是聯合國之外的地區組織或者國家集團也可以採取維和行動。

歐洲協調（Concert of Europe） 歐洲大國在 1815 年維也納會議上所採用的一種機制，旨在

透過定期協商以及維持權力平衡來確保歐洲和平，恢復法國的地位並重新納入歐洲體系之中，以及積極地面對民族主義對歐洲大國領土完整與合法性的挑戰。

盧安達問題國際刑事法庭（International Criminal Tribunal for Rwanda） 聯合國安理會設立的臨時法庭，負責審判 1994 年在盧安達犯有種族滅絕罪、反人類罪行或者戰爭罪行的人。

嚇阻（deterrence） 一種透過部署足夠的軍力來有效地阻止一個潛在侵略者採取攻擊行動（即透過拒絕的嚇阻），或者嚴厲懲罰攻擊行動從而使得攻擊者相信攻擊行動的代價高於利益（即透過懲罰的嚇阻）的戰略。

環境目標（milieu goals） 有如民主或人權的非具體目標，與諸如領土的具體目標相應。

聯合國（United Nations, UN） 第二次世界大戰結束後成立的一個政府間國際組織，被設計來改善國際聯盟的弊端。

賽局理論（Game Theory） 有關理性行為者在策略互動背景下將如何行為的分析。

懷疑論者（skeptics） 懷疑論者堅信道德因素在討論國際關係的時候沒有什麼地位，因為不存在一個規定權利與義務的國際共同體。

穩定（stability） 見「危機穩定」「體系穩定」。

羅馬條約（Treaty of Rome） 在 1957 年簽署的一項條約，它奠定了歐洲一體化的基礎，先是促成歐洲共同市場的建立，最後形成歐洲聯盟和歐元的誕生。

關稅暨貿易總部定（General Agreement on Tariffs and Trade, GATT） 訂於 1947 年的一個關於關稅和貿易的國際協定，它在 1994 年為世界貿易組織（World Trade Organization, WTO）所取代。

霸權（hegemony） 在（軍事、金融，或者兩者合一的）國家體系內行使特別控制權的能力。今天的美國經常被認為是軍事和金融霸權。有一個真正霸權的國際體系被稱為單極體系。

權力（power） 大致說來是指達到自己的目的或目標的能力；具體則指影響別人、得到自己想要的結果之能力。羅伯特・達爾把權力界定為「讓別人做自己不想做的事情之能力」，這個定義更窄。硬實力包括胡蘿蔔與大棒，例如威脅或使用武力或經濟的以及其他形式的制裁或誘惑。軟實力或者「吸引力」包括樹立其他人模仿的典範，以觀點或者培養善意和信任來說服。

權力平衡（balance of power） 一個通常被用來描述下面幾種情勢的詞彙：（1）一個特定時間段內國際體系中的權力分布；（2）與一個國家或者國家集團結盟，以便防止另外一個國家取得權力優勢地位的政策；（3）有關國家在無政府狀態中應該如何行為的現實主義理論；（4）19 世紀歐洲多極體系。

體系（system） 一系列相互關聯、經常互動的單位。國際體系是一種特殊的體系，其單位是國際行為者，其中主權國家最為重要，主權國家之間互動的過程包括外交、談判、貿易以及戰爭。

體系穩定（system stability） 概括地說，指一個體系在沒有崩潰或者出現混亂的情況下吸收衝擊的能力之程度，具體來說，國際體系穩定指該體系戰爭傾向性的程度。

延伸閱讀

1.1
1. Kenneth Waltz, *Man, the State, and War: A Theoretical Analysis* (New York: Columbia University Press, 1959), pp. 1-15.
2. Richard Ned Lebow, *A Cultural Theory of International Relations* (Cambridge: Cambridge University Press, 2008), pp. 1-28.

1.2
1. Robert B. Strassler, ed., *The Landmark Thucydides: A Comprehensive Guide to the Peloponnesian War*, trans. Richard Crawley (New York: Touchstone, 1996).
2. Donald Kagan, *The Outbreak of the Peloponnesian War* (Ithaca, NY: Cornell University Press, 1969), pp. 31-56, 345-356.

1.3
1. Joel H. Rosenthal, ed., *Ethics & Interiational Affairs: A Reader, 3rd ed.* (Washington, DC: Georgetown University Press, 2009.
2. David A. Welch, "Can We Think Systematically About Ethics and Statecraft?" *Ethics and International Affairs*, Vol.8(1994), pp.23-37.

2.1
1. Barry Buzan, "From International System to International Society, Structural Realism and Regime Theory Meet the English School," *International Organization*, Vol.47. No3 (Summer 1993), pp.327-352.
2. Joseph S. Nye, Jr., *The Future of Power* (New York: Public Affairs, 2011).

2.2
1. J. David Singer, "The Levels of Analysis Problem in International Relations," in James N. Rosenau, ed., *International Politics and Foreign Policy* (New York: Free Press, 1969), pp.20-29.
2. Jack S. Levy, "Contending Theories of International Conflict: A Levels-of-Analysis Approach," in Chester A. Crocker and Fen Osler Hampson, eds., *Managing Global Chaos, Sources of and Responses to International Conflict* (Washington, DC: United States Institute of Peace, 1996), pp.3-24.

2.3
1. Annette Freyberg-Inan, Ewan Harrison, and Patrick James, eds., *Rethinking Realism in International Relations: Between Tradition and Innovation* (Baltimore, MD: Johns Hopkins University Press, 2009).
2. Andrew Moravcsik, "Taking Preferences Seriously, A Liberal Theory of International Politics," *International Organization*, Vol.51, No.4 (Autumn. 1997), pp.513-553.
3. Immanuel Wallerstein, *World-System Analysis: An Introduction* (Durham, NC: Duke University Press, 2004).
4. Stefano Guzzini and Anna Leander, eds., *Constructivism and International Relations: Alexander Wendt and His Critics* (London: Routledge, 2006).

2.4
1. Philip E. Tetlock and Aaron Belkin, eds., *Counterfactual Thought Experiments in World Politics: Logical, Methodological, and Psychological Perspectives* (Princeton, NJ: Princeton University Press, 1996).
2. Niall Ferguson, *Virtual History: Alternatives and Counterfactuals* (New York: Basic Books, 1999).

3.1
1. Edward Vose Gulick, *Europe's Classical Balance of Power* (New York: Norton, 1967).
2. William C. Wohlforth, Stuart J. Kaufman, and Richard Little, eds. *The Balance of Power in World History* (New York: Palgrave Macmillan, 2007).

3.2
1. Henry A. Kissinger, *A World Restored: Metternich, Castlereagh and the Problems of Peace, 1812-1822* (New York: Grosset & Dunlap, 1964).
2. John Lowe, *The Great Powers, Imperialism and the German Problem, 1865-1925* (London and New York: Routledge, 1994), pp.202-239.

3.3
1. Gordon Martel, *The Origins of the First World War* (New York: Pearson Longman, 2008).

2. William Mulligan, *The Origins of the First World War* (Cambridge: Cambridge University Press, 2010).

3. Kier A. Lieber, "The New History of World War I and What It Means for International Relations Theory," *International Security* 32: 2(Fall 2007), pp.155-191.

4.1

1. George Scott, *The Rise and Fall of the League of Nations* (New York: Macmillan, 1974).

2. Graham Ross, *The Great Powers and the Decline of the European States System, 1919-1945* (London: Longman,1983), pp.109-126.

4.2

1. A. J. P. Taylor, *The Origins of the Second World War* (Londoan: Hamilton, 1961).

2. Alan Bullock, "Hitler and the Origins of the Second World War," in W. R. Louis, ed. *The Origins of the Second World War: A. J. P. Taylor and His Critics* (New York: Wiley, 1972), pp.117-145.

3. Scott Sagan, "The Origins of the Pacific War," *Journal of Interdisciplinary History* 18:4 (Spring 1988), pp. 893-922.

5.1

1. Alexander L. George and Richard Smoke, *Deterrence in American Foreign Policy* (New York: Columbia University Press, 1974).

2. George F. Kennan, "The Sources of Soviet Conduct," *Foreign Affairs* 25:4 (July 1947), pp.566-582.

5.2

1. Robert J. McMahon, *The Cold War: A Very Short Introduction* (New York: Oxford University Press, 2003).

2. John Lewis Gaddis, *The Cold War: A New History* (New York: Penguin, 2005).

5.3

1. David A. Welch, *Painful Choices: A Theory of Foreign Policy Change* (Princeton, NJ: Princeton University Press, 2005), pp.117-160.

2. Richard J. Regan, *Just War: Principles and Cases* (Washington, DC: Catholic University of America Press, 1996), pp.136-150.

5.4

1. Richard Ned Lebow and Thomas Risse-Kappen, eds., *International Relations Theory and the End of the Cold War* (New York: Columbia University Press, 1995).

2. T. V. Paul, *The Tradition of Nori-Use of Nuclear Weapons* (Stanford, CA: Stanford University Press, 2009), pp.1-123.

3. Don Munton and David A. Welch, *The Cuban Missile Crisis: A Concise History* (New York: Oxford University Press, 2011).

4. Joseph S. Nye, Jr., *Nuclear Ethics* (New York: Free Press, 1986).

6.1

1. Anne L. Herbert, "Cooperation in International Relations: A Comparison of Keohane, Haas and Franck," *Berkeley Journal of International Law* 14:1 (1996), pp.222-238.

2. Linda M. Fasulo, *An Insider's Guide to the UN*, 3rd ed. (New Haven: Yale University Press, 2015), pp.1-22, 236-253.

6.2

1. Michael Walzer, *Just and Unjust Wars: A Moral Argument with Historical Illustrations* (New York: Basic Books, 2015), pp.86-108.

2. Gareth J. Evans, *The Responsibility to Protect: Ending Mass Atrocity Crimes Once and for All* (Washington, DC: Brookings Institution Press, 2008).

7

1. Vincent Pouliot, *International Security in Practice: The Politics of NATO-Russia Diplomacy* (Cambridge: Cambridge University Press, 2010).

2. Andrei. P. Tsygankov, *Russia and the West from Alexander to Putin: Honor in International Relations* (Cambridge: Cambridge University Press, 2012).

3. *Global Connections: The Middle East* (online resource, PBS), http://www.pbs.org/wgbh/globalconnections/mideast/index.html.

4. Joan Peters, *From Time Immemorial: The Origins of the Arab-Jewish Conflict over Palestine* (New York: Harper & Row, 1984).
5. Ian J. Bickerton and Carla L. Klausner, *A History of the Arab-Israeli Conflict*, 7th ed. (Upper Saddle River, NJ: Pearson, 2015).
6. F. Gregory Gause III, *The International Relations of the Persian Gulf* (Cambridge: Cambridge University Press, 2010).
7. Dilip Hiro, *The Longest August: The Unflinching Rivalry between India and Pakistan* (New York: Nation Books, 2015).
8. A. G. Noorani, *The Kashmir Dispute, 1947-2012* (New York: Oxford University Press, 2014).
9. S.Paul Kapur, *Dangerous Deterrent, Nuclear Weapons Proliferation and Conflict in South Asia* (Stanford, CA: Stanford University Press, 2007).
10. Bill Hayton, *The South China Sea: The Struggle for Power in Asia* (New Haven, CT: Yale University Press, 2014).
11. Anderw T. H. Tan, ed., *Security and Conflict in East Asia* (New York: Routledge, 2015).

8.1
1. Manfred B. Steger, *Globalization: A Very Short Introduction* (Oxford: Oxford University Press, 2009).
2. Dani Rodrik, *The Globalization Paradox: Democracy and the Future of the World Economy* (New York: W. W. Norton & Co., 2011).

8.2
1. Robert O. Keohane and Joseph S. Nye, Jr., *Power and Interdependence*, 4th ed. (New York: Longman, 2011).
2. Mark J C. Crescenzi, *Economic Interdependence and Conflict in World Politics* (Lanham, MD: Lexington Books, 2005).

8.3
1. Francisco R. Parra, *Oil Politics: A Modern History of Petroleum* (New York: I. B. Tauris, 2004).
2. Daniel Yergin, "Ensuring Energy Security," *Foreign Affairs*, March/ April (2006), pp. 28-36.

9.1
1. Ronald J. Deibert, *Parchment, Printing, and Hypermedia: Communication in World Order Transformation* (New York: Columbia University Press, 1997).
2. Elizabeth C. Hanson, *The Information Revolution and World Politics* (Lanham, MD: Rowman & Littlefield, 2008).

9.2
1. Peter Mandaville and Terence Lyons, eds., *Politics from Afar: Transnational Diasporas and Networks* (New York: Columbia University Press, 2011).
2. Christer Jönsson and Jonas Tallberg, eds., *Transnational Actors in Global Governance: Patterns, Explanations and Implications* (New York: Palgrave Macmillan, 2010).

10.1
1. Francis Fukuyama, "The End of History," *National Interest* 16 (Summer 1989), pp. 3-18, Francis Fukuyama, "Second Thoughts: The Last Man in a Bottle," *National Interest* 56 (Summer 1999), pp. 16-33; and "Responses to Fukuyama," *National Interest* 56 (Summer 1999), pp. 34-44.
2. John Mearsheimer, "Back to the Future," *International Security* 15:1 (Summer 1990), pp. 5-56; and Stanley Hoffmann, Robert Keohane, and John Mearsheimer, "Back to the Future: Part II ," *International Security* 15:2 (Fall 1990), pp. 191-199.
3. Samuel Huntington, "The Clash of Civilization?" *Foreign Affairs* 72:3 (Summer 1993), pp. 22-49.
4. Charles W. Kegley and Gregory A Raymond, *The Global Future: A Brief Introduction to World Politics* (Boston: Wadsworth, 2011), pp. 377-392.

10.2
1. Daniel Deudney, *Bounding Power: Republican Security Theory from the Polis to the Global Village* (Princeton, NJ: Princeton University Press, 2007), pp.1-26, 193-277.
2. T.V. Paul and John A. Hall, eds., *International Order and the Future of World Politics* (Cambridge: Cambridge University Press, 1999).
3. Heikki Patomäki, *The Political Economy Global Security: War, Future Crises and Changes in Global Government* (London: Routledge, 2008).

注釋

第一章

1. Calculated from UCDP/PRIO Armed Conflict Dataset v.4-2014a, 1946-2013; 參見 Nils Peter Gleditsch, Peter Wallensteen, Michael Eriksson, Margareta Sollenberg, and Håvard Strand, "Armed Conflict, 1946-2001: A New Dataset," *Journal of Peace Research* 39:5(September 2002), pp.615-637; Lotta Themnér and Peter Wallensteen, "Armed Conflict, 1946-2012, " *Journal of Peace Research* 50:4(July 2013), pp.509-521.

2. Thomas Hobbes, *Leviathan*, ed. C.B. MacPherson (London: Penguin, 1981), p.186.

3. The New York World, "From Our Dec. 13 Pages, 75 Years Ago," *International Herald Tribune*, December 13, 1985.

4. Miles Kahler, "Inventing International Relations: International Relations Theory after 1945," in Michael W. Doyle and G. John Ikenberry, eds., *New Thinking in International Relations Theory* (Boulder, CO: Westview, 1977), p.38.

5. Emanuel Adler, "Constructivism in International Relations: Sources, Contributions, Debates and Future Directions," in Walter Carlsnaes, Thomas Risse, and Beth Simmons, eds., *Handbook of International Relations* (Thousand Oaks, CA: Sage, 2003).

6. Ian Hurd, quoting Alexander Wendt, "Constuctivism," in Christopher Reus-Smit and Duncan Snidal, *Oxford Handbook of International Relations* (Oxford: Oxford University Press, 2008).

7. Michael Barnett, "Social Constructivism," in John Baylis and Steve Smith, eds., *The Globalization of World Politics*, 3rd ed. (Oxford: Oxford University Press, 2005), p.260.

8. http://hdr.undp.org/en/content/table-4-gender-inequality-index.

9. http://www.guide2 womenleaders.com/Current-Women-Leaders.htm.

10. Jacqui True, "Feminism," in Scott Burchill and Andrew Linklater, eds., *Theories of International Relations*, 3rd ed. (New York: Palgrave Macmillan, 2005), p.233.

11. John Maynard Keynes, *The General Theory of Employment, Interest and Money* (London: Macmillan, 1936), p.383.

12. Forbes, World's Biggest Public Companies, http://www.forbes.com/global2000/list/(values calculated May 2014); World Bank, GDP 2013(current $ US), http://data.worldbank.org/indicator/N.GDP.MKTP.CD.

13. Peter D. Feaver and Christopher Gelpi, *Choosing Your Battles: American Civil-Military Relations and the Use of Force* (Princeton, NJ: Princeton University Press, 2004).

14. Robert Gilpin, *War and Change in World Politics* (Cambridge, England: Cambridge University Press, 1981), pp.227–228.

15. Thucydides, *History of the Peloponnesian War* 2.63, trans. Richard Crawley; in Robert B. Strassler, ed., *The Landmark Thucydides: A Comprehensive Guide to the Peloponnesian War* (New York: Touchstone, 1996), pp.125-126.

16. 1.78; ibid., p.44.

17. 1.36; ibid., p.24.

18. 1.44; ibid., p.28.

19. 1.22; ibid., p.16.

20. Donald Kagan, *The Outbreak of the Peloponnesian War* (Ithaca, NY: Cornell University Press, 1969), p.354. 對於雅典擴張的另一種解釋，見 G. E. M.de Ste. Croix, The Origins of the Peloponnesian War (Ithaca, NY: Cornell University Press, 1972), pp.60, 201-203

21. Joseph S. Nye, Jr., "As China Rise, Must Others Bow?" *The Economist*, June 27, 1998, p.23.

22. Thucydides, *History of the Peloponnesian War*, 1.33, p.22.

23. 5.89; ibid., p.352.

24. 1.76; ibid., p.43.

25. Reinhold Niebuhr, "For Peace, We Must Risk War," *Life*, September 20, 1948, p.39.

第二章

1. 依據本尼迪克特‧安德森的話來説，民族是一個「想像的共同體」，因此我們經常很難給出一個客觀的定義，從某種程度上説，民族是一個自我定義的實體。Benedict Anderson, *Imagined Communities: Reflections*

　 on the Origin and Spread of Nationalism (London: Verso, 1991).

2. 一個國家以居民自治權的名義向另外一個國家提出領土要求，這樣的主張被稱為「領土收復主義」（irredentism），它來自義大利語irredenta，意思是「未贖回的」。

3. 參見http://www.hutt-river-province.com/.

4. Andrew F. Cooper, Celebrity Diplomacy (Boulder, CO: Paradigm Publishers, 2008).

5. 我們習慣用「失敗」國家這個名詞來指本書所說的最「脆弱」國家。參見http://fsi.fundforpeace.org/rankings-2015.

6. David A. Welch, Justice and the Genesis of War (Cambridge: Cambridge University Press, 1993), pp.76-94.

7. Hedley Bull, The Anarchical Society: A Study of Order in World Politics (London: Macmillan, 1977).

8. Paul R. Hensel, "Territory: Theory and Evidence on Geography and Conflict," in John A. Vazquez,ed., What Do We Know About War? (New York: Rowman & Littlefield, 2000), p.62.

9. Geoffrey Blainey, The Causes of War (New York: Free Press, 1973), p.150.

10. Alexander L. George and Juliette L. George, Woodrow Wilson and Colonel House (New York: John Day Co., 1956)

11. 寫得最好的可能是 Fritz Redlick, Hitler: Diagnosis of a Destructive Prophet (New York: Oxford University Press, 1999).

12. V. I. Lenin, Imperialism: The Highest Stage of Capitalism (New York: International Publishers, 1977), p.119.

13. Richard Cobden, quoted in Kenneth N. Waltz, Man, the State, and War: A Theoretical Analysis (New York: Columbia University Press, 1959), p.104.

14. Barry M. Blechman, The Politics of National Security: Congress and U.S.Defense Policy (New York: Oxford University Press, 1990), pp.36-37.

15. Robert K. Merton, Social Theory and Social Structure, rev. and enl. ed. (New York: Free Press, 1965), pp.12-16.

16. James Mayall, Nationalism and International Society (Cambridge: Cambridge University Press, 1990), p.15.

17. Richard Rosecrance, The Rise of the Trading State: Commerce and Conquest in the Modern World (New York: Basic, 1986), p.ix.

18. Robert O. Keohane, After Hegemony: Cooperation and Discord in the World Political Economy (Princeton, NJ: Princeton University Press, 1984).

19. Karl W. Deutsch, Political Community and the North Atlantic Area: International Organization in the Light of Historical Experience (Princeton, NJ: Princeton University Press, 1957).

20. Michael Doyle, "Liberalism and World Politics," American Political Science Review, Vol.80, No.2(December 1986), pp. 1151-1169.

21. 參見 http://www.tylervigen.com/view_correlation?id=1703.

22. Freedom House, Freedom in the World 2014, https://freedomhouse.org/report/freedom-world/freedom world-2014.

23. Peter J. Katzenstein, Rethinking Japanese Security: Internal and External Dimensions (New York: Routledge, 2008), Margaret E. Keck and Kathryn Sikkink, Activists Beyond Borders: Advocacy Networks in International Politics (Ithaca, NY: Cornell University Press, 1998); Martha Finnemore, The Purpose of Intervention: Changing Beliefs about the Use of Force (Ithaca, NY: Cornell University Press, 2003); Matthew J. Hoffmann, Ozone Depletion and Climate Change: Constructing a Global Response (Albany: State University of New York Press, 2005); Emanuel Adler and Michael Barnett, Security Communities (Cambridge: Cambridge University Press, 1998).

24. Václav Havel, "Address to U.S.Congress," Congressional Record, February 21, 1990, pp.S1313-1315.

25. 另請參見James G.Blight, Janet M. Lang, and David A. Welch, Virtual JFK: Vietnam if Kennedy Had Lived (Lanham, MD: Rowman & Littlefield, 2010).

第三章

1. 「庇里牛斯條約」（1659）標誌著1635年開始的法西戰爭的結束，通常被認為是全面解決方案中的一部分。

2. Kalevi J. Holsti, Peace and War: Armed Conflicts and International Orders, 1648-1989 (Cambridge: Cambridge University Press, 1991), p.39.

3. Charles Tilly, "War Making and State Making as Organized Crime," in Peter B. Evans, Dietrich Rueschemeyer, and Theda Skocpol, eds., *Bringing the State Back in* (Cambridge: Cambridge University Press, 1985), pp.169-191.

4. Richard Cobden, *The Political Writings of Richard Cobden* (London: Unwin, 1903; New York: Kraus Reprint, 1969).

5. Aaron L. Friedberg, *The Weary Titan: Britain and the Experience of Rela tive Decline*, 1895-1905 (Princeton, NJ: Princeton University Press, 1988).

6. Winston Churchill, June 22, 1941, to his private secretary, Sir John Colville, 引自 Robert Rhodes James, ed., *Churchill Speaks: Winston Churchill in Peace and War: Collected Speeches 1897-1963* (New York: Chelsea, 1980),

7. Paul Schroeder, "The Nineteenth Century System: Balance of Power or Political Equilibrium?" *Swords & Ploughshares* 4:1 (October 1989), p.4.

8. John J. Mearsheimer, "Back to the Future; Instability in Europe after the Cold War," *International Security*, Vol.15, No.1(Summer 1990), pp.5-56.

9. Bernhard von Bülow, *Memoirs of Prince Von Bülow 1909-1919* (Boston: Little, Brown 1932), pp.165-166.

10. Christopher Clark, *The Sleepwalkers: How Europe Went to War in 1914* (New York: HarperCollins, 2013), p.123

11. Richard Ned Lebow, *Between Peace and War: The Nature of International Crisis* (Baltimore: John Hopkins University Press, 1981), p.144.

12. Kaiser Wilhelm II, quoted in Richard Ned Lebow, *Between Peace and War: The Nature of International Crisis*, p.139.

13. Fritz Fischer, *Germany's Aims in the First World War* (New York: W.W. Norton, 1967).

14. Margaret MacMillan, *The War That Ended Peace: The Road to 1914* (New York: Random House, 2013), p.584.

15. Lebow, *Between Peace and War*, p.144.

16. A. J. P. Taylor, *The Struggle for Mastery in Europe, 1848-1918* (Oxford: Clarendon Press, 1971).

17. MacMillan, *The War That Ended Peace*, p.63.

18. Winston Churchill, *The World Crisis* (New York: Scribner's, 1923), p.188.

第四章

1. Woodrow Wilson, 引自Ray S. Baker and William E. Dodd, eds., *The Public Papers of Woodrow Wilson: War and Pearce*, vol.I (New York: Harper, 1927), pp.182-183.

2. Alexander L. George and Juliette L. George, *Woodrow Wilson and Colonel House* (New York: John Day Co., 1956). 另外還可參見 John Milton Cooper, Jr., *Breaking the Heart of the World: Woodrow Wilson and the Fight for the League of Nations* (Cambridge: Cambridge University Press, 2001).

3. Woodrow Wilson, 引自 Inis L. Claude, *Power and International Relations* (New York: Randon House, 1962), p.104.

4. 事實上，該條約原定於華盛頓會議上簽署，承認日本的大國地位。英國決定終止該條約，是因為受加拿大政府影響，加拿大政府擔心續簽該條約會讓美國不高興。參見 Phillips Payson O'Brien, "Britain and the End of the Anglo-Japanese Alliance," in Phillips Payson O'Brien, ed., *The Anglo-Japanese Alliance, 1902-1922* (London: Routledge Curzon, 2003), pp.264-284.

5. 引自 F. P. Walters, *A History of the League of Nations* (London: Oxford University Press, 1952), p.653 .

6. A. J. P. Taylor, *The Origins of the Second World War*, 2nd ed. (Greenwich, CT: Fawcett, 1961), p.281.

7. Ibid., p.xvi.

8. Ian Kershaw, "Hitler and the Nazi Dictatorship," in Mary Fulbrook, ed., *German History Since 1800* (London: Edward Arnold, 1997), p.336.

9. 希特勒是眾多傳記與性格研究著作的對象。當然，任何一個有關第二次世界大戰的歷史著述都會詳細提到希特勒，特別具有啟示的一本相對較舊的傳記：Alan Bullock, *Hitler: A Study in Tyranny*, abr. ed. (New York: Harper & Row, 1971), 有一本最有創意的心理傳記作品，它詳盡地分析並提出合理謹慎的結論。該書就是 Fritz Redlick, *Hitler: Diagnosis of a Destructive Prophet* (New York: Oxford University Press, 1999).

10. Adolf Hitler, 引自Gordon Craig, *Germany, 1866-1945* (New York: Oxford University Press, 1978), p.712.

11. Bullock, *Hitler*, p.190; John Toland, *Adolf Hitler* (Garden City, NY: Doubleday, 1976), pp.467-469; Sidney Aster, *1939, The Making of the Second World War* (New York: Simon and Schuster, 1973), p.235.

12. Dean Acheson, 引自Scott Sagan, "The Origins of the Pacific War," in Robert I. Rotberg and Theodore K. Rabb, eds., *The Origin and Prevention of Major Wars* (New York: Cambridge University Press, 1989), pp.335-336.

13. Sagan, "The Origins of the Pacific War," p.325.

14. K. Tsukada, 引自 Scott Sagan, "Deterrence and Decision: A Historical Critique of Modern Deterrence Theory" (Ph. D. thesis, Harvard University, 1983), p.280.

15. Stephen R. Rock, *Appeasement in International Politics* (Lexington: University Press of Kentucky, 2000), pp.25-47.

16. Robert J. Caputi, *Neville Chamberlain and Appeasement* (Selinsgrove, PA: Susquehanna University Press, 2000), p.39.

17. Neville Chamberlain, *In Search of Peace: Speeches 1937-38* (London: Hutchinson, n.d.), p.59.

18. David P. Calleo, *The German Problem Reconsidered; Germany and the World Order, 1870 to the Present* (Cambridge: Cambridge University Press, 1978), p.6.

第五章

1. Joyce Kolko and Gabriel Kolko, *The Limits of Power: The World and United States Foreign Policy, 1945-1954* (New York: Harper & Row, 1972); William Appleman Williams, *The Tragedy of American Diplomacy* (New York: Dell Pub. Co., 1972).

2. John Lewis Gaddis, *The Cold War: A New History* (New York: Penguin, 2005); *We Now Know: Rethinking Cold War History* (Oxford: Clarendon Press, 1997).

3. Milovan Djilas, *Conversations with Stalin*, trans. Michael B. Petrovich (San Diego: Harcourt Brace Jovanovich, 1962), p.114.

4. Roosevelt to Stalin, October 4, 1944; in Susan Butler, ed., *My Dear Mr. Stalin: The Complete Correspondence between Franklin D. Roosevelt and Joseph V. Stalin* (New Haven, CT: Yale University Press, 2005), p.260.

5. William Taubman, *Stalin's American Policy* (New York, Norton, 1982), p.133.

6. Ibid., p.36.

7. Dean Acheson, *Present at the Creation* (New York: Norton, 1969), p.375.

8. X (George F. Kennan), "The Sources of Soviet Conduct," *Foreign Affairs*, Vol.25, No.4(July 1947), pp.566-582. Republished with permission of Foreign Affairs from George Kennan, "The Sources of Soviet Conduct." Permission conveyed through Copyright Clearance Center, Inc.

9. Ibid., p.582.

10. Norman Podhoretz, *Why We Were in Vietnam* (New York: Simon and Schuster, 1982).

11. Paul M. Kennedy, *The Rise and Fall of Great Powers: Economic Change and Military Conflict from 1500 to 2000* (London: Fontana Press, 1989).

12. Joseph A. Schumpeter, Capitalism, *Socialism and Democracy* (Milton Park, Abingdon, Oxon: Routledge, 2010).

13. John L. Gaddis, "The New Cold War History, " *Foreign Policy Research Institute Footnotes* 5:5 (June, 1998).

14. Michael Doyle, "Liberalism and World Politics, " *American Political Science Review*, Vol.80, No.4 (December 1986), pp1151-1169,

15. Committee on the Atmospheric Effects of Nuclear Explosions, National Research Council, *The Effects on the Atmosphere of a Major Nuclear Exchange* (Washington, D.C.: National Academy Press, 1985).

16. The United States Catholic Conference, "The Challenge of Peace: God's Promise and Our Response," *Origins* 13:1 (May 19, 1983), p.1.

17. Kenneth N. Waltz, *Theory of International Politics* (New York, Random House, 1979).

18. John Mueller, "The Essential Irrelevance of Nuclear Weapons: Stability in the Postwar World, " *International Security*, Vol. 13, No.2 (Autumn 1988), pp.55-79.

19. 引自 *The New York Times*, April 30, 1985, p.6.

20. Stephen E. Ambrose, *Eisenhower* (New York: Simon & Schuster, 1983), p.184.

21. 中央情報局在1961年獲得的情報表明,蘇聯人擁有10至25枚洲際彈道飛彈(ICBM)。Jeffrey Richelson, *The Wizards of Langley: Inside the CIA's Directorate of Science and Technology* (Boulder, CO: Westview Press, 2001), p.28.

22. 在危機高潮階段發生了一些令人清醒的事件。在美國方面有:一架間諜飛機意外闖入蘇聯領空;一枚「大力神」洲際彈道飛彈根據預先計畫好的飛行試驗程式在加州發射;蒙大拿州的一個「民兵」洲際彈道飛彈技術小組用電線短路法啟動發射控制系統;一個訓練用的錄音帶被錯誤地輸入紐澤西州的雷達監視器中,

顯示蘇聯正發動導彈攻擊。在蘇聯方面有:一位潛艇指揮官誤以為戰爭已經爆發,下令裝載和發射魚雷(該行動被潛艇上一位頭腦比較冷靜的政委官制止);違反軍令擊落一架飛越古巴上空的美國間諜飛機,參見 Don Munton and David A. Welch, *The Cuban Missile Crisis: A Concise History*, 2nd ed. (New York: Oxford University Press, 2011), pp.99-100, 也可參見Michael Dobbs, *One Minute to Midnight: Kennedy, Khrushchev, and Castro on the Brink of Nuclear War* (New York: Knopf, 2008).

23. Khrushchev to Kennedy, October 26, 1962, http://microsites.jfklibrary.org/cmc/oct26/doc4.html.

24. Ernest R. May and Philip D. Zelikow, eds., *The Kennedy Tapes, Inside the White House During the Cuban Missile Crisis* (Cambridge, MA: Belknap & Harvard University Press, 1997), p.1.

25. James Blight and David Welch, *On the Brink: Americans and Soviets Reexamine the Cuban Missile Crisis* (New York: Hill & Wang, 1989), p.80.

26. Robert McNamara, *Blundering into Disaster: Surviving the First Century of the Nuclear Age* (New York: Pantheon, 1986), p.14.

27. Theodore C. Sorensen, *Kennedy* (New York: Harper & Row, 1965), p.705.

28. National Conference of Catholic Bishops, *The Challenge of Peace: God's Promise and Our Response: A Pastoral Letter on War and Peace* (Washington, D.C.: U.S. Catholic Conference, 1983).

第六章

1. Anthony Eden, 引自 Robert R. Bowie, *Suez 1956* (New York: Oxford University Press, 1974), p.124.

2. "Binding the Colossus," *The Economist*, November 22, 2003, pp.25-26.

3. 數字資料來源引自UCDP/PRIO Armed Conflict Dataset v.4-2014a, 1946-2013. 也可參見Nils Peter Gleditsch, Peter Wallensteen, Michael Eriksson, Margareta Sollenberg and Hårvard Strand, "Armed Conflict, 1946-2001: A New Dataset," *Journal of Peace Research* 39:5 (September 2002), pp.615-637; Lotta Themnér and Peter Wallensteen, "Armed Conflict 1946-2012," *Journal of Peace Research* 50:4 (July 2013), pp.509-521.

4. Chester A. Crocker, Fen Osler Hampson, and Pamela R. Aall, eds, *Managing Conflict in a World Adrift* (Washington, DC: United States Institute of Peace Press, 2014).

5. Steven J. Mock, *Symbols of Defeat in the Construction of National Identity* (Cambridge: Cambridge University Press, 2011).

6. Michael Ignatieff, *Blood and Belongirig: Journeys into the New Nationalism* (New York: Farrar, Straus and Giroux, 1994).

7. John Mueller, "The Banality of Ethnic War," *International Security* 25:1 (Summer 2000), p.42.

8. Stuart Kaufman, *Modern Hatreds* (Ithaca, NY: Cornell University Press, 2001), p.220.

9. Pew Research Center, "Despite Concerns about Governance, Ukrainians Want to Remain One Country," May 8, 2014, http://www.pewglobal.org/files/2014/05/Pew-Global-Attitudes-Ukraine-Russia-Report-FINAL-May-8-2014.pdf.

10. International Commission on Intervention and State Sovereignty, *The Responsibility to Protect: Report of the International Commission on Intervention and State Sovereignty* (Ottawa, International Development Research Center, 2001), p.XI.

11. Convention on the Prevention and Punishment of the Crime of Genocide, 1948, http://www.hrweb.org/legal/genocide.html.

第七章

1. John Mueller, *Retreat from Doomsday: The Obsolescence of Major War* (New York: Basic Books, 1989).

2. Robert B. Strassler and Richard Crawley, eds., *The Landmark Thucydides: A Comprehensive Guide to the Peloponnesian War* (New York: Free Press, 1996), I.23. 本書第一章曾經提到,修昔底德的詮釋是有爭議的:根據卡根的觀點,雅典在當時並非是個正在崛起的國家。參見 Donald Kagan, *The Outbreak of the Peloponnesian War* (Ithaca, NY: Cornell University Press, 1969), p.354.

3. 儘管購買力平價(PPP)是透過價格調整來比較國家財富的很好方法,但是它用來比較國家硬實力還是有所不足,因為某些成本(如武器進口)並不能用真實的匯率來計算。

4. Sanjoy Banerjee, "Rules, Agency, and International Structuration," *International Studies Review* 17:2 (June 2015), p.276.

5. Luke Harding, "Russia Threatening New Cold War over Missile Defense," *The Guardian* (April 11, 2007), http://www.theguardian.com/world/2007/apr/11/usa.topstores3; 參見 John Norris, *Collision Course: NATO, Russia, and Kosovo* (Westport, CT: Praeger, 2005).

6. *Fragmented Lives: Humanitarian Overview 2014* (East Jerusalem: United Nations Office for the Coordination of Humanitarian Affairs, Occupied Palestinian Territory, March 2015), http://www.ochaopt.org/documents/annual_humanitarian_overivew_2014_english_final.pdf.

7. 他的話可以直譯為「占領耶路撒冷的政權將隨著時間的推移而消失」。 "Corrections and Clarifications," *The Guardian*, April 23, 2009, http://www.theguardian.com/theguardian/2009/apr/23/corrections-clarifications.

8. Jacques E.C. Hymans, "Iran Is Still Botching the Bomb," Foreign Affairs (February 18, 2013), https://www.foreignaffairs.com/articles/iran/2013-02-18/iran-still-botching-bomb.

9. Linda J. Bilmes, "The Financial Legacy of Iraq and Afganistan: How Wartime Spending Decisions Will Constrain Future National Security Budgets," *HKS Faculty Research Working Pater RWP13-006* (March 2013), https://research.hks.harvard.edu/publications/workingpapers/citation.aspx?Publd=8956&type=WPN.

10. John J. Mearsheimer, "The Gathering Storm: China's Challenge to US Power in Asia," *Chinese Journal of International Politics* 3:4 (Winter 2010), p.382.

11. Minxin Pei, "Asia's Real Challenge: China's Potemkin' Rise," *The Diplomat* (2013), http://thediplomat.com/2013/05/asias-real-challenge-chinas-potemkin-rise/. 參見 David Shambaugh, "The Coming Chinese Crackup," *Wall Street Journal* (March 6, 2015), http://www.wsj.com/articles/the-coming-chinese-crack-up-1425659198.

12. David A. Welch, "Can the United States and China Avoid a Thucydides Trap?," *e-International Relations* (2015), http: //www.e-ir.info/2015/04/06/can-the-united-states-and-china-avoid-a-thucydides-trap/.

13. James Manicom, *Bridging Trouble Waters: China, Japan, and Maritime Order in the East China Sea* (Washington, DC: Georgetown University Press, 2014).

第八章

1. Dani Rodrik, *Has Globalization Gone Too Far?* (Washington, DC: Institute for International Economics, 1997), p. 2.

2. Jonathan Masters, "What Are Economic Sanctions?" *CFR Backgrounders* (April 8, 2015), http://www.cfr.org/sanctions/economic-sanctions/p36259.

3. Thomas Friedman, *The Lexus and the Olive Tree: Understanding Globalization* (New York: Farrar Straus & Giroux, 1999), pp. 7-8.

4. Joseph Stiglitz, "Weightless Concerns," *Financial Times* (London), February 3,1999, p. 14.

5. John Maynard Keynes, *The Economic Consequences of the Peace* (New York: Penguin, 1988), p. 11.

6. Robert Wade, "Winners and Losers," and "Of Rich and Poor," *The Economist*, April 28, 2001, pp. 72-74, 80. 全球不平等難以衡量，總是存在著某種程度的不確定性。然而儘管收入不平等自工業革命以來大幅增加，我們有理由相信它可能在最近幾十年已經略有降低。參見 Branko Milanovic, *Global Income Inequality by the Numbers: In History and Now*, World Bank Development Research Group Policy Research Working Paper 6259 (November 2012), http://elibrary.worldbank.org/doi/pdf/10.1596/1813.9450-6259.

7. Karl Polanyi, *The Great Transformation: The Political and Economic Origins of Our Time* (Boston, MA: Beacon Press, 2001).

8. UK Special Representative for Climate Change John Ashton, Speech at the School of Oriental and African Studies (SOAS) in London, September 27, 2006.

9. Edmund L. Andrews, "Snow Urges Consumerism on China Trip," *International New York Times*, (October 14, 2005), http://www.nytimes.com/2005/10/14/business/snow-urges-consumerism-on-china-trip.html.

10. Edmund Andrews, "Snow Urges Consumerism on China Trip," *The New York Times*, October 14, 2005, p. 1.

11. Lester Brown, *World Without Borders* (New York: Random, 1972), p. 194.

12. Rakesh Mohan, Valedictory Address, Reserve Bank of India, Asia Regional Economic Forum, September 20, 2007.

13. 1959 年的國防生產共享協議、1965 年的汽車協定及 1988 年的美加自由貿易協定。Michael Hart, *A Trading Nation: Canadian Trade Policy from Colonialism to Globalization* (Vancouver: UBC Press, 2002), pp. 214-217,

240-247, 367-393.

14. Robert Kagan, *Of Paradise and Power: America and Europe in the New World Order* (New York: Vintage, 2004), p.1.

15. "Still Holding Customers over a Barrel," *The Economist*, October 25, 2003, pp. 61-63.

16. Adjusted to March 2015; http://inflationdata.com/inflation/inflation_rate/historical_oil_prices_table.asp.

第九章

1. Gitta Rohling, "Facts and Forecasts: Billions of Things, Trillions of Dollars," *Pictures of the Future* (October 1, 2014), http://www.siemens.com/innovation/en/home/pictures-of-the-future/digitalization-and-software/internet-of-things-facts-and-forecasts.html.

2. Ronald J. Deibert, *Parchment, Printing, and Hypermedia: Communication in World Order Transformation* (New York: Columbia University Press, 1997).

3. Daniel Deudney, *Bounding Power: Republican Security Theory from the Polis to the Global Village* (Princeton, NJ: Princeton University Press, 2007).

4. Daniel Bell, *The Coming of Post-Industrial Society: A Venture in Social Forecasting* (New York: Basic Books, 1999), pp. 94, 97.

5. Pippa Norris, *The Digital Divide: Civic Engagement, Information Poverty, and the Internet Worldwide* (New York: Cambridge University Press, 2001), p. 232.

6. Douglas McGray, "The Silicon Archipelago," *Daedalus* 128:2 (Spring 1999), p.167.

7. Alvin Toffler and Heidi Toffler, *The Politics of the Third Waves* (Kansas City, MO: Andrews and McMeel, 1995); Peter Drucker, "The Next Information Revolution," *Forbes* , August 24, 1998, pp. 46-58.

8. John G. Ruggie, "Territoriality and Beyond: Problematizing Modernity in International Relations," *International Organization* 47:1 (Winter 1993), pp. 143, 155.

9. Saskia Sassen, "On the Internet and Sovereignty," *Indiana Journal of Global Legal Studies* 5(Spring 1998), p.551.

10. Stephen Krasner, "Sovereignty," *Foreign Policy 121* (January/February 2001), p. 24; Linda Weiss, *The Myth of the Powerless State* (Ithaca, NY: Cornell University Press, 1998).

11. David Bollier, "The Rise of Netpolitik: How the Internet Is Changing International Politics and Diplomacy," http://www.aspeninstitute.org/sites/default/files/content/docs/cands/NETPOLITIK.PDF, p. 21.

12. Jennifer Lee, "How Protesters Mobilized So Many and So Nimbly," *The New York Times*, February 23, 2003, "Week in Review", p. 4.

13. 有關其含義的各種觀點，參見 "What is the International Community?" in the September 2002 issue of *Foreign Policy*.

14. Norris, *The Digital Divide*, p. 191.

15. Ibid.

16. James N. Rosenau, *Distant Proximities: Dynamics Beyond Globalization* (Princeton, N.J.: Princeton University Press, 2003), p. 11.

17. Herbert A. Simon, "Information 101: It's Not What You Know, It's How You Know It," *Journal for Quality and Participation* 21:4 (July/August 1998), pp. 30-33.

18. Edward Kaufman, "A Broadcasting Strategy to Win Media Wars," *The Washington Quarterly* 25:2 (Spring 2002), p. 118.

19. George Akerlof, "The Market for 'Lemons': Quality Uncertainty and the Market Mechanism," *Quarterly Journal of Economics*, Vol. 84, No. 3 (August 1970), pp. 488-500.

20. "Defense Secretary Urges More Spending for U.S. Diplomacy," *New York Times*, November 27, 2007.

21. Peter T. Haydon, *The 1962 Cuban Missile Crisis: Canadian Involvement Reconsidered* (Toronto: Canadian Institute of Strategic Studies, 1993).

22. Search of Factiva/Dow Jones database January 14-25, 2003.

23. Peter J. Spiro, "New Global Communities, Nongovernmental Organizations in International Decision-Making Institutions," *The Washington Quarterly* 18:1 (Winter, 1995), pp. 45-56.

24. David A. Welch, *Painful Choices: A Theory of Foreign Policy Change* (Princeton, NJ: Princeton University Press, 2005), pp. 1-4.

25. Kenneth N. Waltz, *Man, the State and War* (New York: Columbia University Press, 1959).
26. Daniel Gilbert, "If Only Gay Sex Caused Global Warming," *Los Angeles Times*, July 2, 2006; http://www.articles.latimes.com/2006/jul/02/opinion/op-gilbert2.
27. Walter Enders, Todd Sander, and Khusrav Gaibulloev, "Domestic versus Transnational Terrorism: Data, Decomposition, and Dynamics," *Journal of Peace Research* 48: 3 (May 2011), pp. 319-337.

第十章

1. Richard A. Falk, *This Endangered Planet: Prospects and Proposals for Human Survival* (New York: Random House, 1971).
2. Peter Drucker, "The New Information Revolution," *Forbes*, August 24, 1998, pp.1-17; Alvin Toffler and Heidi Toffler, *Creating a New Civilization: The Politics of the Third Wave* (Atlanta: Turner Pub., 1995).
3. Esther Dyson, *Release 2.0: A Design for Living in the Digital Age* (New York: Broadway Books, 1997).
4. Marshall McLuhan and Bruce R. Powers, *The Global Village: Transformations in World Life and Media in the 21st Century* (New York: Oxford University Press, 1992).
5. Francis Fukuyama, "The End of History," *National Interest* 16 (Summer 1989), p.3.
6. Samuel P. Huntington, "The Clash of Civilizations?" *Foreign Affairs* 72:3 (Summer 1993), pp.22-49; Samuel P. Huntington, *The Clash of Civilizations and the Remaking of World Order* (New York: Simon & Schuster, 1996).
7. Peter J. Katzenstein, ed., *Civilizations in World Politics: Plural and Pluralist Perspectives* (London: Routledge, 2010).
8. Robert B. Reich, "Who Is US?" *Harvard Business Review* 68:1 (January-February 1990), pp.53-65.
9. Jacques E. C. Hymans, *Achieving Nuclear Ambitions: Scientists, Politicians and Proliferation* (Cambridge: Cambridge University Press, 2012).
10. Walter Laquer, "Left, Right, and Beyond: The Changing Face of Terror," in James F. Hogue and Gideon Rose, eds., *How Did This Happen? Terrorism and the New Era* (New York: PublicAffairs, 2001), p.73.
11. "Letter from Scientists to President Bush Regarding Cybersecurity, February 2002," Council on Foreign Relations, February 27, 2002, http://www.cfr.org/cybersecurity/letter-scientists-president-bush-regarding-cybersecurity-february-2002/p21160 (accessed October 21, 2015).
12. Laurie Garrett, "The Challenge of Global Health," *Foreign Affairs* 86:1 (Jan/Feb 2007), p.14.
13. Michael T. Klare, "Global Warming Battlefields: How Climate Change Threatens Security," *Current History*, 106: 703 (November 2007), p.355.
14. Center for Naval Analyses, "National Security and the Threat of Climate Change," p. 3; http://www.cna.org/cna_files/pdf/National%20Security%20and%20the%20Threat%20of%20Climate%20Change.pdf (accessed October 21, 2015).
15. Michael Ignatieff, *Empire Lite: Nation-Building in Bosnia, Kosovo and Afghanistan* (Toronto: Penguin Canada, 2003).
16. Edward D. Mansfield and Jack Snyder, "Democratization and the Danger of War," *International Security* 20:1 (Summer 1995), pp.5-38.
17. Richard A. Mann and Barry S. Roberts, *Essentials of Business Law and the Legal Environment*, 11th ed. (Mason, OH: South-Western, Cengage Learning, 2013), p.905.

哈佛最熱門的國際關係課

作者	約瑟夫‧奈伊、大衛‧威爾許
譯者	張小明
商周集團執行長	郭奕伶
視覺顧問	陳栩椿
商業周刊出版部	
總編輯	余幸娟
責任編輯	林雲
協力編輯	楊靜嫻、王安樸
封面設計	陳文德
內頁排版	林婕瀅
出版發行	城邦文化事業股份有限公司 - 商業周刊
地址	115020 台北市南港區昆陽街 16 號 6 樓
	電話：(02)2505-6789 傳真：(02)2503-6399
讀者服務專線	(02)2510-8888
劃撥帳號	50003033
戶名	英屬蓋曼群島商家庭傳媒股份有限公司城邦分公司
網站	www.businessweekly.com.tw
香港發行所	城邦（香港）出版集團有限公司
	香港灣仔駱克道 193 號東超商業中心 1 樓
	電話：(852)25086231 傳真：(852)25789337
	E-mail：hkcite@biznetvigator.com
製版印刷	中原造像股份有限公司
總經銷	聯合發行股份有限公司 電話：(02)2917-8022
初版 1 刷	2019 年（民 108 年）7 月
初版 15.5 刷	2024 年（民 113 年）8 月
定價	台幣 480 元
ISBN	978-986-7778-73-4（平裝）

國家圖書館出版品預行編目資料

哈佛最熱門的國際關係課 / 約瑟夫‧奈伊（Joseph S. Nye），大衛‧威爾
許（David A. Welch）著；張小明譯. -- 初版. -- 臺北市：城邦商業周刊，
民 108.07
　面；　公分.
　譯自：Understanding global conflict and cooperation : an introduction to
　　theory and history, 10th ed.
　ISBN 978-986-7778-73-4（平裝）
　1. 國際關係
　578.1　　　　　　　　　　　　　　　108009199

藍學堂

學習・奇趣・輕鬆讀